PERSONA A PERSONA

Teacher's Edition

1

Zenia Sacks Da Silva

Macmillan Publishing Co., Inc.
New York
Collier Macmillan Publishers
London

ACKNOWLEDGMENTS

Illustrations by:

Bob Cram, Allan Eitzen, Bob Jackson, Bill Ogden, Lane Yerkes.

Photography by:

PETER ARNOLD, INC. pp. 15br © Yoram Lehmann; 157cl © Jeanne Heiberg; 246br, 293 © Jacques Jangoux. © Eduardo Bermudez pp. 81tr, 128b, 149tl, 246tl, 259cl, 360bl. BLACK STAR p. 7tr © Andy Levin. CAMERA 5 p. 7br © Doug Bruce. © Codiani Family p. 218ct. © Zenia Da Silva pp. 191bl, 288. © Victor Englebert pp. xivtc, 3b, 39tl, 66t, 81b, 111tr, 129bl, 157bl, 174tr, 247cr, 319cr, 361tr. © Manolo Fabregas pp. 218tr, 318br. FOCUS ON SPORTS pp. 6cl, 7tl, © Diana Giacerio; 25cl © Fred Mullane; 26tl © Norm Clasen & Assoc. © Carl Frank p. 50bl. © Robert Frerck pp. 368b, 369c, bl. © Beryl Goldberg pp. 15tl, 174bl, 175bl. © Robert Goldman p. 360tl, tc, tr. © Michal Heron pp. 128tr, 129tl, 175tl, 222tr, 317tl, b, 360br. THE IMAGE BANK, p. 1br © Peter Miller; 357tr © Bart Devito. © Jane Latta pp. 38tr, 44tr, 110L. LIAISON AGENCY p. 7bl © Paterson. MAGNUM PHOTOS, INC. p. 127tl © Rene Burri; 247tl © Elliott Erwitt. © David Mangurian pp. xivtr & bl, 2t, 53L, 175cr, 247bl, 264tr. © Stephanie Marcus p. 191tl. © Peter Menzel pp. 1 tl, 25cr, 77b, 82t, 110br, 148, 156t, 189tl, 222cl, 223tl, 265cr, 295tr, 318tr, 319bl, 356, 367br. MONKMEYER PRESS PHOTO SERVICE pp. 1tr © Henry Deters; 2br © Mimi Forsyth; 37c © Michal Heron; 53br, 55tl, 366bl © Hugh Rogers; 55tr © Mimi Forsyth; 71t © Marilu Pease; 265tl © Paul Conklin; 319tl © Freda Leinwand. © The New York Yankees p. 219tr. © Rosa Maria Perez del Rio pp. 218tl, 219tl. © Allan A. Philiba p. 35t. PHOTO RESEARCHERS, INC. pp. xivbr © Larry Mulvehill; 24t © Hella Hammid, Rapho Division; 37 © F. Gohier; 38tl © Jules Bucher; 111br © Bernard Pierre Wolff; 153tr © James A. Sugar; 154tr © Douglas Faulkner, National Audubon Society; 154cl © Tom McHugh, Wildlife Unlimited; 154br © Phillip Boyer, National Audubon Society; 155tr © Russ Kinne; 174tl © Ned Haines, Rapho Division; 361cl © Yoram Lehmann, Rapho Division; 366t © Carl Frank; 368tr © John Bryson. PHOTO QUEST p. xivtl, 357tl © Albert Moldvay. PHOTRI p. 129tr © Jack Novak. © Andrew Rakoczy pp. 1bl, 152br. © Lester Sebel p. 156cr. SHOSTAL ASSOCIATES, INC. pp. 38br © Christopher Moore, 110tr © Georges de Steinheil; 111tl © Marie Mattson; 152t © R. Robert Abrams; 357bl © Bill Helms. STOCK, BOSTON, INC. pp. 157tl © Owen Franken; 173br © Peter Menzel; 189b © Owen Franken; 223cr, 226tr © Peter Menzel; 226bl © Bohdan Hrynewych; 264bl © Owen Franken. SYGMA pp. 6br © T. Zimberhoff; 39b © R. Darolle; 190tl © J. A. Pavlovsky; 226br © O. Souhami. © Robert Tschirsky p. 23t. © United Press International p. 25br. © Joseph F. Viesti pp. 127b, 149tr, 153tl, 175br, 189tr, 190br, 191tr, 246tr, 265bl, 297b, 334tr, bl, 335tl, br, bl. © Luis Villota p. 173tl. © World Crafts Council p. 153br.

Parts of this work were published in the *En español, por favor* series.

Macmillan Publishing Co., Inc.
866 Third Avenue, New York, New York 10022   Pupil Edition: ISBN 02-270220-2
Collier Macmillan Canada, Ltd.   Teacher's Edition: ISBN 02-270230-X

Printed in the United States of America   2 3 4 5 6 7 8 9 0   9 8 7 6 5 4 3 2

A mis padres,
Isidore y Helen Sacks,
que viven en mi corazón.

CONTENTS

Primera parte

Segunda parte

Persona a persona . . . Welcome to the world of Spanish! Let's start out with a series of fast-moving mini-lessons that will give us our first look and sound. That is the purpose of this **Primera parte.** Its 20 one-day or possibly two-day lessons (as you see fit) and its two short photo **Álbums** get our students speaking and writing with only the briefest of grammar explanations. Cognates help them tune their ears and train their tongues. Structure is so carefully controlled that there can never be a conflict between meaning and word. Pronunciation drills are designed to avoid the "unpronounceable," until we are ready to practice that new sound. And so the focus falls on the new world we're introducing, on the new people we're meeting, person to person, face to face. Here's how it's done.

- Each mini-lesson contains:

    1. A conversation activity that teaches new vocabulary or a new structure, with full-color illustrations and photographs of Hispanic life in Spain, Spanish America, and the United States.

    2. Practice with games and other action devices.

    3. *En breve* — a capsule summation of all active words and usage.

    4. Pronunciation — description and carefully structured practice of each sound, individually and combined. These drills are also recorded on tape.

- One of the **Álbums**, on the weather and seasons, appears midway through the **Primera parte**; the closing **Álbum** glances at places to go. These sections also teach new vocabulary, but with even more visuals to portray the cultural context.

- An **Observaciones y Repaso** section follows each **Álbum**. These provide generalizations on all points studied, with additional exercises and vocabulary review.

In total, the **Primera parte** should take no more than six to eight weeks, with ample time for review and testing. Please stress only active usage and keep the pace lively. (Active words and phrases are underlined in color and summarized in each *En breve*.) ¡Vamos a comenzar!

Primera parte

1 Hola. Yo soy . . .
Hi. I am . . .

Object: to teach students to introduce themselves.

"Hola. Yo soy Blanca Inés Morelos de Puerto Vallarta, México."

"Yo soy Juan Carlos Guevara de Cali, Colombia."

"¿Yo? Soy Emilia Palacios de Managua, Nicaragua."

Amigas inseparables. Marisela Luz y Trini Colón. Esmeraldas, Ecuador.

"A su servicio." Miguel Solana, Madrid, España.

"¡Fantástico, hombre!" Gonzalo
Alameda y Paco Suárez, mexicanos.

Pedro Losada y su banda chicana
(Mexican-American). San Javier, Arizona.

"Señoritas, ¡en orden alfabético! Alicia,
Bárbara, Carolina. . . ." Antigua, Guatemala.

Armando Arias, Lucho Naldi y Robi Solís,
ciclistas. Córdoba, Argentina.

Sara Molano, Isabel Pérez y Linda Valera
de San José, Costa Rica.

Cuqui Meléndez, baterista (drummer)
de un grupo musical popular. Nuevo
México.

Introduce yourself to the class: **Hola, yo soy** . . . Give each student his or her name in Spanish. If they don't like their Spanish equivalent, let them choose another name. Have the student, then the whole class repeat it.

Yo soy . . .

Alberto	Joaquín	Adela	Graciela
Alfredo	Juan	Alicia	Isabel
Andrés	Lorenzo	Amanda	Juanita
Antonio	Luis	Anita	Judit
Arturo	Manuel	Antonia	Julia
Carlos	Martín	Bárbara	Laura
Cristóbal	Miguel	Blanca	Leonor
Diego	Pablo	Carlota	Lucía
Eduardo	Patricio	Carmen	Luisa
Enrique	Pedro	Carolina	Margarita
Esteban	Ramón	Clara	Mariana
Eugenio	Ricardo	Constanza	Nilda
Federico	Roberto	Cristina	Raquel
Felipe	Teodoro	Dorotea	Rosa
Gabriel	Tomás	Elena	Sara
Guillermo	Vicente	Emilia	Susana
Jaime	Víctor	Francisca	Teresa

<u>¿Y usted?</u> (And you?)

Su foto, por favor.
(Your picture, please.)

<u>Mucho gusto.</u> (It's a pleasure.)

Greet each student individually and have that student introduce himself or herself in Spanish. Add: **¡Mucho gusto!** Use chain drill. Ask students to practice the dialogue outside of class.

3

■EN BREVE (in short)■

Hola	Hi
(Yo) soy.	I am.
¿Y usted?	And you?
Mucho gusto.	It's a pleasure.

Notice that Spanish warns you about an up-coming question or exclamation by starting out with an upside-down ¿ or ¡.

Actividad

Soy _____ (free completion with student's name)

Tell us in Spanish who you are. (Do you know your Spanish name?) Can you work it into a conversation? ("Hola. Yo soy . . .")

Structure should be covered *informally* at this point. Explain *briefly* and move on.

See tape for pronunciation drills.

■PRONUNCIACIÓN■

The sounds of Spanish are never exactly like the sounds of English. The explanations we give here only guide you in the right direction. For the exact sounds, imitate your teacher or our recording.

¿Está bien? (All right?) ¡Vamos a comenzar! (Let's begin!)

a in Spanish is always pronounced like the **a** in "ha-ha" or the **o** in "mop."

Repita, por favor (Repeat, please):
mapa, masa, cama, casa, pasa, pala, sala, fama, mamá, papá, cha-cha-chá

The sound of **e** in Spanish is about halfway between the **e** in "let" and the **a** in "late." You will come close to the Spanish **e** if you say the English "may, day, they" very quickly. Cut off the **ay** before it gets too long. For the exact sound, as always, imitate your model.

Repita otra vez (Repeat again):
me, de, se, le, mete, mesa, pese, pesa, teme, tema, lema, yema

4

2 ¿Es usted . . . ?

Are you . . . ? Object: to teach students to describe themselves and others.

Hola. ¿Cómo está? (How are you?) —Bien, gracias. (Fine, thanks.)

If you listen carefully, you'll find that there are hundreds of
Spanish words you already know. Por ejemplo (For example),
Repita (Repeat):

¿Es usted sentimental? —Sí, soy sentimental.
(Are you . . . ?) (Yes, I am . . .)
—No, no soy . . . (No, I'm not . . .)

Greet each student individually using his or her Spanish name and have each student respond in turn.

━━ Actividades ━━

1 *Ahora conteste (Now answer):*
1. ¿Es usted sociable?
2. ¿Es usted interesante?
3. ¿Es usted independiente?
4. ¿Es usted muy (very) independiente?
5. ¿Es usted muy popular?
6. ¿Es usted obediente o (or) desobediente? (Soy . . .)
7. ¿Es usted paciente o impaciente?
8. ¿Es usted excepcional o muy normal?

First exposure to cognates. Make the most of
them. Ask for a translation of a few cognates
to ensure student comprehension.

Model a question with both ''yes'' and ''no''
answers. Then call on individuals.

2
1. ¿Es usted sincero?
2. ¿Es usted ambicioso?
3. ¿. . . artístico?
4. ¿. . . generoso?
5. ¿. . . muy modesto?
6. ¿Es usted sincera?
7. ¿Es usted ambiciosa?
8. ¿. . . artística?
9. ¿. . . generosa?
10. ¿. . . muy modesta?

Did you notice? Adjectives ending in **-o** change the **-o** to **-a**
when they refer to a female person or thing.

Ahora repita otra vez (Now repeat again):
importante, imposible, interesante, popular
práctico, inteligente, cómico, liberal
famoso, maravilloso, fabuloso, nervioso
estúpido, romántico, brillante, sensacional

This structure will be covered
formally in **Observaciones y
Repaso** I

These adjectives are considered passive
vocabulary.

With books closed, pronounce adjectives at random, asking students to point to or
name classmates to indicate whether the adjective refers to a male or female person: **sincero** = male; **artística** = female; **generoso** = male; etc.

Proceed as with the ¿Es usted . . .? drills.

3 *Conteste otra vez (Answer again):*

1. ¿Es sociable su padre?　　　　　　　—Sí, mi padre es . . .
(Is your father . . .?)　　　　　　　(Yes, my father is . . .)
　　　　　　　　　　　　　　　　　　—No, mi padre no es . . .

2. ¿Es muy práctico su padre? ¿Es (Is he) muy inteligente? ¿Es
muy nervioso? ¿Es muy liberal?

3. ¿Es práctica su madre?　　　　　　—Sí, mi madre es . . .
(Is your mother . . .?)　　　　　　　(Yes, my mother . . .)

4. ¿Es (Is she) muy generosa? ¿Es muy talentosa? ¿Es muy
sincera? ¿Es sensacional? (¡Muy interesante!)

5. ¿Es norteamericana o
latinoamericana su familia?　　　　—Mi familia es . . .
(Is your family . . .?)

6. ¿Es californiana su familia? ¿Es texana? ¿Es floridiana?

First ask students who these people are. Then have them ask each other in chain drill.

¿Quién es? Who is it?

*"¡Hola, David!" El beisbolista "Dave"
Concepción.*

*Trini Alvarado,
artista nueva de cine.*

6

La campeona (champion)
de golf Nancy López,
chicana (Mexican-
American).

¡Número Uno
en el maratón
de Nueva York!
Alberto Salazar
es originalmente
de Cuba.

Arriba (above): El músico español Pablo
Casals, de fama eterna.

Izquierda (left): El artista español Juan Miró,
y familia.

■ EN BREVE ■

¿**Es usted...?**
Are you...?

Structure should be covered *informally* at this point.
Treat *briefly* and move on.

¿**Es práctico su padre?**
Is your father...?

¿**Es práctica su madre?**
Is your mother...?

¿**Quién es?** Who is it?

su your
mi my
muy very
o or

—**Sí, soy...**
Yes, I am...
—**No, no soy...**
No, I'm not...
—**Sí, mi padre es...**
—**No, mi padre no es...**
—**Sí, mi madre es...**
—**No, mi madre no es...**

These items must be learned completely. Students must know how to use them in conversation and how to write them.

Actividad _____

Look at the words we've used. *Ahora complete usted (Now complete) the sentences:* Free completion.

1. Mi padre es . . .
2. Mi madre es . . . (Don't forget those feminine endings!)
3. Roberto Redford es . . .
4. Linda Ronstadt es . . .
5. Y finalmente (finally): Yo soy . . .

See tapes for pronunciation drills.

■ PRONUNCIACIÓN ■

i in Spanish is always like the **ee** in "see." So smile when you say a Spanish **i**!
Escuche y repita, por favor (Listen and repeat, please):
sí, mi, di, Lisa, linda, fina, mina, misa, pisa, Nina, María

y When **y** stands alone, or comes at the end of a word, it is pronounced just like **i** (**ee**).
Repita otra vez (Repeat again):
y, muy, ley, buey, soy, doy
Otherwise, it is just like the English **y**.
yo, ya, yema, yeso, cuya, tuya, suya

3 ¿Qué es esto?
What's this?

Object: to teach common classroom vocabulary. Model each item and have choral and individual responses. Mention related words: i.e. **libro** (library); **ventana** (vent, ventilate); **mesa** (tableland), etc. Hold up or point to real articles in classroom.

—Es . . . (It is . . .)

1.
una puerta

2.
una ventana

3.
una mesa

4.
una silla

5.
un libro

6.
un papel

7.
un lápiz

8.
una pluma

9.
una clase

10.
una escuela

11.
una pizarra

12.
¿un . . .?
¡Caramba! (Wow!)
¡No sé! (I don't know!)

un maestro
típico de
español

una maestra
típica de
español

un estudiante
brillante,
maravilloso,
fantástico,
excepcional

una estudiante
brillante,
maravillosa,
fantástica,
excepcional

Begin with basic "yes/no" and "either/or" questions. Insist on complete answers to practice new vocabulary.

9

Once students are familiar with articles, have them ask other students, or you, to identify them. Call out the noun and have students repeat, adding the appropriate article. Work for good pronunciation.

Drill this separately before combining with a **¿Qué es esto?** question. The cognates (**plástico, metal,** etc.) are for recognition purposes only and need not be memorized.

Actividades

1 Now you hold up or point to different things, and ask your classmates "**¿Qué es esto?**" Let's see if they can tell you.

2 *Ahora conteste.* (Now answer.)

1. ¿Qué es esto, una silla o una mesa?
   (Es una...)
   ¿Es de papel o de metal?
   (Is it made of...?)

2. ¿Qué es esto, una pizarra o una pluma?
   ¿Es de plástico? ¿Es de metal?
   ¿Es de papel?

3. ¿Qué es esto, una puerta o una ventana?
   ¿Es de aluminio? ¿Es de plástico?
   ¿Es de cemento? ¿Es de papel?

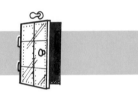

4. ¿Qué es esto, un lápiz o un libro?
   ¿Es interesante? ¿Es difícil (hard)?

5. ¿Qué es esto?
   ¿Es una clase de matemáticas
   o de música?

6. ¿Qué es esto?
   ¿Es una escuela secundaria
   o una escuela elemental?

7. ¿Qué es esto?
   ¿Es una clase de español o
   una clase de inglés?

■EN BREVE■

¿Qué es esto? What is this? **Es...** It is...

These items must be learned completely. Students must know how to use them in conversation and how to write them.

una **puerta**	a door —28	una **ventana**	a window —37
una **mesa**	a table —38	una **silla**	a chair —36
un **libro**	a book —29	un **papel**	a paper —35
un **lápiz**	a pencil	una **pluma**	a pen —34
una **clase**	a class 30	una **escuela**	a school 33
un **maestro**	a teacher 32	una **maestra**	a teacher (female)
un **estudiante**	a student	una **estudiante**	a student (female) 3/

Cuaderno   la tiza

Notice: 1. Every person or thing in Spanish is male or female.
2. The English word "a" is **un** before a male noun, and **una** before a female noun. Using simple terminology, briefly explain the meaning of "noun".

Actividad

Look at each picture. Then answer the question about it. If it is true, say **"Sí, es un (una)..."** If it isn't, then say **"No, no es un (una)..."** And tell us what it really is. Por ejemplo (for example):

This exercise can serve for written as well as oral practice.

¿Esto es una mesa?   Sí, es una mesa.

¿Esto es una mesa?   No, no es una mesa. Es una silla.

1.   2.   3.   4.   5.   6.

1. ¿Esto es una ventana?   4. ¿Esto es un lápiz?
2. ¿Esto es una puerta?   5. ¿Esto es una pizarra?
3. ¿Esto es una pluma?   6. ¿Esto es un libro?

See tape for pronunciation drills.

■PRONUNCIACIÓN■

o The long **o** in the English word "rope" is really a combination of two vowels: **o** and **u**. If you notice, your lips move forward to say **oo** at the end of words such as "no," "go," "oh." The Spanish **o** is a short sound. It is like only the first half of the long English **o**.
Escuche y repita otra vez (Listen and repeat again):
yo, no, con, son, mono, polo, como, tomo, sola, bola, coca, cola

u in Spanish is also a short, pure sound. It is like a very short version of the **oo** in "moo."
Lea en voz alta (Read aloud):
mulo, mula, fumo, fuma, luna, cuna, bambú, cucú

En breve answers: 1. No, no es una ventana. Es una puerta.   2. No, no es una puerta. Es una ventana.   3. Sí, es una pluma.   4. Sí, es un lápiz.   5. No, no es una pizarra. Es un papel.   6. Sí, es un libro.

4 Si un mexicano es de México...
If a Mexican is from . . .

Object: to teach **¿De dónde** . . .? and to familiarize students with areas of the Spanish-speaking world.

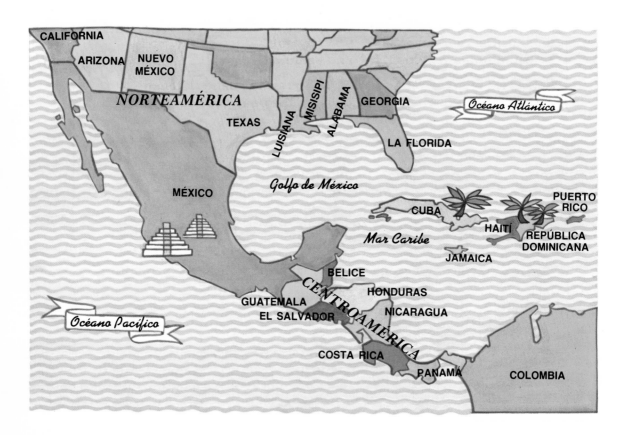

¿Sabe Ud.? (Do you know?)

México es parte de Norteamérica, no de la América Central (Centroamérica). Yes, Mexico shares the North American continent with the U.S. and Canada.

—— Actividad ——

Ahora díganos (tell us):

1. Si un mexicano es de México, un cubano es de . . .
   Si un peruano es de Perú, un boliviano es de . . .
   ¿De dónde (From where) es un colombiano? (Un colombiano es de . . .)

Teach the phrase **¿De dónde es . . .?** Ask students to answer using a variety of responses; i.e., cities, states, their country of origin.

2. Si una panameña es de Panamá, una brasileña es de . . .
   ¿De dónde es una puertorriqueña? (Una puertorriqueña es de . . .)
3. Si mi maestro es de Lima, ¿es peruano o argentino?
   Si mi maestra es de Caracas, ¿es chilena o venezolana?
4. Si mi amigo (friend) es de Ecuador, ¿es centroamericano o
   sudamericano?
   Si mi amiga es de Guatemala, ¿es centroamericana o
   norteamericana?

Make sure students understand the concept of gender; i.e., why there is a difference between
española vs. **español**, etc.

13

Use wall map if available. The pronunciation of some geographic names may be difficult. Therefore, model
them separately with choral and individual response before drilling questions.

Santiago de Compostela

Bilbao

FRANCIA

Océano Atlántico

Barcelona

Madrid

PORTUGAL

Valencia

Lisboa

Córdoba

Sevilla

Granada

Málaga

Cádiz

Mar Mediterráneo

Gibraltar

ESPAÑA

5. Si Miguel y David <u>son</u> (are) de Chile, ¿son (are they) norteamericanos o sudamericanos?
Si Paco y Luis son españoles, ¿son europeos o norteamericanos?

6. Finalmente, si yo soy filadelfiano, ¿soy de Pensilvania o de Nueva York? (Usted es de . . .) Si yo soy sanfranciscana, ¿soy de California o de Colorado? Si Esteban y Juan son de San Antonio, ¿son luisianos o texanos?

7. Y usted, ¿de dónde es? (Soy de . . .)

Students have already been exposed to singular forms of adjectives in Section 2. Now try to elicit the concept of plural forms, or if necessary explain it. Be *brief* and *informal*.

¿Sabe Ud.?

When the Spanish explorers came to the New World in the early 1500's — a hundred years before the Pilgrims landed in America — they brought with them their language, their religion, their arts, their whole way of life. They mixed with the people whose culture they found here. The two groups learned from each other, and soon produced a new culture. Today there are some 250 million Spanish-speaking people in the Western World, with 20 million in the United States alone.

Eloy Dinas Santos, dominicano.
"Mucho gusto."

Un grupo de amigos chilenos en
la playa (beach). Música, aire
fresco.

Nacionalidades

americano, americana
argentino, argentina
brasileño, brasileña
boliviano, boliviana
canadiense, canadiense
colombiano, colombiana
costarricense, costarricense
cubano, cubana
chileno, chilena
dominicano, dominicana
ecuatoriano, ecuatoriana
español, española
guatemalteco, guatemalteca
hondureño, hondureña
mexicano, mexicana
nicaragüense, nicaragüense
panameño, panameña
paraguayo, paraguaya
peruano, peruana
puertorriqueño, puertorriqueña
salvadoreño, salvadoreña
uruguayo, uruguaya
venezolano, venezolana

■ EN BREVE ■

Mi amigo José es mexicano.	My friend Joe is Mexican.
José y David son mexicanos.	Joe and David are Mexicans.
Ana y Luisa son cubanas.	Ann and Louise are Cubans.
¿De dónde es usted?	Where are you from?
—Soy de...	I am from...

el amigo, la amiga   friend

¿Dónde?   Where?

de   of or from

si   if

These items must be learned completely. Students must know how to use them in conversation and how to write them.

Remember: (One) is **es.**   (Two) are **son.**

Actividad

1. Ask someone where he or she is from. (¿De dónde...?)
2. Say that you are from Chicago. (Yo...)
3. Say that your friend is from Detroit. (Mi...)
4. Ask your teacher if he or she is Cuban. (¿Es...?)
5. Say that Ann and Paul are Mexicans.

This exercise can serve as writing as well as oral practice.

■ PRONUNCIACIÓN ■

See tapes for pronunciation drills.

A **diphthong** is any combination of **u** or **i** with each other or with any other vowel (**a, e,** or **o**). Since "**u** and **i** are weak, and everybody else is strong," the **a, e,** or **o** usually stands out more than the **u** or **i**. Por ejemplo (For example):

bueno, Buenos Aires, baile, miento, cuando, cual, causa (cow-sa), pausa, heroico, estoico

When the diphthong is made up of both **u** and **i**, the one that comes second is the stronger:

fui, fuiste, Luis, viuda, triunfo, triunfa

En breve answers: 1. ¿De dónde es usted?   2. (Yo) soy de Chicago.   3. Mi amigo(a) es de Detroit.   4. Señor (Señora, Señorita) _____ (teacher's name), ¿es usted cubano(a)? 5. Ana y Pablo son mexicanos.

5 ¿Hay un médico en la casa?
Is there a doctor in the house?

Object: to teach **¿Hay . . . ?** and **Hay . . .**

Hola. ¿Cómo está?
¿Hay un problema?
(Is there a problem?)

Muy mal. (Very bad.)

Repita, por favor (please):
médico, dentista, profesora, profesor
arquitecto, ingeniero, poeta, actor
mecánico, electricista, carpintero, plomero
artista, pianista, violinista, banquero
secretaria, secretario, editora, editor
policía, presidente, senadora, senador

Model the list of occupations in poetic cadence. Make sure students know the English equivalent of each cognate by asking for a translation of several. Read through the list again in unison. Ask better students to read individually, emphasizing good pronunciation and rhythmic stress. Remember these occupational words are passive.

—— Actividades ——————————————————

1 Problemas, Problemas, Problemas
If you think you have problems, just look at these illustrations.
Then ask the right person from the list above for help.
Por ejemplo (For example):

1. ¡Caramba! ¿Hay un dentista
(una dentista)[1] en la casa?

2. ¡Caramba! ¿Hay un (una)
_____ en la casa?

——————
[1]Words ending in **–ista** can be masculine or feminine. So can **un, una policía;
un, una poeta.** You know what to do with the others, don't you?

In this drill, ask for choral and individual response to the different illustrations.

17

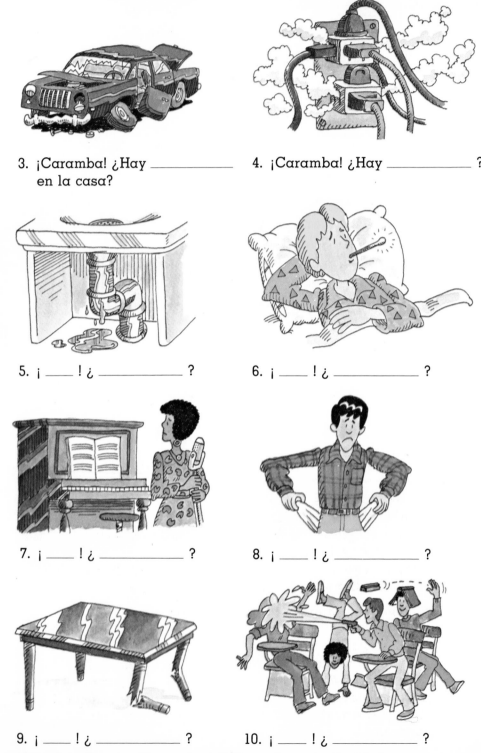

3. ¡Caramba! ¿Hay _____ en la casa?

4. ¡Caramba! ¿Hay _____ ?

5. ¡ ___ ! ¿ _____ ?

6. ¡ ___ ! ¿ _____ ?

7. ¡ ___ ! ¿ _____ ?

8. ¡ ___ ! ¿ _____ ?

9. ¡ ___ ! ¿ _____ ?

10. ¡ ___ ! ¿ _____ ?

For additional practice using **¿Hay . . . ?**, ask **Si/No** questions using the list of occupations: **¿Hay un (una) artista en la clase? Hay un (una) profesor(a) en la clase?**, etc. Students should respond with a complete phrase.

¿Hay artistas en su familia? (Are there artists in your family?)

2 *Ahora, rápidamente (quickly):*
1. ¿Hay médicos en su familia? (Sí, hay . . . en mi familia. No, no hay . . .) ¿Hay profesores? ¿Hay profesoras? ¿Hay mecánicos? ¿Hay dentistas?
2. ¿Hay artistas en su escuela? ¿Hay actrices? ¿Hay actores? ¿Hay estudiantes excelentes? ¿Hay maestros fabulosos?

Now raise your hand when your name is called:
3. ¿Hay un Roberto en su clase? ¿Hay una Carolina? ¿un Lorenzo? ¿una Patricia? ¿un Patricio? ¿una María?
4. ¿Hay una Juanita en su clase? ¿Hay una Elena? ¿Hay un Ricardo? ¿Hay una Leonor?
5. ¿Hay un Juanito? ¿un Guillermo? ¿un Miguel? ¿un José? ¿Hay una Isabel? ¿una Virginia? ¿una Anita? ¿un Bartolomé?

This drill is for aural comprehension only.

Active vocabulary is underlined in second color on first appearance.

■ **EN BREVE** ▨▨▨▨▨▨▨▨▨▨▨▨▨▨

These items must be learned completely.

Hay ~~Students must know how to use them in~~ | There is, there are
¿Hay ...? conversation and how to | Is there?, Are there...?
write them.
—Sí, hay | Yes, there is, there are
—No, no hay | No, there isn't, there aren't
¿Hay un (una) artista en su clase? | Is there an artist in your class?
¿Hay artistas en su clase? | Are there...?
en   in

Notice: 1. If a noun ends in a vowel (a, e, i, o, u), just add **-s**
to make it plural: **libro ⟶ libros**
2. If it ends in a consonant, add **-es: actor ⟶ actores**

Actividad ─────────────────

*Estudie los modelos (Study the models). Después (Then) exprese en
español:* This exercise can serve as writing as well as oral practice.

1. There is a doctor in my family.   Hay un médico en mi familia.
   There is a (lady) dentist in my family. _____
2. Are there any artists in the class?   ¿Hay artistas en la clase?
   Aren't there any artists in your class? _____
3. Andrés is an excellent student. Andrés es un estudiante excelente.
   Mary Olmos is an excellent teacher. _____
4. Are you a professional actor?   ¿Es usted un actor profesional?
   Are you a professional pianist (feminine)?   _____

■ **PRONUNCIACIÓN** ▨▨▨▨▨▨▨▨▨▨▨

h is the only consonant in the Spanish language that is silent.
Do not pronounce it!
Repita, por favor: See tapes for pronunciation drills.
¡Hola!, hay, hoy, hotel, hospital, hombre, hambre, hilo, hecho, ahora

ll is pronounced in Spain like the **lli** in "million." In Latin
America it is usually pronounced like the **y** in "yet." Choose
whichever pronunciation you prefer, and then use it all the time.
Escuche bien (Listen well) y repita otra vez:
millón, caballo, pollo, gallo, calle, sello, llamo, llego

ñ is pronounced like the **ny** in "canyon." The little curved line
above the **n** is called a tilde.
Repita una vez más (one more time):
año, niña, niño, puño, paño, caña, mañana

En breve answers: 1. Hay una dentista en mi familia.   2. ¿No hay artistas en su clase?
3. María Olmos es una maestra excelente.   4. ¿Es usted una pianista profesional?

6 Álbum de familia

Object: to teach family vocabulary.

Juan   Juana

el **esposo**   la **esposa**
the husband   the wife
los **esposos**

Juan   Juana

el **padre**   la **madre**
the father   the mother
los **padres**

Did you notice? When a group has both male and female in it,
Spanish uses the masculine plural to cover all. In other words:
Los padres can mean "the fathers" or "the father and mother."
Las madres means only "the mothers."

Actividades

1

Juan   Juana

Juanito   Juanita

el **hijo**   la **hija**
the son   the daughter
los **hijos**

Juanito   Juanita

el **hermano**   la **hermana**
the brother   the sister
los _____

Felo   Fela

mi **abuelo**   mi _____
my grand-   my grand-
father   mother
mis _____

Pío   María

mi **tío**   mi _____
my uncle   my aunt
mis _____

Luis   Luisa

mi **primo**   mi _____
my cousin   my cousin
mis _____

Be sure students do not miss the agreement of **mi/mis**. Try to elicit, but if necessary
explain *briefly*.

2 Now make believe this is your family. Look at the illustrations..., y conteste:

Pío

María

Fela

1. ¿Quién es?
   Es mi tío Pío.

2. ¿Quién es?
   Es _____

3. ¿Quién es?
   Es _____,

Luis   Luisa

Juan   Juana

4. ¿Quiénes son?
   Son mis _____

5. ¿Quiénes son?
   Son mis _____

3 Ahora complete Ud. (**Ud.** is the short form for **usted.**)
1. Si Juan es el padre de Juanito, Juanito es el ____ de Juan.
2. Si Juana es la esposa de Juan, Juana es la ____ de Juanito.
3. Si Juanita es la hija de Juan y Juana, Juanita y Juanito son ____.
4. Si María es la hermana de Juana, María es la ____ de Juanito.
5. María y su esposo Pío son los ____ de Juanito y Juanita.
6. Si Luis es el hijo de Pío y María, Luis y Juanito son ____.
7. Y si Felo y Fela son los padres de Juana y María, Felo y Fela son los ____ de Juanito y Juanita.

4 Finalmente, conteste: Personalized.
1. ¿Tiene Ud. hermanos?
   (Do you have any...?)

   —Sí, tengo... (Yes, I have...)
   —No, no tengo...

2. ¿Tiene Ud. abuelos?

   —Sí, tengo...
   —No, no tengo...

3. ¿Tiene Ud. muchos (many) tíos? ¿Tiene más (more) tíos o más tías? (Tengo...)

4. ¿Tiene Ud. muchos primos? ¿Tiene Ud. un primo favorito, o una prima favorita?

Have students draw their personal family tree and explain to the class how each member of their family is related. This may also be done in small groups.

Abuelo y nieto (grandson) y un castillo histórico. Manzanares el Real, España

la **familia**   the family
el **padre**   the father   la **madre**   the mother
los **padres**   the fathers, the parents   las **madres**   the mothers
el **hijo**   the son   la **hija**   the daughter
el **hermano**   the brother   la **hermana**   the sister
el **esposo**   the husband   la **esposa**   the wife
el **tío**   the uncle   la **tía**   the aunt
el **primo**   the cousin   la **prima**   the cousin
el **abuelo**   the grandfather   la **abuela**   the grandmother
el **hombre**   the man   la **mujer**   the woman

Actividad

¿Hay más hombres (more men) o más mujeres (more women)
en su familia?   Hay más hombres (mujeres) en mi familia.
(remainder — free response)
Tell us the names of the members of your family, and how
each one is related to you. Por ejemplo:

Hombres (Men)   Mujeres (Women)
mi padre _____   mi madre _____
mi _____   mi _____

Ask students to give the other member of each pair of family members: **el abuelo, la
abuela; la hija, el hijo,** etc.

Los Ángeles, California. Los hermanos, amigos y primos participan en el momento grande con los esposos Lydia y Andrés Morales. ¡Felicidades (Congratulations)!

■ PRONUNCIACIÓN ■

s in Spanish is almost always like the **ss** in "dresser."
Diga Ud. (Say):
mesa, masa, pesa, casa, música, museo, presente, presidente

z is pronounced in Latin America like the **s** in "sink." In Spain, it is pronounced like the **th** in "think." Decide which you prefer, and then stay with it.
Diga otra vez (again):
zona, zapato, mozo, pozo, lazo, cazo, comienzo, azul

c When **c** comes before an **e** or an **i**, it is just like the Spanish **z**: that is, **s** in Latin America, and **th** in Spain. Use the same pronunciation you chose for **z**.
Diga otra vez:
cinco, cero, celo, cielo, precio, necio, nación, principal
In all other positions, **c** is pronounced like the **c** in "cake."
Diga otra vez:
caso, cama, copa, capa, cuna, como, pico, Paco, poco, loco

Point out that **z** (=**s** or **th**) is used only before **a, o, u**; and **c** (=**s** or **th**) is used only before **e** or **i**. Dictate syllables and small words containing these letters to see if students have grasped the point.

7 ¿Le gusta . . . ?

Do you like . . . ? Object: to teach ¿Le gusta(n) . . . ? and Me gusta(n) . . .

Hola. ¿Cómo está?
Dígame (Tell me), ¿<u>le gusta</u> el español?

Repita, por favor:
la televisión, el radio, el teatro, la música, los conciertos, la
ópera, el béisbol, el fútbol, el tenis, el vólibol, el básquetbol,
el boxeo, el golf

1

2

1 *¿Le gusta el tenis? "¡Sí! Me
gusta mucho. Yo soy Guillermo
Vilas de Argentina, campeón
internacional."*

3

2 *"¡Punto!" Dígame, ¿le gusta
más el sóquer (fútbol europeo) o el
fútbol norteamericano?*

3 *¿Le gusta la música hispana? El
puertorriqueño José Feliciano,
cantante (singer) popular.*

Model **¿Le gusta ... ?** and **¿Le gustan ...?** with their answers. Briefly give the meaning of the phrase without going into detail. The grammatical explanation for **gustar** will be given later. Students will find this structure unusual and may question it. The following informal explanation will help: You are really saying: "It is pleasing to me," (etc.).

El esquí es uno de los deportes más populares, ¡y difíciles! Dígame otra vez, ¿le gusta? Portillo, Chile.

Actividades

1 *Ahora conteste:*
1. ¿Le gusta la televisión? (Do you like...?)

—Sí, me gusta la televisión. (Yes, I like...)
—No, no me gusta la... (No, I don't like...)

All these questions are personalized.

2. ¿Le gusta la música?
3. ¿Le gusta el fútbol?
4. ¿Le gusta más (more) el fútbol o el tenis?

—Me gusta más el...

5. ¿Le gusta más el béisbol o el básquetbol?
6. ¿Le gusta más el tenis o el golf?

2 *Conteste otra vez:*
1. ¿Le gustan los conciertos? (Do you like concerts?)

—Sí, me gustan los conciertos.
—No, no me gustan los conciertos.

2. ¿Le gustan las comedias?
3. ¿Le gustan los misterios?
4. ¿Qué (which) actores le gustan?
5. ¿Qué actrices le gustan?

For variety, substitute: **¿Qué programas de radio (de televisión) le gustan? ¿Qué maestros (maestras) le gustan?**, (etc.). As you can see, when we like more than one thing, **gusta** changes to **gustan**.

3 *Ahora, conteste una vez más (one more time):*
1. ¿Le gusta su familia? (Sí, me gusta mi... No, no me gusta mi...) ¿Le gustan sus primos? (Sí, me... mis primos.) ¿Le gustan sus tíos? ¿Le gustan mucho sus padres? ¿Le gustan mucho sus abuelos?
2. ¿Le gusta la escuela? ¿Le gustan sus maestros? ¿Le gustan sus clases de español? ¿Le gusta la sección "En breve"? ¿Realmente? (Really?)

You may wish to ask students to bring cutouts or make simple drawings of some of these items. Use these visuals to cue responses about their likes and dislikes using **gustar**. They can also ask you.

■EN BREVE■

¿Le gusta la música?   —Sí, me gusta... Yes, I like...
Do you like music?   —No, no me gusta... No, I don't like...
¿Le gustan los conciertos?—Sí, me gustan...
Do you like concerts?   —No, no me gustan...

Remember: When what you like is plural, use **Me gustan...**

Actividad

Diga en español (Say in Spanish):

1. that you like baseball.   (Me...)
2. that you like a certain person.
3. that you like concerts of popular music.
4. Tell us something you don't like.   (No me...)

Point out that the **jota** sound is represented by **j** before **a, o, u**, and **g** before **e** and **i**. Dictate syllables and small words containing **j** and *soft* **g** to see if students have grasped the point.

■PRONUNCIACION■

j The Spanish **j** is a harsh, raspy sound formed far back in the throat. It's as if you started to say "ha-ha-ha," and didn't quite clear your throat.
Por favor, escuche bien (listen well), y repita:
junio, julio, mojo, cojo, dijo, dejo, lejos, trajo, caja, cajón

g The Spanish **g** is pronounced just like the **j** when it comes before an **e** or an **i**.
Diga:
generoso, general, agente, gitano, dirige, gente, gesto, genial
In all other positions, the **g** is like the English **g** in "gum."
Diga otra vez:
tengo, tenga, pongo, ponga, diga, dígame, hago, lago, goma, gasa, gasolina

In the groups **gui** and **gue** the **u** is not pronounced. The **u** just serves to keep the **g** sound hard (that is, like the **g** in "got").
Diga una vez más (once more):
guía, seguía, sigue, distingue, guiña, guiño, águila, guión
Now just for practice,
Lea otra vez en voz alta (aloud):
ga, gue, gui, go, gu   (Remember, the **g** is hard!)
ja, ge, gi, jo, ju   (Use the throaty sound here.)

Do the same with the two spellings of the *hard* **g** sound. Dictate syllables and words containing *hard* **g** and **gu**.

8 Números 1–12

Object: to teach numbers 1–12, simple arithmetic, and ¿Cuántos, -as?

Repita:

Model each number. After choral repetition, call on individual students to count consecutively to twelve in Spanish in groups of 3 numbers.

uno	1	**cinco**	5	**nueve**	9
dos	2	**seis**	6	**diez**	10
tres	3	**siete**	7	**once**	11
cuatro	4	**ocho**	8	**doce**	12

—— Actividades ——

1 *Ahora estudie (study) las ilustraciones y díganos (tell us):* What number do you think of?

1.   2.   3.

4.   5.   6.

7.   8.   9.

10.   11.   12.

You can make flashcards to cue and practice correct pronunciation of numbers. For further variety: play Tic-Tac-Toe using numbered boxes instead of blanks. Student must call correct number as he (she) marks the box.

2 Problemas de aritmetica

y	+
menos	−
por	×
es (singular), **son** (plural)	=

Dividido por has been omitted for simplicity. You may wish to include it in this drill.

With books closed, ask students to give you (or a volunteer) arithmetical problems to write on the board involving addition, subtraction, and multiplication. You can also dictate numbers to students either at the board, or seated.

Diga en español:
1. 1 + 1 = 2 (uno y uno son dos)
2. 2 + 1 = 3
3. 6 − 2 = 4 (seis menos dos son...)

4. 9 + 2 = 11
5. 3 + 5 = 8
6. 10 + 2 = 12

3 *Ahora complete:*

1. 6 + 1 =	6. 10 − 4 =	11. 4 × 3 =
2. 3 + 4 =	7. 11 − 8 =	12. 2 × 6 =
3. 2 + 3 =	8. 9 − 4 =	13. 3 × 3 =
4. 4 + 7 =	9. 4 − 1 =	14. 5 × 2 =
5. 5 + 6 =	10. 12 − 7 =	15. 2 × 3 =

Review meaning and use of **hay** (p. 20). Teach meaning of **¿cuántos? / ¿cuántas?**

4 *Ahora conteste:*
1. Hay un pianista, dos guitarristas y un clarinetista en el grupo musical.
   Conteste: ¿Cuántas (How many) personas hay en el grupo?
2. Hay siete chicos (boys) y cinco chicas (girls) en la clase.
   Conteste: ¿Cuántos estudiantes hay en la clase?
3. Hay cuatro maestros de español, tres maestros de francés y una maestra de italiano en mi escuela.
   Conteste: ¿Cuántos maestros de lenguas (languages) hay en la escuela?

If necessary, work out these problems at the board.

¿Sabe Ud.?

The Spanish way of writing numbers is a bit different from ours. Observe especialmente los números 1 y 7. ("Zero" en español es **cero.**)

1 2 3 4 5 6 7 8 9 10

29

■ **EN BREVE** ■

Números (Numbers) 1 - 12 (**uno** a **doce**)
¿Cuántos chicos hay?   How many boys are there?
¿Cuántas chicas hay?   How many girls are there?
¿Cuántos?, ¿Cuántas?   How many?

el **chico**   boy   la **chica**   girl

Actividad _____

Conteste, por favor: Add other games: **vólibol**; **fútbol**, etc.

1. ¿Cuántas personas hay en un equipo (team) de básquetbol?
2. ¿Cuántas personas hay en dos equipos de básquetbol?
3. ¿Cuántas personas hay en un equipo de béisbol?
4. ¿Cuántos maestros tiene Ud. (do you have)? (Tengo...)
5. ¿Cuántas clases tiene? (Tengo...)

■ **PRONUNCIACIÓN** ■

qu is just like the English **k.** It appears in Spanish only before an **e** or an **i**. Remember, the **u** does not sound at all.
Lea en voz alta (Read aloud):

¿**qué**? ¿**quién**? ¿**quiénes**? **quiero**, **quito**, **aquí**, **aquel**, **queso**, **quemo**, **toque**, **bloque**

(Incidentally, the letter **k** does not really belong to the Spanish alphabet. It appears only in a few words of foreign origin, such as **kilo** and **kilómetro**.)

x   When **x** appears between two vowels, it sounds very much like a hard **g** followed by a soft **s**. In other words, the Spanish **exacto** has no "eggs" in it. Say **egsacto, egsamen**.

Ahora diga:
exacto, exactamente, examen, éxito

(There is one exception: In the words **México** and **Texas**, the **x** is pronounced like the **j**.)
When **x** appears before a consonant, the Spaniard usually pronounces it like **s** (**extra** – **estra**). The Latin American says either **s** or **x**.

Diga otra vez:
extra, extraño, explicar, extranjero, extremo, experimento

Review the fact that the **k** sound is also written **c + a, o, u**. Dictate syllables and small words containing *hard* **c** and **qu** to see if students have grasped the point.

30

9 ¿Qué hora es?
What time is it?

Object: to teach the elements of telling time.

1. Es la una.
(It is one o'clock.)

2. Son las dos.
(It is two o'clock.)

3. Son las tres.

4. Son las _____.

5. Son las _____.

6. Son las _____.

7. _____.

8. _____.

9. _____.

10. Es la una y media.

11. Son las dos y media.

12. Son las seis y ____.

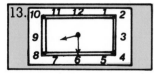
13. Son las _____.

14. Son _____.

15. _____.

16. Es la una y cuarto.

17. Son las dos y cuarto.

18. Son las cuatro y ____.

Using a model clock, cue different times. Have a contest. The first person to give the
correct time gets to set the clock for the rest of the class to respond.

Clarify and practice the difference between **Es . . .** versus **Son . . .** in telling time; also the difference between **¿Qué hora es?** and **¿A qué hora . . . ?**

19. Es la una menos cuarto.

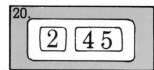

20. Son las _____.

21. Son _____.

22. Es la una y cinco.

23. Son las dos menos cinco.

24. Son _____.

___ **Actividad** _____

¿A qué hora...? (At what time...?)

CLASES	
1	9:00 – música
2	10:00 – historia
3	11:30 – matemáticas
4	12:15 – inglés
5	1:00 – español
6	1:45 – ciencia
7	2:30 – laboratorio

Ahora conteste:

1. ¿A qué hora es la clase de música? (La clase de música es a la (las)...)
2. ¿A qué hora es la clase de inglés? ¿y de ciencia?
3. ¿Y la clase de matemáticas? ¿y de español? ¿y de historia?
4. ¿A qué hora es la sesión de laboratorio?

Y una pregunta más (one more question):
¿Qué hora es ahora?

For variety: one student plays guidance counsellor, giving a class schedule to another. Encourage humor — study classes, lunch classes, TV classes, etc. to make up a busy schedule.

■ EN BREVE ■

¿Qué hora es?
What time is it?

—**Es la una.** It is one o'clock.
—**Son las dos.** It is two o'clock.
—**Son las tres y media.** It is 3:30.
—**Son las seis y cuarto.** It is 6:15.
—**Son las ocho menos cuarto.** It is 7:45, a quarter to 8

¿A qué hora . . .?
At what time . . .?

—**A la una** At one o'clock

la **hora** time, hour

Actividad

Conteste según (according to) las instrucciones. Por ejemplo:
1. "Mi clase de inglés es a las ocho y media. ¿Y su clase?" Now tell us what time your English class is. (Mi clase . . .)
2. "Mi clase de español es a las doce. ¿Y su clase?" Is your Spanish class at 12:00 too? Tell us.
3. "Mi hora libre (free) es a las once menos diez. ¿Y su hora libre?" Do you have a free hour? Tell us when it is.
4. "Son las cuatro y cinco ahora." Tell us what time it is where you are now (to the nearest half hour).

■ PRONUNCIACIÓN ■

b and **v**   There is no difference at all between the Spanish **b** and **v**. The English **v** does not exist in correct Spanish. If a word begins with **b** or **v**, say **b**.

Lea en voz alta ahora:
barba, barbero, bomba, bote, voto, vamos, venga, vaya

When the **b** or **v** appears between two vowels, the sound is weaker. Start to say a real **b**, but at the last moment, don't quite close your lips all the way.

Diga ahora:
cabo, cubo, tuvo, estuvo, cabe, sabe, ave, llave, nube, nave, andaba, hablaba

10 Los días de la semana

Buenos días. (Good morning.) ¿Cómo está?
Vamos a comenzar. (Let's begin.)

Diga Ud.:

lunes[1]	Monday
martes	Tuesday
miércoles	Wednesday
jueves	Thursday
viernes	Friday
sábado	Saturday
domingo	Sunday

hoy today   **mañana** tomorrow

___ Actividades _____

1 *Ahora conteste:*
1. ¿Qué día es hoy?
2. ¿Qué día es mañana?
3. Si hoy es lunes, ¿qué día es mañana?
4. Si hoy es jueves, ¿qué día es mañana?

—Hoy es (lunes, martes, etc.) _____.
—Mañana _____.
—Si hoy es lunes, mañana es _____.

2 *Conteste otra vez:*
1. Si mañana es domingo, ¿qué día es hoy?
2. Si mañana es viernes, ¿qué día es hoy?
3. Si mañana es sábado, ¿qué día es hoy?
4. Si mañana es lunes, ¿qué día es hoy?

3 *Estudie por (Study for) un momento el calendario, y conteste:*
¿Qué día de la semana es el 2 de octubre? ¿el 10? ¿el 6? ¿el 7? ¿el 12?

_____

[1]Notice that the Spanish week begins with Monday and that days of the week are not capitalized.
Incidentally, have you noticed anything else about the word **día**?

Model the days of the week and have choral repetition. Call on individual students to name the days of the week in order. Work for good pronunciation. Cover the information in the footnote. This information is considered passive with the exception of the fact that **día** is masculine.

CALENDARIO

OCTUBRE

lunes	martes	miércoles	jueves	viernes	sábado	domingo
1	2	3	4	5	6	7
8	9	10	11	12	13	14
15	16	17	18	19	20	21
22	23	24	25	26	27	28
	30	31				

¿Qué día es hoy?	**—Hoy es lunes.**
What day is today?	Today is Monday.
¿Qué día es mañana?	**—Mañana es martes (miércoles,**
What day is tomorrow?	**jueves, viernes, sábado,**
	domingo)
	Tomorrow is Tuesday –
	Wednesday, Thursday, Friday,
	Saturday, Sunday

el **día**   the day   **hoy**   today
la **semana**   the week   **mañana**   tomorrow

Actividad

Diga "Sí" o "No". But remember, if you say "No," you must tell why.

1. Hoy es lunes.
2. Hoy es sábado.
3. Mañana es miércoles.
4. Mañana es viernes.
5. Hay clases mañana.
6. Hoy hay clase de español.
7. Son las dos y media ahora.
8. Es la una y cuarto ahora.

1. Sí (No. Hoy es_____). (free response)   2. same as #1   3. Sí (No. Mañana es_____). (free response)   4. same as #3   5. Sí (No. No hay clases mañana). 6. Sí (No. Hoy no hay clase de español).   7. Sí (No. Es la (son las)_____ahora. (free response)   8. same as #7

■PRONUNCIACIÓN■

t   If you place the back of your hand close to your mouth when you say **t** in English, you will feel a slight breath come out. The Spanish **t** does not have that breath following it. To get the Spanish sound, put your tongue against the back of your upper teeth, and make sure that you feel or hear no breath come out.

Lea en voz alta:
tanto, tonto, tía, tinto, tinta, vista, cinta, manto, santo, Teresa, Tomás, título, tiempo, Sacramento, tenis, todo, historia, tuyo, estudio, Arturo

The *dental* t sound is relatively easy one to make and will *go a long way* to make a student's pronunciation sound good.

Álbum 1

¿Qué tiempo hace? (How is the weather?)

This is the first of two photo **Álbums** in the **Primera parte**. Each **Álbum** is designed for two or three days, even with the inclusion of selected supplementary materials from the Workbook. The **Álbums** are more photographic and cultural than the regular mini-lessons but their pacing and introduction of new vocabulary are about the same.

Hace frío.
It's cold out.

Hace mucho calor.
It's very . . .

Nieva.
It's snowing.

Llueve.
It's raining.

Hace calor.
It's warm (or hot) out.

Hace viento.
It's windy.

Explain that most weather expressions in Spanish include the word
hace. Por ejemplo: (model the expressions and have repetition)
Model each expression separately with student repetition before doing drills.

4

Ahora díganos:

¿Hace frío hoy?
¿Hace mucho frío?
¿Hace calor?
¿Hace mucho viento?

5

Use the visuals in this section to practice weather expressions. Assign students to draw or
cut out additional visuals and to ask other students: **¿Qué tiempo hace?**

Los meses y las estaciones (The months and the seasons)

enero

febrero

marzo

el **invierno**

julio

agosto

septiembre

el **verano**

abril

mayo

junio

la **primavera**

octubre

noviembre

diciembre

el **otoño**

Model each month and season separately with student repetition before doing drills. Two common writing errors occur in **octubre** and **diciembre**. Stress these during writing phase.

Actividad

Ahora conteste: Present and practice: **¿Cuál es . . . ?** and **¿Cuáles son . . . ?**

1. ¿Cuál es el primer mes (Which is the first month) del año?
   (In case you're curious: When **de** — "of, from" — comes before **el**, the two combine into **del**.)
2. ¿Cuál es el segundo (second) mes del año?
3. ¿Cuáles (Which) son los meses del invierno? ¿Y de la primavera? ¿Y del verano? ¿Y del otoño?
4. ¿En qué mes llueve más (most)? ¿En qué mes hace más viento?
5. ¿Cuáles son los meses del béisbol? ¿Y del fútbol norteamericano?
6. ¿Qué estación del año le gusta más? ¿Qué meses le gustan más?
7. ¿Le gusta más el calor o el frío? ¿el verano o el invierno?
8. ¿En qué mes es el Día de San Valentín?
9. ¿En qué mes es su cumpleaños (birthday)?
10. ¿En qué mes es el día de San Patricio?
11. ¿En qué mes son las elecciones nacionales?

¿Sabe Ud.?

En partes de Argentina y Chile las estaciones del año son:

enero, febrero, marzo	el verano
abril, mayo, junio	el otoño
julio, agosto, septiembre	el invierno
octubre, noviembre, diciembre	la primavera

Actividad

Su prima Rafaela es de Nueva York. Su amigo Rafael es de Bariloche, Argentina y celebra la Navidad (Christmas) en un mes de calor. Muy bien, Rafaela y Rafael, ahora:

	Rafaela	Rafael
1. ¿Hace frío o calor en enero?	Hace frío.	¡No!_____
2. ¿Hace frío o calor en agosto?	_____	_____
3. ¿En qué meses hace mucho calor?	_____	_____
4. ¿En qué meses nieva?	_____	_____

41

¿Cuál es su signo?

emocional, doméstico, nervioso

sociable, dominante, creativo

dinámico, variado, ingenioso

industrioso, perfeccionista, generoso

práctico, persistente, afectuoso

diplomático, razonable, justo

activo, ambicioso, valiente

posesivo, perceptivo, enérgico

afectuoso, idealista, artístico

filosófico, independiente, impulsivo

honesto, intelectual, imaginativo

ambicioso, conservador, constante

Actividad

Estudie por (Study for) un momento los diferentes signos y sus cualidades (their qualities). Ahora, ¿puede Ud. adivinar (can you guess) los signos de sus amigos, y de su maestro (maestra)? Por ejemplo:

—(Micaela, Eduardo, Señor..., Señora...), Ud. es una persona muy ____. ¿Su signo es Leo?

—No. Mi cumpleaños (birthday) es en ____. Mi signo es ____.

O posiblemente

—Sí, mi cumpleaños es en ____. Mi signo es Leo.

(Your reward if you guess right? ¡"A" en astrología!)

Have students turn back to the map in Section 4 or use a
wall map. Ask these same questions about other countries
and geographical locations.

■ EN BREVE ■

Hace (mucho) frío.	It's (very) cold out.
Hace (mucho) calor.	It's (very) warm out.
Hace (mucho) viento.	It's (very) windy.
Llueve.	It's raining.
Nieva.	It's snowing.

Los meses del año   The months of the year
**enero, febrero, marzo, abril, mayo, junio, julio,
agosto, septiembre, octubre, noviembre, diciembre**

Las estaciones del año   The seasons of the year
  el **invierno** winter   la **primavera** spring
  el **verano** summer   el **otoño** autumn

¿Cuál es . . .?, ¿Cuáles son . . .?   Which is . . .?, Which are . . .?
¿En qué mes . . .?   In what month . . .?

  el **mes** month   el **año** year   la **estación** season

       de + el = del

Actividades —————————————————————————

1 *Exprese en español, según (according to) los modelos:*
  1. My birthday is in May. <u>Mi cumpleaños es en mayo.</u>
    My birthday is in _____ (tell your real birthday month).
  2. My parents' anniversary is in March. <u>El aniversario de mis</u>
    <u>padres es en marzo.</u>
    The anniversary of my aunt and uncle (mis tíos) is in
    September. _____
  3. My favorite season is fall. <u>Mi estación favorita es el otoño.</u>
    My favorite season is spring. _____
  4. There are twelve months in a year. <u>Hay doce meses en un año.</u>
    There are seven days in a week. _____

2 **¿Verdad o Falso?** True or False?

  1. Hace mucho frío hoy.
  2. Hace mucho calor en Panamá.
  3. Hace mucho calor en Alaska.
  4. En Canadá nieva más en el verano.
  5. En Centroamérica el año tiene dos estaciones.

En breve answers: [1] 1. Mi cumpleaños es en_____. (free response)   2. El aniversario de mis tíos es en
septiembre. 3. Mi estación favorita es la primavera. 4. Hay siete días en una semana.   [2] 1. (free
response) 2. Verdad 3. Falso 4. Falso 5. Verdad

43

Una vista impresionante de los Andes. Colombia, Sudamérica.

■ PRONUNCIACIÓN ■

d There are several ways of pronouncing **d** in Spanish. The difference depends on its position. For example:

When the **d** stands between two vowels, it is pronounced like the voiced English **th** in "father."
Diga, por favor:
na**d**a, ca**d**a, to**d**o, mo**d**o, halla**d**o, habla**d**o, comi**d**o, anda**d**o, vivi**d**o, bebi**d**o, Esta**d**os Unidos

At the end of a word, the **d** is like a **th**, but very soft.
Diga otra vez:
liberta**d**, universida**d**, fraternida**d**, verda**d**, bonda**d**, unida**d**
And in most other positions, it is like the Spanish **t**, but voiced.
Repita una vez más (one more time):
Dígame, ¿**D**ónde?, **d**oy, **d**an, **d**irecto, **d**uro, cuan**d**o, **d**ando

The Spanish **d** sound is another one that is relatively easy to make. Encourage students to work on it as it will also *go a long way* in making pronunciation sound good.

Observaciones y Repaso I

Repaso means "Review." Let's see what we've learned up to now.

A. Every person or thing in Spanish is either masculine or feminine. And so, the articles ("the," "a," "an") must be masculine or feminine too. Remember also that just as in English, we have singular and plural: *One* person or thing is singular; *two* or more are plural.

    1. the   These 6 structures are now active. They will not be covered again formally.

        el padre   the father   **la madre**   the mother

        los padres   the parents, the fathers   **las madres**   the mothers

    2. a, an

        un padre   a father   **una madre**   a mother

B. How can we tell whether a word is masculine or feminine?

    1. All words that refer to males and most words that end in **o** are masculine.

        el hijo   the son   **un libro**   a book

        el estudiante   the (boy) student   **un artista**   a (male artist)

    2. All words that refer to females and most words ending in **a** are feminine.

        la hija   the daughter   **una pluma**   a pen

        la estudiante   the (girl) student   **una artista**   a (woman) artist

    El día (masculine), the day, is an exception: ¡Buenos días!

C. Here's how we make a noun plural:

If it ends in a vowel (a, e, i, o, u), just add **-s**:

        chico ⟶ chicos   clase ⟶ clases

If it ends in a consonant, add **-es**:

        papel ⟶ papeles   mes ⟶ meses

Words ending in **–ción** lose their accent mark in the plural:

        estación ⟶ estaciones

And one more thing: Words that end in **-z** change **z** to **c** in the plural:

        lápiz ⟶ lápices (There are very few of these.)

        1   la madre, el padre, el hermano, la tía, el hijo, la familia, el abuelo, la pizarra, la clase, la hora, la semana, el día, el año, el mes

Práctica

1   *Diga la forma correcta del artículo definido (Say the correct form of the definite article, "the"). Por ejemplo:*

    maestro ⟶ el maestro   maestra ⟶ la maestra

    madre, padre, hermano, tía, hijo, familia, abuelo, pizarra, clase, hora, semana, día (¡Cuidado! / Careful!), año, mes

2 *Diga ahora la forma correcta del artículo indefinido (indefinite article, "a" or "an").*
Por ejemplo:

abuelo ⟶ un abuelo   amiga ⟶ una amiga

profesor, profesora, pluma, papel, lápiz, hora, día (!), semana, año, mexicano, venezolana, español, española, cubano, colombiana, texano

3 *Ahora diga la forma plural.*
Por ejemplo:

el tío ⟶ los tíos   la prima ⟶ las primas

el esposo, la esposa, el primo, la hermana, el papel, la pluma, el lápiz, la estación, el día, el año, el mes, la semana, el argentino, la chilena

D. I am, you are...   Explain that the forms **soy** and **es** are part of the same verb without dealing with concept of infinitives.

(Yo) soy . I am (inteligente, brillante, fantástico, etc.)
(Usted, Ud.) es   You are (dinámica, fabulosa, superior)
Mi familia es...   My family is (inglesa, italiana, americana)
Mis padres son   My parents are (maravillosos, terribles, generosos)

Explain *informally* that **yo** may be omitted but that **Ud.** is normally used.

E. I am not... Are you?

How do you make a sentence negative? Just put **no** before the verb:

(Yo) no soy... Ud. no es... Mis padres no son...

How do you make it into a question? Put the subject after the verb. Or you can even put the subject at the very end.

Ud. es americano. ⟶ ¿Es Ud. americano?
Su familia es cubana. ⟶ ¿Es cubana su familia?

F. Since every person or thing in Spanish is masculine or feminine, words that describe them (adjectives) must be masculine or feminine too.

1. If an adjective ends in **o**, we make it feminine by changing the **o** to **a**:
   Mi padre es mexicano.   Mi madre es mexicana.
   Otherwise, there usually is no change:

   José es brillante.   Elena es brillante.
   Carlos es sentimental.   Luisa es sentimental.

   One exception: When an adjective of nationality ends in a consonant, the feminine form adds an **a**.

Mi tío es español.   Mi tía es española.

Mi amigo es japonés.   Mi amiga es japonesa.

2. To make an adjective plural, do the same as you do for nouns. That is: Add **-s** if the singular ends in a vowel; if it ends in anything else, add **-es**:

Los estudiantes son muy buenos.

¿Son españolas sus amigas?

Mis hermanos son muy intelectuales.

Las ideas son interesantes.

Práctica

1 *Conteste:* Personalized.

1. ¿Es Ud. texano (texana)? 2. ¿Es Ud. caroliniano(a)? 3. ¿Es Ud. muy generoso(a)? 4. ¿Es Ud. muy sentimental? 5. ¿Es Ud. un estudiante (una estudiante) fenomenal? 6. ¿Es muy artística su madre? (Sí, mi . . ., No, . . .) 7. ¿Son muy activos sus amigos? (Sí, mis . . ., No, . . .) 8. ¿Hay una persona famosa en su familia? 9. ¿Hay hispanoamericanos en su escuela? 10. ¿De dónde es su familia? ¿De dónde son sus abuelos?

2 *Now make these sentences negative:*

1. Mi profesor es chileno. 2. ¿Es Ud. puertorriqueña? 3. Son mis amigos. 4. Pedro es de Madrid. 5. ¿Hay clases mañana? 6. Tengo muchos primos. 7. Soy un (una) estudiante excepcional.

3 *Complete en una forma original:*

1. Mi clase de español es . . . 2. Mis amigos son . . . 3. Yo soy . . . 4. ¿Es Ud. . . . ?   If necessary, model one or two completions.

4 *Ahora cambie (Change each word group, according to the new word that follows).*

Por ejemplo:

una escuela fabulosa (un hotel) <u>un hotel fabuloso</u>

mi amigo favorito (amigos) <u>mis amigos favoritos</u>

1. una semana fantástica (un día)
2. los maestros italianos (un maestro)
3. una idea muy original (dos ideas)
4. mi tío favorito (tíos)
5. un hombre ambicioso (familia)
6. un perfume francés (los perfumes)
7. los estudiantes ingleses (las estudiantes)
8. un padre español (madre)

47

11 Números 13–30

Object: to teach numbers 13–30; more simple arithmetic and more on telling time.

Vamos a repasar (Let's review):

uno,	dos,	tres,	cuatro,	cinco,	seis
1	2	3	4	5	6
siete,	ocho,	nueve,	diez,	once,	doce
7	8	9	10	11	12

Ahora vamos a continuar:

1. trece	13	7. diez y nueve	19	13. veinte y ___	25
2. catorce	14	8. VEINTE	20	14. _____	26
3. quince	15	9. veinte y uno	21	15. _____	27
4. diez y seis	16	10. veinte y dos	22	16. _____	28
5. diez y siete	17	11. veinte y tres	23	17. _____	29
6. diez y ocho	18	12. veinte y ___	24	18. TREINTA	30

You may wish to make and use cue cards when modeling numbers and to cue students response.

Actividades

1 Problemas de aritmética

Lea en voz alta, y haga sus números (do your figuring) en español:

1. $17 + 10 =$ 4. $16 + 14 =$ 7. $24 + 6 =$
2. $3 + 15 =$ 5. $22 - 7 =$ 8. $6 \times 5 =$
3. $12 + 13 =$ 6. $30 - 8 =$ 9. $4 \times 8 =$

Do not overdo arithmetic problems.

2 *Ahora conteste en español:*
1. ¿Cuántos días hay en el mes de abril?
2. ¿Cuántos días hay en julio?
3. ¿Cuántas semanas hay en febrero?
4. ¿Cuántas horas hay en un día?
5. ¿Cuántos estudiantes hay en su clase de español?

3 ¿Qué hora es?   Review telling time and practice numbers 1–30.

1.

Es la una y cuarto (o quince).

2.

Es la una y veinte.

3.

Es la una y veinte y cinco.

4.

Son las dos y _____.

5.

Son las dos y _____.

6.

Son las dos menos _____.

48   Game: ¿Es el número . . . ? A student thinks of a number between 1 and 30. Other students guess by asking ¿Es el número . . . ? The one who guesses correctly gets to think of a new number, etc.

4 <u>¿Temprano o tarde?</u> (Early or late?) *Estudie las ilustraciones y díganos:*

¿Es temprano o tarde?　　¿Es temprano o tarde?　　¿Es temprano o _____?

■ EN BREVE ■

Números 13 - 30 (**trece a treinta**)
¿Qué hora es?
—**Es la una y cuarto (o quince).** It is 1:15.
—**Son las tres menos veinte.** It is twenty to 3:00 (or 2:40).
Es tarde. It's late. **Es temprano.** It's early.

Actividad

1. 10 + 9 =	**5.** 26 − 5 =	**9.** 3 × 9 =
2. 13 + 16 =	**6.** 30 − 8 =	**10.** 6 × 4 =
3. 12 + 11 =	**7.** 17 − 14 =	**11.** 4 × 7 =
4. 16 + 15 =	**8.** 32 − 15 =	**12.** 5 × 5 =

Many students can succeed with the **rr** sound by imitating the sound of a motor.

■ PRONUNCIACIÓN ■

r The Spanish **r** is very different from the English **r**. Place your tongue gently near the front upper part of your mouth, and let it bounce against the roof as the breath comes out. Above all, your lips *should never move* when you say a Spanish **r**. A good way to practice it is to say the word "butter" over and over again very rapidly: butterbutterbutterbutterbutter, etc. If you listen carefully, what you hear will be a Spanish **r**! Lea en voz alta:

moro, toro, pero, cero, cara, para, pera, cera, curo, puro, mira, lira, hablar, escuchar, contestar, comer, comprender, leer

rr The double **r** (**rr**) is a separate consonant in Spanish. It is pronounced like the single **r**, but with much more force. Instead of bouncing only once against the roof of the mouth, the tongue bounces two, three, or even four times. Diga otra vez:

caro, carro; para, parra; coro, corro; era, yerra; pero, perro; cero, cerro; hierro, cierro; barrera, carrera

1. diez y nueve   2. veinte y nueve   3. veinte y tres   4. treinta y uno   5. veinte y uno
6. veinte y dos   7. tres   8. diez y siete   9. veinte y siete   10. veinte y cuatro
11. veinte y ocho   12. veinte y cinco

12 ¿Habla Ud. japonés?
Do you speak . . . ?

Object: to teach singular forms of regular -ar verbs and concept of infinitive.

Repita, por favor:

inglés, francés, español, portugués, italiano, ruso, chino, holandés

___ Actividades ___

1 **¿Habla Ud....?** **—Sí, hablo...**

Ahora conteste: Model the question and the answer several times.

1. ¿Habla Ud. japonés?   —Sí, hablo...
   (Do you speak Japanese?)   (Yes, I speak; I do speak...)
   —No, no hablo... (No, I don't...)

2. ¿Habla Ud. francés?   Model each language with group and individual
3. ¿Habla Ud. italiano?   repetition before doing drills.
4. ¿Estudia Ud. español o ruso?   —Estudio... (I'm studying...)
   (Are you studying...?)

Estudiantes en la Universidad del Norte, Barranquilla, Colombia.
¿Hablan (are they speaking?) de los profesores?

5. ¿Estudia Ud. historia?
6. ¿Escucha Ud. mucho el radio?   —Sí, escucho...
   (Do you listen much to...?)   —No, no escucho...
7. ¿Escucha Ud. en la clase?   Add other languages from the list above.
8. ¿Contesta Ud. mucho en la clase   —Sí, contesto...
   de español? (Do you answer...?)   —No, no contesto...
9. ¿Contesta Ud. mucho en la clase de inglés?

Add: **bien; el teléfono; música americana;** etc.

Ud. (usted) is a polite way of talking to people with whom
you're not very close. Spanish also has a friendly "you," an
informal way of speaking to relatives or friends. Here's how
you do it: Instead of saying **¿Habla Ud.?,** you add **-s** onto
habla and you drop the **usted.**

New concept. Cover informally here, elaborating further
in **Observaciones y Repaso** section.

Establishing pattern: Do you
(friendly)...? I... Contrast with
polite pattern above. Teach concept: the friendly *you* is included in
verb form.

2 **¿Hablas...? —Sí, hablo...**

Y conteste:

1. Amigo, ¿hablas inglés?   —Sí, hablo...
   (..., do you speak English?)   —No, no hablo...
2. Pepita, ¿hablas chino?
3. Riqui, ¿estudias francés?   —Sí, estudio...
                                     —No, no estudio...
4. Chico, ¿escuchas?   —Sí,...
   (Say, kid, are you listening?)   —No,...
5. Toño, ¿no contestas el teléfono?
   (Tony, don't you answer...?)

3 **¿Habla...? —Sí, habla...**

Conteste otra vez:

1. ¿Habla español su familia?   —Sí, mi familia habla...
   (Does your family speak...?)   —No, mi familia no habla...
2. ¿Habla italiano su padre?
   (Does your father speak...?)
3. ¿Estudia español su hermano?   —Sí, mi hermano estudia...
                                     —No, mi hermano no...
4. ¿Estudia ciencia su hermano?
5. ¿Contesta en español su clase?
6. ¿Escucha música popular su madre?
   (Does your mother listen to...?)

■ EN BREVE ■

All the verbs we've just been using belong to what we call the first group or conjugation. The infinitive form — that is, "to speak," "to study," "to listen," "to answer"— ends in **–ar:**

hablar   to speak   **escuchar**   to listen
estudiar   to study   **contestar**   to answer

The **yo** (I) form always ends in **–o: hablo**
The polite **usted** (you) form always ends in **–a.** So does the form for a third person — he, she, my father, the class: **habla**
The friendly "you" adds **–s** onto the usual ending for **usted: hablas**

Actividad _____ 1. (Yo) estudio música.   2. Mi tío Pío habla mucho.
                 3. Mi tía María contesta el teléfono.   4. Amigo, ¿hablas japonés?

Can you make sentences out of these words and pictures?

Por ejemplo: Yo escuchar   (Yo) escucho el radio.

1. (Yo)   estudiar   (Yo) _____ .

2.   hablar   mucho   Mi tío _____ .

3.   contestar   _____ .

4. Amigo, hablar   Amigo, ¿ _____ ?

■ PRONUNCIACIÓN ■

Where does the accent fall? The rule is quite simple:
If the word ends in any consonant except **n** or **s**, the accent or weight falls on the ending. For example:
Lea en voz alta:
español, caminar, tener, hacer, libertad, universidad, real, cruel, capaz, hospital

If the word ends in a vowel or **n** or **s**, the accent or weight falls just before the ending.
Lea otra vez:
pasa, masa, cero, cinco, donde, cuando, primo, alto, padre, madre, hijo, hermanos, abuelos, caminos, escriba, repita, contesten, escuchen

If the word does not follow this rule, a written accent is placed over the vowel that is supposed to get the weight:
corazón, lágrima, lástima, unión, nación, fácil, difícil, teléfono

The accent rule should be learned actively. Dividing words into syllables on board will help to clarify this principle. Dictate these words to students mixing words which require a written accent with those which do not.

13 ¡Sí, sí, comprendo!
Yes, yes, I understand!

Object: to teach singular forms of regular -er and -ir verbs.

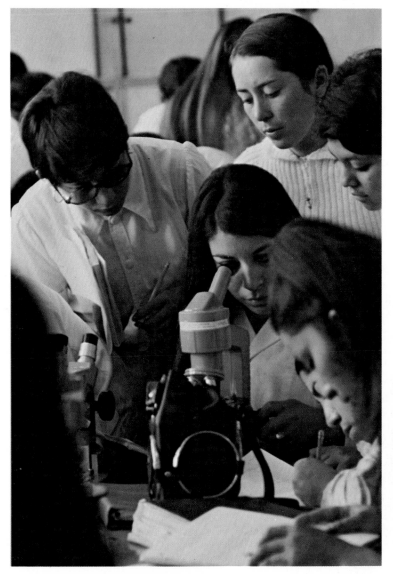

Clase de ciencia en una escuela superior de Quito, Ecuador. Los estudiantes aprenden más con el microscopio.

Un joven (young) dominicano escucha atentamente y escribe en una clase de inglés. ¿Comprende mucho? Sí, poco a poco (little by little).

Repita, por favor:

aritmética, ciencia, geografía, historia, literatura, arte,
matemáticas, música, español, inglés

Model each subject with group and individual repetition before doing
drills. Add other languages from Section 12.

— **Actividades** ——————————————————

1 **¿Comprende Ud....?** —**Sí, comprendo...**

Ahora conteste:

1. ¿Comprende Ud. español?   —Sí, comprendo...
   (Do you understand...?)   —No, no comprendo...

2. ¿Comprende Ud. matemáticas?

3. ¿Lee Ud. mucho?   —Sí, leo... (Yes, I read...)
   (Do you read a lot?)   —No, no leo...

4. ¿Lee Ud. libros de historia?

5. ¿Aprende Ud. rápidamente?   —Sí, aprendo...
   (Do you learn...?) Make sure students hear the difference between new -e ending and
   -a ending taught in Section 12.

6. ¿Aprende Ud. rápidamente ciencias?

7. ¿Escribe Ud. bien?   —Sí, escribo...
   (Do you write well?)   —No,...

8. ¿Escribe Ud. poemas?

9. ¿Escribe Ud. música?

10. ¿Dónde vive Ud.?   —Vivo en...
    (Where do you live?)

11. ¿Vive Ud. en un apartamento?   —Sí, vivo...
                                    —No, no vivo...

Make sure students hear the difference between
new -es ending and -as ending taught in Section 12.

2 **Paco, ¿comprendes esto?**   —**Sí, comprendo esto.**
(Frank, do you understand...?) —**No, no comprendo...**

Ahora conteste:

1. Diego, ¿lees un libro ahora?   —Sí, leo...
   (Jim, are you reading...?) Use topics in 1 above to ask as many

2. Sarita, ¿aprendes francés o español? questions as possible using these new

3. Emilia, ¿escribes hoy los ejercicios? verbs.

4. Josefina, ¿vives en Chicago?

Yes, these verbs are very much like the ones we learned the
other day. Some of their endings are different because they
belong to what we call the second and third conjugations (or verb
groups). The infinitive of second conjugation verbs ends in **–er.**
The infinitive of third conjugation verbs ends in **–ir.**

Cover informally here. Elaborate further in **Observaciones y Repaso** section.

Otra vez, en Santo Domingo. Los estudiantes leen y conversan en una hora de receso.

Un joven chicano aprende a usar la computadora en Albuquerque, Nuevo México. ¡Hay un "Albuquerque" en España también (too)!

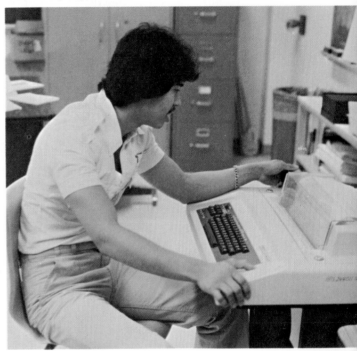

3 **¿Comprende su madre...?** —Sí, mi madre comprende...

Y conteste otra vez:
1. ¿Comprende italiano su madre?
   (Does... understand...?)
2. ¿Lee mucho su padre?
   (Does your father read a lot?)
3. ¿Aprende la guitarra su hermano
   (o su hermana)?
4. ¿Escribe mucho en la pizarra su
   profesor (profesora)?
5. ¿Dónde vive su familia?

—Sí, mi madre comprende...
—No, mi madre no comprende...

—Mi familia vive en...

4 **¡Vamos a actuar!** (Let's act out!)
Write a question on a piece of paper. You may use any of the verbs or subjects or topics we've been talking about: **¿Habla Ud. chino?, ¿Estudias el piano?, ¿Lee mucho su madre?,** etc. Place all the questions in a box, and then one by one, you and your friends will have to pick them out, and act them out!

Cover informally here, elaborating further in **Observaciones y Repaso** section. Contrast these verbs with those in Section 12.

■EN BREVE■

2nd conjugation, **–er**
comprender   to understand
aprender   to learn
leer   to read

3rd conjugation, **–ir**
escribir   to write
vivir   to live

The **yo** (I) form always ends in **–o: leo, vivo**
The **usted** form and the form for any third person — he, she, it, my uncle Pete — ends in **–e: lee, vive**
And the friendly "you" adds an **–s** to the **usted** form: **lees, vives**

Actividad

Otra vez — Can you make sentences out of these words and pictures?

1. (Yo)   escribir   (Yo) _____.

2.   vivir   Mi _____ en _____.

3.   leer   _____ interesante.

4. Amigo,   aprender   Amigo, ¿ _____?

---

1. (Yo) escribo música.   2. Mi tío Pío vive en Hawaii.   3. Mi tía María lee un libro interesante.   4. Amigo, ¿aprendes japonés?

14 ¿De qué color es el amor?
What color is love?
Object: to teach common colors and related questions.

Model each color on the wheel before asking questions.

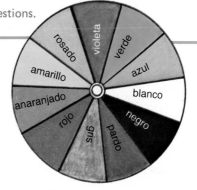

—— Actividades ——

1 *Conteste ahora:*
1. ¿De qué color es una manzana?
2. ¿De qué color es una naranja?
3. ¿De qué color son las bananas?
4. ¿De qué color es la hierba?
5. ¿De qué colores son las flores?
6. ¿De qué color es el océano?
7. ¿Y el cielo?
8. ¿Y el sol?

Emphasize use of ¿**De** . . . ? in this expression.

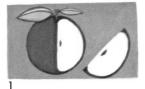

1

2

3

4

5

6

7

8

9. ¿Cuáles son los colores de la bandera norteamericana (American flag)?
10. ¿Y de la bandera italiana?
11. ¿Y de la bandera francesa?
12. ¿Cuáles son los colores de la bandera española?
13. ¿Cuáles son los colores de la bandera británica?

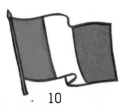

10

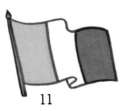

11

12

13

14. ¿De qué color es el Día de San Valentín (St. Valentine)?
    ¿De qué color es el Día de San Patricio? ¿Cuáles son los
    colores del 4 de julio?
    ¿Cuáles son los colores de la Navidad (Christmas)?
15. ¿Cuáles son los colores del invierno? ¿Y del otoño? ¿Y del verano?
16. ¿De qué color es el silencio? ¿De qué color es la felicidad (happiness)?
    ¿De qué color es un problema? ¿De qué color es el amor?

2 Vamos a adivinar (Let's guess)

Write on a piece of paper the name of a color, and pass the
paper to another student in your class. The person who gets
your slip of paper has to act out the color so that your other
classmates can guess what it is. If he or she can get the idea
across, he or she wins. If he or she can't, you do, and you get
another chance. ¡Vamos a comenzar (begin)!

■ EN BREVE ■

¿De qué color es...? What color is...?

rojo red	**azul** blue	
negro black	**amarillo** yellow	
blanco white	**verde** green	
pardo brown	**gris** gray	

Actividad

Conteste una vez más:

1   2   3   4

1. ¿Cuáles son los colores de la bandera mexicana?
2. ¿Y de la bandera argentina?
3. ¿Y de la bandera brasileña?
4. ¿Y de la bandera chilena?

Y una cosa más (one more thing): ¿Cuál es su color favorito?

1. (los colores de la bandera mexicana son) verde, blanco y rojo.   2. (. . . de la bandera
argentina) son azul y blanco.   3. (. . . de la bandera brasileña) son verde, amarillo y azul.
4. (. . . de la bandera chilena) son rojo, blanco y azul.   5. (Mi color favorito) es _____.
(free response)

15 Escuche y repita, por favor.

Today we're going to learn about giving people orders. *Por ejemplo, repita Ud.:*

1. Pedro Vega, ¿escucha Ud.?
   (Are you listening?)

Pedro Vega, ¡escuche Ud.!
(Listen!)

2. Señor Montes, ¿no habla Ud.?

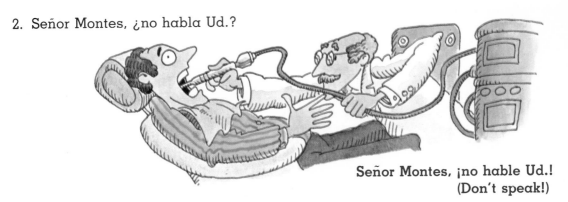

Señor Montes, ¡no hable Ud.!
(Don't speak!)

3. Señorita, ¿contesta Ud. el teléfono?

Señorita, ¡conteste Ud. . . . !
(Answer . . . !)

Object: to teach some expressions of courtesy and to give an informal introduction to polite commands used in giving classroom instructions. The objective is a passive recognition, rather than active use, of these command forms. This topic will be formally taught in Lesson 12.

59

As you can see, when we tell you (**usted**) to do something, we just change the final **a** of the verb form to **e** — that is, if we're using a normal **–ar** verb. Now how do you think we give commands when we use our normal **–er** or **–ir** verbs? *Observe, y repita otra vez:*

4. ¿Lee Ud. en voz alta?
   (Do you read aloud?)

¡Lea Ud. en voz alta!
(Read . . .!)

5. ¿Aprende Ud. español?

No, señor. ¡Aprenda Ud. español!
(Learn . . .!)

6. ¿No abre Ud. la puerta?
   (Aren't you opening the door?)

¡Ay, no! ¡No abra . . .!

Make sure students understand the difference between the contrasting example. Demonstrate by giving additional examples in English, if necessary. Have students repeat after you. They should hear the difference in intonation patterns.

By the way:
1. We don't have to use **Ud.** (**usted**) every time we give a command:
   Repita..., or **Repita Ud.** Either way is all right.
2. If we want to give the order to more than one person at a time, we just add **–n** to the **usted** form of the verb, with or without the word **Uds.** (**ustedes**):

Escuche (Ud.) ⟶ **Escuchen (Uds.)**

1. Señorita, pase (Ud.) a la pizarra. (..., go to the board.)
2. Carmen, José, pasen (Uds.) a la pizarra.
3. Por favor, Señorita Lema ¡hoy no!

Un poco de cortesía (A little courtesy)

4. **Pase Ud., por favor.** (Come in, please.)
5. **Gracias. Muchas gracias.** (Thanks. Thanks very much.)
6. **De nada.** (You're welcome.)

7. **Abra la ventana, por favor.** (Open...)
8. **Con mucho gusto.** (Glad to.)
9. **¡Ay, perdón!** (Oh, excuse me!)

Let's work these commands into polite dialogues, and then act them out.

1. Ud: Abra la puerta, ____
   Señor Vargas: Con ____
   Ud.: Gracias.
   Señor Vargas: ____

2. Ud.: Cierre la puerta, ____
   Señorita Alas: ____
   Ud.: ____
   Señorita Alas: ____

3. Ud.: Cierren los libros, ____
   La clase: ____
   Ud.: ____
   La clase: ____

4. Ud.: Ahora repitan, ____ ¡Viva el español!
   La clase: ¡ ____ !
   Ud.: ____
   La clase: ____

■ EN BREVE ■

Por favor	Please
Con mucho gusto	Glad to
Gracias, muchas gracias	Thanks, thanks very much
De nada	You're welcome
Perdón, Perdone(n)	Excuse me

Escuche Ud.	**Escuchen Uds. (ustedes)**	Listen!
Repita Ud.	**Repitan Uds. (ustedes)**	Repeat!

Actividad ___

1. Ask someone politely to do something (open the book, close the door, etc.). Now thank the person.
2. Make believe that someone has just asked you to do something. What do you say? What do you say when the person thanks you?
3. Now make believe that you have just interrupted or bothered somebody. What do you say?

1. ____ (person's name), ____ , por favor. (free response); Gracias.; 2. Con mucho gusto; De nada;   3. Perdón (Perdone(n).

62

16 ¿Cómo está Ud.?
How are you?

Good morning, Mr. . . .   **. . . How are you?**   **Fine, thank you . . .**

If you didn't know: **Sr. (señor)** means "Mr."
Sra. (señora) means "Mrs."
Srta. (señorita) means "Miss"
(There is no "Ms." in Spanish, but they do
call **señora** any lady, married or not, who
is over a certain age!)

—— Actividad ————————————————

Ahora, complete Ud. estas (these) conversaciones:

1.

Good afternoon, . . .   **Very well . . .**   **. . . Well, goodbye . . . So long.**

Object: to teach common expressions of courtesy. Explain to the class that you are going to be very formal
today. Each of the "men" will be **señor**, and each of the "ladies" will be **señorita**! Each time you call on a
student, use the appropriate title so students will become familiar with them.

2.

Buenas noches, Srta. Alas. _____

¿_____?

_____, Gracias.

¿_____?

_____.

_____, y muy buenas noches.

Adiós. Hasta mañana.

Good evening, . . .   **. . . and good night.**   **. . . Till tomorrow.**

Yes, **Buenas noches** means both "Good evening" and "Good night."

¿Sabe Ud.?

In some ways, Spanish-speaking people are a bit more formal than we are in their greetings. For example, to greet someone with whom you are not very close, you say: "Buenos días," "Buenas tardes," or "Buenas noches." You would say "Hola. ¿Cómo estás?" only to a close friend or relative. A good guide is to always use **Usted** and the more formal greetings unless you're on a first-name basis with someone. That way, you can never go wrong.

3.

Hola, Pepe. ¿Cómo estás?

Así, así.

Pues, hasta luego, ¿eh?

So — so.   **Well, so long —**

___ **Actividades** ___

1 *Estudie por un momento la ilustración, y prepare una conversación original:*

La mañana
morning

You meet your neighbor, Mr. Salinas, on his way to work. What do you say? What does he reply? You talk a bit about the weather, and then you say goodbye.

Ud.: Buenos _____

Sr. Salinas: _____

Ud.: _____

Sr. Salinas: _____

Ud.: _____

Conteste ahora:

1. En su opinión, ¿qué hora de la mañana es? (Son...)
2. ¿Qué estación del año es?
3. ¿Hay muchas personas en el bus?
4. ¿Usa Ud. frecuentemente el bus?

2 *Estudie la ilustración, y prepare otra vez una conversación:*

La tarde
Afternoon

You run into your favorite teacher, Srta. ____ (who speaks only Spanish, of course!). You greet each other. You ask how her family is. She asks whether you like your classes, and then... So long!

Ud.: Buenas _____

Srta.: _____

Ud.: _____

Srta.: _____

Ud.: _____

Srta.: _____

Conteste otra vez:

1. ¿Qué hora de la tarde es?
2. ¿Qué estación del año es?
3. En su opinión, ¿qué día de la semana es?
4. ¿Cuántos estudiantes hay en la ilustración?
5. ¿Son estudiantes de escuela primaria, de escuela intermedia o de escuela superior?

"¡Hombre! ¡Qué gusto! ¿Y cómo está la familia?" Cali, Colombia

Buenos días Good morning	**la mañana** morning
Buenas tardes Good afternoon	**la tarde** afternoon
Buenas noches Good evening, Good night	**la noche** night

¿Cómo está Ud.? ¿Cómo estás? How are you?
Muy bien, gracias Very well, thanks
Así, así So-so
Adiós Goodbye   **Señor (Sr.)** Mr.
Hasta mañana Till tomorrow   **Señora (Sra.)** Mrs.
Hasta luego So long   **Señorita (Srta.)** Miss

Actividad ————————————————————————

(free response)
1. Say "Good morning," Good afternoon," or "Good evening" to someone and ask how the person is.
2. Suppose someone has just asked you how you are. What do you reply?
3. Say "Hi" to a friend and ask how he or she is. What do you think your friend will say? How will you say "Goodbye"?

17 Números, otra vez

Object: to teach numbers 31–1,000.

Vamos a repasar (review):

diez,	once,	doce,	trece,	catorce,	quince
10	11	12	13	14	15

diez y seis,	diez y siete,	diez y ocho,	diez y nueve
16	17	18	19

veinte,   veinte y uno,   veinte y _____,   veinte y _____,   etc.

___ Actividades _____

1 *Diga y complete:*

treinta,   treinta y uno,   _____   _____

_____   _____   _____

_____   _____   _____

2 *Diga y complete:*   Have a contest to see who can count farthest (**cien** is the limit!)

cuarenta			cincuenta	50
cuarenta y ____	_____	_____	sesenta	60
cuarenta y ____	_____	_____	setenta	70
cuarenta _____	_____	_____	ochenta	80
			noventa	90
			cien or ciento	100

Do you know any English words that have "cent" in them and refer in some way to 100?

cent, centipede, centimeter, percent, century, etc.

3 ¡Vamos a jugar! (Let's play!)

C	O	N	G	A
15	29	55	71	96
7	34	49	65	87
12	21	51	67	82
3	25	42	78	100
18	38	46	73	94

"Conga" is just like "Bingo." Now make up your own cards, choose a "caller," ¡y vamos a jugar!

4 **Hasta mil** Up to 1000

cien (or ciento)	100	doscientos(as)	200
trescientos(as)	300	cuatrocientos(as)	400
quinientos(as)	500	seiscientos(as)	600
setecientos(as)	700	ochocientos(as)	800
novecientos(as)	900	mil	1000

200–900: explain that, like other adjectives, these words must agree.

What's the difference between **cien** and **ciento**?
We use **cien** before any noun, including mil: **cien días, cien mil.**
We use **ciento** before any smaller number: **ciento dos, ciento diez.**

Ahora, let's skip every other one. Por ejemplo:
200, 400, 600, . . .   100, 300, 500, . . .

¿Sabe Ud.?

España y Latinoamérica usan el sistema métrico. We will be using the metric system here soon. Por ejemplo: (Multiply by 1.66): ciento noventa y nueve kilómetros, doscientos noventa y nueve kilómetros, trescientos noventa y ocho kilómetros, cuatrocientos noventa y ocho kilómetros

un kilómetro   = .6 de una milla (mile)
100 kilómetros = 60 millas

Ahora: Si cien kilómetros son sesenta millas, ¿cuántos kilómetros hay en ciento veinte millas? ¿Cuántos kilómetros hay en ciento ochenta millas? ¿en doscientas cuarenta? ¿en trescientas?

■EN BREVE■

Números: 30–100 (**treinta** hasta **cien**)   100–1000 (**cien** hasta **mil**)

We use **cien** before a noun: 100 days, **cien días**
We use **ciento** before a smaller number: 120, **ciento veinte**

Actividad

Pronóstico del tiempo (Weather Forecast)
Los hispanos usan el sistema de centígrados, no de Fahrenheit.

C:	0°	5°	10°	15°	20°	25°	30°	35°	40°
F:	32°	41°	50°	59°	68°	77°	86°	95°	104°

Madrid, 30°C   San Francisco, 15°C   Toronto, 25°C   Alaska, 0°C
Ahora, díganos: ¿Cuáles son las temperaturas en grados Fahrenheit?
¿Hace frío? ¿Hace mucho calor?

En grados Fahrenheit son: Madrid, 86° San Francisco, 59° Toronto, 77° Alaska, 32°

(free response)

18 Bueno, malo, mucho, poco
Good, bad, a lot, a little

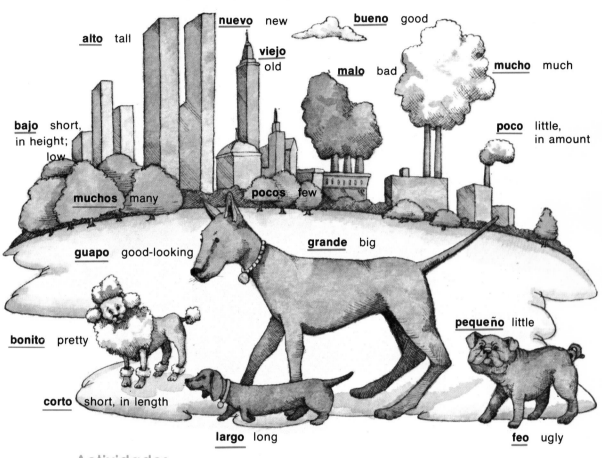

nuevo new

bueno good

alto tall

viejo old

malo bad

mucho much

bajo short, in height; low

poco little, in amount

muchos many

pocos few

guapo good-looking

grande big

bonito pretty

pequeño little

corto short, in length

largo long

feo ugly

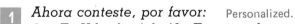

Actividades

1 *Ahora conteste, por favor:*   Personalized.

1. ¿Es Ud. alto (alta)? ¿Es muy alto su padre? ¿Es alta su madre? ¿Son altos sus hermanos? ¿Son muy viejos sus abuelos?

2. ¿Es grande o pequeña su escuela? ¿Es vieja o nueva? ¿Es grande o pequeña su clase de español?

3. ¿Hay muchos maestros buenos en su escuela? ¿Hay muchos estudiantes buenos? ¿Hay estudiantes malos?

4. ¿Hay muchas chicas bonitas en su clase? ¿Hay muchos chicos guapos? ¿Son muy guapos sus maestros? (¿Realmente?)

5. Y finalmente: ¿Son largas o cortas sus clases? ¿Son interesantes?

Object: to teach certain common pairs of adjectives. Tell students they will remember these adjectives faster if they learn them in pairs. Have them give the "opposite" adjectives: **largo**, etc. **corto**, etc.

Review concept of agreement of adjectives which was presented in Sections 2, 4, and 1st
Observaciones y Repaso.

69

2 ¿Le gustan los animales?

Pues complete ahora (¡y use la imaginación!)
1. Los elefantes son...
2. Los cocodrilos son...
3. Las jirafas son...
4. Los camellos son...
5. Un hipopótamo es...
6. Un tigre es...
7. Los insectos son...
8. Las serpientes son...

Students can use the adjectives at the beginning of this section to complete these statements.

3 ¿Verdad o Falso?
Lea en voz alta, y conteste. Por ejemplo:
Una jirafa es alta.   Verdad. Es muy alta.
El Océano Pacífico es pequeño.   Falso. Es grande.
1. Puerto Rico es bonito.
2. Sudamérica es pequeña.
3. Roma es vieja.
4. Los Andes son bajos, ¿verdad?
5. Jerusalén es nuevo, ¿verdad?
6. Hay pocos camellos en Arabia, ¿verdad?
7. Nueva York es grande, ¿verdad?
8. Hay muchos cocodrilos en la Florida, ¿verdad?

Contrastes. Edificios (buildings) altos y bajos, nuevos y viejos, en México, Distrito Federal.

bueno good	**mucho** much	**muchos** many
malo bad	**poco** little	**pocos** few
alto tall, high	**largo** long	**grande** big
bajo short, low	**corto** short	**pequeño** small
viejo old	**bonito** pretty	**guapo** good-looking
nuevo new	**feo** ugly	

Actividad

1. Describe someone you know, using two adjectives to tell what the person is like. (free response)
   Por ejemplo: <u>Mi hermana Alicia es alta y bonita.</u>
2. Describe your school.
3. Describe your classroom.
4. Describe something you own or use every day.
   Por ejemplo: <u>Mi silla es..., Mi libro de español es...</u>

19 ¿Cuál es más grande?

Which is bigger?

Object: to teach regular comparison of adjectives and four irregular comparisons. Point out that English has two ways of comparing, i.e.: *tall/taller/tallest* and *interesting/more _____ /most _____* , and that Spanish has but one way. This will help students understand the Spanish structure better.

| grandes | más grande | menos grande | pequeño | más pequeño |

Comparing things is very easy in Spanish. All you generally do is put **más** (more) or **menos** (less) before the word.

| **alto** tall | **más alto** taller |
| **nueva** new | **menos nueva** less new |

The English word "than" is normally **que** in Spanish.

Toni es más alto que Gil.   Tony is taller than Gil.

Más and **menos** also mean "most" or "least." Por ejemplo:

el más alto the tallest	**la menos nueva** the least new
Marga es la más alta de	Marge is the tallest of
mis amigas.	my friends.

Cover each different pattern separately, using sufficient examples, before asking the questions as they stand.

—— Actividades ——

1 Ahora conteste Ud.:

1. ¿Quién es más alto, Ud. o su padre? ¿Es Ud. más alto (alta) que su madre? ¿Quién es la persona más alta de su familia?
2. ¿Quién es menos estricto, su padre o su madre? ¿Quién es la persona más generosa de su familia?
3. ¿Cuál es más interesante, la ciencia o el arte? ¿Cuál es la ciencia más popular — la física, la biología o la química?
4. En su opinión, ¿el español es más difícil (harder) o menos difícil que el inglés? ¿Cuál es su clase más difícil?   Add other cognates.

There are only a few special forms. And here they are:

malo **peor** **bueno** **mejor** **mayor** **menor**
worse, worst   better, best   older,   younger,
oldest   youngest

2 *Conteste otra vez:*
1. ¿Quién es mayor, su madre o su padre? ¿Quién es la persona mayor de su familia?
2. ¿Es Ud. mayor o menor que su mejor amigo (amiga)? ¿Quién es el (la) menor de sus amigos?
3. ¿Tiene Ud. (Do you have) hermanos o hermanas mayores? (Sí, tengo . . ., No, no tengo . . .) ¿Tiene Ud. hermanos menores?

¿**Tiene Ud.?** and **Tengo** are passive.

■ EN BREVE ■

más grande bigger   **el, la más grande** the biggest
menos grande smaller   **el, la menos grande** the smallest

Special forms:
mejor better, best   **peor** worse, worst
mayor older, oldest   **menor** younger, youngest

Actividad

Exprese en español, según (according to) los modelos. Por ejemplo:
Mario is very tall. Mario es muy alto.
Edgar is taller than Mario. Edgar es más alto que Mario.
1. My uncle Pío isn't very old. Mi tío Pío no es muy viejo.
   My aunt Mary is older than Pío. _____
2. My father is very strict. Mi padre es muy estricto.
   My mother is less strict than my father. _____
3. Robert is my older brother. Roberto es mi hermano . . .
   Jim is the youngest of my brothers. _____
4. Ellen is a good friend. _____
   Joan is my best friend. _____

En breve answers: 1. Mi tía María es más vieja que Pío.   2. Mi madre es menos estricta que mi padre.   3. Jaime es el menor de mis hermanos.   4. Elena es una buena amiga. Juana es mi mejor amiga.

73

20 ¿Éste o ése?
This one or that one?

Object: to teach demonstratives **este, éste, esta, ésta, ese, ése,** etc. In each of the following groups of question
focus in on the demonstratives before asking the questions.

— Actividades —

1 *Estudie las ilustraciones, y conteste:*
¿<u>Éste</u> o <u>ése</u>? (This one or that one?)

este coche   ese coche
(this car)   (that car)

1. ¿Cuál es más grande,
   <u>este</u> coche o <u>ése</u>?
2. ¿Cuál es mejor, <u>éste</u> o <u>ése</u>?
3. ¿Cuál usa menos gasolina?
4. ¿Cuál es más confortable?
5. ¿Cuál es menos costoso
   (expensive)?

¿Cuál le gusta más?

2 ¿<u>Ésta</u> o <u>ésa</u>? (This one or that one?)

esta casa   esa casa
(this house)   (that house)

1. ¿Cuál es más nueva,
   <u>esta</u> casa o <u>ésa</u>?
2. ¿Cuál es más grande,
   <u>ésta</u> o <u>ésa</u>? ¿menos alta?
   ¿más costosa?
3. ¿Cuál le gusta más?
4. ¿Vive Ud. en una casa como
   (like) ésta?
5. ¿Hay muchas casas como ésa?

¿Cuál es más típica?

Using large cutout pictures (or posters) illustrating people, buildings, etc., ask questions
to further practice the demonstrative adjectives and demonstrative pronouns.

3 ¿Éstos o ésos (These or those?)

estos chicos
(these...)

esos chicos
(those...)

1. ¿Estos chicos son jugadores (players) de tenis o de fútbol? ¿Y esos chicos?
2. ¿Quiénes son mayores, estos chicos o ésos?
3. ¿Le gusta a Ud. mucho el tenis?
4. ¿Es Ud. el mejor jugador (o la mejor jugadora) de la clase?
5. ¿Es Ud. uno de los (o una de las) peores?

¿Cuántas personas hay en estas dos ilustraciones?

4 ¿Éstas o ésas? (These or those?)

estas chicas   esas chicas

1. ¿Cuáles son españolas, estas chicas o ésas?
2. ¿Cuáles son francesas?
3. En su opinión, ¿cuál es más bonito, el francés o el español?
4. ¿Cuál es más difícil, el español o el inglés?
5. ¿Qué lengua (language) es la más importante hoy?

¿Cuáles le gustan más?

Did you notice? **Este, ese,** etc., need an accent mark only when they have no noun to lean on.

este grupo this group **éste** this one

esas señoras those ladies **ésas** those

75

5 ¡Vamos a jugar! (Let's play!)

Collect the following things:

      6 lápices de diferentes colores, un lápiz muy grande y un lápiz pequeño

      6 plumas de diferentes colores, una pluma grande y una pluma pequeña

      6 papeles de diferentes colores, un papel muy pequeño y un papel grande

Now put them into two boxes (cajas), one nearer to your classmates and the other a little farther away. Mark the nearer one **Ésta** and the farther one **Ésa,** y ¡vamos a comenzar! You begin by asking: "**¿Dónde está el lápiz amarillo, en esta caja o en ésa?**" (Where is...?) The first person who gets it right pulls it out, and it's his or her turn to say "**¿Dónde está...?**"

■ **EN BREVE** ■■■■■■■

Stress that these words are like descriptive adjectives and must agree with the noun

This, That, These, Those   in the same way.

esta chica	this girl	**este chico**	this boy
esa chica	that girl	**ese chico**	that boy
estas chicas	these girls	**estos chicos**	these boys
esas chicas	those girls	**esos chicos**	those boys

This one, That one, etc.

éste, ésta	this one
ése, ésa	that one
éstos, éstas	these
ésos, ésas	those

A propósito (By the way): What's the only difference in spelling between "this, these" and "that, those" in Spanish?

ésta, éste, éstos, ése, ésa, ésos, ésas; (free response)

Actividad ────────────

Take away the noun that **este,** etc., leans on, and let's see how you say "this one," "that one," "these," "those":

esta clase / este año / estos ejercicios / ese hombre / esa mujer / esos animales / esas casas

Now can you use them in sentences of your own?

Object: to teach **¿A dónde?** and to introduce the singular forms of the verb **ir** with the **ir a** and **ir al...** constructions.

Álbum 2

¿A dónde va Ud.? (Where are you going?)

Voy... (I am going...)

al aeropuerto	al teatro	al gimnasio	al concierto	al hospital	a la fiesta
to the airport	to the...				

1 2 3 These nouns of place are passive. Most are cognates and should pose no problem.

As you can see, **a** means "to." When **a** is used with **el** ("the," masculine singular), the two join together to make **al**:

el hotel   the hotel   **Voy al hotel.**   I'm going to the hotel.

Relate new contraction **al** to already familiar **del**.

Actividades

1 **¿Va Ud....?**   —**Sí, voy...**
(Are you going...?)   (Yes, I'm going...)

Ahora conteste:
1. ¿Va Ud. al teatro hoy?   —Sí, voy...
                                      —No, no voy...
2. ¿Va Ud. al banco?
3. ¿Va Ud. al gimnasio?
4. ¿Va Ud. a la estación del tren?

2 Vamos a hablar ahora con amigos. (Let's talk with friends now.)

¿Vas...?   —**Sí, voy...**
(Are you going...?)   (Yes, I...)

Conteste otra vez:
1. Pepe, ¿vas al cine?
2. Dolores, ¿vas a una fiesta mañana?
3. Carlos, ¿vas a un partido de fútbol?
4. Anita, ¿vas a la pizarra ahora?

| a la pizarra | al partido de fútbol | a la estación de gasolina | a la oficina | al cine | al banco |

3 ¿Va su padre...?
(Is your father going...?)

—Sí, mi padre va...
(Yes, ...)

Conteste una vez más:
1. ¿Va al aeropuerto su padre hoy?
2. ¿Va a la oficina su madre hoy?
3. ¿Va al gimnasio?
4. ¿Va a muchos conciertos su familia?
   (Does your family go...?)

4 *Ahora estudie otra vez las ilustraciones, use un poco la imaginación y complete:*

1. —Mañana voy a Europa.
   —¿Ah, sí? Pues, ¿a qué hora va Ud. al ____?

2. —¿A dónde va Ud.?
   —Voy a ____. Mi coche no tiene mucha gasolina.

3. —Ud. va al ____ este sábado?
   —Sí. Me gusta mucho la música.

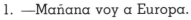

79

4. —¡Ay, por favor! ¡Una ambulancia! ¡Por favor!
—Sí, rápido. ¡Esta persona va al ____!

5. —Soy una persona muy activa. Me gusta el ejercicio.
—Pues, ¿Ud. va frecuentemente al ____?

6. —¿Le gustan mucho los deportes (sports)?
—Mucho. Mañana voy al ____ de "Los Tigres."

7. —¡Paquito! ¡No hay clases hoy!
—Fantástico. Voy al ____.

8. —¿A dónde vas?
—Voy al ____. No tengo dinero.

9. —Mi hermana es recepcionista en la Casa Blanca.
—¿Realmente? ¿Va a la ____ del Presidente?

10. —Riqui, pase Ud. ahora a la ____ y escriba el ejercicio.
—Por favor, señor Olmos, hoy no, hoy no.

¡Vacaciones! Ésta es mi familia—mamá, papá, mi hermano Diego y yo. Yo soy la persona con la maleta (suitcase), ¡naturalmente! ¿A dónde va la familia? Al Hotel La Concha en San Juan, Puerto Rico. Hace calor y hay golf y tenis, y el clima es fantástico. Hay solamente un problema. ¡Yo no voy! Mañana hay clases, y yo voy a la escuela. ¡Uf!

¿A dónde van estas personas? ¿Al Oriente? ¿A la América del Sur? ¿A los Estados Unidos? No sé. Pero (But) ¡ay, qué buena fortuna!

Amigo, ¿a dónde vas? ¿Al partido de fútbol? ¿En el Estadio Azteca de México?
Por favor, yo también (too), ¿eh?

¿Va Ud.? Amigo, **¿vas?**	**—Sí, voy.** Yes, I'm going.
Are you going? Do you go?	**—No, no voy.** No. I'm not going.
¿Va su padre...?	**—Sí, mi padre va**. . .Yes, my father. . .
Is your father going...?	
¿A dónde va Ud.?	**—Voy al teatro.** I'm going to the theater.
To where are you going?	**—Voy a la escuela.** I'm going. . .

a (to) + **el** (the) ⟶ **al** (to the)

Actividad

Now can you tell us where these people are going?

1. Yo   (Yo) voy _____ .

   Felo
2.   Mi _____ ?

3. Amiga,   Amiga, ¿ _____ ?

1. (Yo) voy al gimnasio.   2. Mi abuelo Felo va al banco.   3. Amiga, ¿vas al cine?

Observaciones y Repaso II

Now let's see how far we've come.

A. All Spanish verbs are divided into three basic groups called conjugations.

First conjugation	Second conjugation	Third conjugation
–ar	–er	–ir
hablar to speak	**aprender** to learn	**vivir** to live
estudiar to study	**comprender** to understand	**escribir** to write
escuchar to listen	**leer** to read	
contestar to answer		

B. These are the normal singular forms of the present tense. (The present tense tells what's happening *now*.)

(Person)		**hablar**		**aprender**	**vivir**
1st	I (yo)	hablo	I speak, am speaking, do speak	aprendo	vivo
2nd	you, pal	hablas		aprendes	vives
3rd	he, she, it				
	you (Ud.)	habla		aprende	vive

Did you notice? The present tense can mean: "I speak, am speaking," or "do speak." You don't need any other word with the verb, as you do in English.

¿Habla Ud. inglés?	Do you speak English?
—Sí, hablo...	Yes, I (do) speak...
—No, no hablo...	No, I don't speak...
¿Aprendes español ahora?	Are you learning Spanish now?
—Sí, aprendo...	Yes, I'm learning...
—No, no aprendo...	No, I'm not learning...

C. Voy, vas, va (I go, you go, etc.)

¿Va Ud. al cine?	Are you going to the movies?
—Sí, voy...	Yes, I'm going...
¿Vas al cine, Paquito?	Are you going..., Frank (my pal)?
¿Va a la fiesta su familia?	Is your family going to the party?

As you can see, "to go" in Spanish is not a normal (or "regular") verb. We'll study the rest of it soon.

83

___ Práctica ___

1 How many of these verbs can you recognize? Can you group them into conjugations?

usar, observar, permitir, admitir, celebrar, terminar, continuar, pasar, levantar, depender, acusar, conversar, pronunciar, anunciar, resistir, insistir, describir, entrar, proceder, preparar

2 *Ahora escriba la forma correcta:*

1. yo: usar, observar, celebrar, comprender, permitir, admitir
2. you, my friend: terminar, pasar, acusar, depender, insistir, describir
3. Ud., señor: conversar, pronunciar, anunciar, aprender, abrir, resistir
4. Mi abuela Fela: entrar, preparar, hablar, leer, vivir, escribir

1 *1st group*: usar, observar, celebrar, terminar, continuar, pasar, levantar, acusar, conversar, pronunciar, anunciar, entrar, preparar *2nd group*: depender, proceder   *3rd group*: permitir, admitir, resistir, insistir, describir

3 *Diga en español:*

1. Do you live in Kentucky? —No, I live in Massachusetts.
2. I am studying now (ahora). —What are you reading?
3. My brother is learning Italian. —Does he speak well (bien)?
4. I don't understand the lesson (lección). —Don't you study?
5. Joey (Pepito), are you listening?
6. Who is going to the party (fiesta)?
7. My family is going to Madrid. —Fantastic!
8. Do I open (abrir) the windows? —Yes, please. It's very warm out.

2 1. (yo): uso, observo, celebro, comprendo, permito, admito 2. (you, my friend): terminas, pasas, acusas, dependes, insistes, describes

3. (Ud., señor): conversa, pronuncia, anuncia, aprende, abre, resiste
4. (mi abuela Fela): entra, prepara, habla, lee, vive, escribe

D. **a + el = al** (to the)
de + el = del (of the, from the)

There are only two contractions (single words formed by combining two words) in the whole Spanish language. They are: **al** (to the) and **del** (of the or from the).

¿Vas al banco?	Are you going to the bank?
—No, ahora voy a la oficina.	No, I'm going to the office now.
¿Abro la puerta del garage?	Do I open the door of the garage?
—No, la puerta de la casa.	No, the door of the house.
José es del norte, ¿verdad?	Joe is from the North, isn't he?
—No. Es de la región central.	No, he's from the central region.

3 ¿Vive Ud. (Vives) en Kentucky? —No, (yo) vivo en Massachusetts.   2. (Yo) Estudio ahora. —¿Qué lee Ud.? (¿Qué lees?)   3. Mi hermano aprende italiano. —¿Habla bien?   4. (Yo) No comprendo la lección. —¿No estudia Ud. (estudias)?   5. Pepito, ¿escucha Ud. (escuchas)?   6. ¿Quién va a la fiesta?   7. Mi familia va a Madrid. —¡Fantastico!   8. ¿Abro las ventanas? —Sí, por favor. Hace mucho calor.

E. How do we compare things? Usually by putting **más** (more) or **menos** (less) before the word we're comparing. Remember that **más** and **menos** can also mean "most" and "least."

Yo soy alta. Alicia es más alta.	I am tall. Alice is taller.
Alicia es más alta que yo.	Alice is taller than I.
Este coche es muy costoso.	This car is very expensive.
—Pues ése es menos costoso.	Well, that one is less expensive.
¿Quién es la persona más inteligente de la clase?	Who is the most intelligent person in . . .?
—¡Yo, yo, yo!	(¡Y la más modesta!)

F. This, that, these, those
If you notice: In Spanish, "this" and "these" both have "t's."

este libro	this book	**ese libro**	that book
esta pluma	this pen	**esa pluma**	that pen
estos libros	these books	**esos libros**	those books
estas plumas	these pens	**esas plumas**	those pens

Now if you want to use these forms without **libro, plumas,** etc., all you do is put an accent over the first **e.**

este libro ⟶ éste   this one   **esas plumas ⟶ ésas**   those

Drills to reinforce structural points **D-F** above.
For writing as well as oral practice.

—— Práctica ——————————————————————

1 *Cambie según el modelo (Change according to the model):*
Por ejemplo: Es la mesa del *maestro.* (maestra)
          Es la mesa de la maestra.

1. ¿Vas al *concierto?* (clase)
2. Es director del *banco.* (escuela)
3. Por favor, abra la puerta de la *casa.* (estudio)
4. ¿Cuál es el mejor día de la *semana?* (mes)
5. Vive en la casa del[1] *señor* García. (señores)
6. Soy amiga de la *doctora* Salas. (doctor)
7. ¿Hablas al *editor?* (editores)
8. Escribo a la *tía* de Pedro. (tío)

————————————

[1]Why do we use **el** here? Because when we talk about a person and use his or her title, we have to use the article "the." (Don't forget that **de** plus **el** combine to give **del.**)

2 *Lea las frases siguientes (following phrases), and then make everything bigger, better, etc., according to the examples.*
Por ejemplo: Esta silla es muy baja. (Ésa)   <u>Ésa es más baja.</u>
            Roberto es muy guapo. (Alano)   <u>Alano es más guapo.</u>

1. Esta ventana es muy grande. (Ésa)
2. Estos chicos son muy activos. (Ésos)
3. Esta lección es muy corta. (Ésa)
4. Esas chicas son muy bonitas. (Éstas)
5. Olga es una estudiante muy buena. (Ana) (Watch those special forms!)
6. Pío es muy malo. (Su hermano)
7. Esos libros son muy buenos. (Éstos)
8. Esas ideas son muy malas. (Éstas)

3 Now make everything less so.
Por ejemplo: Juanita es muy estudiosa. (Carmen)
            <u>Carmen es menos estudiosa.</u>

1. Este ejercicio es muy largo. (Ése)
2. Esta clase es muy grande. (Ésas)
3. Mi abuelo es muy viejo. (El abuelo de María)
4. Este coche es muy nuevo. (Ésos)
5. Este animal es muy feo. (Éstos)
6. Los elefantes son muy altos. (Los camellos)

4 *Cambie según las indicaciones:*
1. Este señor es muy bueno.

    señora
    chicos
    chicas

2. Esta semana es muy larga.

    mes
    días (!)
    años

3. ¿No le gusta esa clase?

            maestro?
    gustan   ejercicios?
            libros?

4. ¿No vas a ese concierto?

            escuela?
            partidos?
            clases?

Repaso General

¿Qué contesta Ud.?

1. ¿Cuántas personas hay en su familia? ¿Quiénes (Who) son?
2. ¿Tiene Ud. abuelos? ¿Cuántos abuelos tiene?
3. Describa a su mejor amigo o amiga.
4. ¿Cuántos estudiantes hay en su clase?
5. ¿Es Ud. el estudiante más brillante de su clase?
6. ¿Quién es el Presidente de los Estados Unidos?
7. ¿Cuántos días hay en una semana?
8. ¿Cuáles son los días de la semana?
9. ¿Cuántos meses hay en un año? ¿Cuáles son?
10. ¿Cuáles son las estaciones del año?
11. ¿En qué estación hace más calor? ¿Y más frío?
12. ¿Qué estación del año le gusta más? ¿Qué estación le gusta menos?
13. ¿Qué meses le gustan más?
14. ¿Qué deportes le gustan más? ¿Cuáles le gustan menos?
15. ¿Cuántas semanas hay en un año?
16. ¿Cuántos días hay en un año?
17. ¿Qué días de la semana hay clase de español?
18. ¿De dónde es su familia? ¿De dónde es Ud.?
19. ¿De dónde son los franceses? ¿De dónde son los argentinos?
20. ¿Qué hora es? 3:30

Vocabulario Activo

(The numbers indicate the section in which vocabulary first appears.)

La familia y...

la **familia**   the family, **6**
la **abuela**, el **abuelo**   the grandmother, the grandfather, **6**
la **esposa**, el **esposo**   the wife, the husband, **6**
la **hermana**, el **hermano**   the sister, the brother, **6**
la **hija**, el **hijo**   the daughter, the son, **6**
la **madre**, el **padre**   the mother, the father, **6**
la **prima**, el **primo**   the cousin, **6**
la **tía**, el **tío**   the aunt, the uncle, **6**
la **amiga**, el **amigo**   the friend, **4**
la **chica**, el **chico**   the girl, the boy, **8**
la **mujer**   the woman, **6**
el **hombre**   the man, **6**
el **señor (Sr.)**   Mr., **16**
la **señora (Sra.)**   Mrs., **16**
la **señorita (Srta.)**   Miss, **16**

En la clase de español

la **clase**   the class, **3**
el **maestro**, la **maestra**   the teacher, **3**
el **estudiante**, la **estudiante**   the student, **3**
la **escuela**   the school, **3**
la **puerta**   the door, **3**
la **ventana**   the window, **3**
el **lápiz**   the pencil, **3**
la **pluma**   the pen, **3**

el **papel**   the paper, **3**
el **libro**   the book, **3**
la **mesa**   the table, **3**
la **silla**   the chair, **3**

La hora del día

la **hora**   time, the hour, **9**
¿**Qué hora es?**   What time is it?, **9**
Es la una.   It is 1:00 (o'clock)., **9**
Son las dos.   It is 2:00 (o'clock)., **9**
Son las tres y media.   It is half past three (three thirty)., **9**
Son las seis menos cuarto.   It is a quarter to six., **9**
¿**A qué hora...?**   At what time...?, **9**
A la una y veinte   At 1:20 (o'clock), **9**
A las ocho y media   At 8:30, **9**
tarde   late, **11**
temprano   early, **11**
la **mañana**   morning, **16**
la **tarde**   afternoon, **16**
la **noche**   night, **16**

Los días de la semana

el **día**   the day, **10**

la **semana**   the week, **10**

lunes   Monday, **10**

martes   Tuesday, **10**

miércoles   Wednesday, **10**

jueves   Thursday, **10**

viernes   Friday, **10**

sábado   Saturday, **10**

domingo   Sunday, **10**

hoy   today, **10**

mañana   tomorrow, **10**

Los meses del año   (Álbum 1)

el **mes**   the month,

el **año**   the year,

enero   January,

febrero   February,

marzo   March,

abril   April,

mayo   May,

junio   June

julio   July

agosto   August

septiembre   September

octubre   October

noviembre   November

diciembre   December

Las estaciones del año (Álbum 1)

la **estación**   the season

el **invierno**   the winter

la **primavera**   the spring

el **verano**   the summer

el **otoño**   the autumn, fall

El tiempo (Álbum 1)

¿Qué tiempo hace?   How is the weather?

Hace (mucho) frío.   It's (very) cold out.

Hace (mucho) calor.   It's (very) hot out.

Hace (mucho) viento.   It's (very) windy.

Llueve.   It's raining.

Nieva.   It's snowing.

Expresiones de cortesía

Buenos días   Good morning, **16**

Buenas tardes   Good afternoon, **16**

Buenas noches   Good evening, Good night, **16**

Hola   Hello, Hi!, **1**

¿Cómo está Ud.?, ¿Cómo estás?   How are you? **16**

Bien, gracias   Fine, thanks, **16**

Muy bien, ¿Y Ud.?   Very well, and you? **16**

Así, así   So-so, **16**

Hasta luego   So long, **16**

Hasta mañana   Till tomorrow, **16**

Perdone(n), Perdón   Excuse me, **15**

Por favor   Please, **15**

Mucho gusto   It's a pleasure, **1**

Con mucho gusto   Glad to, **15**

Gracias, muchas gracias   Thanks, thanks very much, **15**

De nada   You're welcome, **15**

Adiós   Good-bye, **16**

Los colores

rojo	red, 14	verde	green, 14
blanco	white, 14	negro	black, 14
azul	blue, 14	pardo	brown, 14
amarillo	yellow, 14	gris	gray, 14

Descripción

alto	tall, 18	bonito	pretty, 18
bajo	short, 18	feo	ugly, 18
bueno	good, 18	guapo	good-looking, 18
malo	bad, 18	grande	big, 18
viejo	old, 18	pequeño	small, 18
nuevo	new, 18	más	more, most, 19
largo	long, 18	menos	less, least, 19
corto	short, 18	mejor	better, best, 19
mucho	much, a lot, 18	peor	worse, worst, 19
poco	little, 18	mayor	older, oldest, 19
muchos	many, 18	menor	younger, youngest, 19
pocos	few, 18		

¿. . .?

¿Qué?   What?, 3
¿Quién?, ¿Quiénes?   Who?, 2, 6
¿Cuál?, ¿Cuáles?   Which?, (Álbum 1)
¿Cuántos?, ¿Cuántas?   How many?, 8
¿Dónde?   Where?, 4
¿De dónde?   From where?, 4
¿A dónde?   To where?, (Álbum 2)
¿Cómo?   How?, 16

Palabras pequeñas

y   and, 1
o   or, 2
a   to, (sometimes at), (Álbum 2)
  a + el = al   to the, (Álbum 2)
de   of, from, 4
  de + el = del   of the, from the, (Álbum 1)
en   in, on, at, 5
éste, esta   this (boy, girl, etc.), 20
ése, esa   that (boy, girl, etc.), 20
estos, estas   these (boys, girls, etc.), 20
esos, esas   those (boys, girls, etc.), 20
éste, ésta   this one, 20
ése, ésa,   that one, 20
éstos, éstas   these, 20
ésos, ésas   those, 20
que   than, 19
su   your, 2

mi   my, 2
muy   very, 2
si   if, 4

Verbos

hablar to speak, 12	**comprender** to understand, 13
estudiar to study, 12	**leer** to read, 13
escuchar to listen, 12	**escribir** to write, 13
contestar to answer, 12	**vivir** to live, 13
aprender to learn, 13	

Expresiones comunes

(Yo) soy... I am..., 1
¿Es Ud....? Are you...?, 2
Sí, soy... Yes, I am..., 2
No, no soy... No, I'm not..., 2

¿Qué es esto? What is this?, 3
Es... Is, he is, she is, it is, 2, 3
Son... Are, they are, 4

¿De dónde es su familia? Where is your family from?, 4
Mi familia es de... My family is from..., 4
¿De dónde es Ud.? Where are you from?, 4
¿De dónde son sus padres? Where are your parents from?, 4
Mis padres son de... My parents are from..., 4
¿Va Ud.? Are you going?, (**Álbum 2**)
¿(Pepito), vas? (Frank), are you going?, (**Álbum 2**)
Sí, voy. Yes, I'm going, (**Álbum 2**)
No, no voy. No, I'm not going, (**Álbum 2**)
¿Hay...? Is there...?, Are there...?, 5
Sí, hay. Yes, there is..., there are..., 5
No, no hay. No, there isn't..., there aren't..., 5

¿Le gusta el español? Do you like Spanish?, 7
Sí, me gusta; No, no me gusta Yes, I like it; No, I don't like it, 7
¿Le gustan los exámenes? Do you like exams?, 7
Sí, me gustan; No, no me gustan Yes, I like them; No, I don't like them, 7

¿De qué color es ...? What color is ...?, 14

Números

1-10	11-20	by 10's to 100	by 100's to 1000
1 uno	11 once	10 diez	100 cien(to)
2 dos	12 doce	20 veinte	200 doscientos
3 tres	13 trece	30 treinta	300 trescientos
4 cuatro	14 catorce	40 cuarenta	400 cuatrocientos
5 cinco	15 quince	50 cincuenta	500 quinientos
6 seis	16 diez y seis	60 sesenta	600 seiscientos
7 siete	17 diez y siete	70 setenta	700 setecientos
8 ocho	18 diez y ocho	80 ochenta	800 ochocientos
9 nueve	19 diez y nueve	90 noventa	900 novecientos
10 diez	20 veinte	100 cien(to)	1000 mil

91

The **Segunda parte** consists of twelve lessons, with an **Álbum** and a **Repaso** after every group of three. Each lesson presents three grammar points, new active vocabulary, a "fun" story and a variety of conversational and writing activities. The **Álbums** (on clothing, TV, social life, and food) are cultural photo-essays, lovely to look at and a wonderful change of pace. They teach *no* new structure, but do provide for vocabulary building and contain a variety of situational games. The four **Repasos** recapitulate all structure taught, with alphabetical word lists and lesson references for all active vocabulary. Each **Repaso** concludes with challenging word games.

Each regular lesson contains:

1. A vocabulary picture-layout on specific topics: the house and its furnishings, clothes, food, the body, articles of daily use, and so on. The vocabulary is immediately put to use, first in a question-answer activity, and then in a situation game or dialogue.

2. **Observaciones**
   a) *¿Recuerda Ud.?* — a lead-in to the new grammar point at hand through a structure already learned.
   b) Presentation of two grammar points, closely related to each other. Extensive conversational and written practice are provided for both.
   c) *Repaso rápido* — a nutshell summation of the two grammar points, with self-testing review exercises.

3. **Cuento:** The high point of the lesson — a humorous, exciting story, yet very short and with rigid vocabulary and structural control. Although the stories can be covered in one day, they are easily broken into two parts, as indicated by the colored bullet in the left margin.
   Vamos a conversar: Two groups of questions which both recapitulate and personalize the action of the story. The first group goes with the first half of the story; the second, bulleted group corresponds to the second half.

4. **Juegos de palabras:** A second vocabulary presentation based on illustrations and games of association.

5. **Observaciones:** One more grammar point, again with the *¿Recuerda Ud.?* lead-in and with varied practice materials, *Repaso rápido*, and self-test exercises.

6. **Panorama:** A magazine-style photo story on Hispanic life today. The caption commentaries are wholly within the structural and vocabulary contexts already achieved. (Lessons 3, 6, 9 and 12 are followed by **Álbums** instead of the usual **Panorama**.)

In summary, the grammar topics and active vocabulary are used in a variety of contexts that allow your students to be themselves in the language that they are now making their own. ¡Vamos a continuar!

Segunda parte

LECCIÓN 1

Mi casa, su casa
My house, your house

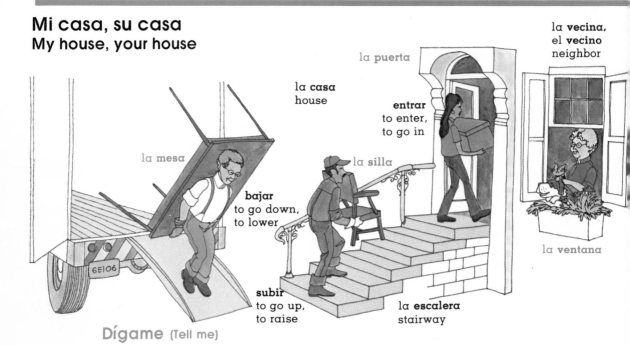

la **vecina**,
el **vecino**
neighbor

la **puerta**

la **casa**
house

entrar
to enter,
to go in

la **mesa**

la **silla**

bajar
to go down,
to lower

la **ventana**

subir
to go up,
to raise

la **escalera**
stairway

Dígame (Tell me)

1. ¿Vive Ud. en una casa o en un apartamento? ¿Es grande o pequeña su casa? ¿Es vieja o nueva? ¿Es muy moderna la casa?

2. ¿Cuántos cuartos hay en su casa o apartamento? ¿Cuántas alcobas hay? ¿y cuántos baños? ¿Hay comedor?

3. ¿De qué color es su cuarto? (Mi cuarto es...) ¿De qué color es la cocina? ¿Le gusta ese color?

4. Cuáles son los colores de la sala? ¿Hay un sofá grande en su sala? ¿Hay muchas sillas confortables? ¿Hay televisión en la sala? ¿Hay televisión en su alcoba?

5. ¿Cuál es más grande, el cuarto de Ud. o el cuarto de sus padres? ¿Cuál es el cuarto más grande del apartamento (o de la casa?) ¿Cuál es el más pequeño? ¿Cuál es el más bonito? ¿Cuál es su cuarto favorito? (Mi cuarto...)

6. ¿Le gusta más una casa de dos pisos o de sólo (only) uno? ¿Le gusta más una casa de apartamentos o una casa privada?

7. Y finalmente: ¿Le gustan sus vecinos? ¿Hay muchos chicos donde vive Ud.? (Sí, hay... donde vivo. No, ...) ¿Hay muchas personas viejas? ¿Hay muchos hispanoamericanos?

Identify the items: **Es una alcoba**, etc. Model with group and individual repetition. Then question individuals: **¿Es una sala?**, **¿Es una sala o un baño?**, **¿Qué es esto?**

Words often appear several times passively before becoming active in a later lesson. This technique makes it easier to learn these words.

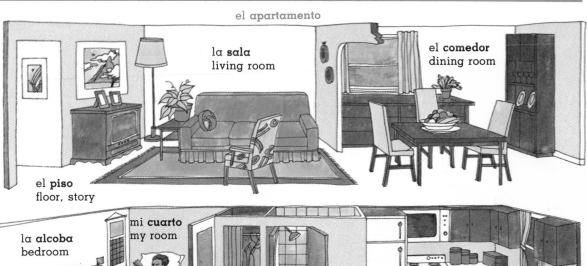

el apartamento

la **sala**
living room

el **comedor**
dining room

el **piso**
floor, story

la **alcoba**
bedroom

mi **cuarto**
my room

el **armario**
closet

el **baño**
bath, bathroom

la **cocina**
kitchen

Se vende (For sale)

¿A dónde va Ud. hoy? ¡A una agencia de casas y apartamentos!
Complete Ud. la conversación, ¿está bien?

Agente: Buenos (Buenas) _____
Ud.: _____
Agente: ¿Ud. desea (Do you want) una casa o un apartamento?
Ud.: _____
Agente: ¿Cuántos cuartos desea?
Ud.: _____
Agente: Muy bien. ¿Y cuántos baños?
Ud.: _____
Agente: Muy bien, señor(ita). Aquí tiene Ud. (Here you have) un (una) _____ perfecto (perfecta). ¡Y vale (it costs) sólo _____ pesos!
Ud.: ¿Sólo _____ ? ¡Caramba! ¡Yo no soy millonario (millonaria)!

Each topical active vocabulary section contains a game for motivation and variety in practicing the new items.

With books open, call on different students to complete each line. Then ask a pair of students to do entire conversation. Repeat with different pairs. Encourage individuality and humor.

95

OBSERVACIONES

1. The present tense

¿RECUERDA USTED? (DO YOU REMEMBER?)

¿Habla Ud. japonés?	—Sí, hablo...
Amigo, ¿hablas...?	
¿Habla italiano su padre?	—No, mi padre no habla...
¿Comprende Ud.?	—Sí, comprendo.
Laura, ¿comprendes?	
¿Comprende bien la clase?	—Sí, la clase comprende muy bien.
¿Escribe Ud. mucho?	—No, no escribo.
Chico, ¿escribes...?	
¿Escribe bien Pedro?	—Sí, escribe magníficamente.

A summary of the **¿Recuerda usted?**

	hablar	comprender	escribir
(yo)	hablo (I speak, do speak, am speaking)	comprendo	escribo
(tú)	hablas (you, pal, speak, do speak, etc.)	comprendes	escribes
(Ud., usted) (mi tía) (José)	habla	comprende	escribe

The new structure begins at this point.

Actividades

1 ¿Hablan Uds.? —Sí, hablamos.

1. ¿Hablan Uds. (ustedes) inglés? —Sí, hablamos... (Yes, we speak...)
   (Do you-all speak English?) —No, no hablamos...
2. ¿Escuchan Uds. mucho el radio? —Sí, escuchamos...
3. ¿Estudian Uds. ciencia? —Sí, estudiamos...

2 ¿Hablan sus amigos...? —Sí, mis amigos hablan...

1. ¿Hablan español sus amigos? —Sí, mis amigos hablan...
   (Do your friends speak...?) —No, mis...
2. ¿Hablan español los franceses?
3. ¿Estudian en esta escuela sus hermanos?

Verbs are presented conversationally (**¿Uds.?** ↔ **Nosotros**, etc.) with yes/no answers for personalization. Model each question and answer, then group and individual response.

3 ¿Comprenden Uds.? —Sí, comprendemos.

1. ¿Comprenden Uds. la lección?   —Sí, comprendemos...
   (Do you-all understand ...?)   —No, no comprendemos...
2. ¿Leen Uds. muchos libros?   —Sí, leemos...
3. ¿Aprenden Uds. francés?

4 ¿Comprenden... sus vecinos?   —Sí, mis vecinos comprenden...

1. ¿Comprenden portugués sus
   vecinos?   —Sí, mis vecinos...
2. ¿Aprenden español sus
   hermanos?
3. Leen mucho sus padres?

5 ¿Viven Uds....? —Sí, vivimos...

1. ¿Dónde viven Uds.?   —Vivimos en...
2. ¿Escriben Uds. mucho en la   —Sí, escribimos...
   pizarra?   —No, no escribimos...
3. ¿Abren Uds. la ventana si hace   —Sí, abrimos...
   frío? (Do you-all open...?)   —No, no abrimos...
4. ¿Abren Uds. la ventana si
   llueve?

6 ¿Viven... sus abuelos? —Sí, mis abuelos viven...

1. ¿Viven en Canadá sus abuelos?
2. ¿Escriben poemas sus amigos?
3. ¿Abren esta escuela a las ocho
   o a las nueve? (Do they open...?)

A summary of the new structure

	hablar	comprender	escribir
Ud. y yo ⎫			
Juan y yo ⎬ hablamos	comprendemos	escribimos
Mis tíos y yo ⎭			

Do not formally present subject pronouns here. This is done in Structure 2 of this lesson.

Uds., ustedes ⎫			
Ana y Luis ⎬ hablan	comprenden	escriben
Las chicas ⎭			

Notice: The "we" form always ends in –**mos**.
The "you-all" (**ustedes**) and "they" form simply adds
–**n** to the **usted** form.

——— **Práctica** ————————————————————————

1 *Haga plurales (Make plural) las palabras (words) indicadas.*
Por ejemplo: *Escribo* al presidente.   Escribimos al presidente.
            Vive en *esta casa.*   Viven en estas casas.

Remember: "We" is the plural of "I."
        Uds. is the plural of **Ud.** and of "you, my friend."

1. *Ud. lee* este libro.
2. *Uso esta puerta.*
3. *Ud. no abre esa ventana.*
4. *El chico estudia* mucho.
5. *Mi primo no comprende* inglés.
6. *Ud. escribe al profesor.*
7. ¿*Contestas* en español? (Use **Uds.**)
8. No *aprendo* rápidamente.
9. ¿*Subo* ahora?
10. ¿Le *gusta* el concierto?

1. Uds. leen   2. Usamos estas puertas
3. Uds. no abren esas ventanas   4. Los
chicos estudian   5. Mis primos . . . comprenden   6. Uds. escriben a los profesores   7. Contestan Uds.   8. aprendemos   9. Subimos   10. gustan los
conciertos

2 *Ahora haga frases originales (Make your own sentences using*
these words).
Por ejemplo: Mi mejor amigo/vivir/casa
            Mi mejor amigo vive en esta casa (en una casa
            grande, etc.).

Before attempting, be sure students
understand that they must supply missing
words. For oral or writing.

1. Pepita y yo/estudiar/ . . .
2. Mis abuelos/vivir/en . . .
3. Víctor y yo/subir/escalera
4. Uds. / abrir/puertas/¿verdad?
5. Los maestros/escribir/pizarra
6. ¿Quién / preparar / . . . / hoy?

1. Pepita y yo estudiamos . . .
2. Mis abuelos viven en . . .
3. Víctor y yo subimos . . .
4. Uds. abren . . .
5. Los maestros escriben . . .
6. ¿Quién prepara . . .?

(all free response)

3 *Estudie por un momento el Grupo 1 y después (then) — can you*
find the replies in Group 2?

	1		2
a.	¿Hablan Uds. francés?	b.	Sí, leemos mucho en voz alta.
b.	¿Practican Uds. en la clase la pronunciación?	d.	Uds. preparan la lección dos.
c.	¿Abrimos las ventanas?	e.	¿Ah, sí? ¿Dónde vive?
d.	¿Qué estudiamos para (for) mañana?	f.	Ésta, por favor.
e.	Hoy visitamos la casa de Jorge Washington.	a.	Muy poco. Comprendemos mucho más.
f.	¿Qué puerta usamos?	c.	No. Hace mucho frío.

2. Subject pronouns: I, you, he, we...

	singular			plural	
1st person	**yo**	I		**nosotros**	we
				nosotras	we (all female)
2nd person	**tú**	you (my pal)			
3rd person	**Ud. (usted)**	you (polite)		**Uds. (ustedes)**	you (all)
	él	he		**ellos**	they
	ella	she		**ellas**	they (all female)

A. Spanish verbs usually show by their ending who is doing
the action. Therefore we usually don't have to use **yo, tú,
él**, etc., at all. We never use any subject pronoun when the
subject is "it."

Estudio español. —¡Fantástico!	I'm studying Spanish. —Fantastic!
¿Escuchas? —¡Cómo no!	Are you listening? —Of course!
¿Leemos en voz alta?	Do we read aloud?
—Sí, por favor.	—Yes, please.
Hace calor. —Sí, mucho.	It's hot out. —Yes, very.

Here's a good rule to follow: If you raise your voice when
you say "I," "he," "they," "she," etc., in English, then use
yo, él, ellos, etc., in Spanish.

¿Dónde viven Alicia y Ramón?	Where do Alice and Ray live?
—Él vive en Lima, y ella vive en Bogotá.	*He* lives in Lima, and *she* lives in Bogotá.

Otherwise, just let the verb stand by itself.

B. What about the plural of **tú** (you, my pal)? Well, in Latin
America, **Uds.** (**ustedes**) takes care of that.[1]

Gloria, ¿comprendes?	Gloria, do you understand?
Chicos, ¿comprenden (Uds.)?	Kids, do you understand?

---

[1] In Spain there's another form. It is the friendly you-all — **vosotros, vosotras** (second
person plural). Its verb form always ends in **–is: habláis, coméis, vivís.** So if you see
an **–is** at the end of any verb, the subject must be **vosotros**.

_____ Práctica _____

1 Who's doing the action?

| yo | tú | él
ella
Ud. | nosotros
nosotras | ellos
ellas
Uds. |

Look at the following verbs, and group them under who's doing the action: _yo:_ entro; contesto; vivo; soy. _tú:_ vives; preparas; lees; escribes

vivimos/habla/suben/entramos/bajan/escribe/aprendemos/
entro/vives/subimos/practican/lee/escuchamos/preparas/
usan/contesto/lees/escribes/vivo/comprendemos/es/soy/son

él, ella, Ud.: habla; escribe; lee; es; _nosotros:_ vivimos; entramos; aprendemos; subimos; escuchamos; comprendemos;

2 _Give the pronoun that belongs with each of these nouns._   _ellos, -as, Uds:_ suben; bajan; practican; usan; son
Por ejemplo: Mi tío Pío ___él___

1. Mi abuela Fela _____
2. Mi abuelo Felo _____
3. Mis primos Luis y Luisa _____
4. Mis amigas Anita y Daniela _____
5. (Your own name) _____
6. Mi hermano y yo _____
7. Ud. y Felipe _____
8. You, my pal _____

1. ella   2. él   3. ellos   4. ellas   5. yo
6. nosotros   7. Uds.   8. tú

⬛3 1. ¿Ah, sí? (¡Ay no!) ¿Él?   2. . . . ¿Tú?   3. . . . ¿Ella?   4. . . . ¿Ella?   5. . . . ¿Yo?   6. . . . ¿Él?

3 _Conteste según los modelos. (Answer according to the models.)_
And you decide which answer you want to give, ¿está bien?
Por ejemplo: ¿Quién es? —Juan.   <u>¿Ah, sí? ¿Él?</u>   A asks question, B gives
  <u>¡Ay, no! ¿Él?</u>   rejoinder, A completes the blank.

1. ¿Quién vive con Ernesto? —Su primo Pepe. _____
2. ¿Quién es el (la) mejor estudiante? —Yo. (Use the friendly "you.") _____
3. ¿Quién es la chica más bonita? —Elena González. _____
4. ¿Quién prepara el examen final? —La señora Lado. _____
5. ¿Quién va a la oficina del director? —Tú. _____
6. ¿Quién contesta el teléfono? —Esteban. _____

4 _Conteste otra vez._ Por ejemplo:

¿Quiénes viven en esta casa? —Nosotros.   ¡Fantástico! ¿Uds.?
  ¡Dios mío! ¿Uds.?

1. ¿Quiénes son los chicos más populares? —Carla y José. _____
2. ¿Quiénes son sus vecinos? —Los señores Gómez.[1] _____

_____
[1] Notice that Spanish family names do not have a plural form.

100

3. ¿Quiénes entran ahora? —Nosotras. _____

4. ¿Quiénes escriben en la pizarra hoy? —Riqui y tú. _____

5. ¿Quiénes preparan los exámenes finales? —Las maestras. _____

6. ¿Quiénes leen primero (first) en voz alta? —Uds. _____

REPASO RÁPIDO

The **Repaso Rápido** enables the student to review quickly the two structures which precede it.

Here are the normal forms of the present indicative, and the subjects that go with them:

	hablar	comprender	escribir
(yo)	hablo	comprendo	escribo
(tú)	hablas	comprendes	escribes
(Ud.) (Lisa, ella) (José, él)	habla	comprende	escribe
(nosotros, nosotras) (Ud. y yo) (tú y yo)	hablamos	comprendemos	escribimos
(Uds.) (ellos) (ellas)	hablan	comprenden	escriben

Remember: "I" and anybody else make "we" —**nosotros** or **nosotras.**

"You" and anybody else make "you-all" —**Uds.**

"He" or "she" and anybody else make "they" — **ellos, ellas.**

Práctica   Use of two infinitives forces meaningful comprehension, not just mechanical completion.

(You can check your answers in the back of the book.)

Complete con el verbo más correcto.

1. Mis amigos y yo _____ español este año. (estudiar, bajar)

   —¿Ah, sí? Pues, ¿ _____Uds. muy rápidamente? (aprender, vivir)

2. ¿ _____ Uds. en el elevador? (abrir, subir)

   —No. (Nosotros) _____ la escalera. (usar, terminar)

3. ¿(Yo) _____ las ventanas? (abrir, permitir)

   —Por favor, no. Hoy _____ mucho frío. (hacer, vivir)

4. ¿Tú _____ matemáticas? (escribir, comprender)

   —Sí. (Yo) _____ día y noche. (escuchar, estudiar)

5. ¿Qué música _____ ? (escuchar, contestar)

   —Música moderna. No me _____ la música vieja. (permitir, gustar)

Hoy la familia Salinas ocupa su apartamento nuevo.

Pepe, Clarita, ¿por qué no ayudan un poco?

El piano no entra en el elevador.

The **Cuento** is meant for enjoyment and *NOT TO BE MEMORIZED!*
Please emphasize comprehension, not total mastery.

CUENTO EL APARTMENTO NUEVO Story

Active vocabulary to be presented in the **Juegos de Palabras** appears in boldface in the side glosses. All words glossed appear in boldface in the text of the **Cuento**.

Hoy la familia Salinas ocupa **su** apartamento nuevo. Cuatro hombres entran constantemente **con** mesas, sillas, etc.	its with
Sr. S: La mesa grande es **para** el comedor... No, no. Estas **lámparas** son para la alcoba.	for lamps
5 Sra. S: ¡**Cuidado!** Son de cristal. ¡Ay!	Careful!
Sr. S: Pepe, Clarita, **¿por qué no ayudan** un poco?	**Why** don't you **help**
Pepe: Yo ayudo. Ella no.	
Clarita: ¡¿Él ayuda?!... ¡Pepe, **tú eres**...!	you are...
Sra. S: Por favor. **Uds. no son niños ya.**	You're not children any more
10 (Uno de los hombres entra.)	
Hombre: Sr. Salinas, señora,... Hay un pequeño problema. El piano no entra en el **elevador.**	elevator
Sr. S: ¿Y por qué no usan la escalera?	
Hombre: **Porque son cuatro pisos,** señor.	**Because** it's four flights up
15 Sr. S: No, son tres.	
Hombre: ¿Tres? Muy bien, si es posible, subimos **por** la escalera.	by
Sra. S: José, esto es **curioso.** El baño es verde, no azul. Y la cocina...	strange

The **Cuento** provides (1) numerous examples of the lesson's three structural points in a conversational setting and (2) in-context use of all active vocabulary items from the beginning of the lesson and from the **Juegos de Palabras** following the **Cuento**.

Sr. Salinas, señora...
El piano no pasa por la
puerta.

¡Por fin!

Es que... perdonen, pero
éste no es su apartamento.

20   Sr. S: ¿Ah, sí? Pues mañana hablamos con el **dueño. Bueno,**   owner; O.K.
          hombres, el sofá rojo es para la sala, y...

 •   (Una hora más tarde)   The dot shows how the **Cuento** may be covered in two parts.
          Hombre: Sr. Salinas, señora... El piano **no pasa por** la puerta.   doesn't go through
                Ahora, si usamos la ventana grande de la sala....   **Now**
25   **Toma tiempo, pero...**   It **takes time, but**

     Sra. S: ¡Ay, no! ¡Y **ellos trabajan por** la hora!   they **work** by

     (Los hombres bajan otra vez. Dos horas más tarde el piano   There is a taped dramatiza-
          entra por la ventana de la sala.)   tion of each **Cuento.**

     Hombre: **¡Ya!**   That does it!

30   Sr. S: **¡Por fin!** Ahora, ...   At last!

     Pepe: Mamá, hay un señor y una señora **aquí.**   **here**

     Sr. S: Gracias, hijo. (La señora **abre** la puerta.)   **opens**

     Sr. G: Perdone, señora, mil perdones. **Nosotros somos sus**   We are your
          vecinos, Edgar y Alicia Gómez.

35   Sra. S: Mucho gusto. Pero realmente, **en** este momento...   at

     Sr. G: Sí, comprendemos. Pero hay un pequeño error.

     Sra. S: ¿Un error?

     Sr. S: ¿Qué error hay? ¿Qué error?

     Sr. G: **Es que**... perdonen, pero éste no es su apartamento. El   It's that
40   apartamento de Uds. es el 3C, no el 4C. Nosotros
          vivimos aquí.

     (En la **calle** hay **otro camión** grande. Siete hombres **sacan** del   street; **another** truck;
          camión un piano enorme.)   are taking out

The **Cuento** is the core of each lesson. Taken together, the 12 **Cuentos** form a humorous,   103
interrelated story line that is sure to appeal to teenagers.

For additional questions, see Manual section. Each question in the Manual gives the
line number of the **Cuento** where the answer is to be found.

___ Vamos a conversar ___

1. ¿Qué ocupa hoy la familia Salinas? Questions for first half
2. ¿Quiénes entran constantemente?
3. ¿Para qué cuarto es la mesa grande?
4. ¿Para qué cuarto son las lámparas? A propósito (By the way), ¿hay lámparas de cristal en su casa (de Ud.)?
5. En su opinión, ¿quiénes son Pepe y Clarita? ¿Quién es mayor?
6. ¿Ayudan mucho los chicos? ¿Ayuda Ud. en su casa?
7. ¿Qué problemas hay con el piano? ¿Hay piano en la casa de Ud.?
8. ¿Por qué es difícil (hard) subir por la escalera?
9. ¿Por qué exclama la señora: "José, esto es curioso"?
10. ¿Con quién hablan mañana los Salinas?

1. ¿Qué problema hay ahora con el piano? Questions for second half
2. ¿Qué usan finalmente los hombres?
3. ¿Cuánto tiempo toma subir el piano?
4. ¿Trabajan por el día o por la hora los hombres?
5. ¿Trabaja su padre por el día o por la hora? ¿y su madre?
6. ¿Quiénes son los Gómez? ¿Le gustan a Ud.?
7. ¿Qué nuevo problema hay?
8. Realmente, ¿cuál es el apartamento de los Salinas? ¿y el apartamento de los Gómez?
9. ¿Qué hay en la calle?
10. ¿Qué sacan los hombres del camión?

This is the second of the two active vocabulary sections in each lesson.

JUEGOS DE PALABRAS (WORD GAMES)

1 Here are your new words. Study them, and then answer according to the illustrations.

1.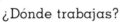

trabajar
to work   ¿Dónde trabajas?   en _____   en _____ ¿Le gusta trabajar?

2.

ayudar
to help   ¿Quién ayuda? _____   la Cruz _____

104   1 1. la escuela; la cocina   2. el médico; la Cruz Roja

You ask the questions or students ask each other. Insist on complete answers so that students use the active words.

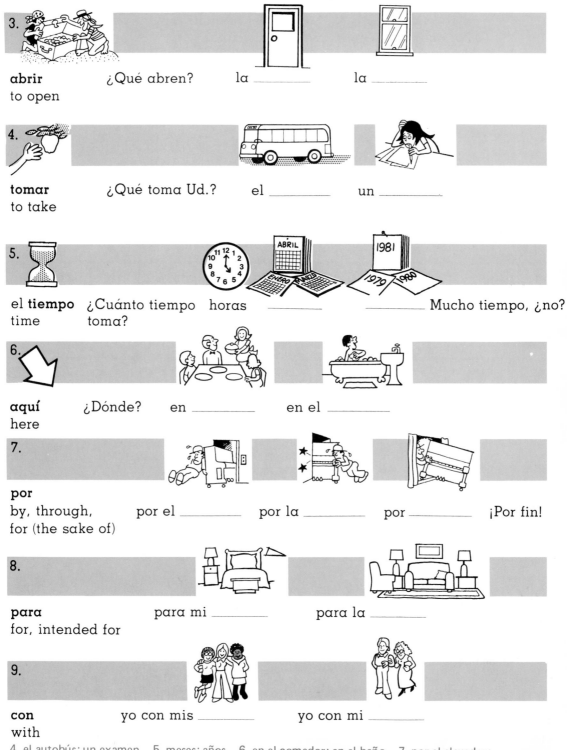

3.
abrir
to open
¿Qué abren?   la _____   la _____

4.
tomar
to take
¿Qué toma Ud.?   el _____   un _____

5.
el **tiempo**
time
¿Cuánto tiempo toma?   horas _____   _____ Mucho tiempo, ¿no?

6.
aquí
here
¿Dónde?   en _____   en el _____

7.
por
by, through, for (the sake of)
por el _____   por la _____   por _____   ¡Por fin!

8.
para
for, intended for
para mi _____   para la _____

9.
con
with
yo con mis _____   yo con mi _____

4. el autobús; un examen   5. meses; años   6. en el comedor; en el baño   7. por el elevador; por la puerta; por la ventana   8. para mi alcoba (cuarto); para la sala   9. amigos; abuela

2 Ahora... Now here are a few more useful words.

ahora now   **otro** other or another   **pero** but

¿Por qué? Why?   **porque** because

Can you fit them in to help us make a little story?

_____, Juan, ¿tomas este libro? —No, gracias, tomo el _____.

¿ _____? — _____ me gusta más. — _____, Juan, éste es más interesante. — Posiblemente. Pero el _____ es más corto.

This is the second of the two structure sections of the lesson. It covers one structural topic.

OBSERVACIONES

3. The verb **ser** (to be)

¿RECUERDA USTED? Recall of a previously-learned structural point

Yo **soy** Alberto Garza. ¿Y Ud. **es**...?

¿Es mexicana su familia?   —No. Mis padres **son** españoles.

A. The present tense of **ser**   If necessary, mention **estar** and link to ¿Como esta Ud.? Do not teach **estar** at this point.

Spanish has two verbs that mean "to be." Let's look first at **ser.**

soy	I am	Summary of new structure
eres	you (**tú**) are	
es	he is, she is, it is, you (**Ud.**) are	
somos	we are	
son	they are, you (**Uds.**) are[1]	

Substitute additional vocabulary as needed.

___ Actividades ___

1 ¿Eres tú...? —Sí, soy...

1. María, ¿eres muy generosa?   —Sí, soy...
   (Mary, are you...?)   —No, no soy...
2. Emilio, ¿eres muy sincero?

---

[1] The **vosotros** form of the verb **ser** is **sois.** See verb chart, page 418.

2 ¿Es...? —Sí, es...

1. ¿Es muy viejo su padre?

2. ¿Es grande o pequeña su casa?

—Sí, mi padre es...
—No, mi padre no es...

3 ¿Son Uds....? —Sí, somos...

1. ¿Son Uds. buenos estudiantes?
   (Are you...?)
2. ¿Son Uds. buenos hijos?

—Sí, somos...
(Yes, we are...)

4 ¿Son...? —Sí, son...

1. ¿Son mayores o menores sus
   hermanos?
2. ¿Son muy viejos sus abuelos?

—Mis hermanos son...

───── Práctica ───

Escriba la forma correcta de **ser:**   You may cover orally before writing.
1. Rosalía ____ ; Rosalía y yo ____ ; Los portugueses ____
2. Yo ____ ; Tú ____ ; ¿Quién ____ ?; ¿Quiénes ____ ?
3. Uds. ____ ; Ud. y yo no ____ ; Tú y Pablo ____

1. es, somos, son   2. soy, eres, es, son   3. son, somos, son

B. When do we use **ser**?

1. **Ser** tells *who* or *what* a person or thing is.

¿Qué es su prima? —Es artista.

What is your cousin? —She's an artist.

¿Juanito, eres tú? —Sí, soy yo.

Johnny, is it you? —Yes, it's I.

Uds. son peruanos, ¿no?
—No, somos chilenos.

You are Peruvians, aren't you?
No, we're Chileans.

¿Qué es esto? —No sé.

What is this? —I don't know.

2. **Ser** tells where a person or thing is from, what it is made
   of, or what it is for.

¿De dónde son Uds.?
—Somos de Puerto Rico.

Where are you-all from?
We're from Puerto Rico.

¿Es de cristal la lámpara?
—No. Es de plástico.

Is the lamp (made of) crystal?
No, it's (made of) plastic.

Las sillas nuevas son para la
   cocina.
—No me gustan.

The new chairs are for the kitchen.

I don't like them.

107

3. When we describe something, **ser** tells what it is *really* like, not what condition it is in.

Marta es muy talentosa.	Martha is very talented.
—Y es simpática también.	And she's nice, too.
Su casa es muy bonita.	Your house is very pretty.
—Gracias. Pero no es muy grande.	Thank you. But it isn't very big.

For additional drills, see back of textbook, workbook, and tape.

Práctica

1 Conteste afirmativamente, según (according to) los modelos.
Por ejemplo: ¿Es Julio?   —Sí, es él.
              ¿Son sus amigos?   —Sí, son ellos.
              ¿Soy yo? —Sí, eres tú.

1. ¿Eres tú, Roberto?
2. ¿Son Carmen y Elisa?
3. ¿Son los Salinas?
4. ¿Son las chicas?
5. ¿Es el médico?
6. ¿Es Ud.?
7. ¿Es la profesora?
8. ¿Son Uds.?
9. ¿Es la tía de Leonor?
10. ¿Son los hombres?

1. Sí, soy yo.   2. Sí, son ellas.   3. Sí, son ellos.   4. Sí, son ellas.   5. Sí, es él.   6. Sí, soy yo.   7. Sí, es ella.   8. Sí, somos nosotros (nosotras).   9. Sí, es ella.   10. Sí, son ellos.

2 Ahora conteste negativamente las preguntas (questions) del Ejercicio A.
Por ejemplo: 1. ¿Eres tú, Roberto?   —No, no soy...

3 Complete de una manera original: Free completion
1. Mi casa es _____ .
2. Esta lámpara es de _____ .
3. María y yo somos _____.
4. Yo soy _____ .
5. ¿De dónde son _____ ?
6. Mi tía favorita es _____ .
7. Mis vecinos son _____ .
8. La cocina de mi casa es _____ .
9. El cuarto de mis padres es _____ .
10. ¿Para quién es _____ ?

2 1. No, no soy yo.   2. No, no son ellas.   3. No, no son ellos.   4. No, no son ellas.   5. No, no es él.   6. No, no soy yo.   7. No, no es ella.   8. No, no somos nosotros (nosotras).   9. No, no es ella.   10. No, no son ellos.

The Verb **Ser** (To be)   The **Repaso Rápido** enables the student to review quickly the structure which precedes it.

soy	somos
eres	
es	son

When do we use **ser**?
1. To tell *who* or *what* a person or thing is.
2. To tell where a person or thing is from, what it is made of, or what it is for.
3. To describe what the person or thing is really like.

Práctica_____

(You can check your answers in the back of the book.)

1 *Conteste:*
1. ¿De qué es una lámpara, de cristal o de papel?
2. ¿De dónde son Uds., de Europa o de América?
3. Normalmente, ¿cuál es más grande, la cocina o la sala?
4. ¿Quiénes son sus personas favoritas, sus padres o sus vecinos?
5. ¿Para qué cuarto es la televisión nueva, para el baño o para la alcoba?
6. Amigo (Amiga), ¿qué eres, un (una) estudiante excelente o un (una) estudiante terrible?

2 *Ahora diga Ud.:*   Slower students may need help here.
1. Tell us where you are from.
2. Tell us where your grandparents (or your neighbors) are from.
3. Ask your teacher whether he or she is Spanish.
4. Describe one of your favorite people.

PANORAMA

¡BIENVENIDOS! (WELCOME!)

Hoy vamos a visitar diferentes casas—casas españolas, casas hispanoamericanas, casas elegantes, casas pobres (poor), casas medianas (average). ¡Bienvenidos al mundo (world) hispánico!

1 Una elegante residencia colonial en el sector viejo de Lima, la capital del Perú.

2 Casa en construcción. Los vecinos ayudan con el techo (roof) nuevo. San Antonio Polopó, Guatemala.

Any new non-cognate words are glossed and are considered passive.

There are additional questions on the **Panorama** in the Manual.

3 Casas blancas y plantas frescas en Córdoba, España. Córdoba, en el sur (south), es famosa por sus patios exquisitos y por su clima ideal.

4 Una escena típica de Quito, Ecuador. Latinoamérica combina la arquitectura española con la tradición nativa. "¡Qué niño más precioso, eh!"

5 ¿Los Angeles, California? ¡No! Ésta es una casa privada de estilo español en Cartagena, Colombia. ¿Le gusta?

6 "Apartamento 3C. ¿Salinas? ¿Gómez?" Hay muchas casas de apartamentos como (like) ésta en el Madrid nuevo.

LECCIÓN 2

Los muebles y otras cosas
Furniture and other things

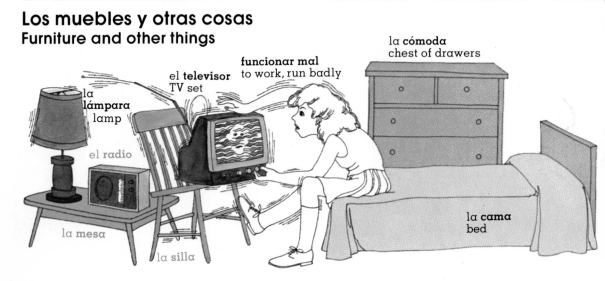

Dígame   See Lesson 1 for teaching suggestions.

1. ¿Qué muebles hay en su alcoba? ¿Es muy grande su cama?
   ¿Es muy confortable? ¿Cuántas lámparas hay? ¿Cuántas
   sillas hay? ¿Usa Ud. su alcoba para estudiar?

2. ¿Qué muebles hay en su sala? ¿Hay un sofá largo? ¿Hay
   sillas grandes? ¿De qué color son? ¿Hay televisor en la
   sala? ¿Hay acondicionador de aire?

3. ¿Qué muebles hay en su cocina? ¿Es eléctrica o de gas su
   estufa? ¿Hay máquina de lavar? ¿Qué otros aparatos
   (appliances) eléctricos hay? ¿Funcionan muy bien?
   ¿Le gusta a Ud. cocinar?

4. Finalmente, ¿cómo asocia Ud. los Grupos A y B?

A	B
leer	una silla grande/un
escuchar música	acondicionador de aire/la nevera/
"Todo (All) en la Familia"	la cama/una lámpara/el radio/la
el verano	televisión (o el televisor)/la estufa/
cocinar	un lavaplatos
muy confortable	
fruta fría	
lavar	
la noche	

Each topical active vocabulary section contains a game for motivation and variety in
practicing the new items.

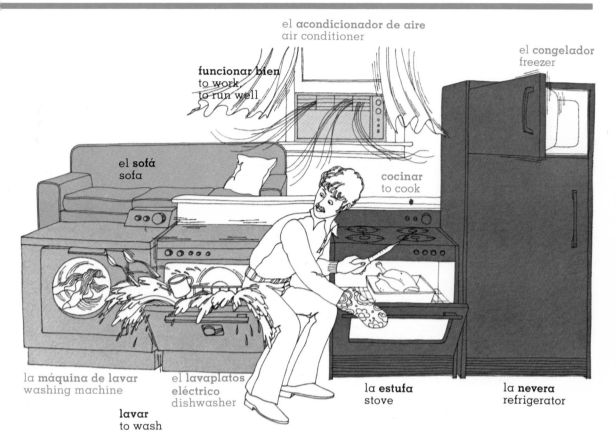

el **acondicionador de aire**
air conditioner

el **congelador**
freezer

funcionar bien
to work,
to run well

el **sofá**
sofa

cocinar
to cook

la **máquina de lavar**
washing machine

el **lavaplatos
eléctrico**
dishwasher

lavar
to wash

la **estufa**
stove

la **nevera**
refrigerator

Muebles musicales

Have you ever played "Musical Chairs"? Well, we're going to play it right here, but with furniture and appliances, not just with chairs. Start some music going (or a timer, if there's no music around). Then begin by calling out a piece of furniture. The next person has to add another one, and the following person another, and so on... When the music stops (or the buzzer sounds), the person whose turn it is to give the next word is out, and the rest of you start all over again.

Oh yes, no repeats, please! If necessary, you can use the same piece of furniture or the same appliance, but give it a different color or size. Por ejemplo: una silla... un sofá... un sofá blanco... un sofá largo... una mesa... una mesa roja... etc. ¡Vamos a jugar!

For variety: divide the class into teams and keep score.

OBSERVACIONES

4. **Tener** (to have) and **venir** (to come)

The **¿Recuerda usted?** links the first structure of each lesson with a related, previously-learned structure.

¿RECUERDA USTED?

¿Tiene Ud. hermanos?   —Sí, tengo dos.
(Do you have any brothers?)   (Yes, I have two.)

¿Tiene Ud. muchos primos?   —Sí, tengo muchos.
                                    (Yes, I have many.)

A summary of the new structure

	tener (to have)	**venir** (to come)
(yo)	tengo	vengo
(tú)	tienes	vienes
(él, ella, Ud.)	tiene	viene
(nosotros, nosotras)	tenemos	venimos
(ellos, ellas, Uds.)	tienen	vienen

From this point on, the five forms of each verb taught appear in the same lesson.

As you can see, **tener** and **venir** do not follow the regular pattern for –**er** and –**ir** verbs. For that reason, we call them "irregular." Actually, they are very easy, and very much alike.

—— Actividades ——————————————————————

1 ¿Tiene Ud....? —Sí, tengo...
¿Viene Ud....? —Sí, vengo...

1. ¿Tiene Ud. muchos amigos?   —Sí, tengo...
   (Do you have...?)   —No, no tengo...
2. ¿Tiene Ud. mucho tiempo hoy? Substitute additional vocabulary as needed.
3. ¿Viene Ud. a esta clase el lunes? —Sí, vengo...
4. ¿A qué hora viene Ud.?

2 ¿Tienes...? —Sí, tengo...
¿Vienes...? —Sí, vengo...

1. (Alicia), ¿cuántas clases tienes
   hoy?   —Tengo...
2. (Eduardo), ¿vienes a la fiesta
   esta tarde?

As before, and throughout the text, verbs are presented in conversational style.

3 ¿Tiene su madre...?   —Sí, tiene...
    ¿Viene...?   —Sí, viene...

1. ¿Tiene muchas amigas su
   madre?
2. ¿Tiene mucha paciencia su
   maestro?
3. ¿Viene a la clase hoy la
   directora?
   (Is the Principal coming...?)

—Sí, mi madre tiene...
—No, mi madre no tiene...

—Sí, viene...
—No, no viene...

4 ¿Tienen Uds....?   —Sí, tenemos...
    ¿Vienen Uds....?   —Sí, venimos...

1. ¿Tienen Uds. examen hoy?
2. ¿Tienen Uds. una cafetería
   aquí?
3. ¿Vienen Uds. a la escuela el
   sábado?
4. ¿Vienen Uds. al partido de
   fútbol?

—Sí, tenemos... (Yes, we have...)

—Sí, venimos... (Yes, we come...)

5 ¿Tienen sus padres...?   —Sí, tienen...
    ¿Vienen...?   —Sí, vienen...

1. ¿Tienen muchos amigos sus
   padres?
2. ¿Cuántos hijos tienen sus
   padres?
3. ¿Vienen a esta escuela sus
   amigos? (Do your...?)
4. ¿Vienen a esta escuela sus hermanos?

—Sí, mis padres tienen...

—Sí, mis amigos...

For additional drills, see back of text,
workbook, and tape.

Práctica

1 Complete usando (using) **tener** o **venir:**
1. Mi prima Elisa ____ mañana.
2. Mario, ¿tú ____ ahora?
3. ¿ ____ Uds. tiempo esta tarde?
4. ¿ ____ los estudiantes nuevos hoy?
5. (Yo) ____ a la clase temprano.
6. ¿A qué hora ____ Ud.?
7. Mi familia ____ una casa grande.
8. (Nosotros) ____ tres televisores. —Yo ____ uno.
9. Ramón y yo ____ en el bus.
10. Alonso, ¿(tú) ____ la información?

Having to choose the correct infinitive
forces meaningful comprehension.

1. viene   2. vienes   3. Tienen   4. Vienen   5. vengo   6. viene   7. tiene   8. tenemos,
tengo   9. venimos   10. tienes

2 *Primero (First), díganos, ¿qué hora es? Entonces (Then), lea los pequeños diálogos y conteste. Por ejemplo:*

1.

—Concha y Pepe vienen en una hora.
   —¡Fantástico! Me gustan mucho.

Conteste: ¿A qué hora vienen Concha y Pepe?
Concha y Pepe vienen a las _____.

2.

—Tengo examen de ciencia en quince minutos.
   —¡Ay, pobre (poor) Paco!

Conteste: a. ¿A qué hora tiene Paco su examen?
             b. ¿Es difícil la ciencia?

3.

—En diez minutos viene el mecánico.
   —¿Por qué?
   —Porque el televisor funciona mal.

Conteste: a. ¿A qué hora viene el mecánico?
             b. ¿Por qué viene?

4.

—¿Vienes a la fiesta, Elenita?
   —Sí, en dos horas, más o menos.
   Tengo mi lección de música ahora.

Conteste: a. ¿A qué hora viene a la fiesta Elenita?
             b. En su opinión, ¿qué instrumento estudia la chica?

5.

—Chicos, ¿tienen tiempo para ayudar un poco?
   —Más tarde, mamá. Tenemos clase en media hora.

Conteste: a. ¿A qué hora tienen su clase los chicos?
             b. En su opinión, ¿cuántos hijos tiene la señora?

1. cinco y media
2. a. . . . a las once y cuarto. b. Sí (No), la ciencia (no) es difícil.
3. a. . . . a las nueve. b. Porque el televisor funciona mal (no funciona bien).
4. a. . . . a las siete y veinte. b. (En mi opinión), la chica estudia el (la) . . . (free response)
5. a. . . . a las doce y media. b. (En mi opinión), la señora tiene _____hijos. (free response)

5. Special expressions with **tener**

There are many things we can say with the verb **tener.** Here are some: Be sure students understand use of **tener** vs. "to be."

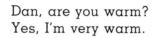

- **tener calor**   to be (feel) warm
  Daniel, ¿tienes calor?
  —Sí, tengo mucho calor.

  Dan, are you warm?
  Yes, I'm very warm.

- **tener frío**   to be (feel) cold
  Tengo frío, mucho frío.
  —Pues, cierre la ventana.

  I'm cold, very cold.
  Well, close the window.

¿Qué tiene esta chica?

¿Qué tiene este señor?

- **tener sed**   to be thirsty
  Aquí tiene Ud. agua.
  —No, gracias, No tengo mucha sed.

  Here's some water.
  No, thanks. I'm not very thirsty.

- **tener hambre**   to be hungry
  ¿Tienes hambre?
  —No, no mucha.

  Are you hungry?
  No, not very.

- **tener sueño**   to be sleepy
  Tengo mucho sueño.
  —Pues, ¡a la cama!

  I'm very sleepy.
  Well, to bed!

- **tener miedo**   to be afraid
  ¿Continuamos?
  —No, tengo miedo.

  Do we go on?
  No, I'm afraid.

¿Qué tiene?   ¿Qué tiene?   ¿Qué tiene?   ¿Qué tiene?

- **tener que** (trabajar, estudiar, etc.) to have to (work, study, etc.)
  ¿Tienes que trabajar hoy?   Do you have to work today?
  —Tengo que ayudar en mi casa.   I have to help at home.

¿Tienen que estudiar o tienen que lavar platos?

¿Dónde tienen que escribir, en la pizarra o en el libro?

Práctica

Conteste, por favor: For additional drills, see back of text, workbook, and tape.

1. ¿Tiene Ud. calor hoy? ¿Tiene mucho frío?
2. ¿Tenemos más calor en el verano, o en el invierno?
3. ¿Si Ud. tiene mucha sed, ¿qué toma, agua o soda?
4. ¿Tiene Ud. sueño en la clase de español? ¿Y en las otras clases?
5. ¿Tiene Ud. que estudiar para un examen mañana?
6. ¿Tiene Ud. miedo del número trece?
7. ¿Tiene Ud. miedo de sus profesores?
8. ¿Cuántos años tiene Ud.? (How old are you?) ¿Cuántos años tienen sus padres?

1. Sí, tengo (No, no tengo) calor hoy.;   Sí, tengo (No, no tengo) mucho frío.   2. Tenemos más calor en el verano.   3. (Si tengo mucha sed), tomo agua (soda).   4. Sí, tengo (No, no tengo) sueño (en la clase de español).; . . . (en las otras clases).   5. Sí, tengo (No, no tengo) que estudiar (para un examen mañana).   6. Sí, tengo (No, no tengo) miedo

REPASO RÁPIDO

tener (to have): tengo, tienes, tiene, tenemos, tienen
venir (to come): vengo, vienes, viene, venimos, vienen

Tener is used in many special expressions to describe people's feelings.

tener (mucho) frío to be (very) cold   **tener (mucho) calor** to be (very) warm
tener (mucha) sed to be (very) thirsty   **tener (mucha) hambre** to be (very) hungry
tener (mucho) sueño to be (very) sleepy   **tener (mucho) miedo** to be (very) afraid
tener que (estudiar, trabajar, etc.)   to have to (study, work, etc.)

Práctica

(You can check your answers in the back of the book.)

1 *Estudie por un momento estas ilustraciones:*

1.

2.

3.

4.

5.

6.

Now use these pictures to ask people about their feelings.
Por ejemplo: 1. <u>¿Tiene Ud. hambre?</u>   or   <u>¿Tienes mucha
hambre?</u>
Look again, and now it's your turn to say how you feel.
Por ejemplo: 1. <u>Tengo hambre.</u>   or   <u>No tengo mucha hambre.</u>

2 *Ahora haga diálogos originales (make original dialogues):*
1. ¿venir/Uds./fiesta/...?   —No./(Nosotros)/tener que...
2. (Yo)/venir/de Argentina.   —¿Ah, sí?/Mis.../venir/Buenos
   Aires.
3. Pepe, ¿por qué no/venir/mi casa?   —Porque (yo)/tener...

Práctica, p. 118, continued:
(del número trece).   7. Sí, tengo (No, no tengo) miedo (de mis profesores).   8. Tengo
_____ años; Mi padre tiene_____ años (y) mi madre tiene_____(años). (free response)

119

The **Cuento** is the core of the lesson. Taken together, the **Cuentos** form a humorous, inter-related story line that is sure to appeal to teenagers.

CUENTO ¡GANE UN MILLÓN!

Win a million!

Apartamento 1D. Son las diez de la noche, y la familia Montes **mira** la televisión.	is **looking at**
Miguelín: Yo soy Miguelín Soler, y **bienvenidos,** amigos, a	welcome
"**¡Gane** un Millón!" (Música y **aplausos.**) Ahora,	**win;** applause
5 vamos a comenzar. Los **primeros** participantes hoy	first
son... Adela y Adolfo García. (Más aplausos y	
música.) ¿Y de dónde vienen Uds., señores?	
Él: Yo vengo de San José. Mi esposa es de San Luis.	
Miguelín: ¡Fantástico! ¡Un aplauso especial, amigos, para San	
10 José y San Luis! (Aplausos y **silbidos.**) Y ahora, la	whistles
primera **pregunta.** Escuchen bien...	**question**
(Carmen Montes habla con su esposo.)	
Carmen: ¿Tú tienes hambre, Felipe?	
Felipe: No, pero tengo sed. ¿Hay **café frío?**	iced coffee
15 Carmen: No, Felipe. La nevera no funciona	
muy bien. Tenemos que **comprar**	buy another
otra pronto.	one **soon**
Felipe: ¿Y quién tiene **dinero,** Carmen? Yo no.	**money**
Miguelín: **¿Listos?** Pues si uno y uno son dos, y dos y dos son	**Ready?**
20 cuatro, ¿cuántos son dos y tres? **Recuerden:** Uds.	Remember
tienen diez **segundos** para contestar.	**seconds**
(Música. Adela y Adolfo consultan **en voz baja:** "¿Tres? ¿Seis?	in a low voice
No, cinco, cinco. ¡Sí, cinco!")	
Ella: ¿Cinco?	
25 Miguelín: **¡Así es! Felicitaciones,** amigos. Y aquí tienen Uds.	That's it!; Congratulations

Bienvenidos, amigos, a
"¡Gane un Millón!"

¿Tú tienes hambre, Felipe?

Y aquí tienen Uds. sus
premios...

See the **Cuento** section, Lesson 1, for further comments.

Si un romano viene de Roma...

Y aquí tienen Uds. sus premios: muebles completos...

Pero uno tiene que saber muchísimo.

sus **premios:** un televisor nuevo de colores, un radio con "estereo," una nevera grande con...	prizes
Carmen: ¡Ay, Felipe! ¡Qué **suerte** tienen, eh!	luck
Miguelín:... y un acondicionador de aire, **todo** con los mejores **deseos** de la **Compañía**...	**everything** wishes; Company
Adela y Adolfo: ¡Ay! ¡Fabuloso! ¡Fantástico! ¡Sensacional!	
Miguelín: Y ahora, amigos, ¿**desean** continuar? Recuerden: Si contestan correctamente, tienen la oportunidad **de ganar** un millón de pesos. Pero si contestan mal...	do you **want** of winning
Ella: **No sé.** Tengo miedo.	I don't know.
Diferentes personas: ¡Sí, Sí! **¡Adelante!**	Keep going!
Él: Bueno, continuamos. (Grandes aplausos y **gritos.**)	shouts
Miguelín: Muy bien. Y aquí tienen Uds. la **segunda** pregunta: Si un romano viene de Roma y un parisino viene de París, ¿de dónde es un **berliniano**?	**second** Berliner
Ella: Un berliniano es de...	
Él: Es de... ¿Ber...?	
Miguelín: ¡Exactamente! ¡Es de Berlín! Y aquí tienen Uds. sus premios: muebles completos para la alcoba, con cama, cómoda...	
Felipe: **Niños,** ¡a la cama!	Children
Niño: Por favor, papá, no tenemos sueño.	
Miguelín: ...lámparas y mesitas de noche, un sofá elegante para la sala, cuatro...	
Carmen: Felipe, ¿por qué **no vamos nosotros** a ese programa?	don't we go
Felipe: Ay, Carmencita, pero uno tiene que **saber muchísimo.**	know an awful lot

Line numbers in margin: 30, 35, 40, 45, 50

There is a taped dramatization of each **Cuento.**

121

──Vamos a conversar ──────

1. ¿En qué apartamento viven los Montes?   Questions for first half
2. ¿Qué programa miran? ¿Le gusta a Ud. este tipo de programa?
3. ¿Quién es el M.C. del programa?
4. ¿Quiénes son los primeros participantes hoy?
5. ¿De dónde vienen?
6. ¿Qué tiene en este momento Felipe—hambre o sed?
7. ¿Por qué no hay café frío en la nevera?
8. ¿Por qué no compran los Montes una nevera nueva?
9. ¿Qué pregunta tienen que contestar ahora Adela y Adolfo?
10. ¿Qué premios ganan? ¿Cuáles de estos aparatos tienen Uds. en su casa?

● 1. ¿Qué tienen la oportunidad de ganar Adela y Adolfo ahora?   Questions for second half
2. ¿Desea continuar Adela? ¿Por qué?
3. ¿Qué gritos hay ahora?
4. ¿Cuál es la segunda pregunta?
5. ¿Contestan bien Adela y Adolfo?
6. ¿Qué premios ganan ahora?
7. ¿Qué dice (says) Felipe Montes a sus hijos? ¿Tienen sueño los chicos?
8. ¿Qué idea tiene Carmen ahora?
9. ¿Qué contesta Felipe?
10. ¿Hay programas de este tipo en la televisión aquí? ¿Le gustan a Ud. esos programas?

This is the second of the two active vocabulary sections in each lesson.

JUEGOS DE PALABRAS

1.

la **suerte**   ¿Tiene Ud. . . . ?   buena
luck

2.

la **niña**, el **niño**   ¿Son grandes   _____ , son _____
child   estos niños?

You ask the questions or students can ask each other. Insist on complete answers so that
they get to use the active words.

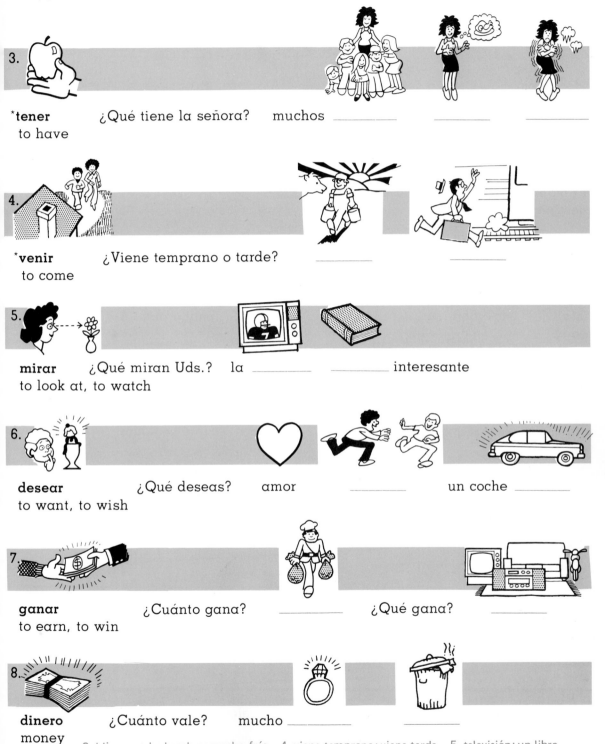

3.

*tener   ¿Qué tiene la señora?   muchos _____   _____   _____
to have

4.

*venir   ¿Viene temprano o tarde?   _____   _____
to come

5.

mirar   ¿Qué miran Uds.?   la _____   interesante
to look at, to watch

6.

desear   ¿Qué deseas?   amor _____   un coche _____
to want, to wish

7.

ganar   ¿Cuánto gana?   ¿Qué gana?
to earn, to win

8.

dinero   ¿Cuánto vale?   mucho _____
money

3. hijos; mucha hambre; mucho frío   4. viene temprano; viene tarde   5. televisión; un libro
6. un partido de fútbol; un coche nuevo   7. Gana mucho; Gana un televisor, un tocadiscos;
un sofá, y una bicicleta   8. Vale mucho dinero; Vale poco

9. deseo todo; deseo todos   10. ¿De dónde es Ud.?; (free response)   11. dos y media   12. tres menos diez
13. pregunta; piso

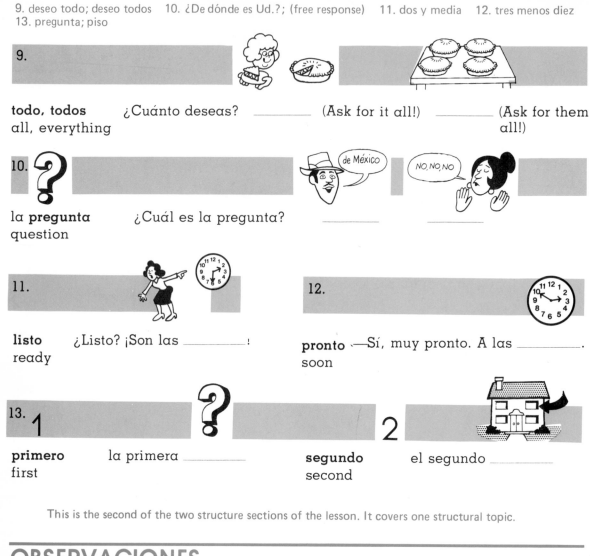

9.

todo, todos
all, everything

¿Cuánto deseas? _____ (Ask for it all!) _____ (Ask for them all!)

10.

la **pregunta**
question

¿Cuál es la pregunta? _____ _____

11.

listo
ready

¿Listo? ¡Son las _____ !

12.

pronto
soon

—Sí, muy pronto. A las _____ .

13.

primero
first

la primera _____

segundo
second

el segundo _____

This is the second of the two structure sections of the lesson. It covers one structural topic.

OBSERVACIONES

6. Where to put adjectives

¿RECUERDA USTED?

mi amiga
mi amiga española

ese chico
ese chico brillante

Adjectives in Spanish can go either before or after the noun.

A. "This-that" and "my-your," etc., always go before the noun.

Point out that noun + adjective is far more common in Spanish than adjective + noun.

B. An adjective that sets the noun off from others of its kind usually goes *after* the noun.

> ¿Tiene Ud. una pluma roja?
> Do you have a red pen? (not green or purple or pink!)

> Luis es un chico muy inteligente.
> Lou is a very intelligent guy. (**Inteligente** sets Lou off from the less bright boys.)

For this reason, adjectives of color, shape, nationality, religion, or quality usually go *after* the noun.

> una mesa baja   a low table
> una chica simpática   a sweet girl
> la música mexicana   Mexican music

C. **Mucho** and **poco** always go *before* the noun.

> No tengo mucho tiempo.   I don't have much time.
> Hay poco dinero.   There is little money.

D. **Bueno, malo,** and **primero** can go before or after the noun. When they go before a masculine singular word, they shorten to **buen, mal,** and **primer.**

> un padre bueno, un buen padre   a good father
> un ejemplo malo, un mal ejemplo   a bad example
> el libro primero, el primer libro   the first book

But: una madre buena, una buena madre
      la pregunta primera, la primera pregunta

For additional drills, see back of textbook, workbook, and tape.

─── Práctica ───────────────────────────────

1 Can you match up each word in Column 1 with a word in Column 2, and then use them in your own sentences?

1	2
una cocina	muy confortable/azul/grande y
muchos programas	moderna/famoso (famosa)/
una silla	norteamericanas/popular/
una casa	interesantes/muy largo/muy
un (una) artista	bonita
una lámpara	
las mujeres	
la música	Free response, for example: Tenemos una cocina grande y moderna.
un sofá	

1. Me gustan más las casas grandes (pequeñas).; Me gustan más las casas modernas (viejas).; Sí, me (No, no me) gustan los muebles muy modernos.   2. Me gustan más los coches grandes (pequeños).; Me gustan más los coches americanos (europeos).; Sí, mi familia tiene (No, mi familia no tiene) un coche japonés.   3. Sí, hay (No, no hay) una persona muy artística en mi familia.; . . . en mi escuela.; . . . en mi clase.;

2 Conteste ahora:

1. ¿Le gustan más las casas grandes o las casas pequeñas? ¿las casas modernas o viejas? ¿los muebles muy modernos?

2. ¿Le gustan más los coches grandes o pequeños? ¿los coches americanos o europeos? ¿Tiene su familia un coche japonés?

3. ¿Hay una persona muy artística en su familia? ¿en su escuela? ¿en su clase? ¿Hay personas muy musicales?

4. ¿Lee Ud. muchos libros interesantes? ¿Cuál es su libro favorito?

5. ¿Hay una mesa muy baja en su casa? ¿una lámpara verde? ¿un sofá pardo? ¿muchas sillas confortables? ¿Tienen Uds. una cocina blanca?

6. ¿Tiene Ud. un buen amigo (una buena amiga)? ¿Tiene Ud. muchos buenos amigos? ¿Quién es su mejor amigo (amiga)?

The **Repaso Rápido** enables the student to quickly review the structure which precedes it.

REPASO RÁPIDO

Where to Place Adjectives

Adjectives that set a person or thing apart from others of that kind usually come *after* the noun.
Mucho and **poco** always go *before* the noun.
Bueno, malo, and **primero** can go before or after. When they go *before* a masculine singular word, they become **buen, mal, primer.**

Práctica

(You can check your answers in the back of the book.)
¿Recuerda Ud. los colores?

rojo   amarillo   verde   azul   blanco   negro   pardo   gris

Check for agreement of adjectives.

Now choose among these colors to complete this little story:

Mi familia y yo vivimos en una casa ____ con puertas ____ y ventanas ____. En el primer piso hay una sala ____, un comedor ____ y una cocina ____. En el segundo piso hay tres alcobas — una alcoba grande ____, y dos alcobas pequeñas, una ____ y la otra ____. En ese piso hay un baño ____ y otro ____. ¡Qué casa más fea, eh!

Práctica [2], continued: Sí, hay (No, no hay) personas muy musicales.   4. Sí, leo (No, no leo) muchos libros interesantes. Mi libro favorito es _____. (free response)   5. Sí, hay (No, no hay) una

---

mesa muy bajá en mi casa. Sí, hay (No, no hay) una lámpara . . . Sí, hay (No, no hay) un sofá . . . Sí, hay (No, no hay) muchas sillas . . . Sí, tenemos (No, no tenemos) una cocina blanca.   6. Sí, tengo un(a) buen(a) amigo(a), (No, no tengo amigo, -a, -os, -as). Sí, tengo (No, no tengo) muchos buenos amigos. Mi mejor amigo (amiga) es _____. (free response)

PANORAMA
PASE UD. (COME RIGHT IN.)

1 ¡Vamos a una barbacoa! Sí, en la terraza de esta casa bonita de Acapulco, México. (¿Sabe Ud. qué palabras inglesas vienen de "barbacoa" y "terraza"?)

2 La alcoba principal de una hacienda (ranch) en la pampa argentina. Otra vez, díganos: ¿Vive aquí una familia grande o pequeña? ¿Cuántos cuartos hay? ¿Cómo es el resto de la casa?

There are additional questions on the **Panorama** in the Manual.

127

Any new non-cognate words are glossed and are considered passive.

3 La cocina de esta familia dominicana no es grande. Pero es moderna, ¡y tiene televisor en colores! Nueva York.

4 La sala de un apartamento moderno en Santurce, Puerto Rico. En su opinión, ¿quiénes viven en este apartamento? ¿Son pobres (poor), ricos o de la clase media?

5 Elías Soto, estudiante de escuela secundaria en San José, Costa Rica, prepara sus (his) lecciones en el comedor de su apartamento. A propósito, ¿quiénes son las personas en la foto?

6 "Siéntese. Mi casa es su casa." Aquí tenemos la sala de una casa pequeña de Palma de Mallorca, España. En efecto, ésta es la casa de vacaciones de una familia de Madrid. La isla (island) de Mallorca es famosa por su clima maravilloso.

7 ¡Qué cocina, eh! Dos estufas grandes, una nevera de veinte pies (feet) cúbicos y todas las conveniencias modernas. En realidad, ésta es la casa de una familia rica de Cali, Colombia. En las casas pobres, especialmente en las regiones rurales, hay pocos aparatos (appliances) eléctricos.

LECCION 3

¿Qué voy a llevar?
What am I going to wear?

la **ropa**
clothing

el **saco**
jacket

la **camisa**
shirt

la **corbata**
tie

el **traje**
suit

el **jersey**
T-shirt

los **pantalones**
pants

el **abrigo**
overcoat

los **zapatos**
shoes

los calcetines
socks

Dígame

1. ¿Qué ropa lleva Ud. hoy? ¿Lleva Ud. abrigo? ¿sombrero?
2. ¿De qué color es su camisa (o blusa, o suéter)? ¿De qué color son sus pantalones? (¿De qué color es su vestido o falda?) ¿Son negros sus zapatos?
3. ¿Qué llevamos si hace frío? ¿Usamos botas si hace calor? ¿si llueve? ¿si nieva?
4. ¿Qué colores usa Ud. más en el invierno? ¿y en la primavera?
5. (A las chicas) ¿Le gusta más llevar pantalones o falda? ¿Le gustan más las faldas largas o las faldas cortas? ¿Le gusta más una blusa o un jersey? ¿Le gusta cambiar frecuentemente su ropa?
6. (A los chicos) ¿Le gusta más un suéter o un saco? ¿una camisa o un jersey? ¿Le gusta llevar corbata? ¿Le gusta llevar un traje completo?

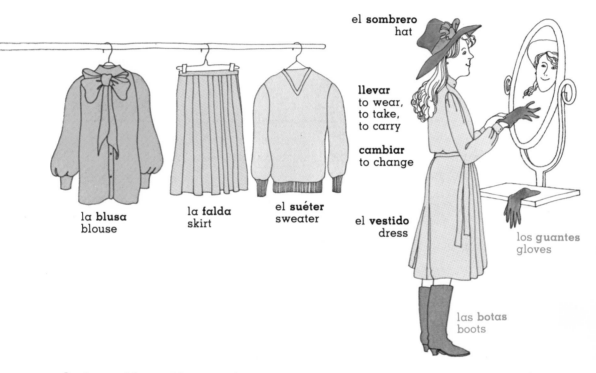

el **sombrero**
hat

llevar
to wear,
to take,
to carry

cambiar
to change

la **blusa**
blouse

la **falda**
skirt

el **suéter**
sweater

el **vestido**
dress

los **guantes**
gloves

las **botas**
boots

See Lesson 1 for teaching suggestions.

Each topical active vocabulary section contains a game for motivation and variety.

¿Cuánto vale? (How much does it cost?)

Go to your nearest newspaper or magazine and cut out some
pictures of articles of clothing. (Only the ones whose names
we know, ¡por favor!) Write the real price (más o menos) on the
back of each picture and bring them all to class. Y ahora, ¡a
comenzar! Hold up one of your pictures and say: "Aquí tengo
un bonito... una magnífica... unos fantásticos..., etc.
¿Cuánto vale?" (If the item is plural, say: "¿Cuánto valen?")
Your classmates have to guess — en español — how much it
costs (tres dólares, dos y medio, cinco noventa y nueve, etc.).
Then allow five guesses, and the person who comes closest
takes over next.

For variety: use the Spanish **peseta**, Mexican **peso**, etc., giving the approximate value of
each. This will allow students to "go shopping" in a foreign situation.

OBSERVACIONES

7. **Ir** (to go), **dar** (to give), and **estar** (to be)

¿RECUERDA USTED?

¿A dónde va Ud.?, ¿A dónde vas?
(Where are you going?)

—Voy al cine.
(I'm going to the movies.)

¿Cómo está Ud.?, ¿Cómo estás?
(How are you?)

—Muy bien, gracias.

You already know most of the present tense of **ir**, "to go." Here's the whole thing, along with **dar** and **estar**. All three verbs are very much alike.

A summary of the new structure	**ir** (to go)	**dar** (to give)	**estar** (to be)
(yo)	voy	doy	estoy
(tú)	vas	das	estás
(Ana, la clase, Ud.)	va	da	está
(Luis y yo)	vamos	damos	estamos
(Los chicos, Uds.)	van	dan	están

Actividades

Verbs are always presented in conversational style.

1
¿Va(s)...?   —Sí, voy...
¿Da(s)...?   —Sí, doy...
¿Está(s)...? —Sí, estoy...

1. ¿Va Ud. mucho al cine?
   (Do you go...?)
   —Sí, voy...
   —No, no voy...
2. ¿A qué escuela va Ud.?
3. Laurita, ¿vas a una fiesta hoy?
4. Riqui, ¿tú vas con Laurita?
5. ¿Da Ud. muchas fiestas?
   (Do you give many parties...?)
   —Sí, doy...
   —No,...
6. ¿Da Ud. problemas a sus padres?

Substitute additional vocabulary as needed.

7. Nanita, ¿das lecciones de español?
8. Roberto, ¿das dinero a otras personas?

9. Buenos días. ¿Cómo está Ud.?   —Estoy...
10. ¿Está Ud. contento (contenta)
    con sus clases?
11. Bárbara, ¿estás bien o mal hoy?
12. Guillermo, ¿estás preparado, amigo?

2 ¿Va (Da, Está) su madre...?   —Sí, mi madre va (da, está)...

1. ¿Va a trabajar hoy su madre?   —Sí, mi madre va... —No,...
2. ¿Va a esta escuela su mejor
   amigo?

3. ¿Da lecciones de arte su padre?
4. ¿Da muchos exámenes su
   maestro?

5. ¿Cómo está su familia?
6. ¿Está en (name of town) su casa?

3 ¿Van (Dan, Están) Uds....?   —Sí, vamos (damos, estamos)...

1. ¿Van Uds. al laboratorio hoy?   —Sí, vamos...
   (Are you-all going...)   —No,...
2. ¿Van Uds. a un partido mañana?

3. ¿Dan Uds. dinero a la Cruz Roja
   (Red Cross)?   —Sí, damos... —No,...
4. ¿Dan Uds. conciertos aquí?

5. ¿Están Uds. en el primer año del
   español?   —Sí, estamos... —No,...

6. ¿Están Uds. contentos con su
   clase de español?

Questions beginning with an interrogative word are more difficult than the others.

4 ¿Van (Dan, Están) sus padres...?   —Sí, mis padres van (dan, están)...

1. ¿Van al teatro sus padres?   —Sí, mis padres van... —No,...
2. ¿Van a partidos de béisbol?

3. ¿Dan exámenes difíciles sus
   maestros?   —Sí, mis maestros dan...
4. ¿Qué día de la semana dan los
   exámenes?

5. ¿Dónde están sus hermanos en
   este momento?   —Mis hermanos están...
6. ¿Dónde están sus libros ahora?

___ Práctica ___

1 *Rápidamente ahora . . . Diga las formas correctas:*
1. yo: dar, ir, estar
2. tú: ir, estar, dar
3. Elvira: estar, ir, dar

A mechanical drill. Mainly for oral practice, but also good for writing, particularly with slower groups.

4. Nico y yo: dar, ir, estar
5. Uds.: ir, dar, estar

2 *Haga frases originales con:*
1. alcoba / estar / segundo piso.
2. Yo / ir a . . . / mañana.
3. Clara y yo / ir a . . . / esta noche.
4. ¿Tú no / dar . . . / al niño?
5. Mi profesor(a) / dar / exámenes.

By now even slower students should be used to this type of drill. But if necessary, explain the mechanics once again.

8. When to use **estar** (to be)

Do you remember the verb **ser** (to be)? **Ser** tells who or what the subject is, what it's made of, or what it's really like. Now look at **estar.** The second structure of each lesson is related in some way to the first.

A. Estar tells *where* someone or something is.

Alfredo, ¿dónde estás?	Alfred, where are you?
—Estoy en el baño.	I'm in the bathroom.
Sra. Montes, ¿está Emilia?	Mrs. Montes, is Emily in?
—No. Está en clase.	No. She's in class.

B. Estar tells *how* the subject is, in what condition or position it is.

¿Qué pasa? ¿Están enfermos?	What's the matter? Are you sick?
—No. Estamos cansados.	No. We're tired.
¿Cómo está su abuelo?	How is your grandfather?
—Está mejor, gracias.	He's better, thanks.
¿Está caliente la sopa?	Is the soup hot?
—No. Está fría.[1]	No. It's cold.

C. Notice how the meaning changes when we use **ser** or **estar** with the same adjective. Por ejemplo:

For additional drills, see back of text, workbook, and tape.

El hielo es frío.	El café está frío.
Ice is cold (naturally).	The coffee is cold. (It cooled off.)

_____
[1]In case you forgot: When the *weather* is cold or hot we say **Hace frío. Hace calor.** When we *feel* cold or warm, we say **Tenemos frío. Tenemos calor.** ¿Recuerda Ud.?

Práctica ☐2 1. La alcoba está en el segundo piso.   2. Yo voy a _____ mañana. (free completion) 3. Clara y yo vamos a _____ esta noche. (free completion)   4. ¿Tú no das _____ al niño? (free completion)   5. Mi profesor(a) da exámenes. (N.B. Since these are original sentences, allow students to add adjectives, etc.)

El sofá es negro.	¡Ay, no! ¡El sofá está negro!
The sofa is black. (That's its normal color.)	Oh, no! The sofa's black! (It's all dirty!)
¡Qué bonita eres!	¡Qué bonita estás!
How pretty you are! (You're such a pretty girl!)	How pretty you look. (You look great today!)
Ese niño es muy malo.	Ese niño está muy malo.
That boy is very bad. (He's a rotten kid.)	That boy is very ill (in bad shape).

Práctica

1 *Lea bien, y después indique (then indicate) la contestación correcta:*

1. —Mis padres están en Roma ahora.
   —¡Qué suerte! (Portugal, Italia, Francia) es muy interesante.
2. —¿Está Ud. ocupado en este momento, señor?
   —Sí. (Tengo que trabajar. Estoy muy contento. Estoy bien preparado.)
3. —¿Le gustan estas bananas?
   —No. (Son grandes. Son amarillas. Están verdes.)
4. —La oficina está a poca distancia de mi casa.
   —¿Ah, sí? Pues (Ud. tiene que tomar el tren, toma mucho tiempo en bus, es muy conveniente), ¿verdad?
5. —Mi vecina no es vieja, pero está muy blanca y no tiene energía.
   —Posiblemente (está mala, es mala, está ocupada).

2 *Ahora mire las ilustraciones, y conteste:* Be sure that students use forms of **ser** and **estar** in their answers.

1.

   a. ¿Estamos en un clima frío o en un clima tropical?
   b. ¿Están contentas estas personas?
   c. ¿De qué color es el sol (sun)?
   d. ¿De qué color son las palmas?

2.

2. a. El café está en la mesa. b. Está caliente.
c. El té está frío.

a. ¿Dónde está el café?
b. ¿Está frío o caliente?
c. ¿Está frío o caliente el té?

3.

3. a. El señor está en la (su) oficina. b. Es tarde.
c. Sí, está muy cansado. d. En mi opinión, es
hombre de negocios.

a. ¿Dónde está este señor?
b. ¿Es tarde o temprano?
c. ¿Está muy cansado el señor?
d. En su opinión, ¿es hombre de
   negocios (businessman), médico
   o mecánico?

4.

4. a. Estamos en Francia (París). b. Hablan
francés. c. La Torre Eiffel es vieja.; Es alta.
d. Sí, me gusta . . . (No, no me gusta . . .) (free
completion)

a. ¿Dónde estamos ahora?
b. ¿Qué lengua hablan allí (there)?
c. ¿Es vieja o nueva la Torre Eiffel?
   ¿Es alta o baja?
d. ¿Le gusta a Ud. visitar otras naciones?

REPASO RÁPIDO

Here's the present tense of **ir** (to go), **dar** (to give), and **estar** (to be):

ir: voy, vas, va, vamos, van
dar: doy, das, da, damos, dan
estar: estoy, estás, está, estamos, están

When do we use **estar**?
1. **Estar** tells *where* someone or something is.
2. **Estar** tells *how* someone or something is, its condition or position.

ser	vs.	**estar**
who, what		where, how
what it is really like		what condition it happens to be in
where or what it comes from		where it is located
what or whom it is for		

Having to choose from two infinitives assures meaningful comprehension.

Práctica

(You can check your answers in the back of the book.)

1 *Complete usando (using)* **ir** *o* **dar**:
1. Mañana yo ＿＿ al teatro. —¿A dónde ＿＿ Uds.?
2. Marcos y yo ＿＿ una fiesta este sábado. ¿Tú ＿＿ a venir?
3. Yo ＿＿ lecciones de música. —¿Ah, sí? Pues Clara y yo ＿＿ a estudiar con Ud.

2 *Complete usando* **ser** *o* **estar**:
1. Hola, Juanita. ¿Cómo ＿＿?
2. ¿Dónde ＿＿ mis zapatos?
3. ¿De dónde ＿＿ su familia?
4. Mi café ＿＿ frío.
5. Juanita y yo ＿＿ hermanos.
6. ¿ ＿＿ muy grande su casa? —No, ＿＿ pequeña.
7. ¿Para qué cuarto ＿＿ el televisor nuevo?
8. ¡Cuidado! ¡Estas lámparas ＿＿ de cristal!
9. Perdone, señora. ¿ ＿＿ Ud. ocupada en este momento?
10. ¡Ay, no! ¿Qué pasa? —(Nosotros) ＿＿ enfermos.

A good, basic drill to determine whether students understand distinction between **ser** and **estar**. Oral and/or written.

The **Cuento** is the core of the lesson. Taken together, the **Cuentos** form a humorous, interrelated story line that is sure to appeal to teenagers.

El patrón viene a comer...

No, no hay Roberto Vargas aquí.

No, señor. El número aquí es 5-2, no 5-3...

CUENTO LA INVITACIÓN

Apartamento 2B. Es una noche muy importante para Julia y
Esteban Palma. El **patrón** viene a **comer con ellos,** y están   boss; to eat with them
muy nerviosos.

J.: (**desde** la alcoba) ¿Esteban? ¿Estás listo?   from

5   E.: Sí, Julia. ¿Y tú?

J.: **Casi.** Doy los **toques** finales, no más. (Esteban entra.)   **Almost;** touches
¡Ay, Esteban, no!   See the **Cuento** section, Lesson 1, for anno-
tated comments and teaching suggestions.

E.: **¿Qué pasa?**   **What's the matter?**

J.: **Es que...** (El teléfono **suena.**) ¿Sí?... ¿Quién?... No, no   It's that; rings

10   hay Roberto Vargas aquí... De nada. Adiós...
Realmente, Esteban, esa corbata no va muy bien
con tu camisa.   There is a taped dramatization of each **Cuento.**

E.: ¿Ah, no? Pues en dos minutos cambio la camisa.

J.: Gracias, **querido.** (El teléfono suena otra vez.) ¿Sí?... No,   dear

15   señor. El número aquí es 5-2, no 5-3... De nada...
Adiós... Por favor, Esteban...

E.: ¿Qué? ¿No está bien esta camisa?

J.: La camisa, sí. Pero con ese saco, no... Esteban, ¿dónde
están mis zapatos negros?

20   E.: En la **zapatería.** Mañana van a estar listos.   shoemaker's

J.: ¿Mañana? Pues, ¿cómo voy a llevar mi falda negra esta
noche? (Julia va al **armario** y **saca** un vestido rojo. El   closet; **takes out**
teléfono suena otra vez.) ¿Sí?... Sí, 5-2... Sí, estoy
segura... Por favor, señor, estoy muy **ocupada**...   sure; busy

25   Adiós.

138

Señor, estamos cansados ya de Ud. . . . ¿¿Quién??

No, señor, Esteban y Julia . . . están en el hospital.

Rápido, chica, vamos a salir. —¿No ves, . . . los pantalones!

E.: Julia, ¿y si llevo mi **traje** azul?   suit

J.: Buena idea, querido. (Los dos cambian la ropa otra vez.)
Esteban, ¿está bien este vestido rojo?

E.: Magnífico. Pero las **costuras están abiertas.**   seams are open

30 J.: ¡Ay, no! (Julia saca un vestido verde y azul, y . . . el teléfono
suena otra vez.) (Al teléfono) Dígame, señor, ¿qué
desea Ud. **de mí . . . ?** Por favor, hable con la Compañía   of me?
de Teléfonos, no **conmigo.** Adiós . . . ¡Caramba!   with me

E.: ¿Qué pasa ahora?

35 J.: ¡Ay, Esteban! ¡La **cremallera . . .** no sube! ¿Qué voy . . . ? ¡Dios   zipper
mío, el teléfono otra vez! (Al teléfono) ¿Sí? . . .
Escuche, señor, estamos **cansados ya** de Ud. Si Ud.   **tired already**
llama una vez más este número . . . ¿¿Quién?? (Julia   **call**
está **pálida.**) Esteban, es **para ti.** El patrón desea   pale; for you
40 hablar **contigo.**   with you

E.: Calma, querida, con calma. (Al teléfono) Buenas noches . . .
No, señor, Esteban y Julia **no están . . .** Están en el   aren't in
hospital . . . Ah, sí, están muy **enfermos . . .** ¿Yo? Yo   **sick**
soy . . . Roberto Vargas, un vecino . . . Sí, es terrible . . .
45 Pues gracias, . . . Adiós.

J.: Esteban, tú eres fantástico. Pero, ¿qué va a **pensar de**   think of us
nosotros el patrón?

E.: Que **estoy loco,** no más. Y es **verdad,** Julia. Estoy loco **por**   I'm crazy; true;
ti. (Suena el teléfono otra vez.) Rápido, chica, **vamos**   about you
50 **a salir.**   let's go out

J.: Bueno, pero no con ese traje azul, Esteban. ¿**No ves,**   Don't you see
querido? ¡**Faltan** los pantalones!   are missing

—— **Vamos a conversar** ——

1. ¿Quiénes viven en el apartamento 2B?   Questions for first half
2. ¿Quién viene a comer esta noche con Esteban y Julia?
   ¿Viene a comer con Uds. el patrón de su padre, o de su madre?
3. ¿Quién está listo primero—Esteban o Julia?
4. ¿Qué suena ahora? ¿Con quién desea hablar el señor?
5. ¿Por qué cambia su camisa Esteban?
6. ¿Qué número desea llamar el señor?
7. ¿Y cuál es el número de Esteban y Julia?
8. ¿Por qué no va a llevar su falda negra Julia?
9. ¿Qué vestido saca Julia del armario ahora?
10. ¿Qué nueva interrupción hay?

• 1. ¿Qué traje va a llevar ahora Esteban?   Questions for second half
  2. ¿Por qué no usa Julia su vestido rojo? ¿Le gusta a Ud. el
     color rojo? ¿Tiene Ud. un vestido rojo, o una camisa roja?
  3. ¿Qué interrupción hay otra vez?
  4. ¿Qué dice Julia (does Julia say) al hombre?
  5. ¿Qué problema tiene Julia con su vestido verde y azul?
  6. ¿Cómo contesta el teléfono esta vez Julia? ¿Qué dice?
     (What does she say?)
  7. Realmente, ¿quién llama ahora?
  8. ¿Qué dice Esteban al patrón? ¿Le gusta ahora Esteban?
  9. ¿Van a comer en casa (at home) Julia y Esteban? En su opinión,
     ¿quién llama esta vez?
  10. ¿Por qué tiene que cambiar Esteban su traje azul?

This is the second of the two active vocabulary sections in each lesson.

JUEGOS DE PALABRAS

1.

*ir
to go

¿A dónde va Ud.?   a un partido   a una _____

2.

*dar
to give

¿Qué dan?   una _____ _____   ¡Feliz cumpleaños!
                                      (Happy birthday!)

1. a una fiesta   2. una corbata; una blusa

3.

¡Sí, Sí, Sí!

*estar
to be
(in a place or
condition)

¿Cómo estás?   _____ **ocupado**   _____ **segura**
busy   sure

_____ **cansado**   ¿A dónde va?   A la _____
tired

_____ **enferma**   ¿A dónde va?   Al _____   ¡Buena suerte!
sick

4.

llamar   por _____   ¿Quién llama?   _____
to call

5.

sacar   ¿Qué saca?   una _____   unos _____   _____ del armario
to take out

6.

comer   ¿Come mucho?   _____   Come **casi** todo.   **¿Ya?**
to eat   almost   Already?

7.

pasar   "Pasen a _____"   ¡Dios mío! ¿Qué pasa?
to pass, to go,
to happen

141

OBSERVACIONES

9. "For me, with you" — pronouns that follow prepositions

¿RECUERDA UD.? ¿Recuerda usted? links a previously-learned structural point to the new point presented here.

¿Es él o es ella?	Is it he or is it she?
Nosotros no vamos. ¿Ellos van?	We aren't going. Are *they* going?

Ahora observe, y repita:

¿Es para él o para ella?	Is it for him or for her?
—Es para Ud.	It's for you.
¿Van con nosotros?	Are they going with *us*?
—No, van con ellas.	No, they're going with *them*.
Esteban, es para ti.	Steve, it's for you.
—¿Para mí?	For me?

Here are some prepositions we use often. You already know them all.

a	to	**de**	from, of
en	in, on, at	**con**	with
para	for, (in order) to	**por**	by, through, for

As you can see, the pronouns that follow these prepositions are exactly like the subject pronouns, except for **mí** and **ti**.

(para) **mí**	(for) me	(para) **nosotros** **nosotras**	(for) us
ti	you		
él	him, it (masc.)	**ellos**	them (masc.)
ella	her, it (fem.)	**ellas**	them (fem.)
Ud.	you	**Uds.**	you-all[1]

There are two special forms: **conmigo,** "with me," and **contigo,** "with you," my pal.

¿Vas conmigo?	Are you going with me?
—Contigo, no. Voy con ella.	With you, no. I'm going with her.

Práctica

1 Cambie a pronombres *(Change to pronouns).* For additional drills, see back of textbook, workbook, and tape.
Por ejemplo: Hablamos de *Débora.* <u>Hablamos de ella.</u>

1. Viven con *los abuelos.*
2. Trabajas con *José.*   1. ellos   2. él;

---

[1] The friendly "you-all" form is **vosotros, vosotras.** See chart of personal pronouns, page 412.

3. ¿Vienes a la fiesta con *Dolores y Graciela*?
4. La camisa es para _____ (you), amigo. —¿Para _____ (me)?
5. Voy _____ (with you), Pablo. —¿Por qué vas _____ (with me)?
6. Las bananas están en *la nevera*.
7. No hablamos de _____ (you), señor. Hablamos de *Roberto Vargas*.
8. Estas corbatas son de *mi hermano Luis*. —¿No son de _____ (you-all)?
9. Estamos locos por *María*.
10. ¿Por qué hablan mal de *Riqui y de mí*? —No hablamos de _____ (you).

2 ¿Es para mí?   Ideal for chain drill technique

Make a collection of the least worthwhile things you can find
— a few paper clips, a rubber band, a piece of chalk —
cualquier cosa (anything at all). Now hold up an object, and
someone will say: "¡Qué bonito (fantástico, etc.)! ¿Es para mí?"
If you decide to say: "Sí, es para ti," the person must thank
you properly: "Muchas gracias, Mil gracias," etc. —"De nada."
But if you prefer, just say: "No, es para . . .," and give the
name of one or two other members of your class. The person
you're talking to must be properly disappointed: "Ay, no. ¿Es
para (él, ella, ellos, etc.)? Por favor . . . por favor." (Acting counts!)

REPASO RÁPIDO
The **Repaso Rápido** enables the student to review quickly the structure which precedes it.

Here are the most common prepositions. Do you know them?

a   de   en   con   para   por

The pronouns that come after prepositions are just like the
subject pronouns, except for **mí** and **ti**.

(para) **mí**
(para) **ti**
(para) Ud., él, ella, nosotros, nosotras, Uds., ellos, ellas

Two special forms: **conmigo,** "with me," and **contigo,** "with you."

Práctica _____

(You can check your answers in the back of the book.)
Exprese en español, como (as) en los modelos:
1. Are you going with me?   ¿Vas conmigo?
   Are they going with me? _____
   Are they going with you, (pal)? _____
2. This shirt is for you.   Esta camisa es para ti.
   These shirts are for you. _____
   Those shirts are for me. _____

Translation is a special skill and must be taught as such. Even guided translation such as this can pose a problem for slower students.

Repaso, Lecciones 1–3

I. Repaso General

A. The present tense of regular verbs (**Observaciones 1** and **2**)

	–ar	**–er**	**–ir**
	ganar	**comer**	**abrir**
	(to win, to earn)	(to eat)	(to open)
(yo)	gano	como	abro
(tú)	ganas	comes	abres
(Ud., él, ella)	gana	come	abre
(nosotros, nosotras)	ganamos	comemos	abrimos
(ellos, ellas)	ganan	comen	abren

¿Cuánto ganas?	How much do you earn?
—No gano mucho.	I don't earn much.
—Pues, ¿cómo vives?	Well, how do you live?
—Como muy poco.	I eat very little.
—¡Ay, pobre!	Oh, my! Poor thing!
—¿Por qué? ¡Estoy a dieta!	Why? I'm on a diet!

B. The present tense of irregular verbs (**3**, **4**, and **7**)

ir (to go): voy, vas, va, vamos, van
dar (to give): doy, das, da, damos, dan
estar (to be): estoy, estás, está, estamos, están
ser (to be): soy, eres, es, somos, son

tener (to have): tengo, tienes, tiene, tenemos, tienen
venir (to come): vengo, vienes, viene, venimos, vienen

¿Vas al concierto?	Are you going to the concert?
—Si tengo dinero.	If I have the money.
¿Está aquí Silvia?	Is Sylvia here?
—No. Viene mañana.	No, she's coming tomorrow.

C. Pronouns that follow prepositions: "for her," "from them," etc. (**9**)
Except for **mí** and **ti**, the pronouns that come after a
preposition are the same as the subject pronouns.

(para) **mí**	(for) me	(para) nosotros, as	(for) us
ti	you		
él	him	ellos	them
ella	her	ellas	them (f.)
Ud.	you	Uds.	you-all

Since there are four sources of structure drills (the lesson itself, the back of the book, the workbook, and the tapes) no additional drills are given in the **Repasos**.

Special forms: **conmigo,** "with me"; **contigo,** "with you," my friend

¿Es para él o para mí?	Is it for him or for me?
—Para ti, si vas conmigo.	For you, if you go with me.

D. Ser vs. **estar** (3, 7, and 8)
  Ser tells: 1. who or what the subject is
  2. what it is made of, where it is from
  3. what it is really like
  Estar tells: 1. where the subject is located
  2. what condition or position it is in

¿Cómo está su tío?	How is your uncle?
—Bien, gracias.	Fine, thanks.
¿Cómo es su tío?	What is your uncle like?
—Es alto y guapo.	He's tall and handsome.
Sus abuelos son de Puerto Rico, ¿no?	Your grandparents are from Puerto Rico, aren't they?
—Sí, pero ahora están en Nueva York.	Yes, but now they are in New York.
¿Qué es esto? ¿Quién es ese hombre?	What's this? Who is that man?
—No sé.	I don't know.

E. Expressions that use **tener** (5)
  Here are some of the many common expressions that use the verb **tener:**

  tener (mucho) **frío**   to be (very) cold
  tener (mucho) **calor**   to be (very) warm or hot
  tener (mucha) **hambre**   to be (very) hungry
  tener (mucha) **sed**   to be (very) thirsty
  tener (mucho) **miedo**   to be (very) afraid
  tener (mucho) **sueño**   to be (very) sleepy
  tener que (**trabajar, estudiar,** etc.)   to have to (work, study, etc.)

¿Tienes que estudiar esta noche?	Do you have to study tonight?
—Sí, pero tengo mucho sueño. Y tengo hambre, y sed, y frío, y...	Yes, but I'm very sleepy. And I'm hungry, and thirsty, and cold and...
—¡Suficiente! ¡A la cama!	Enough! To bed!

F. About the position of adjectives (6)
  Spanish adjectives can go before or after the noun.

  1. "This-that" and "my-your," etc., always go before the noun:
     mi familia, esta noche

2. Adjectives that set the noun off from others of its kind (color, shape, nationality, etc.) come after the noun:

una familia mexicana, una mesa blanca

3. **Bueno, malo,** and **primero** can go either before or after the noun. Before a masculine singular noun, they shorten to **buen, mal, primer:**

un libro bueno, un buen libro
un día malo, un mal día
el ejercicio primero, el primer ejercicio

But: la lección primera, la primera lección

II. Repaso de Vocabulario

A general review of active vocabulary covered in Lessons 1—3. Included are words from *both* active vocabulary sections of each lesson.

el **abrigo** coat, 3
abrir to open, 1
ahora now, 1
la **alcoba** bedroom, 1
aquí here, 1
ayudar to help, 1
bajar to go down, to lower, 1
el **baño** bath, bathroom, 1
bien well, 2
la **blusa** blouse, 3
la **cama** bed, 2
cambiar to change, 3
la **camisa** shirt, 3
cansado tired, 3
la **casa** house, 1
casi almost, 3
la **cocina** kitchen, 1
el **comedor** dining room, 1
comer to eat, 3
la **cómoda** chest of drawers, 2
con with, 1
la **corbata** tie, 3
el **cuarto** room, 1
*dar (**doy, das**) to give, 3
desear to want, to wish, 2
el **dinero** money, 2
enfermo sick, 3
entrar (**a** or **en**) to enter, to go in, 1
la **escalera** stairway, 1
*estar (**estoy, estás**) to be, 3
la **estufa** stove, 2

la **falda** skirt, 3
funcionar to "work," "run," 2
ganar to earn, to win, 2
*ir (**voy, vas**) to go, 3
la **lámpara** lamp, 2
lavar to wash, 2
listo ready, 2
llamar to call, 3
llevar to wear, to take, to carry, 3
mal badly, 2
mirar to look at, to watch, 2
los **muebles** furniture, 3
la **nevera** refrigerator, 2
el **niño,** la **niña** child, 2
ocupado busy, 3
(el) **otro** (the) other, another, 1
los **pantalones** pants, 3
para for, intended for, 1
pasar to pass, to go, to happen, 3
pero but, 1
el **piso** floor, story, 1
por by, through, for (the sake of), 1
¿Por qué? Why?, 1
porque because, 1
la **pregunta** question, 2
primero (primer) first, 2
pronto soon, 2
la **ropa** clothing, 3
sacar to take out, 3
el **saco** jacket, 3
la **sala** living room, 1

The number next to each item refers to the lesson in which the item was first introduced actively.

segundo   second, 2
seguro   sure, 3
el **sofá**   sofa, 2
el **sombrero**   hat, 3
subir   to go up, to raise, 1
la **suerte**   luck, 2
el **suéter**   sweater, 3
el **televisor**   TV set, 2
tener (tengo, tienes)   to have
   tener frío   to be cold; **tener calor**   to be warm; **tener hambre**   to be hungry; **tener sed**   to be thirsty;

tener sueño   to be sleepy; **tener miedo**   to be afraid; **tener que** + infinitive   to have to, 2
el **tiempo**   time, 1
todo, todos   all, everything, 2
tomar   to take, 1
trabajar   to work, 1
el **vecino,** la **vecina**   neighbor, 1
venir (vengo, vienes)   to come, 2
el **vestido**   dress, 3
ya   already, 3
el **zapato**   shoe, 3

Juegos de Palabras

These games will enable students to practice the active vocabulary of Lessons 1—3 in a motivating way.

1 *Can you find in each group two words that don't belong?*
1. abrigo, sombrero, cuarto, vestido, zapato, seguro, camisa, saco
2. cómoda, corbata, cama, sofá, silla, suerte, lámpara, mesita de noche
3. piso, escalera, comedor, sala, cama, alcoba, baño, corbata
4. desear, cambiar, ayudar, porque, subir, bajar, mirar, ir, ser, por
Ahora díganos: To what category does each of these groups belong?

2 *Can you find in Group 2 the opposite of each word of Group 1?*
Grupo Primero: bien, bueno, alto, largo, nuevo, mayor, más, mejor, temprano, venir, frío, dar, bajar

Grupo Segundo: menor, menos, tarde, mal, corto, viejo, malo, peor, calor, subir, bajo, tomar, ir

3 Crucigrama

Horizontal

1. ropa de hombre o mujer (singular)
7. ¡Hurra!
8. afirmativo
9. ¿Le gusta.. clase?
11. no la primera
14. Hay veinte y cuatro en un día.
15. preposición
16. no toman
17. forma del verbo **amar**
19. .... Ud. a la pizarra.
20. Son... tres y media.

Vertical

1. ... ejemplo
2. contracción
3. muy frías
4. ⟶
5. Buen..días.
6. chica
9. ¿Le gustan... profesores?
10. artículo indefinido
11. gaseosa
12. ¡.... un Millón!
13. señora
17. ¿Vas ..concierto?
18. ¿De dónde ..?

Álbum 3

Ropa y Más . . .

This is the first of four photo **Álbums** in the **Segunda parte**. Each **Álbum** is designed for three to five class days, even with the inclusion of selected supplementary materials from the Workbook. The **Álbums** teach *no* new structure, only new vocabulary. They serve primarily as a fast-paced cultural activity, with related vocabulary buildup.

El jersey y los levis — ropa internacional . . .

A propósito, en Puerto Rico el "jersey" es una "camiseta", y en México es una "playera". En Argentina, es un "polo", y en varias otras partes, es una "remera". Los "levis" tienen distintos nombres en diferentes países — levis, blue-jeans, pantalones vaqueros, mahones, y mezclillas.

¿Sabe Ud.?

Los números (sizes) de la ropa en España y en Latinoamérica son diferentes de los números que usamos aquí. Por ejemplo, en España:

Mujer	Aquí	Allí (There)	Hombre	Aquí	Allí
vestido	10, 12	38, 40	traje (suit)	36, 38	38, 42
falda	10, 12	38, 40	sombrero	7, 7½	56, 60
abrigo	10, 12	38, 40	abrigo	36, 38	46, 48
zapatos	7, 8	38, 39	zapatos	8, 9	41, 42
blusa	12, 14	40, 42	camisa	15, 16	38, 41
pantalones	10, 12	38, 40	pantalones	32, 34	81, 86

Ahora imagínese que desea comprar (buy) ropa en España. ¿Qué números usa Ud.?

vestido _____   sombrero _____   blusa _____

camisa _____   zapatos _____   pantalones _____

¿Ganga o Robo? (Bargain or gyp?)

¿Le gusta comprar (buy) ropa? ¿Tiene Ud. talento para los negocios (business)? Vamos a ver. (Let's see.)

la **bata** bathrobe

las **zapatillas** slippers

el **pijama** pajamas

los **calcetines** socks

el **jersey** T-shirt

los **levis** jeans

el **traje** suit

el **traje de baño** bathing suit

Traiga Ud. (Bring) a la clase fotografías de diferentes artículos de ropa, y escriba el precio ($10, $2.95, etc.) al dorso (on the back) de las fotos. (Por favor, ¡el precio tiene que ser un secreto para los otros miembros de la clase!) Ahora la clase forma dos grupos — clientes (customers) y dependientes (salespersons). Y vamos a comenzar. (One "cliente" holds up a picture of a shirt, tie, blouse, etc., and we're ready to begin.)

Dependiente	Cliente
Buenos . . . , (Buenas . . . ,) señor(ita).	
	Contesta cortésmente y dice: —Deseo comprar este (esta, etc.) . . . *(Dice el artículo que desea y pregunta cuánto es.)*
Ah, señor(ita). Tengo para Ud. una ganga fantástica. Hoy, sólo hoy, vendo (I'm selling) éste (ésta, etc.) por sólo . . . *(Indica un precio muy alto.)*	
	—¡Cómo! (What!) Yo doy solo . . . *(Indica un precio mucho más bajo.)*
(Decide si va a aceptar ese precio o no.) —Está bien. _____ pesos (dólares, etc.) O: No. Mi precio mínimo es . . . *(indica otro precio).*	
	Decide ahora si compra el artículo a ese precio o si desea continuar regateando (bargaining).

¿Comprende? Pues ahora viene el momento importante. Vamos a mirar el precio al dorso de la foto. Si el (la) cliente paga (is paying) un precio más alto, gritamos (we shout): "¡Robo!" Y si paga un precio más bajo gritamos: "¡Ganga!" Score one point for the Dependientes for each "Robo," and one for the Clientes for each "Ganga."

¿Sabe Ud.?

If you feel funny about bargaining, you needn't. In many outdoor markets and small stores, it's expected in Latin America. But please, don't try it in a big department store or in an elegant shop!

1

2

Muchos de los artículos que (that)
usamos todos los días vienen
originalmente de España o de
Latinoamérica. Aquí tiene Ud.
varios. Díganos, ¿cuáles usa Ud.?

1 *Ponchos de colores brillantes.
México . . . En Colombia, los ponchos
de este tipo son "ruanas".*

2 *Aretes de oro (gold earrings). Hasta
(Even) las niñas más pequeñas tienen
las orejas con agujero (pierced ears) y
llevan pequeños aretes de oro o de otro
metal.*

152

3

4

3 El sombrero, la camisa, los pantalones, y las botas de los vaqueros norteamericanos tienen sus orígenes en la ropa del "charro" mexicano (Mexican plainsman).

4 Muchos otros accesorios del vaquero norte-americano derivan su nombre (name) de palabras españolas. Por ejemplo: "lariat" (la reata) y "lasso" (lazo). Recuerde Ud. también: corral, rodeo, pinto, ¡y "buckaroo" (vaquero)!

5 Estas zapatillas o sandalias mexicanas tienen muchas imitaciones en los Estados Unidos. Y ¿sabe Ud.? ¡Nuestros (Our) famosos zapatos con suela de esparto (rope sole) vienen de los zapatos de los pescadores (fishermen) españoles!

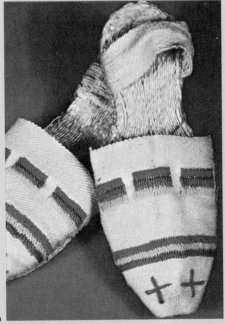

5

153

¿Animal, vegetal o mineral?

la **cartera** wallet

el **paraguas** umbrella

la **vicuña** (Perú)

los **anteojos** eyeglasses

el **reloj** clock, watch

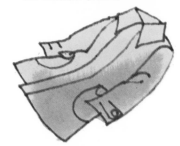

el **impermeable** raincoat

el **jaguar** (Paraguay)

las **botas** boots

los **guantes** gloves

la **llave** key

el **armadillo** (México)

154

el **bolsillo** pocket

los **pingüinos** (Argentina)

el **cuaderno** notebook

la **bolsa** bag, purse

¿Qué son — animal, vegetal o mineral? . . .
Ahora díganos diez cosas más (more things) y vamos a jugar.

Piense en una persona o en una cosa. (Think of a person or a thing.)
Si es una persona o un tipo de animal (or even if it's made of
leather), diga Ud.: "Es animal." Si es una forma de planta (or if it's
made of some kind of cloth), diga: "Es vegetal." Y si es de metal,
de plástico, etc., diga simplemente: "Es mineral." Ahora sus
amigos tienen que adivinar (guess) en 20 preguntas quién o qué es.
Por ejemplo:

¿Es una persona? ¿Es un miembro de su familia? ¿Es un miembro
de esta clase? ¿Es un actor o una actriz de cine? ¿Es joven?
¿guapo(a)? ¿norteamericano(a)?

¿Es un animal grande o pequeño? ¿Es bonito o feo? ¿Tengo uno
en mi casa? ¿Es de México, de Perú, etc.? ¿Es blanco, gris,
rojo, etc.?

¿Es una planta? ¿Es un producto o una cosa natural? ¿Es de
plástico? ¿Es de metal? ¿Hay uno en esta clase? ¿Es un mueble?
¿Es para escribir? ¿Es para la cocina? ¿para la alcoba? ¿para
la sala?

En otras palabras, use la imaginación. Y por favor: Use only words
that the class has already learned! . . . Vamos a comenzar.

1 Clase de tejer (knitting) y "crochet" en la capital mexicana . . . Las artes manuales son muy populares en el mundo hispánico.

2 Un muchacho guatemalteco trabaja en una fábrica (factory) vieja de textiles. Hay fábricas modernas también, pero en muchas partes los métodos tradicionales son preferidos.

¿Sabe Ud.?

Históricamente y en tiempos modernos, los indios hispanoamericanos son famosos por sus textiles extraordinarios. En efecto, todas las regiones tienen sus diseños (their designs) y colores típicos. La producción de los textiles es un arte más que una industria, porque para el indio latinoamericano, la perfección es más importante que la producción "en masa".

3 Departamento de textiles en una tienda (store) popular de Madrid . . . Muchas mujeres prefieren comprar la tela (buy the fabric), y crear sus propias modas (their own fashions). Casi todas las muchachas aprenden a coser (sew) en la escuela y en casa, y muchas de ellas son expertas modistas (dressmakers) . . .

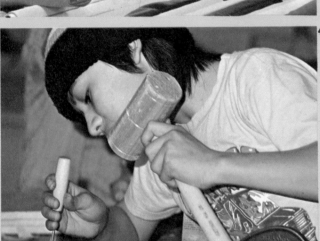

4 Los muchachos también aprenden artes manuales, como carpintería y artesanía (crafts) decorativa. Este joven (young) artesano tiene solamente diez años.

5 ¡Qué concentración! Un joven carpintero en Riobamba, Ecuador . . . Díganos: ¿Tiene Ud. mucha habilidad con las manos (your hands)?

¿Qué usamos?

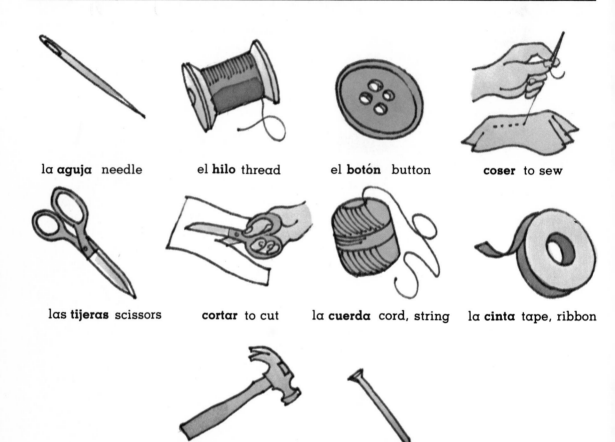

la **aguja** needle   el **hilo** thread   el **botón** button   **coser** to sew

las **tijeras** scissors   **cortar** to cut   la **cuerda** cord, string   la **cinta** tape, ribbon

el **martillo** hammer   el **clavo** nail

Haga (Make) una colección de estas cosas: un poco de cuerda o cinta y un poco de hilo, un botón y una aguja, un martillo pequeño y unos (a few) clavos, unas tijeras, un lápiz, una pluma, un poco de papel, and anything else you can think of — un libro, un zapato, una corbata — well, almost anything! Now place all these things in a large bag or box. Reach in, touch something, and try to act out what it is. Importante: Not only do your classmates have to guess what it is, but the one who guesses has only seven seconds in which to say a word that is associated with it. Por ejemplo: ¡Es un botón! . . . ¿Un botón? Bueno: una camisa . . . un vestido . . . coser . . . ¡Vamos a comenzar!

la **aguja** needle
los **anteojos** eyeglasses
la **bata** robe
la **bolsa** purse; bag
el **bolsillo** pocket
la **bota** boot
el **botón** button
los **calcetines** socks
la **cartera** wallet
la **cinta** tape, ribbon
el **clavo** nail
cortar to cut
coser to sew
el **cuaderno** notebook

la **cuerda** cord, string
el **guante** glove
el **hilo** thread
el **impermeable** raincoat
el **jersey** T-shirt
los **levis** jeans
la **llave** key
el **martillo** hammer
el **paraguas** umbrella
el **pijama** pajama(s)
el **reloj** clock, watch
las **tijeras** scissors
el **traje** suit; – **de baño** bathing suit
la **zapatilla** slipper

LECCIÓN 4

El cuerpo humano
The human body

moreno
brunet,
dark-haired

corto

los **ojos**
eyes

ver (veo, ves, ve)
to see

la **cabeza**
head

la **boca**
mouth

rubia
blonde

el **pelo**
hair

los **dientes**
teeth

largo

Dígame

1. ¿De qué color es su pelo? ¿De qué color es el pelo de su madre? ¿de su padre? ¿de sus hermanos? ¿de su maestro (maestra)?

2. ¿Le gusta más el pelo largo o corto? ¿Cómo es el pelo de Ud.? (Mi . . .)

3. ¿De qué color son sus ojos? (Mis . . .)

4. ¿Tiene Ud. los dientes muy buenos? ¿Va mucho al dentista?

5. ¿Tiene la nariz grande o pequeña su padre? ¿y la boca? ¿y las orejas?

6. ¿Es Ud. muy alto (alta)? ¿Tiene Ud. las piernas muy largas? ¿y los pies muy grandes?

7. ¿Qué partes del cuerpo (body) usamos para leer? ¿para comer? ¿para escribir? ¿y para el tenis? ¿y el fútbol?

8. Y finalmente, si uno toca (plays) el piano, ¿qué partes del cuerpo usa? ¿y si toca la guitarra? ¿la trompeta? ¿el violín?

la **cara**
face

la **mano**
hand

la **nariz**
nose

la **oreja**
ear

los **dedos**
fingers,
toes

el **corazón**
heart

el **brazo**
arm

el **pecho**
chest

la **pierna**
leg

el **pie**
foot

¿Quién soy?

Think of a famous person— a TV or movie star, anyone you
like. Then say: "Soy un famoso (una famosa) artista de cine (o
de televisión)..." And then give us one more clue. Por
ejemplo: "Tengo el pelo largo y rubio." "Soy alto y delgado
(slim)." "Vivo en Washington, D.C." "Tengo los dientes muy
grandes.", etc. Now your friends have 10 chances to find out
who you are. Por ejemplo: "¿De qué color son sus ojos?"
"¿Cuántos años tiene (How old are you), más o menos?" "¿Es
Ud. muy romántico (romántica)?" "¿Es Ud. muy cómico
(cómica)?" "¿Tiene Ud. mucho talento musical?", and any other
questions they can think of. When they've got it, they call out:
"Ah, Ud. es..." And you tell whether they're right or wrong:
"¡Sí, sí! Yo soy...," o "¡Qué va! (Go on!) Yo soy..."
¿Comprende? Pues, ¿quién va a comenzar?

Although students should be able to formulate many questions by this time, you will
probably have to prompt slower or shy groups until they get the knack.

OBSERVACIONES

10. "My father's car" — possession

¿RECUERDA UD.?

Si Juan es el padre de Juanito, Juanito es el hijo de Juan.
If John is Johnny's father, Johnny is John's son.

Spanish has no **'s**! If you want to tell who owns something,
you must use **de** plus the owner's name. En otras palabras:

My father's car = The car of my father. **El coche de mi padre.**

los hermanos de Gloria	Gloria's brothers
el pelo del maestro	the teacher's hair
los brazos de Jorge	George's arms
los ojos de Laura	Laura's eyes

Práctica

1 *Can you find in Group 2 the endings for Group 1?*

1   1–2; 2–8; 3–1; 4–6; 5–4; 6–5; 7–7; 8–3   **2**

1	2
La falda de Rosalinda	son muy confortables / va bien con
El pelo de mi abuela	la blusa / están en la mesa del
Los muebles de mi alcoba	maestro / es grande y moderna / son
El coche de mis vecinos	muy interesantes / es japonés / son
La casa de mis tíos	muy largos / es gris
Los amigos de mi hermana	
Los pantalones de Jaime	
Los papeles de los estudiantes	

If necessary, show students how to narrow
down the choice by checking agreements of
adjectives with nouns and subjects with verbs.

2 ¿De quién es? (Whose is it?)
Conteste según (according to) los modelos. Por ejemplo:

¿De quién es este dinero? (Juanita)	<u>Es de Juanita.</u>
(Whose money is this?)	(It's Jane's.)
¿De quién son esas corbatas? (mi padre)	<u>Son de mi padre.</u>
(Whose ties are those?)	(They're my father's.)

1. ¿De quién es esa casa grande? (la familia López) <u>Es...</u>
2. ¿De quién es la alcoba amarilla? (mis padres) _____
3. ¿De quién es ese saco verde? (Víctor Morales) _____
4. ¿De quién es ese coche? (maestro) _____
5. ¿De quién son esos zapatos? (mi tía María) <u>Son...</u>
6. ¿De quién son esos pantalones? (mi tío Pío) _____

2 1. Es de la familia López.   2. Es de mis padres.   3. Es de Víctor Morales.   4. Es del maestro.   5. Son de mi tía María.   6. Son de mi tío Pío.   7. Son de Judit y Mariana.   8. Son de los estudiantes.   9. Son de Elena y Alicia.   10. Son de Eduardo y Martín.

7. ¿De quiénes son estas blusas? (Judit y Mariana) (**¿De quiénes?** means that there's more than one owner.) _____

8. ¿De quiénes son esos papeles? (los estudiantes) _____

9. ¿De quiénes son estos vestidos? (Elena y Alicia) _____

10. ¿De quiénes son esas camisas? (Eduardo y Martín) _____

3 *Can you make complete sentences out of these parts?*
Por ejemplo:
casa / mis vecinos / bonita   <u>La casa de mis vecinos es bonita.</u>
1. tío / María / actor famoso
2. ojos / Amelia / negros
3. secretaria / presidente / persona importante
4. saco / Felipe / nuevo
5. estufa / mi abuela / muy vieja
6. familia / mi mejor amigo / mexicana

3 1. El tío de María es un actor famoso.
2. Los ojos de Amelia son negros.
3. La secretaria del presidente es una persona importante.
4. El saco de Felipe es nuevo.
5. La estufa de mi abuela es muy vieja.
6. La familia de mi mejor amigo es mexicana.

11. My, your, his, her — the possessives

¿RECUERDA UD.?

¿Es sincero su padre?
(Is your father sincere?)

—Sí, mi padre es...
(Yes, my father is...)

¿Son viejos sus abuelos?
(Are your grandparents...?)

—Sí, mis abuelos son...
(Yes, my grandparents...)

The words "my," "your," "his," "her," etc., are possessive adjectives. Here's how we say them in Spanish:

A. Before a singular word:

> **mi**   my
> **tu**   your (belonging to you, my pal)
> **su**   his, her, your (belonging to **Ud.** or **Uds.**), their
> **nuestro, nuestra**   our[1]

mi mejor amigo, mi mejor amiga   my best friend
tu primo favorito, tu prima favorita   your favorite cousin
su coche nuevo   his, her, your, their new car
su casa nueva   his, her, your, their new house
nuestro maestro, nuestra maestra   our teacher

---

[1] As you see, the possessive **nuestro, nuestra** has a separate feminine form. What do you think **vuestro, vuestra** means?

B. Before a plural word:

When the possessive comes before a plural word, we just add
–**s** to the singular ending.

> mis amigos   my friends
> tus primos   your cousins
> sus coches   his, her, your, their cars
> nuestros maestros
> nuestras maestras   our teachers

You see from these examples that the possessive is masculine
or feminine, or singular or plural, according to the word that
follows it, no matter who the owner is!

C. When NOT to use a possessive
  1. Since **su** and **sus** can mean either "his," "her," "their," or
     "your" (belonging to **Ud.** or **Uds.**), there are times when we
     have to make clear exactly who the owner is. In such cases,
     we can replace **su** (**sus**) like this:

su idea —→ la idea de él, de ella, de Ud., de ellos, de ellas, de Uds.

sus ideas —→ las ideas de él, de ella, de Ud., de ellas, de ellos, de Uds.

  2. With parts of the body, we often use **el, la, los,** or **las**
     instead of a possessive, that is, if the person whose body
     we're talking about is perfectly clear. Por ejemplo:

¡Levante la mano!   Raise your hand (nobody else's, of course!)
Cierre los ojos.   Close your eyes.

Práctica
---

1 *Haga plurales.*   1. mis pies, mis piernas   2. tus manos, tus brazos   3. sus dientes, sus ojos
Por ejemplo: mi brazo   <u>mis brazos</u>   4. nuestras abuelas, nuestros primos
> nuestra amiga   <u>nuestras amigas</u>

  1. mi pie, mi pierna   3. su diente, su ojo
  2. tu mano, tu brazo   4. nuestra abuela, nuestro primo

2 *Cambie según (according to) las indicaciones:*
  1. mi cama (lámparas), tu saco (pantalones), su idea (preguntas)
  2. nuestro comedor (sala), nuestro cuarto (muebles), nuestra
     ropa (faldas)   1. mis, tus, sus   2. nuestra, nuestros, nuestras   3. tus, sus, nuestras
  3. tu cara (ojos), su nariz (dientes), nuestros pies (manos)   4. mis, tus, nuestras
  4. mis brazos (piernas), tu boca (pelo), nuestra nevera (sillas)

Since the purpose here is to practice possessives, insist that
students use them in their answers.

3 *Ahora conteste:*
  1. ¿Dónde vive su familia?
  2. ¿Quiénes son sus mejores amigos?

For variety, answers can be: **¿Mis mejores amigos? Gloria y Roberto, naturalmente.**

3. ¿En qué mes son nuestras vacaciones de Navidad (Christmas)?

4. ¿En qué meses tenemos nuestras vacaciones de verano?

5. ¿En qué mes tenemos nuestros exámenes finales?

6. Amigo (Amiga), ¿cuál es tu clase favorita?

7. ¿Cuáles son tus colores favoritos?

4 *Finalmente, estudie por un momento las ilustraciones:*

a.
Felo

b.

c.

d.

e.

Now tell us:

1. that each of these belongs to you. (Mi...)

2. that each of these belongs to a friend you're speaking to. (Tu...)

3. that each of these belongs to Ester Salinas. (Su...)

4. that each of these belongs to all of us. (Nuestro...)

5. that each of these belongs to some other people. (Su...)

REPASO RÁPIDO

All About Possession

Instead of using **'s**, Spanish uses **de** + the owner's name:

Dave's wife   **la esposa de David**

Here are the possessive adjectives:

before a singular noun	before a plural noun
mi my	**mis**
tu your (you, my pal)	**tus**
su his, her, your (**Ud.** or **Uds.**), their	**sus**
nuestro, nuestra our	**nuestros, nuestras**

Práctica

(You can check your answers in the back of the book.)

Point to two things that you are wearing and tell us what they are.

Por ejemplo: <u>mi camisa, mis pantalones</u>

1. Point to two things that someone else is wearing, and tell us what they are. (su...)

2. Ask a friend if his or her eyes are blue. (¿Tus...?)

3. Ask your teacher if his or her eyes are black.

4. Point to something in your classroom and say that it belongs to all of us. (nuestro...)

---

5. Tenemos nuestros exámenes finales en (el mes de) junio.   6. Mi clase favorita es _____ .
7. Mis colores favoritos son _____ .

165

Sr. Palos . . ., mi música no tiene el principio.

¿Quién tiene mi violón?

¡Tomás y Josué! ¡ . . . son instrumentos, no espadas!

CUENTO CONCIERTO DE PRIMAVERA

Estamos en el **Salón de Música** de la Escuela Intermedia Número 3. El maestro, un señor alto **de** pelo gris, **levanta** los brazos y . . . — Music Room / with; **raises**

Maestro: Bueno, ¿estamos listos? Pues, **desde el principio.** Uno, dos y . . . — **from** the beginning

5

Violín 1: Sr. Palos, ¿qué **hago**? Mi música no tiene el principio. — do I **do**?

Maestro: ¿Ah, sí? Pues, ¿por qué no usas la música de tu vecino?

Violín 1: Porque su música es diferente. Él **toca** la trompeta, no el violín. — **plays**

10

Maestro: Muy bien, mañana **traigo** música nueva. **Por ahora** . . . — I'll **bring**; For now

Violín 2: ¿Quién tiene mi **arco**? Yo no veo mi arco. — bow

Otro chico: Aquí tienes tu precioso arco. Ahora, ¿quién tiene mi **violón**? — bass fiddle

Maestro: Bueno, bueno, ¿estamos listos? Pues uno, dos, . . . ¡Pío y Carla! Tocamos el piano con los dedos, no con la boca, ¿**verdad**? Si Uds. desean conversar . . . Bueno, otra vez desde el principio. Uno, dos . . . (La **orquesta comienza** a tocar, y la música es terrible.) ¡No, no, no! ¡Por favor! ¡Tomás y Josué! Sus clarinetes son instrumentos, **no espadas.** Si Uds. tienen que **pelear** . . . — right? / orchestra / begins / not swords / fight

20

Tomás: No peleamos, señor. **Jugamos.** — We're playing (a game)

Por favor, chicos . . . Salgo por un momento, y . . .

¿Quién tiene el disco?

¿No digo yo siempre? Con un poco de práctica . . .

25 **Maestro:** Magnífico. Pero más tarde, ¿está bien? Y por favor, con espadas reales, no con instrumentos musicales. Bueno, vamos a **marcar el compás** con los pies. Uno, dos, tres... Uno, dos, tres... Bien. Ahora, desde el principio. Uno, dos... (La música comienza otra vez.)

30 ¡Un momento! Juan Carlos, el **violoncelo debe estar entre** tus piernas, no en el **pecho** de tu vecino. ¡Ramiro! ¿Qué es ese **hueco** en tu **tambor**? (**Risas.**) (El maestro está **desesperado. Hay lágrimas** en sus ojos.) Por favor, chicos. Nuestro concierto es este sábado.

35 Ahora, ¿ven Uds. esta cabeza gris? Soy un hombre de **sólo** veinte y dos años. ¡Y con seis meses **como** director de esta orquesta...!

Una chica: Sr. Palos, posiblemente si tomamos cinco minutos...

40 **Maestro:** Buena idea, Juanita. **Salgo** por un momento, y...

(El maestro **sale,** y comienza **entre** los chicos una furiosa actividad.)

Chico: ¿Quién tiene el **disco**?

Otro chico: ¿Dónde **pongo el tocadiscos**?

45 **Otro chico:** Aquí, aquí.

Otra chica: Fantástico. Ahora, ya **saben qué hacer.** ¡Aquí viene el maestro! (Los chicos toman sus intrumentos, y **aparentan** tocar con la música del tocadiscos. La cara del maestro está radiante.)

50 **Maestro:** **¿No digo yo siempre?** Con un poco de práctica... Ahora, ¡Charita Gómez! ¿Cómo vas a **cantar** con **chicle** en la boca?

---

mark the beat

cello **should** be **between**; chest

hole; drum; Laughter

desperate; tears

only; as

I'm **going out**

goes out; among

record

do I **put** the record player?

you know what to do

pretend to

Don't I **always say**?

sing

gum

___ Vamos a conversar ___

1. ¿En qué escuela estamos? ¿En qué salón?
2. ¿Hay orquesta en su escuela? ¿Hay banda? ¿Toca Ud. un instrumento musical?
3. ¿Es alto o bajo el maestro? ¿De qué color es su pelo?
4. ¿Qué problema tiene "Violín 1"?
5. ¿Por qué no usa la música de su vecino?
6. ¿Qué va a traer (bring) mañana el maestro?
7. ¿Qué instrumento tocan Pío y Carla? ¿Toca Ud. el piano?
8. ¿Qué instrumento tocan Tomás y Josué?
9. Si Tomás y Josué desean pelear, ¿qué deben usar?
10. En su opinión, ¿es típica o no esta orquesta?

● 1. ¿Con qué marcan los chicos el compás de la música?
2. ¿Dónde debe estar normalmente un violoncelo?
3. ¿Dónde está el violoncelo de Juan Carlos?
4. ¿Qué problema tiene Ramiro con su tambor?
5. ¿Cuándo es el concierto? ¿Da conciertos la orquesta de su escuela?
6. ¿Está contento o descontento el maestro con su orquesta?
7. ¿Cuántos años tiene el maestro? ¿Por qué tiene el pelo gris? ¿De qué color es el pelo de su maestro o maestra?
8. El maestro sale por un momento y... ¿qué hacen los chicos? (Ponen un disco en el...)
9. ¿Qué hacen los chicos cuando (when) el maestro entra? (Aparentan...)
10. ¿Está contento o no ahora el maestro? ¿Qué dice (does he say)?

JUEGOS DE PALABRAS

1 Conteste según (according to) las ilustraciones.

*hacer (hago)   ¿Qué hace la chica?   un _____ _____
to make, to do

¿Qué tiempo hace?   _____ _____ _____

For variety: students can work in groups of two. Never pair two weak students.

2.

*__poner__ (pongo)
to put, to
turn on

¿Qué haces?   Pongo la fruta en _____   Pongo la _____

3.

*__salir__ (salgo)   de la _____   de _____   ¿A qué hora sales de la escuela?
to go out, to leave

4.

*__traer__ (traigo)   ¿Qué trae Ud.?   y flores para mi _____
to bring   una _____ para mi _____   ¡Feliz día de las madres!
¡Feliz día de los padres!

5.

*__decir__ (digo, dices)   ¿Qué dice la maestra?   _____
to say, to tell

6.

__levantar__   Por favor . . .   levante _____   _____   _____
to raise, to lift

7.

__tocar__   ¿Qué tocan?   _____   _____   _____
to play
(an instrument)

8.

__deber__   ¿Qué deben Uds. hacer?   _____ mucho   _____
should, ought to

2 Ahora... How many whole phrases or sentences can you make out of these two groups of words?

1	2
desde from, since (with time)	una vez más
entre between, among	va a tomar un segundo
siempre always	el principio (the beginning)
sólo only	amigos
como like, as	estamos ocupados
	estoy cansada
	tú y yo

OBSERVACIONES

12. Some more special verbs

¿RECUERDA UD.?

Diga en español...   Say in Spanish...

A. decir (to say, to tell) Students have already had commands informally. Remind them that this is one and that command forms are different from present tense forms. It is best not to carry it further at this point.

(yo)	digo	(Pepe y yo)	decimos
(tú)	dices		
(Pepe) (Ud.)	dice	(Pepe y Ud.) (Todos)	dicen

B. The **–go** group

In the present tense, the **yo** form of many "irregular" verbs ends in **–go,** just the way **digo** does. However, all the other forms are like those of regular **–er** and **–ir** verbs. Por ejemplo:

hacer (to do, to make): **hago,** haces, hace, hacemos, hacen
poner (to put, to turn on): **pongo,** pones, pone, ponemos, ponen
salir (to go out, to leave): **salgo,** sales, sale, salimos, salen
valer (to be worth, to cost): **valgo,** vales, vale, valemos, valen
traer (to bring): **traigo,** traes, trae, traemos, traen

Práctica 1 , p. 171: 1. (Nosotros) no hacemos eso.; Uds. no hacen eso.; (Tú) no haces eso.   2. Los chicos ponen los pies en el sofá.; (Yo) pongo los pies en el sofá.; Nosotros ponemos los pies en el sofá.   3. Mañana (yo) traigo la música.; Mañana (nosotros) traemos la música.; Mañana Uds. traen la música.   4. ¿Digo (yo) bien los verbos?; ¿Dices

(tú) bien los verbos?; ¿Dice la clase bien los verbos? or ¿Dice bien los verbos la clase?;
¿Decimos (nosotros) bien los verbos? 5. ¿A qué hora salen (ellos) de la escuela?;
¿A qué hora salimos (nosotras) de la escuela?; ¿A qué hora salgo (yo) de la escuela?

Actividad

1. ¿Dice Ud. la verdad?　　　　　　—Sí, digo...
   (Do you tell the truth?)　　　　—No, no digo...
2. (María), ¿dices siempre la
   verdad? (Do you always...?)　Substitute additional vocabulary as needed.

3. ¿Sale Ud. esta noche?　　　　　—Sí, salgo...
   (Are you going out...?)　　　—No, no salgo...
4. Antonio, ¿sales con María?

5. ¿Hace Ud. mucho en casa?　　　—Sí, hago...
   (Do you do a lot at home?)　—No, no hago...
6. (Rosa), ¿haces mucho para tus
   amigos?

7. ¿Pone Ud. los platos en la　　—Sí, pongo...
   mesa? (Do you put...?)　　　—No, no pongo...
8. (Riqui), ¿pones los pies en la
   mesa?

9. ¿Vale Ud. un millón de dólares?　—Sí, valgo...
   (Are you worth...?)　　　　　—No, no valgo...
10. (Judit), ¿vales mil dólares?

11. ¿Trae Ud. su sandwich a la　　—Sí, traigo...
    escuela? (Do you bring...?)　—No, no...
12. (Alfredo), ¿traes mucho dinero
    hoy?

Práctica

1　Lea en voz alta, y cambie según (according to) las indicaciones:
1. Yo no hago eso. (Nosotros, Uds., Tú)
2. ¿Quién pone los pies en el sofá? (Los chicos, Yo, Nosotros)
3. Mañana Bárbara trae la música. (yo, nosotros, Uds.)
4. ¿Dicen Uds. bien los verbos? (yo, tú, la clase, nosotros)
5. ¿A qué hora sale Carlos de la escuela? (ellos, nosotras, yo)

2　Complete, siempre con el verbo más lógico.　By now students should be quite familiar with the double
Por ejemplo:　　　　　　　　　　　　infinitive type of drill.
—¿Estás ocupada?　—Sí, ____ mis lecciones ahora. (hacer, poner)
　　　　　　　　　　—Sí, hago mis lecciones ahora.

1. ¿A qué hora ____ Uds. de casa? ____ a las ocho y media.
   (poner, salir)
2. ¿Quién da el dinero, tú o yo? —Yo no. No ____ dinero hoy.
   (traer, valer)

3. ¿Por qué no ____ a ese chico la verdad? (dar, decir)
—Porque es malo:

4. ¿____ Uds. una fiesta este sábado? (hacer, valer) —Sí, si es posible, ____ una fiesta.

5. ¿Dónde ____ (yo) los libros? (poner, traer) —En la mesa del maestro.

6. El señor Vega tiene mucho dinero. ____ diez millones de pesos. (valer, decir)

7. ¿Qué ____ tú aquí? (hacer, valer) —Lavo las ventanas.

8. ¿Vamos o no vamos? ¿Qué ____ tú? —Yo ____ que no hay tiempo. (decir, traer)

REPASO RÁPIDO

Here are some special verbs:

1. **decir** (to say, to tell): digo, dices, dice, decimos, dicen

2. The **–go** group (only the **yo** form is special)
   hacer (to make, to do): hago   Other forms omitted since they are regular.
   poner (to put, to turn on): pongo
   salir (to go out, to leave): salgo
   valer (to be worth, to cost): valgo
   traer (to bring): traigo

Práctica

(You can check your answers in the back of the book.)

Conteste según las indicaciones.
Por ejemplo: ¿Vale Ud. mil dólares? (No. ____ un millón.)
          <u>No. Valgo un millón.</u>

1. ¿Trae Ud. dinero? (Sí, ____ mucho.)
2. ¿Hace Ud. mucho aquí? (No, ____ muy poco.)
3. ¿Dice Ud. la verdad? (Sí, siempre ____ .)
4. Chico (Chica), ¿sales tarde de la escuela hoy? (No, ____ temprano.)
5. ¿Pones tus pies en la mesa? (No, ____ en el sofá.)

PANORAMA
¿QUIÉN ES EL HISPANO?

Los hispanos son personas de diferentes orígenes. Los españoles, por ejemplo, son europeos, pero su historia es el producto de muchos pueblos (peoples) y naciones. Y los hispanoamericanos representan una combinación variada de indios, blancos (españoles, italianos, etc.), negros y asiáticos. Ahora bien, ¿somos diferentes o similares nosotros? ¿Somos de un solo grupo racial, o somos una combinación de muchos? Estudie por un momento estas fotos, y díganos: ¿De dónde son estas personas?

1 Rosalinda Andrade Campbell, de Santiago, Chile. Hay muchas familias de origen inglés o irlandés (Irish) en Chile. En efecto, ¡uno de los héroes más importantes de la historia chilena es Bernardo O'Higgins!

2 Entre amigos. . . . Un grupo de estudiantes de primer año en la Universidad de Puerto Rico.

173

3 Una bonita española, lista para ir a la Feria de Sevilla. ¿Ya ve Ud.? ¡No todos los españoles son morenos!

4 Un muchacho rural, descendiente de indios y blancos. Eugenio Talavera trabaja con sus padres en una región remota de los Andes. Pampa Cangallo, Perú.

5 "Hombre, ¿qué me tocas?" Francisco ("Pancho") Hurtado y su guitarra, dos figuras muy populares en el parque de Chapultepec. México, D.F.

6 "Amigos, éste es Juan María Escobedo, de la Habana, Cuba, ¡y de Miami!" "—Mucho gusto."

7 Una pareja (couple) atractiva de Santo Domingo, y ahora, de Nueva York. "Amor, amor, amor."

8 Otra rubia hispana. Esta
simpática costarricense
reside ahora en los Estados
Unidos, donde estudia
para ser secretaria ejecutiva.

9 Una señora india de
Guatemala teje (weaves)
ropa de muchos colores.

Sí, los hispanos y nosotros
tenemos mucho en común.
En ciertos respectos somos
diferentes. Pero en muchos
respectos, ¡somos uno!

8

9

7

175

Vamos de compras.
Let's go shopping.

el **ascensor**
elevator

EL ALMACEN MONARCA

el **dueño**
owner

la **escalera automática**
escalator

el **almacén**
store,
department store

pagar
to pay

*valer
(valgo)
to be worth,
to cost

el **precio**
price

LA GANGA

la **ganga**
bargain

la **cliente**
customer

Dígame

1. ¿Cuál es su tienda favorita? ¿Cuál es la tienda favorita de su madre? ¿Qué almacenes grandes hay donde vive Ud.? ¿Son muy altos los precios?

2. ¿Cuántos pisos tienen los almacenes grandes (más o menos)? ¿Tienen escaleras automáticas? ¿Cuál usa Ud. más — la escalera automática o el ascensor?

3. ¿Hay un (una) dependiente de almacén en su familia? ¿Le gusta a Ud. trabajar en un almacén? ¿Le gusta a Ud. vender? ¿Trabajan sus amigos en tiendas?

4. ¿Hay dueños (owners) de tiendas en su familia? ¿Desea Ud. ser dueño (dueña) de una tienda?

5. ¿Le gusta a Ud. comprar ropa? ¿libros? ¿discos (records)? ¿Cuánto paga Ud. normalmente por un disco? ¿Qué artículos le gusta más comprar?

6. En su opinión, ¿es más importante la marca o el precio de un producto? ¿la calidad (quality) o el precio? ¿Compra Ud. muchas gangas? ¿Tiene Ud. mucha suerte para comprar?

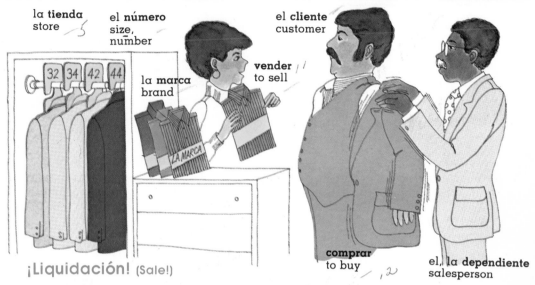

la tienda store

el número size, number

el cliente customer

la marca brand

vender to sell

comprar to buy

el, la dependiente salesperson

¡Liquidación! (Sale!)

Hoy vamos a ir de compras (shopping). Pero hay un pequeño problema. Es el 26 de diciembre, y en todas las tiendas hay muy poca selección. ¡Qué problema! Complete esta conversación.

Dependiente	**Cliente**
Buenas tardes, señor(ita).	*(Conteste Ud. cortésmente.)*
¿Qué desea Ud. ver?	—Deseo ver... *(Diga Ud. el artículo que desea comprar — un abrigo, un par de zapatos, etc.)*

If necessary, allow the **"dependiente"** to use a cue card when performing in front of the class.

Muy bien. ¿De qué color?	*(Diga Ud. el color que desea.)*
Ah, ¡qué lástima! (What a pity!) No hay... *(diga el artículo)* en su número. Ahora si Ud. desea tomar otro número...	*(Indique si desea aceptar otro número.)*
Y otro color...	*(Indique si acepta otro color.)*
Pues aquí tiene Ud. una ganga fantástica *(tell what today's bargain is)* —hoy, sólo hoy, a este precio.	—¿Ah, sí? ¿Cuánto vale?
(Tell the price, and give any other sales pitch you want.)	*(Make your decision.)* —Muy bien. Voy a comprar este..., (esta..., etc.) Or: —No, gracias. Adiós.

OBSERVACIONES

13. All about the preposition a

¿RECUERDA UD.?

Vamos a comenzar.   We're going to begin. Let's begin.

Vamos a continuar.   **Comenzar** and **enseñar** become active in Lesson 6, **Juegos de Palabras**.

A. The verbs **ir** (to go) and **venir** (to come) are always followed by **a** before an infinitive. Point out that this is a common way of talking in future time in both Spanish and English.

Voy a ver.	I'm going to see.
Van a llamar mañana.	They're going to call tomorrow.
¿Vienes a ayudar?	Are you coming to help?

B. Verbs of learning, teaching, and beginning are also followed by **a** before an infinitive.

¿Aprenden Uds. a hablar español?	Are you learning to speak Spanish?
—Sí, y comenzamos a comprender muy bien.	Yes, and we're beginning to understand very well.
¿Enseñan a leer?	Do they teach how to read?
—Claro, y a escribir también.	Of course, and how to write also.

C. The "personal" **a**

Here is something special that we don't have at all in English. When a *person* receives the action of the verb, we usually use **a** to point to that person.

¿A quién llama Ud.?	Whom are you calling?
—A Roberto Vargas.	Robert Vargas.
Vamos a invitar a Neli.	We're going to invite Neli.
—Buena idea.	Good idea.
¿Ayuda Ud. a Mariana Colón?	Are you helping Marian Colón?
—No. Ella no necesita ayuda.	No. She doesn't need help.

We leave out the **a** only after the verb **tener.**

¿Cuántos primos tienes?	How many cousins do you have?
—Tengo cincuenta y tres.	I have fifty-three.
—¡Dios mío!	My goodness!

1 1. . . . van . . .   . . . vamos . . .   . . . vamos a comprar . . . nuevos.   2. ¿Vienen . . . a comer con nosotros?
Vienen Uds. . . .   ¿Vienen Uds. a trabajar . . . ?   3. Aprendemos a . . .   . . . a cantar mejor.   . . . a cantar
mejor.   4. . . . a Guillermo Campos.   . . . a Guillermo Campos.   . . . a Guillermo Campos?

___ Práctica _____

1 Lea en voz alta, y cambie según (according to) las indicaciones.

1. Voy a comprar un coche nuevo.
   Mis padres _____ .
   Julia y yo _____ .
   _____ muebles ____ .

2. ¿Vienes a comer con nosotros?
   ¿____ Uds. _____?
   ¿_____ trabajar ____?
   ¿_____ con ellos?

3. Aprendemos a tocar mejor.
   _____ cantar mejor.
   Comenzamos _____.
   Enseñan ____ ____.

4. ¿Ve Ud. a Guillermo Campos?
   ¿Llama Ud. _____?
   ¿Visita _____?
   ¿Invitamos _____?

2 Cambie. (Change to tell what is going to happen.)
Por ejemplo: Salimos ahora.   <u>Vamos a salir ahora.</u>
             ¿No hablas con él?   <u>¿No vas a hablar con él?</u>

1. Estudio esta noche. (Voy . . .)
2. ¿No compran?
3. Hablamos español.
4. Escribimos en la pizarra.
5. ¿Qué haces?
6. ¿Dónde ponen el sofá nuevo?
7. ¿Traes un sandwich?
8. Vendemos nuestra casa.

> 2 1. Voy a estudiar esta noche.   2. ¿No van a comprar?   3. Vamos a hablar español.
> 4. Vamos a escribir en la pizarra.   5. ¿Qué vas a hacer?   6. ¿Dónde van a poner el sofá nuevo?   7. ¿Vas a traer un sandwich?
> 8. Vamos a vender nuestra casa.

3 Ahora conteste:

1. ¿Va Ud. a estudiar este verano?
2. ¿Van a comprar un coche nuevo sus padres?
3. ¿Viene a visitar esta clase su madre?
4. ¿Vienen Uds. a trabajar bien hoy?
5. ¿Comenzamos a hablar bien el español?
6. ¿Es más difícil aprender a hablar o a escribir?
7. ¿Invita Ud. a una persona famosa?
8. ¿Tiene Ud. muchos amigos en esta escuela?

> 3 1. Sí, voy (No, no voy) a estudiar (este verano).   2. Sí, (mis padres) van (No, (mis padres) no van) a comprar un coche nuevo (este verano).   3. Sí, (mi madre) viene (No, (mi madre) no viene) a visitar esta clase.   4. Sí, venimos (No, no venimos) a trabajar bien hoy.   5. Sí, comenzamos a hablar bien el español.   6. Es más difícil aprender a hablar (a escribir).   7. Sí, invito a una persona famosa.   8. Sí, tengo muchos amigos en esta escuela.

4 Ahora lea bien, y conteste:

1. —Elvira, ¿no vas a invitar a Miguel Ángel?
   —No. No me gusta. Ese chico es . . .
   Conteste: a. ¿Va a invitar Elvira a Miguel Ángel?
             b. ¿Por qué?
             c. ¿Cómo termina Ud. la frase de Elvira: "Ese chico es . . ."?

2. —No veo a Melinda. ¿No viene hoy?
   —No sé, Jaime. ¿Por qué no llamamos a su madre? Aquí
   está el teléfono.

4 1a. No, (Elvira) no va a invitar a Miguel Ángel.;   1b. Porque no le gusta (ese chico).;
1c. (free response);   2a. No, (Melinda) no está en clase (hoy).;   2b. (Sus amigos) van a
llamar a su madre.;   2c. (En mi opinión), estas personas están . . . (free response);

179

3a. No, (Tomás) no conoce muy bien a Federico.;   3b. (Federico) tiene una hermana
muy bonita.;   3c. Porque desea visitar a su (la) hermana bonita.

Conteste: a. ¿Está en clase hoy Melinda?

b. ¿A quién van a llamar sus amigos?

c. En su opinión, ¿dónde están estas personas?

3. —Tomás, tú conoces a Federico Salas, ¿verdad?

—Un poco. ¿No tiene una hermana muy bonita?

—Sí, y ella viene a pasar una semana con él.

—¿Ah, sí? ¡Pues mañana voy a visitar a mi buen amigo
Federico!

Conteste: a. ¿Conoce muy bien Tomás a Federico?

b. ¿Qué tiene Federico?

c. ¿Por qué desea visitar Tomás a su "buen amigo"?

14. What verb form comes after a preposition?

First, let's look at some of our most common prepositions.

a to   **de** of, from   **con** with   **sin** without
por by, through   **para** for, intended for
antes de before   **después de** after

Can be a problem for slow learners. Be absolutely sure that they understand this basic concept.

Now here is another way in which Spanish is different from
English. In English we say: "After going... Before leaving...
Without eating," etc. In other words, English normally uses the
"–ing" form after a preposition. Spanish uses only the
infinitive.

¿Estás cansado **de trabajar**?	Are you tired **of working**?
—Sí, pero es difícil vivir **sin comer.**	Yes, but it's hard to live **without eating.**
Antes de salir, cierre todas las ventanas.	**Before going out,** close all the windows.
—¡Cómo no!	Of course!

—— **Práctica** ————————————————————————

1 *Complete, usando (using) siempre la preposición más correcta:*
1. Vamos... tener otro examen pronto. (a, con) —¡Ay, no!
   Estamos cansados... estudiar. (a, de)
2. Una persona no gana dinero... trabajar. (sin, a) —¡Y yo no
   gano mucho... trabajar! (en, con)
3. ... visitar a una persona, uno debe llamar por teléfono
   primero. (Antes de, Después de) —Claro. Posiblemente la
   persona no tiene tiempo... recibir visitas. (sin, para)
4. Tengo mucho sueño. Inmediatamente... comer, voy a la
   cama. (por, después de) —Bueno. Y yo voy... mirar la
   televisión. (a, en)

1. a, de;   2. sin, con   3. Antes de, para   4. después de, a

2 *Ahora, ¿cómo relaciona Ud. los Grupos 1 y 2?*

1	2
Tengo que preparar la lección	¿no deben Uds. aprender la
Después de comer	música?/ antes de ir a clase/
¿Estás lista	sin mirar el libro/ ¿por qué
Antes de dar el concierto	no vamos al cine?/ con ganar
Ahora contesten las preguntas	poco?/ para salir?/ sin cambiar
¿Cómo vas a ir a una fiesta	esa camisa?
¿Estás contento	

1–2;   2–4;   3–6;   4–1;   5–3;   6–7;   7–5

3 *Finalmente, complete Ud. de una manera original:* Free response

1. Estoy cansado (cansada) de . . .
2. ¿Quién está listo para . . . ?
3. Aquí tiene Ud. dinero para . . .
4. Antes de salir, . . .
5. Esta noche, después de comer . . .

REPASO RÁPIDO

All About Prepositions

1. **Ir, venir,** and verbs of beginning, learning, and teaching
   are followed by **a** before an infinitive:

   Vamos **a** ver.   Vengo **a** ayudar.

2. We also use **a** when a person receives the action of the
   verb:

   ¿Llamas **a** Judit?   ¿Invitamos **a** Nelson?

3. When a verb follows a preposition, it must be in the infinitive form.
   This is different from English, which usually uses "–ing":

   antes de comer   **después de salir**
   before eat*ing*   after leav*ing*

Práctica

(You can check your answers in the back of the book.)

Díganos . . .

1. what you're going to do tonight. (Esta noche voy a . . .)
2. that a certain famous person is coming to visit our school
   soon.
3. whom you're going to invite to your next party . . . or to your
   house this Sunday.
4. what you're going to do before eating this evening. And
   after eating?
5. Are you tired of studying now?

Señora, Ud. debe ir al fin de la cola.

Un dependiente abre las puertas.

Piso primero . . . perfumes, cosméticos . . .

CUENTO LA GANGA

¡Especial! ¡Sólo Hoy!
Gangas Fabulosas en Todos los Departamentos
EL ALMACÉN MONARCA
Donde el Cliente es el Rey

Monarch Department Store

king

Son las nueve de la mañana. Muchas **personas esperan** a las puertas del Almacén Monarca. **De repente** hay una conmoción.

people are **waiting**
Suddenly

1: Perdone, señora, pero Ud. debe ir al **fin de la cola.** Éste es mi **lugar.**

end of the line
place

5 2: ¡Ah, no! Yo estoy aquí desde **las siete.**

7:00 a.m.

1: ¿Qué dice? Ud. **acaba de llegar.**

just arrived

3: Es **verdad.** Ella acaba de llegar.

true

4: Yo **conozco** a esa mujer. Siempre llega tarde y . . .

I **know**

2: Pues yo no vengo a **discutir.** ¿Uds. son **tontos?** ¿O no ven?

to **argue; stupid**

10 (Un dependiente abre las puertas, y en dos minutos la tienda está **llena.** Los ascensores suben y bajan.)

full

Ascensorista: Piso Primero . . . perfumes, cosméticos y artículos de baño . . . Piso Segundo . . . ropa para niños, zapatos, sombreros . . . (Y las escaleras automáticas

15 depositan a los clientes en los diferentes departamentos.)

Hoy, sólo hoy, por 99 . . . una ganga fantástica . . .

Sólo hoy, a 350 pesos . . . con este amplificador . . .

El Almacén Monarca, donde el cliente es el rey.

Un dependiente: Atención, señoras y señores. Aquí tenemos una ganga especial—un **tocadiscos que** vale 200 pesos— ¡hoy, sólo hoy, por 99!

record player **that**

20 Una chica: Perdone, señor, pero ¿de qué marca es?

Dep.: Señorita, **a** este precio, **nunca** decimos la marca.

at; **never**

Chico: Pero, ¿está en perfecta condición?

Dep.: Absolutamente. Es una ganga fantástica.

Chica: Pues, ¿qué dices tú, Miguel?

25 Chico: Yo digo que sí.

Chica: Bueno. Vamos a tomar uno.

Dep.: Excelente. Pero **antes** de comprar... voy a ser muy sincero con Uds. Este modelo tiene una pequeña **falta.**

before
drawback

Chico: ¿Ah, sí? ¿Cuál es?

30 Dep.: Es que tiene sólo una **velocidad,** la más rápida. Escuchen Uds. (El dependiente **pone** un disco. **Sale** una música muy rápida y **atiplada.**)

speed
puts on; Out comes
high-pitched

Chica: Pero, ¿no tiene una velocidad normal?

Dep.: Este modelo, no. Ahora, aquí está uno que vendemos
35 hoy, sólo hoy, a 350 pesos. Con éste tienen Uds. el **gusto** de escuchar la música a su velocidad normal. (El dependiente pone otra vez el disco, y ahora sale una música bonita pero **bajísima.**)

pleasure

very soft

Chico: Sí, es mejor. Pero, ¿no tiene más **volumen**?

volume

40 Dep.: Sí, sí... con este **amplificador,** que vendemos hoy, sólo hoy, a 250 pesos. **Después de** hoy...

amplifier
After

Chico: ¿Qué dices tú, Marisa?

Chica: Me gusta más la otra, **la** de 99 pesos. Es una ganga   the one
fantástica.

45 Chico: Pero, ¿con sólo una velocidad?

Chica: **¿Qué importa? ¡Aprendemos a bailar** más rápidamente!   So what? We'll learn
to dance

ↄↄↄↄↄↄↄↄ

Ascensorista: Piso Tercero—trajes de señores, camisas,
corbatas...

Una dep.: No, señora, nunca somos responsables si el
50   producto es **defectuoso**...   defective

Otro dep.: No, señorita. El **gerente no ve nunca a nadie**...   manager **never** sees
anyone

Otra dep.: No, señor, no hay **nada** en su número. Ahora, si   **nothing**
Ud. paga un poco más...

Un radio: "El Almacén Monarca, donde el cliente es el rey...
55   el rey... el rey...

―――― Vamos a conversar ――――――――――――

1. ¿Dónde ocurre este cuento?
2. ¿Qué pasa hoy en la tienda?
3. ¿Cuál es el lema (motto) del Almacén Monarca?
4. ¿A qué hora abren la tienda? ¿A qué hora abren las tiendas
normalmente donde Ud. vive?
5. ¿Qué hay de repente entre las personas que esperan?
6. ¿Qué dice la primera persona?
7. ¿Qué contesta la señora? En su opinión, ¿hay muchas
personas como ella?
8. ¿Realmente, está allí (there) desde las siete la señora, o
acaba de llegar?
9. ¿Qué venden en el primer piso del almacén?
10. ¿Y qué venden en el segundo piso?

● 1. ¿Qué ganga especial tiene el dependiente para Miguel y
Marisa? ¿Qué son Marisa y Miguel—amigos, hermanos,
esposos, etc.?
2. ¿Cuánto vale normalmente el tocadiscos? ¿Qué precio tiene
hoy?
3. ¿Dice el dependiente de qué marca es? ¿Por qué?
4. ¿Qué falta tiene este modelo?
5. ¿Qué otro modelo recomienda el dependiente a los chicos?

6. ¿Cuánto vale normalmente? ¿Y hoy?
7. ¿Qué tienen que comprar los chicos con el segundo modelo?
8. ¿Cuál de los dos modelos le gusta más a Marisa?
9. Si compran ese modelo, ¿cómo tienen que bailar los chicos?
10. ¿Es una tienda muy responsable el Almacén Monarca? ¿Por qué dice Ud. eso?

JUEGOS DE PALABRAS

1 Complete como siempre.

1.

esperar
to wait (for)

¿Cuánto tiempo espera?

una hora

_____ _____

2.

llegar
to arrive

¿A dónde llega?

a _____   a _____   a _____

3.

*__conocer__ (conozco)
to know (a person
or a place)

¿Conoce Ud. . . .?

a _____

a _____
¿Conoce Ud. a una
persona famosa?

1 1. dos horas; tres horas   2. París; Nueva York; Washington   3. Abrahán Lincoln; Cleopatra

185

4.

acabar de + infinitive
to have just (done
something)
(acabar = to finish)

¿Qué acaban de
hacer? _____

Acaba de ____   Acabo de ____

5.

lleno
full

¿De qué está lleno?   _____   _____

6.

el lugar
place

¿En qué lugar estamos?   en _____   en _____   ¿Es éste el lugar?

7.

el fin del _____   el fin _____   ¡Por fin!
(At last!)

---

2 Frases revueltas (Scrambled sentences)

Here are some key words.   Can you unscramble them?

que   that, who (linking word),
      which   tarde dicen es que muy
(la) verdad   truth, true   yo que verdad no es digo
nada   nothing   ¿listo nada mañana está para?
nadie   nobody, no one   fiesta conmigo va nadie la a
nunca   never   Juan prepara nunca lecciones sus
antes   before, earlier   ¿quién antes ella llega o yo?
después   after(wards), then, later   ¿vamos a después qué hacer?

186   2 dicen que es muy tarde; yo digo que no es verdad; ¿nada está listo para mañana?; nadie va a
la fiesta conmigo; Juan nunca prepara sus lecciones; ¿quién llega antes, ella o yo?; ¿qué vamos a
hacer después?

OBSERVACIONES

15. "I don't know nothing" — the double negative

A. These are the most common negative words in Spanish:
nada nothing   **nadie** nobody, no one   **nunca** never

B. Unlike English, in Spanish you "don't know nothing," "don't talk to nobody—never"! So keep the **no** before the verb, and let your English teachers weep.

No sé **nada.**	I don't know anything. (Nothing at all!)
No invito a **nadie.**	I'm not inviting anybody. (Nobody!)
Ese radio **no** funciona **nunca.**	That radio never works. (Not ever!)

C. If you wish, you may put **nadie, nunca,** etc., before the verb, and then you no longer need the **no.**

No salimos **nunca** con ellos. **Nunca** salimos con ellos.	We never go out with them.
No viene **nadie** hoy. **Nadie** viene hoy.	Nobody is coming today.

Práctica

1 Conteste de la manera más negativa posible.
Orally: question and rejoinder. Written: rejoinder only.
Por ejemplo: ¿Hablas con *Gloria*?   —No. No hablo con nadie.
           ¿Vale *mucho dinero*?   —No. No vale nada.
           ¿Vienen *siempre*?   —No. No vienen nunca.

1. ¿Funciona *siempre* el ascensor?
2. ¿Vas a comprar *mucho*?
3. ¿Viene *Isabel*?
4. ¿Esperas a *Carlitos*?
5. ¿Pagan Uds. *mucho*?
6. ¿Hay *muchos clientes* en la tienda?
7. ¿Con *quién* vas a la fiesta?
8. ¿Qué tienes en la mano?
9. ¿Traes *un suéter* para mí? (No, no traigo...)
10. ¿Van a decir *el secreto* a Marisa?

1. No. No funciona nunca.   2. No. No voy a comprar nada.   3. No. No viene nadie.
4. No. No espero a nadie.   5. No. No pagamos nada.   6. No. No hay nadie (en la tienda).   7. No voy a la fiesta con nadie.   8. No tengo nada (en la mano).   9. No. No traigo nada (para ti).   10. No. No van a decir nada (a Marisa).

1. Diego nunca habla conmigo.   2. ¿Nadie llama?   3. ¿Nada funciona?   4. Nunca dicen la verdad.
5. ¿Nadie tiene suerte?   6. Nunca hago estos ejercicios.

2 *Cambie como indican los modelos.*
Por ejemplo: No viene nadie hoy.   Nadie viene hoy.
   No me gusta nada aquí.   Nada me gusta aquí.

1. Diego no habla nunca conmigo.
2. ¿No llama nadie?
3. ¿No funciona nada?
4. No dicen nunca la verdad.
5. ¿No tiene nadie suerte?
6. No hago estos ejercicios nunca. —¿Qué me dices?

3 *Finalmente, lea bien, y díganos la conclusión correcta:*
1. —Esta chica nunca dice nada en clase.   Mainly for reading comprehension.
   —Es verdad. (Es muy tímida. Siempre contesta bien. Conoce
   muy bien a los otros.)
2. —Acabamos de llegar y no conocemos a nadie aquí.
   —Eso no es nada. En poco tiempo (van a comprar la casa, van
   a tener muchos amigos, van a tener muchas gangas).
3. —Nunca hay muchos clientes en ese almacén.
   —Claro, porque (no venden nada bueno, tienen las mejores
   marcas, los precios son muy bajos).

REPASO RÁPIDO

All About Negatives
   nada nothing   **nadie** nobody   **nunca** never
1. In Spanish, we keep **no** before the verb, even if another
   negative word follows:
      No hago nada.   I'm not doing anything.
2. Only if **nada, nadie,** or **nunca** comes before the verb can we
   leave out **no**:
      No viene nadie. Nadie viene.   Nobody is coming.

Práctica

(You can check your answers in the back of the book.)
*Complete con **nada, nadie** o **nunca**:*
1. No me gusta ese chico. _____ hablo con él.
2. ¿Tienes dinero? —No. Hoy no tengo _____.
3. ¿Quién viene hoy? —_____.
4. ¿Uds. no tienen tiempo _____ para ver a sus amigos? —No
   tenemos tiempo para ver a _____.
5. ¿Roberto acaba de llamar? —No. _____ acaba de llamar.
6. Comes mucho. —¿Qué dices? No como casi _____.

Práctica [3] 1. Es muy tímida.   2. van a tener muchos amigos.   3. no venden nada bueno.

PANORAMA
TIENDAS, TIENDAS, TIENDAS

1 El Almacén Monarca? ¡No! Éste es uno de los almacenes más populares de la capital mexicana. "Piso primero—muebles y aparatos eléctricos . . . Piso segundo—cosméticos y perfumes . . ."

2 Una tienda de ropa y accesorios en el aeropuerto de Guatemala. Pero esta muchacha no viene a comprar. La televisión es más interesante, ¡y cuesta menos!

3 "Hombres, ¿qué disco debemos comprar?" Hay numerosas tiendas de discos como ésta en Madrid, donde la música de los jóvenes (young people) es internacional.

189

4 "Rebajas de Verano" (Summer Clearances) en el Corte Inglés, posiblemente el almacén más grande de toda España. ¡Mire Ud. el número de clientes! Las gangas tienen que ser fantásticas.

5 ¡Qué colores más vivos! Ropa tradicional y el omnipresente jersey en una tienda guatemalteca al aire libre (outdoors). En las regiones rurales, la ropa tradicional es todavía la más popular.

5

6 "Vamos a ver. ¿Tienen Uds. mi número?" La selección es muy buena en esta zapatería también al aire libre. Guayaquil, Ecuador.

7 Marcas locales, marcas internacionales, en el centro comercial de Lima, Perú. ¿Cuáles de estas marcas conoce Ud.?

8 ¿Qué desea Ud. comprar? Pues aquí está, en el mercado (market) de Guanajuato, México. "No, señor(ita), no aceptamos su Master Card."

LECCIÓN 6

¡Olé!

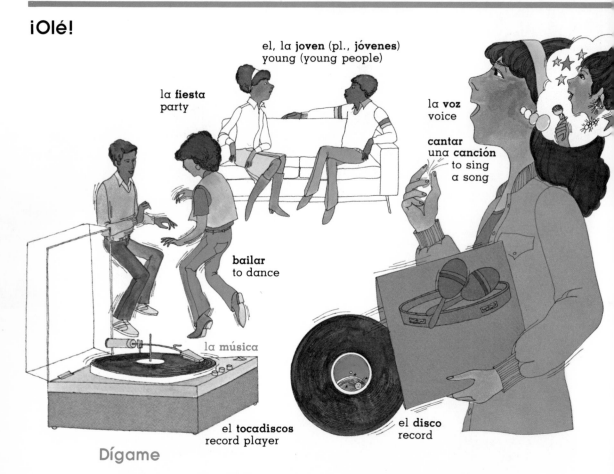

el, la **joven** (pl., **jóvenes**)
young (young people)

la **fiesta**
party

la **voz**
voice

cantar
una **canción**
to sing
a song

bailar
to dance

la **música**

el **tocadiscos**
record player

el **disco**
record

Dígame

1. ¿Le gusta a Ud. bailar? ¿Baila Ud. bien? ¿Cuál es su canción favorita ahora? ¿Tiene Ud. buena voz para cantar?

2. ¿Hay muchas fiestas aquí en la escuela? ¿Hacen muchas fiestas sus amigos? ¿y sus padres? ¿Le gusta más a Ud. una fiesta pequeña o una fiesta grande?

3. ¿Tiene Ud. un tocadiscos en su cuarto? ¿Cuántos discos tiene Ud., más o menos? ¿Le gusta a Ud. la música clásica? ¿Va Ud. a conciertos de "rock"?

4. ¿Qué deportes le gustan más? ¿Juega Ud. bien? ¿Hay partido de fútbol este fin de semana (weekend)? ¿Hay partido de básquetbol? ¿de béisbol? ¿de otro deporte? A propósito, ¿le gusta a Ud. el esquí?

el teatro
el concierto

el cine the movies

el boxeo
boxing

el muchacho
boy

una película
a movie,
film

los deportes
sports

la televisión

el esquí
skiing

el partido
(ball) game

la muchacha
girl

jugar
(juego, juegas)
to play a game

el,
la radio

5. ¿Va Ud. mucho al cine? ¿Va una vez a la semana (once a week)? ¿dos veces a la semana? ¿más? ¿Hay producciones dramáticas en su escuela? ¿Toma Ud. parte en ellas?

6. ¿Quiénes son sus artistas favoritos de cine? En su opinión, ¿quién es el mejor actor de todos? ¿y el más guapo? ¿Quién es la mejor actriz? ¿y la más bonita? ¿Tiene Ud. ambiciones de ser artista de cine?

7. Finalmente, ¿le gustan a Ud. mucho las películas de misterio? ¿de horror? ¿de vaqueros (cowboys)? ¿de policías? ¿de robots? ¿de amor?

Vamos a cantar

DE COLORES

De_____ co - lor - es,_____ de co - lor - es se
vis - ten los cam - pos en la pri - ma - ve - ra,_____
De_____ co - lo - res,_____ de co - lo - res son
los pa - ja - ri - llos que vien - en de fue - ra._____ De_____
co - lor - es,_____ de co - lor - es es el ar - co
i - ris que ve - mos lu - cir,_____ Y por e - so los
gran - des a - mor - es de mu - chos co - lo - res me gus - tan a
mí;_____ Y por e - so los gran - des a - mor - es de
mu - chos co - lo - res me gus - tan a mí.

From *Music U.S.A., Spectrum of Music.* Mary Val Marsh, Carroll A. Rinehart, and Edith J. Savage, Senior
Authors. Copyright © 1975 Macmillan Publishing Co., Inc. Used by permission of the Publisher.

OBSERVACIONES

16. "You love me. I love you"—1st and 2nd person object pronouns

A. Objects receive the action of a verb. An object can be a noun or a pronoun.

> Let's invite **John.**
> Let's invite **him.**

A direct object receives the action straight on.

I'll bring **you.**   I'm doing the bringing. So *I* am the subject.
You are receiving the action. *You* are the object.

An indirect object is the one *to whom* the action is aimed, but it doesn't receive the action itself.

I'll bring the records **to you.**   What am I bringing? The records.
To whom am I bringing them? To you.

195

Now English can be confusing, because sometimes it uses "to me" or "to you," etc., and sometimes it just uses "me" or "you," etc., for the indirect object. Can you tell us which is which?

1. John sent me. (Is "me" direct or indirect?)
2. John sent me money. (Is "money" direct or indirect? What is "me"?)
3. Do you know him? (What is "him"?)
4. Do you give him lessons? (Which is the direct object? Which is the indirect?)[1]

If desired, add more English examples until students learn to recognize object pronouns.

B. Here are the first and second person object pronouns in Spanish.

me	me, to me
te	you (my pal), to you
nos	us, to us[2]

Due to identical forms, both direct and indirect object pronouns **me, te, nos** are presented together. In Lesson 7, the third person direct object and indirect object pronouns are presented separately.

—— Actividades ——

1 ¿Me...? —Sí, te...

1. Anita, ¿me llamas?   —Sí, te llamo.
   (Are you calling me?)   —No, ...
2. Pepe, ¿me invitas al partido?
3. Juanita, ¿me esperas?
4. Riqui, ¿me contestas?
5. Carolina, ¿me das tu libro?
6. Guillermo, ¿me haces un favor?   —Sí, te hago...
   (..., will you do me...?)   —No, ...
7. María, ¿me traes un sandwich?   —Sí, te traigo... —No, ...
8. Juanito, ¿me dices el número de tu teléfono?
9. Bárbara, ¿me pagas el cine este sábado?
10. Rodolfo, ¿me cantas "De Colores" ahora?

[1] Here are your answers: 1. "me" is direct. 2. "money" is direct, "me" is indirect. 3. "him" is direct. 4. "lessons" is direct, "him" is indirect.

[2] The friendly "you-all" form is **os.** See chart of personal pronouns, page 412.

2 ¿Te...? —Sí, me...

1. Roberto, ¿te llamo esta noche?   —Sí, me llamas...
   (Shall I call you...?)   —No, ...
2. Nanita, ¿te invito a mi casa mañana?
3. Donado, ¿te ayudo con la lección?
4. Judit, ¿te espero después de la clase?

5. Ana, ¿te gusta mucho el teatro?   —Sí, me gusta...
   (Is the theater pleasing *to you*?)   —No, ...

   Gustar was first introduced in Section 7 of the Primera parte. For additional practice and review, see Section 7.
6. Miguel, ¿te gusta más el teatro o el cine?
7. Rosalinda, ¿te gustan mucho los chicos?   —Sí, me gustan...
       —No, ...
8. Carlos, ¿te gustan mucho las chicas?
9. Alano, ¿te gusta mucho comer?
10. Felipita, ¿te gusta la voz de Linda Ronstadt?

3 ¿Nos...? —Sí, nos...

1. Chicos, ¿nos visita el director?   —Sí, el director nos...
   (Is the principal visiting us?)   —No, ...
2. ¿Nos dan muchas vacaciones aquí?
3. ¿Nos ayudan mucho nuestros padres?
4. ¿Nos comprenden las personas mayores?
5. ¿Nos conoce personalmente el presidente?
6. ¿Nos trae buena suerte el número 13?
7. ¿Nos dicen siempre la verdad nuestros amigos?

8. ¿Nos gusta una fiesta?   —Sí, nos gusta...
   (Do we like a party? —Is it   —No, ...
   pleasing to us?)
9. ¿Nos gusta trabajar día y noche?

10. ¿Nos gusta pagar precios bajos?
11. ¿Nos gusta ganar mucho dinero?
12. ¿Nos gustan los exámenes?   —Sí, nos gustan... —No, ...
13. ¿Nos gustan las personas generosas?
14. ¿Nos gustan las personas crueles?
15. ¿Nos gustan nuestras clases de español?
16. ¿Nos gustan las vacaciones de invierno?
17. ¿Nos gustan más las vacaciones de verano?
18. ¿Nos gustan estas preguntas largas?

17. Where do object pronouns go?

A. Object pronouns usually go *immediately before* the verb.

¿Me escuchas?	Are you listening to me?
¿No te conocen?	Don't they know you?
Nos esperan.	They are waiting for us.
¿Te gusta?	Do you like it?
—Sí, me gusta mucho.	Yes, I like it a lot.

B. When we order someone to do something, the object pronoun is attached to the end of the verb.

Dígame...	Tell me...
Escúcheme.	Listen to me.
Contéstenos.	Answer us.

C. When we have a verb plus an infinitive, the object pronoun may be attached to the end of the infinitive. Or if you prefer, you may put it before the first verb. Either way is correct.

Voy a llamarte.	I'm going to call you.
Te voy a llamar.	
¿Vienes a visitarnos?	Are you coming to visit us?
¿Nos vienes a visitar?	

Práctica

1 ¿Cómo relaciona Ud. los Grupos 1 y 2? Also useful for reading comprehension practice.

1	2
¿Me vas a llamar mañana?	El sábado, si tenemos el dinero. ₁
¿Cuándo nos van a pagar Uds.?	Magnífico, pero, ¿dónde? ₂
Te espero a la una, ¿está bien?	Claro. Ud. es... ¿Ud. es...? ₃
Si comes bien, Ana, te llevo al cine.	Porque no te conocen muy bien. ₄
¿Por qué no me invitan a la fiesta?	Yo, pero no tengo muy buena voz. ₅
¿Quién va a cantarnos la canción?	No sé. Voy a estar muy ocupado ₆
No me gusta esta película.	Sí, cuando no nos habla rápidamente. ₇
¿Me comprenden Uds.?	Pero papá, no tengo hambre. ₈
¿Me recuerda Ud.?	Ya te conozco. Nunca te gusta nada. ₉

2 Exprese de otra manera.

Por ejemplo: ¿Nos van a hablar? ¿Van a hablarnos?

¿Vienes a visitarme? ¿Me vienes a visitar?

1. ¿Van a verme?
2. Comenzamos a conocerte.
3. ¿Van a esperarnos?
4. El profesor va a darnos un examen hoy.
5. Vengo a verte.
6. Nunca van a pagarnos.
7. ¿No vas a cantarnos una canción?
8. ¿Quién me va a ayudar?
9. Mis padres me van a comprar una bicicleta.
10. Te voy a hacer un favor.

3 ¿Puede Ud. (Can you) hacer frases originales con estas expresiones? Better students can give longer sentences. Weaker students can follow a simpler pattern.

Por ejemplo: me... hablar ¿Me habla Ud.?

¿Por qué no me hablas?

Mis amigos me hablan en inglés.

1. me... mirar
2. me... comprar... televisor
3. nos... invitar a (al)
4. nos... hablar todo el tiempo
5. te... decir un cuento
6. te... escribir mañana
7. me... gustar
8. te... gustar
9. nos... gustar
10. me... llamar esta tarde

2 1. ¿Me van a ver? 2. Te comenzamos a conocer. 3. ¿Nos van a esperar? 4. El profesor nos va a dar... 5. Te vengo a ver. 6. Nunca nos van a pagar. 7. ¿No nos vas a cantar...? 8. ¿Quién va a ayudarme? 9. Mis padres van a comprarme... 10. Voy a hacerte...

1. Object pronouns receive the action of the verb.

(1st person)	**me**	me, to me
(2nd person)	**te**	you (pal), to you
(1st person pl.)	**nos**	us, to us

2. Where do we put object pronouns?
   In most cases, object pronouns go right before the verb:

   ¿Quién **me** llama?   —Yo **te** llamo.

   You attach them to the end of the verb when you tell someone to do something:

   Díga**me** . . .

   And you have a choice when you use an infinitive:

   Van a ver**te**.   **Te** van a ver.

Práctica

(You can check your answers in the back of the book.)

1 *Escriba en español como indican los modelos:*

1. Do they see me? ¿<u>Me ven</u>?
   Do they see you, (pal)? _____
   Do they call us? _____

2. My teacher is talking to me. <u>Mi maestro me habla.</u>
   Our teacher is talking to us. _____
   Clarita, your mother is calling you. _____

3. Why don't you wait for me? ¿<u>Por qué no me esperas?</u>
   Why don't you wait for us? _____
   Why don't you help us? _____

2 *Haga frases originales:*   Substitute additional items here using **gustar**.

1. María, ¿te gusta(n) _____?
2. No nos gusta(n) _____.
3. Me gusta(n) mucho _____.

¡Chica! ¿Qué hay de comer?

El grupo no está mal. Pero me gustan más "Los Enemigos".

¿Qué dicen si pido pizza para todos?

CUENTO FIESTA

Apartamento 5D. Hay fiesta esta noche en casa de Gloria
Vega. Ocho o nueve jóvenes escuchan la música del
tocadiscos. Otros miran un programa de televisión. El **timbre**
suena otra vez.

5 Gloria: ¡Nando! **¡Por fin!** *Jamie*

Nando: ¡Gloria! ¡Chica! ¿Qué hay **de** comer? *Naomi*

Gloria: **Poporocho y maníes. Y papas fritas.**

Nando: ¿Nada más? ¿Por qué **no sirves también...?**

(En el centro de la sala dos jóvenes bailan.)

10 Cuco: Nena, ¿te gusta esta música? *Melanie*

Nena: Mucho. ¿Y a ti? *Kara*

Cuco: El grupo no está mal. Pero me gustan más "Los
Enemigos.''

Nena: ¿Quiénes?

15 Cuco: ¿Tú no conoces a "Los Enemigos"? **No puede ser.** No hay
nadie...

Nena: Pues, ¿qué canciones cantan?

Cuco: Bueno, "Te odio, te detesto," **"Yo muero,** tú mueres," y
muchas otras. ¿Tú no tienes esos discos?

20 Nena: **Todavía no.** ¿Qué más cantan?

Right column glosses:

bell
rings

At last!

to

Popcorn and peanuts;
potato chips
don't you **also** serve

do you (like it)?

Enemies

It **can't** be.

I **die**

Not **yet.**

This **Cuento** lends itself particularly well to student dramatization due to the smaller
conversations taking place within the story.

¿Qué me cuentas? ¿Pito León
es tu tío?

Yo te puedo enseñar.
Y yo te enseño lucha libre.

Repito: ¿cuántos quieren
queso y cuántos quieren . . . ?

Nando: (en voz muy alta) ¿Por qué **no pedimos** pizza? ¿Qué   don't we **order**
        dicen si pido pizza para todos?

                        ℰℛℰℛℰℛℰℛ

● (En otra parte de la sala tres chicos hablan.)

    1: ¿**Uds. quieren** ver a "Los Tigres" mañana? *Beth*   Do you **want**

25 2: ¡Hombre! ¿Tú vas al partido? *Kathleen*

    1: ¡**Cómo no!**   Of course!

    3: Pero no hay **boletos.** *Courtney*   tickets

    2: Yo no tengo dinero.

    1: **No importa.** Mi tío puede admitirnos.   So what?

30 3: ¿Tu tío? ¿Y quién es tu tío para admitirnos?

    1: Pito León.

    2: ¿Qué **me cuentas**? ¿Pito León es tu tío?   are you **telling** me

    3: ¿Pito León? **No te creo.**   I don't believe you.

    1: ¿Ah, no? ¿**Tú piensas** que…? Pues, ¿cuánto me **apuestas**?   you **think**; do you bet

35   ¿Cuánto me vas a apostar?

                        ℰℛℰℛℰℛℰℛ

Nena: ¿Y qué más cantan?

Cuco: "**Siento** un Terror," "**Vuelve** el Horror" …   I feel; **returns**

202

Nando: **Entonces,** ¿cuántos quieren **queso** y cuántos quieren **salchicha?**

Then; cheese

sausage

⌁⌁⌁⌁⌁⌁

40 (Un muchacho y una muchacha hablan.)

Eva: Pues si no te gustan el fútbol **ni** el béisbol, ¿qué deporte te gusta?

or

Pepe: El tenis, pero no juego muy bien.

Eva: Si quieres, yo te puedo **enseñar.**

teach

45 Pepe: ¡Fantástico! Y yo te enseño **lucha libre. ¿Cuándo comenzamos?**

wrestling; **When do we begin?**

⌁⌁⌁⌁⌁⌁

Otra chica: ¡Por favor! **No podemos oír** la televisión.

*We **can't** hear*

Cuco: ..."Enfermo en Palermo," "**Yo Duermo,** Guillermo,"...

I'm sleeping

Nando: ¡Silencio, o **pierdo la cuenta!** Ahora repito: ¿Cuántos
50   quieren queso y cuántos quieren salchi...

I'll lose count!

—— Vamos a conversar ————————————————————

  1. ¿En qué apartamento hay fiesta esta noche?
  2. ¿Cuántos jóvenes hay, más o menos? ¿Qué hacen?
  3. ¿Quién llega ahora? ¿Llega tarde o temprano?
  4. ¿Qué hay de comer? ¿Qué sirve Ud. cuando tiene fiesta?
  5. ¿Le gusta a Ud. el poporocho? ¿Le gustan los maníes?
  6. ¿Quiénes bailan en el centro de la sala?
  7. ¿Qué grupo musical le gusta más a Cuco?
  8. ¿Conoce Nena a ese grupo musical?
  9. ¿Qué canciones cantan "Los Enemigos"? ¿Le gustan a Ud. estas canciones?
10. ¿Qué quiere pedir Nando? ¿Le gusta a Ud. también la pizza?

●   1. ¿Adónde va mañana uno de los tres chicos?
    2. ¿A quiénes invita a ir con él?
    3. ¿Quién es el tío del chico? ¿Es una persona famosa?
    4. En su opinión, ¿a qué deporte juegan "Los Tigres"?
    5. ¿Qué otras canciones cantan "Los Enemigos"?
    6. ¿Qué deporte le gusta más a Pepe?
    7. ¿Quién juega mejor — Pepe o Eva? ¿Juega Ud. bien?
    8. ¿Qué dice la chica que mira la televisión?
    9. ¿Qué pregunta todavía Nando?
10. En su opinión, ¿es ésta una fiesta típica? ¿Por qué?

JUEGOS DE PALABRAS

enseñar
to teach

¿Qué enseña? _____ _____ _____

comenzar (comienzo)
to begin

¿Cuándo comienza? a la _____ a _____ a _____

pensar (pienso)
to think

¿En qué piensa Ud.? Pienso en _____ _____ _____
(ropa) (un lugar) (una persona)

*****querer** (quiero)
to want,
to like,
to love
(a person)

¿Qué quiere Ud. ser? Quiero ser _____

¿A quién quiere Ud.? Quiero a _____

1. Enseña matemáticas; música; arte   2. una y media; cuatro y cuarto; siete menos veinte
3. (suggested responses) un suéter, París, mi amigo   4. maestra; mecánico; médico

5.

*pedir (pido)   ¿Qué   Ayuda   _____ _____   —¡Para mí **también**!
to ask for,   piden?   also, too
to order

6.

contar (cuento)   Vamos a contar... diez, veinte, treinta... Continúe Ud....
to count,   ¿Qué me cuenta?
to tell (a story)

7.

volver (vuelvo)   ¿Cómo vuelve?   en tren   en _____   en _____
to return,
to come back

8.

morir (muero)
to die

9.

*poder (puedo)   Puedo _____   y _____   ¿Qué más puede hacer?
to be able, can

10.

¿Cuándo?   **entonces**   ahora   **¿Todavía?**   **¡Todavía no!**
When   then   Still?   Not yet!

OBSERVACIONES

18. Stem-changing verbs

¿Nieva? —No. Llueve.	Is it snowing? No, it's raining.
Cierre la puerta.	Close the door.
¿Recuerda Ud.?	Do you remember?

The stem of a verb is the main part of the verb, without endings or lead-ins. For example: **llam**-ar, **dec**-ir, com-**prend**-er. Certain verbs make changes in the vowel of their stem. These are called "stem-changing" verbs.

Stem-changing verbs follow a very definite pattern. In the present tense, here's how the pattern goes. (Notice that the "we" form does not change.)[1]

Write several more infinitives of stem-changing verbs on the board and ask students to identify the stem of each.

A. e → ie

	pensar (to think)	**perder** (to lose)	**sentir** (to feel, to regret)
(yo)	pienso	pierdo	siento
(tú)	piensas	pierdes	sientes
(Ud.)	piensa	pierde	siente
(nosotros)	pensamos	perdemos	sentimos
(Uds.)	piensan	pierden	sienten

In other words, when the weight falls on the **e**, it splits into **ie**. Now do you know why **cerrar** (to close) gives us **cierra**, and **nevar** (to snow) gives us **nieva**?

The irregular verb **querer** is just like a stem-changing verb in its present tense.

querer (to want, to like, to love)
quiero
quieres
quiere
queremos
quieren

---

[1] Neither does the friendly you-all, **vosotros** form.

Model one or two stem-changing verbs on the board or on OHT. Have class repeat the forms. Then ask the class to give the remaining verbs to see whether they understand the pattern.

1 ¿Quiere Ud.? —Sí, quiero...

1. ¿Quiere Ud. ir al cine hoy?   —Sí, quiero...
   (Do you want to go...?)   —No, no quiero...
2. ¿Comienza Ud. a comprender
   esto?   —Sí, comienzo...
3. ¿Pierde Ud. frecuentemente la
   paciencia?
4. ¿Cierra o abre Ud. las ventanas
   cuando hace frío?
5. (Dorotea), ¿quieres comer ahora?
6. (Juanito), ¿piensas mucho en
   (about) tus estudios?
7. (Amor mío), ¿me quieres?   —Sí, te quiero...
   (My love, do you love me?)   —No, ...

2 ¿Quieren Uds....? —Sí, queremos...

1. ¿Quieren Uds. un examen hoy?   —Sí, queremos...
   (Do you-all want...?)   —No, ...
2. ¿Pierden Uds. frecuentemente
   la paciencia?
3. ¿Comienzan Uds. a comprender
   esto?   —Sí, comenzamos...
4. ¿Cierran Uds. siempre las
   puertas de su clase?
5. ¿Piensan Uds. siempre en sus estudios?

B. o ⟶ ue

contar (to tell, to count)	**volver** (to return)	**morir** (to die)
cuento	vuelvo	muero
cuentas	vuelves	mueres
cuenta	vuelve	muere
contamos	volvemos	morimos
cuentan	vuelven	mueren

Díganos: What happens when the weight falls on the o?

The irregular verb **poder** has the same pattern in its present tense.

poder (to be able, can)
puedo
puedes
puede
podemos
pueden

Actividades

1 ¿Cuenta Ud....?   —Sí, cuento...

1. ¿Cuenta Ud. bien en español?   —Sí, cuento... —No, no cuento...
2. ¿Cuenta Ud. hasta un millón?
3. ¿Recuerda Ud. a su primera
   maestra?   —Sí, recuerdo...
4. ¿Puede Ud. jugar al tenis hoy?
5. ¿Juega Ud. bien?
6. ¿Vuelve Ud. tarde a casa hoy?
7. ¿Duerme Ud. (Do you sleep)
   mucho?
8. (Julio), ¿duermes ahora?
9. (Adela), ¿puedes hacerme un
   favor?   —Sí, puedo hacerte...
10. (Jorge), ¿a qué hora vuelves a
    casa hoy?   —Vuelvo a la(s)...

2 ¿Recuerdan Uds....?   —Sí, recordamos...

1. ¿Recuerdan Uds. el cuento "La
   Ganga"?   —Sí, recordamos...
2. ¿Recuerdan Uds. los números
   de 10 a 100?
3. ¿Pueden Uds. contar hasta un
   millón?   —Sí, podemos...
4. ¿Vuelven Uds. aquí mañana?
5. ¿Duermen Uds. mucho en la   —Sí, dormimos...
   clase? (Do you-all sleep...?)   —No, ...
6. ¿Cuántas horas duermen Uds.
   normalmente en la noche?

C. A few –ir verbs change e to i.

pedir (to ask for)
pido
pides
pide
pedimos
piden

repetir (to repeat)
repito
repites
repite
repetimos
repiten

—— Actividades ————————————————————————

1 ¿Pide Ud....? —Sí, pido...

1. ¿Pide Ud. mucho dinero a su papá? (Do you ask . . . for . . .?) —Sí, pido mucho dinero a ... —No, . . .
2. ¿Pide Ud. muchos favores a sus amigos?
3. ¿Repite Ud. todas estas preguntas?
4. Bárbara, ¿sirves poporocho a tus amigos? (Barbara, do you serve popcorn . . .?) —Sí, sirvo ... —No, . . .

2 ¿Piden Uds....? —Sí, pedimos...

1. ¿Piden Uds. más exámenes en esta clase? —Sí, pedimos . . . —No, . . .
2. ¿Piden Uds. más vacaciones?
3. ¿Repiten Uds. siempre estos ejercicios? —Sí, repetimos . . .
4. ¿Sirven Uds. pizza cuando hay fiesta? —Sí, servimos . . . —No, . . .

—— Práctica ————————————————————————

1 *Cambie según (according to) las indicaciones:*
1. No *recuerdo* nada. (querer, perder, pedir, repetir)
2. *Comienzo* a comprender estos verbos. (La clase, ¿Tú?, ¿Uds.?, nosotros)
3. ¿*Piensas* aprender francés? (querer, poder, comenzar a)
4. Nadie *duerme* aquí. (morir, volver, perder su dinero)
5. ¿*Puedo* tocar otro disco? (nosotros, tú, Ud., Uds.)

1. quiero; pierdo; pido; repito   2. La clase comienza . . .; ¿Comienzas?; ¿Comienzan Uds.?; Comenzamos;   3. ¿Quieres?   ¿Puedes?   ¿Comienzas a?   4. muere;   vuelve; pierde su dinero   5. ¿Podemos?;   ¿Puedes? ¿Puede Ud.?;   ¿Pueden Uds?

2 Complete ahora, escogiendo (choosing) el verbo más lógico:

1. ¿A qué hora ____ Ud.? (volver, pedir) —No sé. Es temprano todavía.
2. ¿____ Uds. ayudarnos? (poner, poder) —Con mucho gusto.
3. Los animales ____ de hambre. (pensar, morir) —No podemos permitir eso.
4. Pepito, ¿____ comer ahora? (querer, conocer) —Gracias, no. Un poco más tarde.
5. Miguel y yo no ____ bien, pero nos gusta mucho el béisbol. (tocar, jugar) —Es nuestro deporte favorito también.
6. ¿____ (tú) que va a nevar? (pensar, comenzar) —Imposible. Hace mucho calor hoy.

REPASO RÁPIDO

Stem-Changing Verbs

This is their pattern:

e ⟶ ie: pensar   pienso, piensas, piensa, pensamos, piensan
o ⟶ ue: volver   vuelvo, vuelves, vuelve, volvemos, vuelven
e ⟶ i: pedir   pido, pides, pide, pedimos, piden

Práctica _____

(You can check your answers in the back of the book.)

1. Ask someone at what time he or she is returning tomorrow.
2. Ask your classmates if they remember the story "La Ganga."
3. Ask someone: Can you help us?
4. Now ask a friend: Can I help you?
5. Ask someone if he or she is thinking about you. (¿ . . . en mí?)
6. Ask another person: Do you love me?

Repaso, Lecciones 4 - 6

I. Repaso General

A. More irregular verbs—present tense (**Observaciones 12**)

1. **decir** (to say, tell): digo, dices, dice, decimos, dicen

2. The **–go** group

These are verbs whose only special form is the **yo** form.

hacer (to make, to do): **hago,** haces, hace, hacemos, hacen
poner (to put, place): **pongo,** pones, pone, ponemos, ponen
salir (to leave, go out): **salgo,** sales, sale, salimos, salen
valer (to cost, be worth): **valgo,** vales, vale, valemos, valen
traer (to bring): **traigo,** traes, trae, traemos, traen

¿Qué haces hoy?	What are you doing today?
—No hago nada. Salgo	I'm not doing anything.
por un momento, y ya.	I'm going out for a moment, and that's all.
Yo no digo nada.	I'm not saying anything.
—¿Y qué dicen ellos?	And what do they say?

B. Stem-changing verbs (**18**)

These verbs follow a special pattern in the present tense.
When we stress the **e,** it usually splits into **ie.** (Once in a while,
it just changes to **i.**) When we stress the **o,** it becomes **ue.**

e —→ ie	o —→ ue	e —→ i
pensar (to think)	**dormir** (to sleep)	**pedir** (to ask for)
pienso	duermo	pido
piensas	duermes	pides
piensa	duerme	pide
pensamos	dormimos	pedimos
piensan	duermen	piden

Other verbs of this type:
comenzar (**comienzo**) to begin, **volver** (**vuelvo**) to return,
contar (**cuento**) to count, to tell, **morir** (**muero**) to die

The irregular verbs **querer** (to want, to love) and **poder** (to be
able) are stem-changing in the present tense:

        querer: quiero, quieres, quiere, queremos, quieren
        poder: puedo, puedes, puede, podemos, pueden

¿Qué piensas de la canción "Yo muero, tú mueres"?	What do you think of the song "I die, you die"?
—Ah, ¡qué romántica!	Oh, how romantic!
No puedo ir esta noche. Quiero estudiar. —Yo también.	I can't go tonight. I want to study. Me too.

C. Possession (**10** and **11**)

1. **De** + a person names the owner of something.

los zapatos de José	Joe's shoes
el disco de mi hermano	my brother's record

2. Possessive adjectives replace the owner's name. Here they are:

mi clase	my class	**nuestro** primo, **nuestra** prima	our cousin
tu papel	your paper		
su casa	his, her, your (**de Ud.** or **Uds.**), its, their house		

When the following noun is plural, add **–s** to the possessive:

mis clases	**nuestros** primos, **nuestras** primas
tus papeles	
sus casas	

Aquí vienen Ana y sus amigos.	Here come Ann and her friends.
—Son nuestros amigos también.	They're our friends, too.

D. Object pronouns—"He loves me, you, us." (**16** and **17**)

1. Object pronouns receive the action of the verb. Here are the first and second person object pronouns:

me	me, to me	**nos**	us, to us
te	you (my friend), to you		

2. Object pronouns normally go right before the verb:

¿Me quieres? —No, te odio.	Do you love me? No, I hate you.

However, when we tell someone to do something, the pronoun is attached to the end of the verb:

Díganos...   Tell us...

With an infinitive, the object pronoun is usually attached to the end: **Van a invitarnos.** It may also go before the first verb:

Nos van a invitar.

E. The double negative (**15**)

    nada nothing   **nadie** nobody   **nunca** never

Spanish keeps the "no" before the verb, even though another negative word may follow. In other words, in English, we "don't do anything"; but in Spanish, we "don't do *nothing*": **No hacemos nada.**

F. About prepositions and how to use them (**13** and **14**)

1. The preposition **a** points to the person who receives the action of a verb. This is called the "personal **a**."

¿A quién llamas?	Whom are you calling?
—Llamo a Riqui Vegas.	I'm calling Ricky Vegas.
Quiero invitar a su hermana también.	I want to invite his sister, too.

2. The preposition **a** also follows **ir, venir,** and verbs of beginning, learning, and teaching before an infinitive.

Vamos a salir pronto.	We're going to leave soon.
Vienen a vernos.	They're coming to see us.
Comienzo a comprenderte.	I'm beginning to understand you.

3. The only verb form that normally follows a preposition is the infinitive. This is different from English, which uses the "–ing" form.

> **antes de comer** before eating
> **después de acabar** after finishing
> **sin llamarme** without calling me
> **Estoy cansada de esperar.** I'm tired of waiting.

II. Repaso de Vocabulario

acabar to finish; **acabar de** + infinitive to have just (done something), **5**

el **almacén** store, department store, **5**

antes before, earlier; **antes de** *(prep.)* before (doing something), **5**

el **ascensor** elevator, **5**

bailar to dance, **6**

la **boca** mouth, **4**

el **brazo** arm, **4**

la **cabeza** head, **4**

la **canción** song, **6**

cantar to sing, **6**

la **cara** face, **4**

el **cine** the movies, **6**

el, la **cliente** customer, **5**

*comenzar (comienzo)** to begin, **6**

como like, as, **4**

comprar to buy, **5**

*conocer (conozco, conoces)** to know (a person or place), **5**

*contar (cuento)** to count, to tell (a story), **6**

cuando when, **6**
deber should, ought to, **4**
*decir (digo, dices) to say, to tell, **4**
el dedo finger, toe, **4**
el, la dependiente
    salesperson, **5**
el deporte sport, **6**
desde *(prep.)* from, since, **4**
después after(wards), then,
    later; después de
    (prep.) after (doing
    something), **5**
el diente tooth, **4**
el disco record, **6**
enseñar to teach, **6**
entonces then, **6**
entre between, among, **4**
esperar to wait (for), **5**
la fiesta party, **6**
el fin end, **5**
la ganga bargain, **5**
*hacer (hago, haces) to
    make, to do, **4**
el, la joven (pl. jóvenes)
    young, young people, **6**
*jugar (juego, juegas) to
    play (a game), **6**
levantar to raise, to lift, **4**
el lugar place, **5**
llegar to arrive, **5**
lleno full, **5**
la mano hand, **4**
la marca brand, **5**
moreno brunet, dark-haired, **4**
*morir (muero) to die, **6**
la muchacha, el muchacho
    girl, boy, **6**
nada nothing, **5**
nadie nobody, no one, **5**
la nariz nose, **4**
el número size, number, **5**
nunca never, **5**
el ojo eye, **4**

pagar to pay, **5**
partido (ball) game, **6**
*pedir (pido) to ask for, to
    order, **6**
la película movie, film, **6**
el pelo hair, **4**
*pensar (pienso) to think, **6**
la persona person, **5**
el pie foot, **4**
la pierna leg, **4**
*poder (puedo) to be able, can, **6**
*poner (pongo, pones) to put,
    to turn on, **4**
el precio price, **5**
que that, who, which, **5**
*querer (quiero) to want, to
    like, to love (a person), **6**
rubio blond, **4**
*salir (salgo, sales) to go out,
    to leave, **4**
*sentir (siento) to feel, to
    regret, **6**
*servir (sirvo) to serve,
    be suitable, **6**
siempre always, **4**
sin without, **5**
sólo only, **4**
también also, too, **6**
la tienda store, **5**
el tocadiscos record player, **6**
tocar to play (an
    instrument), **4**
todavía still; todavía
    no not yet, **6**
*traer (traigo, traes) to bring, **4**
*valer (valgo, vales) to be
    worth, to cost, **5**
vender to sell, **5**
ver (veo, ves, ve) to see, **4**
la verdad truth, true, **5**
*volver (vuelvo) to return, to
    come back, **6**
la voz voice, **6**

1 una tienda: almacén, cliente, dependiente, ganga, comprar (more)   diversiones: fiesta, bailar, cantar, disco, tocadiscos (more)   el cuerpo humano: cabeza, cara, ojos, nariz, pie (more)   los deportes: partido, jugar, pie, brazo, mano (more)   una fiesta: bailar, cantar, tocar, disco (more)

Juegos de Palabras

1 ¿Puede Ud. decirnos cinco palabras relacionadas (related) con éstas?:
una tienda... diversiones... el cuerpo humano... los deportes... una fiesta...

2 ¿Con qué partes del cuerpo humano asocia Ud. (do you associate) estas cosas?: pantalones, zapatos, sombrero, saco, falda
¿Qué partes del cuerpo usamos para tocar el piano? ¿el violín? ¿la trompeta? ¿la guitarra?

3 ¿En qué piensa Ud. primero (What is the first thing you think of) cuando decimos: dinero... cine... ojos... número... música... ganga... jugar...?

4 ¿Puede Ud. decirnos lo contrario de estas palabras?
vender... morir... joven... rubio... nada... antes... acabar... salir... nunca...

5 ¿Qué palabras inglesas están relacionadas con estas palabras españolas?:
cine, cliente, comenzar, contar, diente, disco, vender, valer

6 Many Spanish nouns, verbs, and adjectives are related to each other. *If we give you one or two, can you fill in the others?* Por ejemplo:

Verbo	Nombre	Adjetivo
cantar	_____	
_____	juego	
_____	sentimiento	_____
	_____	dental
		musical
_____	bailarina	
_____	cuento	
	_____	numeroso

2 pantalones, piernas; zapatos, pies; sombrero, cabeza; saco, brazos; falda, piernas   el piano, los dedos o las manos; el violín, los dedos y los brazos; la trompeta, la boca y los dedos; la guitarra, los dedos o las manos

3 (free response)

4 vender, comprar; morir, vivir; joven, viejo; rubio, moreno; nada, todo; antes, después; acabar, comenzar; salir, entrar; nunca, siempre

5 cine, cinema; cliente, client; comenzar, commence; contar, count; diente, dentist; disco, discotheque; vender, vendor; valer, value

6 cantar, canto; jugar, juego; sentir, sentimiento, sentimental; dentista, dental; música, musical; bailar, bailarina; contar, cuento; número, numeroso

Exactamente como aquí, la televisión es una de las diversiones favoritas de los hispanos. Naturalmente, muchos de los programas son locales—programas de noticias (news), de música, de "conversación", etc. Pero un gran número de los programas vienen también de los Estados Unidos. Mire, por ejemplo, estas listas de programas populares y díganos: ¿Cuáles conoce Ud.?

"Hola. Yo soy Karina Codiani. Soy de Posadas, Argentina, en la provincia de Misiones. Soy campeona (champion) de tenis, y mi primera victoria data del año 1975, a la edad de ocho años. Ahora tomo parte en competiciones internacionales, y **viajo** (I travel) a Europa y a los Estados Unidos. **Cuesta** (It costs) dinero, tiempo y paciencia ser campeona. Y hay días cuando **caigo** (I fall) completamente cansada en la cama y no quiero **mover** (move) un dedo. Pero vale la pena, ¿no? ¡Posiblemente, Ud. va a **oír** mi **nombre** (hear my name) un día en la televisión, y verme jugar!"

Una de estas jóvenes dice la verdad. Las otras dos **mienten** (are lying). Díganos: ¿QUIÉN ES REALMENTE KARINA CODIANI?

Sólo su profesor(a) sabe cuál de las tres es Karina. Y las otras dos, ¿quiénes son?

Una es Marta Sánchez Navarro, hija menor de una de las familias más importantes del teatro y cine mexicanos. Marta tiene diez y nueve años ahora y estudia psicología en la Universidad Anáhuac de México.

La otra es Verónica Durón de Laredo, Texas. Verónica estudia en la Escuela Superior Martín y toca la flauta en la banda. Después de su graduación, desea continuar sus estudios.

Here's "who's who." Karina Codiani is #2. Verónica Durón is #1, and Marta Sánchez Navarro is #3.

"Hola. Yo soy Pedro Medina, de Santo Domingo, la capital de la República Dominicana. Desde los 15 años de edad (age), juego al béisbol profesionalmente con la organización de los Yankees. Soy el jugador (player) más joven en la historia del club. Porque juego en los Estados Unidos, **trato de** (I'm trying to) aprender inglés ahora. **Oigo** (I hear) programas de radio y televisión, y **repito** (I repeat) las frases que más me gustan como '¡Jonrón!' y '¡Out!' Realmente, no hablo inglés muy bien, pero ahora **entiendo** (I understand) mucho mejor. ¿Mi futuro? ¿Quién sabe? Pero mi ambición es ser 'shortstop' permanente de los New York Yankees, ¡y batear como Willie Randolph!"

Díganos: ¿QUIEN ES REALMENTE PEDRO MEDINA?

Otra vez, sólo su profesor(a) sabe cuál de los tres es Pedro. ¿Quiénes son los otros dos?

Uno es Juan Carlos Hinojosa, también de Laredo. Un joven muy talentoso, tiene tres ambiciones principales — ayudar a la humanidad con una buena profesión, escribir poesía y **viajar** (travel).

El otro es Rogelio Matos, un joven mecánico de Arequipa, Perú. Rogelio es muy atlético y juega al fútbol con un equipo local todos los domingos.

The real Pedro Medina is #1. Rogelio Matos is #2, and Juan Carlos Hinojosa is #3.

Primero, estudie Ud. estas palabras:

empezar
(empiezo)
to begin

terminar
to finish,
to end

cerrar
(cierro)
to close

abrir

trabajar

descansar
to rest

ganar

gastar
to spend

dar

quitar
to take away

recibir
to receive

mandar
to send

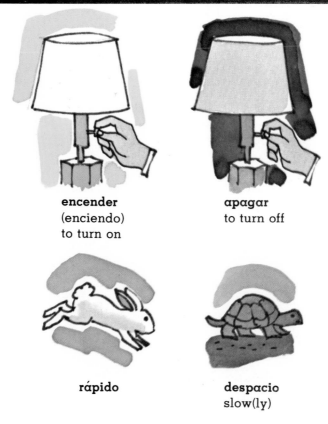

encender
(enciendo)
to turn on

apagar
to turn off

rápido

despacio
slow(ly)

Ahora, ¿puede Ud. darnos quince palabras más (fifteen more words), each one with its opposite? Por ejemplo: morena, rubia; ir, venir; nunca, siempre, etc. ¿Listos? Pues vamos a jugar.

1. Dividimos la clase en dos "familias".
2. Escribimos en diferentes papeles todas estas palabras, y ponemos los papeles en una bolsa pequeña.
3. El Maestro (La Maestra) de Ceremonias saca de la bolsa un papel y lee en voz alta la palabra. Por ejemplo: "Antes" . . . El "padre" o la "madre" de la primera familia tiene cinco segundos para decir lo opuesto (the opposite): "No. Después." (If the answer is right, then the next member of the family gets the next word. If the answer is wrong, the other family takes over. Pero recuerde: Anyone who misses is "out," at least for the first round.) ¿Qué familia va a ganar?

1 "Ésta es la voz de Cuba en Miami, Florida." Hay más de un millón de refugiados cubanos en esa área, y naturalmente hay muchos programas de televisión y de radio en español. En efecto, Miami es ahora una ciudad bilingüe (bilingual city).

1

2 Detrás de (Behind) la escena en un estudio puertorriqueño de televisión. El director tiene que decidir instantáneamente qué "tomas" (takes) va a usar.

2

3 "Y ahora, en nombre de José María Acevedo, para Erminia Carrión, vamos a oír: Te quiero, te amo, te adoro. Felicitaciones, José y Erminia . . ." Programa especial para el Día de San Valentín. San Juan, Puerto Rico.

4 "Buenas tardes, señoras y señores. Aquí tienen Uds. las últimas noticias (latest news) del mundo. Boletín. . . ." San Juan, Puerto Rico.

Detective

Estamos en un estudio de televisión. Pero, ¿qué es esto? ¡El guión (script) está incompleto! ¡Y el programa empieza en diez minutos! Rápido, a ver si Ud. nos ayuda, con estas palabras.

andar
to walk, "go"

dirigir
(dirijo, diriges)
to direct

el **ladrón**
thief

robar
to rob, steal

coger
(cojo, coges)
to catch

la **corte** court

abogada, abogado lawyer

el **testigo** witness

Guión

Actores

Homero Honesto, capitán de detectives
Toni **Tranquilo** (Calm) y Julio Justo, jóvenes agentes de policía
Pito el Soplón, ladrón de segunda clase
Pablo el **Pálido** (Pale), super-criminal

Escena Primera: Homero Honesto, capitán de detectives, habla con
   Toni Tranquilo y Julio Justo, dos jóvenes detectives.
Homero: Hombres, me acaban de informar que Pablo el Pálido
   está otra vez entre nosotros. Ahora yo tengo un plan para
   _____ a este super-criminal. Escuchen . . .

Escena Segunda: Es la medianoche. Toni, con uniforme de policía,
   _____ el tráfico delante (in front) del Banco Nacional. Julio,
   sin uniforme, está a la puerta del banco.
Julio (Llama a Toni): Toni, yo oigo un ruido (noise) en el banco.
(Los dos sacan sus pistolas y entran.)
Toni (en voz alta): ¿Quién _____ allí? (Un hombre nervioso sale
   con las manos en alto.) ¡Es Pito el Soplón!
Pito: Soy inocente. Yo no soy _____. Yo nunca _____ nada.
Julio: ¿Ah, no? Pues hay cinco _____ que dicen lo contrario.
Toni: Sí, Pito. Esta noche te _____ en el acto.
Pito: ¡No, no! Quiero hablar con mi _____. (Está histérico ya.)
Toni: Tranquilo (Calm down), hombre, tranquilo. La _____ va a
   decidir si eres inocente o no. (En este momento oímos una
   conmoción grande en el banco. Otro hombre acaba de entrar
   por una ventana. Tranquilo y Justo corren (run) a ver quién es.
   El hombre tiene la cara muy blanca. ¡Es Pablo el Pálido!)
Toni: ¡Alto allí! (Hold it!)
(El super-ladrón cae en sus brazos. Julio levanta la máscara
   (mask) blanca que lleva sobre su cara.)
Julio: Pero no es posible. Pablo el Pálido es . . .
Pablo: Sí. Homero Honesto, capitán de detectives. Gracias,
   Tranquilo. Gracias, Justo, por ayudarme a poner fin a mi
   carrera criminal. ¡Vamos, hombres! (Música final.)

Y gracias a Ud. por ayudarnos a completar el guión. Ahora,
¿quiere actuar? ¿O quiere apagar la televisión?

1   "¡Cámara! ¡Acción! . . ." "Perdóname, Adela. Tú sabes que sin ti no puedo vivir." Una telenovela (soap opera) en progreso. San Juan, Puerto Rico.

2   "Y ahora, amigas y amigos, los Super-Supremos van a cantar para Uds.: No me hablen más de amor." Una locutora (announcer) popularísima de programas de discos en Asunción, Paraguay.

3   "Sí, señorita. ¿Ah? ¿Ud. quiere que le toque otra canción por. . . .?" Los programas de discos son tan (as) populares en Latinoamérica como aquí. ¿Cuál es su favorito?

la **abogada**, el **abogado**   lawyer
andar   to walk, "go"
apagar   to turn off
caer (caigo, caes)   to fall
cerrar (ie)   to close
coger (cojo, coges)   to catch
la **corte**   court
costar (ue)   to cost
descansar   to rest
despacio   slow(ly)
dirigir (dirijo, diriges)   to direct, lead
empezar (ie)   to begin
encender (ie)   to turn on
entender (ie)   to understand
gastar   to spend
el **ladrón**   thief

el **nombre**   name
mandar   to send
mentir (ie)   to lie
mover (ue)   to move
oír (oigo, oyes, oye, oímos, oyen)   to hear
pálido   pale
quitar   to take off or away
recibir   to receive
repetir (i)   to repeat
robar   to rob, steal
terminar   to finish, end
testigo   witness
tranquilo   calm
tratar de   to try to
viajar   to travel

How many "opposites" can students find in this vocabulary presentation? What other associations can be made using this list?

Cabeza y corazón
Head and heart

el corazón
heart

simpático
nice

*soñar (sueño) con
to dream about

un sueño
a dream

recordar
(recuerdo)
to remember

odiar
to hate

sentir
(siento)
to feel,
to regret

dormir
(duermo)
to sleep

Díganos

1. ¿A quiénes ama Ud. más en este mundo (world)? ¿Ama Ud. mucho a sus abuelos? ¿a sus tíos? ¿a todos sus primos?

2. ¿En qué orden (order) de importancia pone Ud.: dinero, amor, salud (health)? ¿Cuál domina en Ud., la cabeza o el corazón?

3. En su opinión, ¿es malo (is it bad) odiar? ¿Es malo odiar a una persona mala?

4. ¿Duerme Ud. bien? ¿Sueña Ud. mucho? ¿Recuerda Ud. sus sueños? ¿Son felices generalmente sus sueños? ¿Con quiénes (About whom) sueña Ud. más — con sus padres, con sus hermanos, con sus amigos?

5. ¿Es Ud. una persona feliz? ¿Conoce Ud. a una persona muy triste? ¿Quién es la persona más simpática que Ud. conoce? (La persona más simpática que conozco es...)

6. ¿Sabe Ud. tocar el piano? ¿Sabe tocar otro instrumento musical? ¿Sabe hablar un poco ya el español?

7. ¿Espera Ud. (Do you hope) ser famoso (famosa) en el futuro? ¿Espera Ud. ir a la universidad? ¿Espera Ud. tener una familia grande?

creer
to believe,
to think

triste
sad

feliz (felices)
happy

los **novios**
sweethearts

esperar
to hope

amar
to love

el **amor**
love

saber (sé, sabes)
to know (a fact or how to)

¿Sabe Ud....?

¡**Ya lo creo!**
I do believe it!

¡**Ah, no! ¡No lo creo!**
Oh, no! I don't believe it!

¡**Ay, lo siento!**
I'm so sorry!

¡**Así espero!**
I hope so!

Copy these expressions onto separate slips of paper and hand
them to your teacher. Y ahora vamos a comenzar. Escriba Ud.
una frase corta (Write a short sentence) beginning with **¿Sabe
Ud.?,** and then tell us something about yourself, your friends or
family, or about the class. It doesn't even have to be true. Por
ejemplo: "¿Sabe Ud.? Mi padre es un gran millonario." "Elton
John viene a visitarnos mañana." " Mis maestros van a darme **A**
en todas mis clases." "Nuestra maestra tiene veinte hijos." etc.
Your classmates then reach into the bag of "expressions," and
pull out one at a time: "¡Ya lo creo!", "¡Ay, lo siento!", etc.
¿Comprende? Muy bien. Y recuerde: ¡Todo con mucha emoción!

229

OBSERVACIONES

19. "Mary loves him. Jim loves her." — 3rd person direct objects

Briefly review some of the conversational questions in **Observación #16** using the direct object pronouns **me, te, nos.**

¿RECUERDA UD.?

¿Me llaman?	Are they calling me?
¿Te llaman?	Are they calling you?
¿Nos llaman?	Are they calling us?

As you know, **me** and **nos** are the first person object pronouns. **Te** is the second person, the "friendly" singular. All we have left are the third person objects. And here they are.

3rd Person Direct Objects

lo	him, it, you (Ud., masc.)	**los**	them, you (Uds., masc.)
la	her, it, you (Ud., fem.)	**las**	them, you (Uds., fem.)

¿El libro? No **lo** veo.	The book? I don't see it.
¿José Mora? Sí, **lo** conozco.	Joe Mora? Yes, I know him.
¿La pluma? Aquí **la** tengo.	The pen? I have it here.
¿Ana Olmos? ¡Uf! **La** odio.	Ann Olmos? Ugh! I hate her.

Recuerde: **Ud.** is a third person form, so we still use **lo** and **la** for the direct object "you."

Sr. Colón, ¿por qué no **lo** vemos nunca?	Mr. Colon, why don't we ever see you?
Sra. Salas, **la** voy a ayudar.	Mrs. Salas, I'm going to help you.

The plural forms "them" and "you-all" (**Uds.**) just add **–s.**

¿Los libros? No **los** veo.	The books? I don't see them.
¿Los Mora? Sí, **los** conozco.	The Moras? Yes, I know them.
¿Las plumas? Aquí **las** tengo.	The pens? I have them here.
¿Ana y Luisa? ¡Uf! **Las** odio.	Ann and Louise? Ugh! I hate them.
Señores, ¿por qué no **los** vemos nunca?	Gentlemen, why don't we ever see you?
Señoras, **las** voy a ayudar.	Ladies, I'm going to help you.

While both direct and indirect object pronouns (**me, te, nos**) were presented together in **Observación #16**, Lesson 6, only the direct object pronouns **lo, la, los, las** are presented here. The indirect object pronouns **le, les** are presented in **Observación #20** of this lesson.

Actividades

1 Sí, lo... —No, no lo...

1. ¿Comprende Ud. bien el
   español?   —Sí, lo comprendo... No, no lo...
2. ¿Lo habla un poco?   —Sí, lo...
3. ¿Toca Ud. el piano?
4. ¿Toma Ud. el autobús?
5. ¿Usa Ud. mucho el ascensor?
6. ¿Sabe Ud. el número de mi
   casa?   —Sí, lo sé... —No,...
7. ¿Tiene Ud. mi sombrero?   —Sí, lo tengo...
8. ¿Trae Ud. el tocadiscos?   —Sí, lo traigo...
9. ¿Conoce Ud. a mi hermano
   Juan?   —Sí, lo conozco...
10. Chica (Chico), ¿amas mucho
    a tu padre?

Make sure students understand to what the object refers.

2 Sí, la... —No, no la...

1. ¿Tiene Ud. mi corbata?   —Sí, la tengo... —No, no la...
2. ¿Usa Ud. esa lámpara?   —Sí, la uso...
3. ¿Compra Ud. mucha ropa?
4. ¿Toca Ud. la guitarra?
5. ¿Recuerda Ud. la canción
   "La Cucaracha"?
6. ¿Pone Ud. la fruta en la
   nevera?   —Sí, la pongo... —No,...
7. ¿Dice Ud. siempre la verdad?   —Sí, la digo...
8. ¿Conoce Ud. a mi prima
   Sarita?
9. ¿Ama Ud. mucho a su mamá?
10. Roberto, ¿levantas la mano?

3 Sí, los... —No, no los...

1. ¿Lleva Ud. pantalones hoy?   —Sí, los...
2. ¿Recuerda Ud. los números de
   1 a 100?
3. ¿Escribe Ud. siempre los
   ejercicios?
4. ¿Hace Ud. muchos errores?   —Sí, los hago. —No,...
5. ¿Pone Ud. los pies en la mesa? —Sí, los pongo... —No,...
6. ¿Trae Ud. sus discos hoy?

7. ¿Conoce Ud. bien a sus
   profesores?

8. ¿Visita Ud. frecuentemente a
   sus tíos?

9. Linda, ¿vas a ver a tus   —Sí, voy a verlos . . . —No, . . .
   abuelos el domingo?   —Sí, los voy a ver . . .

4   Sí, las . . .   —No, no las . . .

1. ¿Prepara Ud. bien sus
   lecciones?   —Sí, las . . .

2. ¿Contesta Ud. todas las
   preguntas?

3. ¿Ve Ud. muchas películas?

4. ¿Sabe Ud. muchas canciones?   —Sí, las sé. —No, no las sé.

5. ¿Tiene Ud. muchas buenas
   amigas?

6. ¿Compra Ud. siempre las
   mejores marcas?

7. ¿Conoce Ud. bien a sus
   vecinas?

8. ¿Hace Ud. muchas fiestas en
   su casa?

9. David, ¿quieres repetir todas   —Sí, quiero repetirlas . . .
   estas frases?   —Sí, las quiero repetir . . .

Práctica

1   *Cambie a pronombres (Change to pronouns):*
1. No traigo *mis libros* hoy. (No los . . .)
2. Odio *los exámenes.*
3. No puedo recordar *el número.*
4. ¿Quieres comprar *las blusas?*
5. ¿Vas a ver *la película* mañana?
6. No sé muy bien *los verbos.*
7. ¿Conoces *a Isabel?*
8. ¿Conocen Uds. *a Miguel?*

As an initial step, ask weaker students to give only the pronouns that will replace each of the underlined nouns in this exercise.

Oral and/or written practice. Make sure students use a pronoun in their response.

2   *Ahora conteste, según los modelos. Por ejemplo:*
¿Quién tiene *los papeles?* (Yo)   <u>Yo los tengo.</u>
¿Cuándo tomamos *el examen?* (Mañana)   <u>Lo tomamos mañana.</u>

1. ¿Quién va a contestar *las preguntas?* (Juanito)
2. ¿Quiénes van a tomar *el tren?* (Nosotros)

1. Juanito va a contestarlas (. . . las va a contestar).   2. Nosotros vamos a tomarlo (. . . lo vamos a tomar).
3. Sólo yo la sé.   4. Lo traigo esta noche.   5. Uds. nunca van a aprenderlas (. . . las van a aprender). *or*
Uds. no van a aprenderlas nunca (. . . no las van a aprender nunca).   6. Van a ponerlos aquí (Los van a poner

> 3. ¿Quién sabe *la verdad*?   (Sólo yo)
> 4. ¿Cuándo traes *el dinero*? (Esta noche)
> 5. ¿Cuándo vamos a aprender *las canciones*? (Nunca)
> 6. ¿Dónde van a poner *los libros*? (Aquí)
> 7. ¿Dónde tiene Ud. *los zapatos*?   (En mi alcoba)
> 8. ¿Quién espera *a Julio*? (Nadie)
> 9. ¿Dónde vas a comprar *la ropa*? (En el Almacén Monarca)
> 10. ¿Cuándo llamas *a Margarita*? (Todos los domingos)

. . .).   7. Los tengo en mi alcoba.   8. Nadie lo espera. *or* No lo espera nadie.   9. Voy a comprarla en el
Almacén Monarca (La voy a comprar . . .).   10. La llamo todos los domingos.

20. "I speak to him, to her, to you" — 3rd person indirect objects

le	to him, to her, to it, to you (Ud.)
les	to them, to you (Uds.)

A. Spanish has only one singular and one plural form for
the third person indirect object. These forms are **le** and **les.**

Voy a hablar**le** mañana. | I'm going to speak to him (to her, to you) tomorrow.

¿**Les** damos el dinero? | Do we give the money to you (to them)?

If you feel that **le** and **les** aren't clear enough, you can add **a
él, a ella, a Ud., a ellos,** etc. Remember, though: **le** and **les**
still stand!

Voy a hablarle a él mañana. | I'm going to speak to *him* tomorrow.
—Pues yo voy a hablarle a ella. | Well, *I'm* going to speak to *her*.

¿Les damos el dinero a Uds.? | Do we give *you* the money?
¿Les damos el dinero a ellos? | Do we give *them* the money?

Actividades

1 Sí, le . . .   —No, no le . . .

> 1. ¿Me escribe Ud. pronto?   —Sí, le escribo . . . (I'll write to
>   (Will you write to me . . . ?)   you . . .) —No, . . .
> 2. ¿Me paga Ud. hoy?
> 3. ¿Me compra ropa nueva?
> 4. ¿Me enseña un poco de
>   español?

5. ¿Lee Ud. al niño?

     —Sí, le leo. (Yes, I read to him).
     —No, . . .

6. ¿Vende su casa al Sr. Rosas?
7. ¿Habla Ud. mañana a la
   directora?

     —Sí, le . . .

8. ¿Siempre dice Ud. la verdad a
   su madre?
9. ¿Da Ud. lecciones a Tomasito?

2 Sí, les . . .   —No, no les . . .

1. ¿Nos escribe Ud. mañana?
   (Will you write to us . . .?)

     —Sí, les . . . (Yes, . . . to you-all.)
     —No, . . .

2. ¿Nos paga Ud. el dinero?
3. ¿Nos canta Ud. una canción?
4. ¿Nos trae Ud. café?
5. ¿Nos hace Ud. un favor?

6. ¿Escribe Ud. mucho a sus
   amigos?

     —Sí, les . . . (Yes, . . . to them.)

7. ¿Trae Ud. muchas cosas a sus
   hermanos?
8. ¿Da Ud. dinero a los pobres
   (poor)?
9. ¿Hace Ud. muchos favores a
   otras personas?
10. ¿Habla Ud. mucho por
    teléfono a sus amigas?

B. As you know, **gustar** means "to be pleasing." Now you can see
that the person *to whom* something is pleasing is the indirect
object.

   ¿Le gusta. . .? (Is it pleasing to you?) Do you like it?
   ¿Le gustan. . .? (Are they pleasing to you?) Do you like them?

—— Actividades ——————————————————

1 ¿Le gusta. . .?, ¿Le gustan. . .?

1. ¿Le gusta a Ud. soñar?

     —Sí, me gusta. . . —No, no me. . .

2. ¿Le gusta el cine?
3. ¿Le gustan las películas de
   horror?

     —Sí, me gustan. . . —No, . . .

4. ¿Le gusta a su madre bailar?

     —Sí, le gusta. . . (It is pleasing to her.)

5. ¿Le gusta a su padre trabajar?
6. ¿Le gustan a su madre las gangas?
7. ¿Le gustan a su padre los deportes?

Guided free response.
Hold up cutouts or other visuals used
in earlier lessons as cues.
Use vocabulary from earlier lessons.

2 ¿Les gusta...?, ¿Les gustan...?

1. ¿Les gusta a Uds. estudiar?   —Sí, nos gusta... (It is pleasing to
                                       us.)   —No, ...

2. ¿Les gusta a Uds. tomar
   exámenes?

3. ¿Les gusta la ropa bonita?

4. ¿Les gustan las gangas?   —Sí, nos gustan... (They are
                                  pleasing to us.)

5. ¿Les gustan los animales?

6. ¿Les gusta a sus padres el cine?   —Sí, les gusta... (It is pleasing
                                         to them.)   —No, ...

7. ¿Les gusta a sus amigos la
   música?

8. ¿Les gusta a sus amigos bailar?

9. ¿Les gustan a sus hermanos los
   deportes?   —Sí, les gustan...

10. ¿Les gustan más los deportes
    o los estudios?

11. ¿Les gustan los amigos de Ud.?   —Sí, les gustan mis...
    (Do they like your...?)   —No, ...

Práctica

1 ¿Qué le gusta?
Termine de una manera original. Y esta vez, diga la verdad.

1. Me gusta(n) mucho _____ .
2. No nos gusta(n) _____ .
3. A mi padre no le gusta(n) _____ .
4. A mi madre siempre le gusta(n) _____ .
5. A mis amigos les gusta(n) _____ .

2 ¡Páselo! (Pass it!)
Here are some questions that people are going to ask you.
Ahora recuerde: No matter what they ask you for, pass it on to
someone else in your class. Por ejemplo:

¿Me dice Ud. el secreto?   —No. Le digo el secreto a (Diego,
                                Ana, etc.)

¿Nos trae Ud. el dinero?   —No. Les traigo el dinero a...

After everyone understands the rules, have a contest between groups to see who can ask a
predetermined number of questions first. With practice, students will find this activity
increasingly enjoyable. Make up additional humorous questions.   235

1. No, le hablo a _____ . 2. No, le paso el lápiz a _____ . 3. No, le digo la solución a _____ .
4. No, le traigo suerte a _____ . 5. No, le compro un televisor a _____ . 6. No, le doy todo mi dinero a
_____ . 7. No, les leo un cuento a _____ (more than one person). 8. No, les hago un favor a _____ .

The person you name first is the one who asks the next
question. ¿Comprende? Pues, vamos a comenzar:

1. ¿Me habla Ud.? (No, le . . .)   7. ¿Nos lee Ud. un cuento? (No, les . . .)
2. ¿Me pasa Ud. el lápiz?   8. ¿Nos hace Ud. un favor?
3. ¿Me dice Ud. la solución?   9. ¿Nos escribe Ud. mañana?
4. ¿Me trae Ud. suerte?   10. ¿Nos paga Ud. hoy?
5. ¿Me compra Ud. un televisor?   11. ¿Nos trae Ud. café?
6. ¿Me da Ud. todo su dinero?   12. ¿Nos repite Ud. la frase?

Now can you make up some questions of your own?

9. No, les escribo mañana a _____ . 10. No, les pago hoy a _____ . 11. No, les traigo café a _____ .
12. No, les repito la frase a _____ .

REPASO RÁPIDO

Here are all the direct and indirect object pronouns together:

		direct	indirect
Singular	1st person	**me** (me)	**me** (to me)
	2nd person	**te** (you, pal)	**te** (to you)
	3rd person	**lo** (him, it, you)	**LE** (to him, to her,
		la (her, it, you)	to it, to you)
Plural	1st person	**nos** (us)	**nos** (to us)
	3rd person	**los** (them, you-all)	**LES** (to them)
		las (them — fem., you-all)	(to you-all)

Práctica

Guided translation

(You can check your answers in the back of the book.)

Exprese en español, según (according to) los modelos:

1. I know him very well. <u>Lo conozco muy bien.</u>
   I know her very well. _____
   We know them (fem.) very well. _____
2. Mr. Salas, I'm writing to you today. <u>Sr. Salas, le escribo hoy.</u>
   Mrs. Hado, I'm paying you the money today. _____
   Miss Ramos, I'm bringing you the record tomorrow. _____
3. Do you want to sing us a song? <u>¿Quieres cantarnos una
   canción?</u>
   Do you want to sing them a song? _____
   Do you want to tell him a story? _____
   Do you want to tell her a story? _____

¿"Todavía No"? ¡No puede ser!

CUENTO COMPUTADORA

Estamos en un **salón** grande lleno de **máquinas,** y los clientes esperan para darles su dinero. Las voces metálicas hablan: "**Contestación** para los clientes…" "¿Cuál es su pregunta, por favor?" "**Contestación** para…" (Una máquina azul habla:)

hall; machines

Answer

5   Máq. A: Contestación para el cliente Tomás Arenal: **Según** nuestra información, el **ganador** de la primera **carrera de caballos** hoy va a ser "**Tú Pierdes,**" y en la segunda carrera, "Todavía No."

According to
winner; horse race
"You **Lose**"

(Tomás comienza a escribirlo en un papel.)

10 Tomás: "Tú Pierdes" y…

Máq. A: "Todavía No," T- o-d-…

Tomás: Sí, sí, ya lo sé escribir. Pero hombre, no lo creo. ¿"Todavía No"? No puede ser.

Máq. A: Sí, puede. **Se lo garantizo.**

I guarantee it (to you)

15 Tomás: Muy bien. Ahora,… Pero, no. ¿Está seguro? ¿"Todavía No" en la segunda?

ઐ‌ઐ‌ઐ‌ઐ

(**Hay un grupo de chicos delante de** una máquina azul.)

in front of

Máq. B: Contestación para los clientes Nico Montes, Alicia Leal, Martín Casona, y Chita González.

20 Nico: ¡Ésos somos nosotros!

La primera pregunta en su examen final va a ser . . .

No puedo encontrar al hombre de mis sueños.

¡Mi amor! ¡Soy yo, su esposo ideal!

Máq. B: Nuestra investigación indica que su maestro de historia usa las **mismas** preguntas **cada** tres años. Entonces, la primera pregunta en su examen final va a ser: . . .   **same; every**

Nico: ¿Dónde está mi pluma? ¿Quién la tiene, eh?

25 Los otros chicos: Yo no . . . Nosotros no la tenemos . . . Nadie la tiene, Nico. ¿Tú no . . . ?

Máq. B: ¿Cuáles son las causas principales de la . . .

Nico: ¡Espere, eh!

Máq. B: **Descríbanoslas** en 200 palabras.   Describe them to us

30 Nico: ¡Por favor! Espere, ¿eh? ¡Espere!

ᘓᘒᘓᘒᘓᘒᘓᘒ

● (Una señorita triste **le mete** muchas **monedas** a una máquina **colorada**.)   puts . . . coins into / red

Máq. C: Buenas tardes. ¿Cuál es su pregunta, por favor?

Srta: No sé cómo **explicársela**. Es que . . . no puedo **encontrar** al   **explain** it to you;
35 hombre de mis sueños.   **find**

Máq. C: ¿Y qué desea Ud. en un esposo?

Srta.: Pues debe ser simpático y guapo. Y debe amarme mucho. Y debe tener los mismos **gustos que** yo.   tastes as

Máq. C: ¿Y qué **cosas** le gustan más?   **things**

40 Srta.: Me gusta la música buena, me gustan los cuentos de detectives, me gusta **cocinar,** y . . .   to **cook**

238

Máq. C: ¿Le interesan los deportes?

Srta.: Sí, **sobre** todo el básquetbol. Y una cosa más. A mí y a   **above**
toda mi familia nos gustan mucho los animales.
45   Tenemos cinco **perros**, tres **gatos** y un **cocodrilo**.   dogs; cats; crocodile

Máq. C: Ajá. ¿Y en qué trabaja Ud.?

Srta.: Soy arquitecta. Pero no trabajo mucho. Soy
multimillonaria y ... (La máquina hace un **ruido**   **noise**
curioso. Comienza una música muy bonita y por una
50   puerta de la máquina **sale** un señor guapo. En la   **comes out**
cabeza lleva un sombrero de Sherlock Holmes. En la
mano **derecha** tiene un básquetbol, en la **izquierda** una   **right; left**
cacerola grande, y en la **espalda** un gorila **precioso**.)   pot; shoulder; cute

Señor de la Máquina: ¡Mi amor! ¡Soy yo, su esposo ideal! La
55   quiero, la amo, la adoro ...

ぬぬぬぬぬ

Máq.B: Repito: La segunda pregunta en su examen de historia
va a ser ... Cien pesos más, por favor.

Nico: ¡Ay, no! ¿Quién tiene cien pesos? ¿Alicia? ¿Chita?
¿Martín?

60   Los otros chicos: Yo no ... Yo no los tengo, Nico ... Yo no ...

—— Vamos a conversar ——————————————

1. ¿En qué salón estamos?
2. ¿Qué máquinas hay en el salón? ¿Le gusta a Ud. la idea
de hablar con una máquina?
3. ¿Con quién habla la máquina A?
4. ¿Qué quiere saber Tomás? A propósito, ¿le gustan a Ud.
las carreras de caballos? ¿Les gustan a sus padres?
5. Según la máquina, ¿qué caballo va a ganar la primera
carrera?
6. ¿Qué caballo va a ganar la segunda? ¿Lo cree Tomás?
7. ¿Quiénes están delante de la máquina B?
8. ¿Qué quieren saber los jóvenes?
9. ¿Cuál es la primera pregunta del examen? (Use Ud. por un
momento la imaginación. ¿Puede Ud. completar esa
pregunta?)
10. ¿Por qué no puede escribirla Nico?

● 1. ¿Quién le mete monedas a la máquina C?
2. ¿Cuántos años cree Ud. que tiene la señorita?

3. ¿A quién desea encontrar la señorita?
4. ¿Qué desea ella en un esposo?
5. ¿Qué cosas le gustan a ella? ¿Le gustan a Ud. las mismas cosas? ¿Juega Ud. al básquetbol? ¿Sabe Ud. cocinar?
6. ¿Qué animales les gustan a la señorita y a su familia?
7. ¿Qué profesión tiene la señorita? ¿Por qué no tiene que trabajar?
8. ¿Qué hace ahora la máquina?
9. ¿Quién sale de ella? ¿Puede Ud. describirlo?
10. ¿Cuántos pesos pide ahora la máquina B a los chicos? ¿Los tienen?

JUEGOS DE PALABRAS

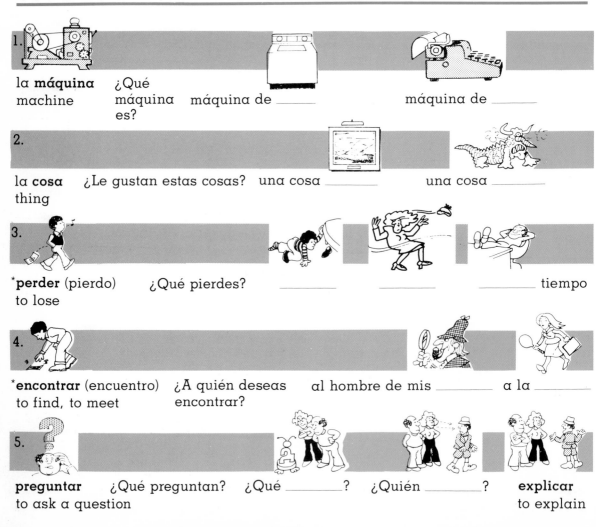

1. la **máquina**
machine
¿Qué máquina es?
máquina de _____
máquina de _____

2. la **cosa**
thing
¿Le gustan estas cosas?
una cosa _____
una cosa _____

3. ***perder** (pierdo)
to lose
¿Qué pierdes?
_____ _____ _____ tiempo

4. ***encontrar** (encuentro)
to find, to meet
¿A quién deseas encontrar?
al hombre de mis _____
a la _____

5. **preguntar**
to ask a question
¿Qué preguntan?
¿Qué _____?
¿Quién _____?
explicar
to explain

240   1. lavar; escribir   2. bonita; fea   3. un zapato; un sombrero; pierde   4. sueños; mujer de mis sueños   5. ¿Qué es esto?; ¿Quién es?

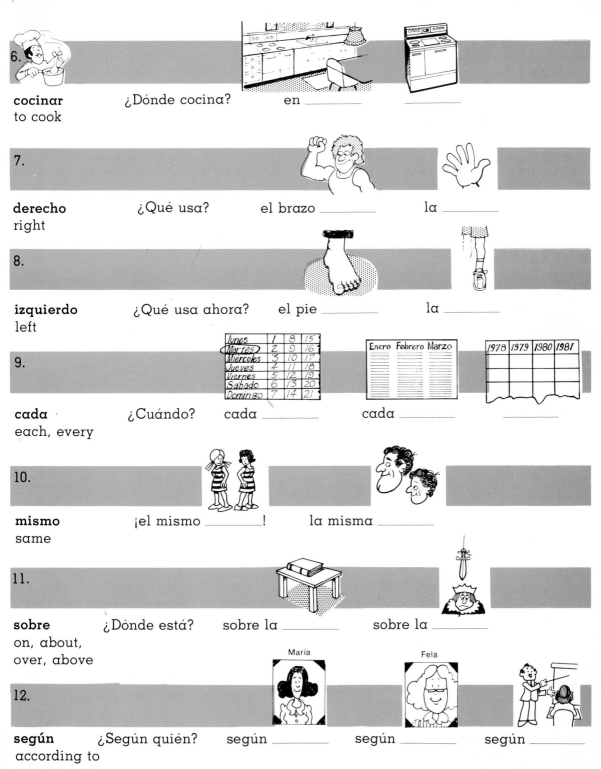

6.

cocinar
to cook

¿Dónde cocina?　　　en _____

7.

derecho
right

¿Qué usa?　　　el brazo _____　　　la _____

8.

izquierdo
left

¿Qué usa ahora?　　　el pie _____　　　la _____

9.

cada
each, every

¿Cuándo?　　　cada _____　　　cada _____

10.

mismo
same

¡el mismo _____!　　　la misma _____

11.

sobre
on, about,
over, above

¿Dónde está?　　　sobre la _____　　　sobre la _____

12.

según
according to

¿Según quién?　　　según _____　　　según _____　　　según _____

6. la cocina; en la estufa　7. derecho; mano derecha　8. izquierdo; pierna izquierda　9. día; mes; año
10. vestido; cara　11. mesa; cabeza　12. María; Fela; el maestro

OBSERVACIONES

21. "Tell it to me. Give it to us."— two object pronouns together

¿RECUERDA UD.?

Dígame...   Tell me...

Dígalo...   Tell it. Say it.

So far, we've used only one object pronoun at a time, either
the direct or the indirect. Now let's put two pronouns together.

A. When a verb has both a direct and an indirect object pronoun, the
indirect comes first. In other words, English can say either: "Tell
it to me" or "Tell me it." Spanish says only: "Tell me it." — **Dígamelo.**

Cuco, ¿**me lo** das?	Cuco, will you give it to me?
—No, no **te lo** doy.	No, I won't give it to you.
¿**Nos la** traen?	Are they bringing it to us?
—¡Cómo no!	Of course!

___ Actividades ___

1   ¿Me lo...?   —Sí, te lo...   Have class repeat the correct answers.
                                          Make sure students comprehend their utterances.

1. ¿Me das tu libro? ¿Me lo das?   —Sí, te lo doy. —No,...
2. ¿Me pasas los papeles? ¿Me los pasas?   —Sí, te los paso. —No,...
3. ¿Me tocas la canción? ¿Me la tocas?   —Sí, te la...
4. ¿Me repites las preguntas? ¿Me las repites?   —Sí,...
5. ¿Me vendes el coche? ¿Me...?   —Sí,...
6. ¿Me compras los zapatos? ¿Me...?
7. ¿Me traes la música? ¿...?   —Sí,... traigo.
8. ¿Me traes mis cosas? ¿...?

2   ¿Nos lo...?   —Sí, nos lo...

1. ¿Nos dan el examen hoy? ¿Nos lo dan?   —Sí, nos lo dan. —No,...
   (Are they giving us...?)
2. ¿Nos traen buena suerte? ¿Nos la...?   —Sí,...
3. ¿Nos compran los muebles? ¿Nos los...?   —Sí,...
4. ¿Nos pasan las frutas? ¿Nos las...?
5. ¿Nos pagan ese precio? ¿Nos...?   —Sí,...
6. ¿Nos dicen la verdad? ¿...?   —Sí,...
7. ¿Nos cambian los vestidos? ¿...?
8. ¿Nos abren las puertas? ¿...?

B. When the indirect object is le or les, it changes to se before the direct object.

| ¿Recuerda Ud.? | **Dígale...** | Tell him... |
| | **Dígalo.** | Tell it. Say it. |

Now put the two together, and you get: **Dígaselo.**

$$\begin{matrix} le \\ \\ les \end{matrix} \quad + \quad \begin{matrix} lo \\ la \\ los \\ las \end{matrix} \quad = \quad \textbf{SE} \quad \begin{matrix} lo \\ la \\ los \\ las \end{matrix}$$

You may want to explain the concept here without expecting total mastery at this time.

Le digo a Ud. **la verdad.**	I'm telling you the truth.
Le la	
Se la digo.	I'm telling it to you.
¿**Les** trae Ud. **el café?**	Are you bringing them the coffee?
Les lo	
¿**Se lo** trae Ud.?	Are you bringing it to them?
¿**Le** paso a ella **los chocolates?**	Do I pass the chocolates to her?
Le los	
¿**Se los** paso?	Do I pass them to her?

—— Actividades ——————————————————————

1 ¿Se lo...? —Sí, se lo...

1. ¿Le da Ud. el libro a José? ¿Se lo da?   —Sí, se lo doy. —No,...
2. ¿Le explica Ud. la lección? ¿Se la explica?   —Sí, se la...
3. ¿Le lee Ud. los cuentos? ¿Se los lee Ud.?   —Sí, se...
4. ¿Le repite Ud. las preguntas? ¿Se las repite Ud.?   —Sí,...
5. ¿Les dice Ud. la verdad a sus padres? ¿Se la...?
6. ¿Les trae Ud. diferentes cosas? ¿Se las...?
7. ¿Les enseña un poco de español? ¿Se lo...?
8. ¿Les hace Ud. muchos favores? ¿Se...?   —Sí,... hago.
9. ¿Les trae Ud. buena suerte? ¿...?   —Sí,... traigo.
10. ¿Les da Ud. mucha satisfacción? ¿...?

2 ¿Me lo...? —Sí, se lo...

1. ¿Me pasa Ud. su lápiz? ¿Me lo pasa Ud.?   —Sí, se lo paso. —No,...
2. ¿Me trae Ud. esa silla? ¿Me la...?   —Sí, se la...
3. ¿Me dice Ud. la hora? ¿Me...?   —Sí, se...

243

4. ¿Me vende Ud. esos pantalones? ¿...?
5. ¿Me prepara Ud. un poco de café? ¿...?
6. ¿Me toca Ud. estas canciones? ¿...?

3 ¿Nos lo...?   —Sí, se lo...

1. ¿Nos da Ud. todo su dinero? ¿Nos lo da Ud.?   —Sí, se lo... —¡No,...!
2. ¿Nos abre Ud. la puerta? ¿Nos la...?   —Sí, se la...
3. ¿Nos pide Ud. estas cosas? ¿Nos las...?   —Sí, se las...
4. ¿Nos hace Ud. los vestidos? ¿Nos...?   —Sí, se...
5. ¿Nos explica Ud. estas máquinas? ¿...?   —Sí,...
6. ¿Nos lava Ud. la ropa? ¿...?   ☐ 1. te la presento.   2. Se lo traigo mañana.
3. Se lo doy a tu hermana.   4. nos la va a explicar.

— **Práctica** —————————————————————————————

Oral and/or written practice

1 *Lea bien estos diálogos, y diga la conclusión correcta:*
1. —¿Tú conoces a mi prima Liliana?
   —Todavía no.
   —Pues si quieres, (te la presento, se lo enseño, te los traigo).
2. —¿Me permite Ud. usar su tocadiscos? Mi tocadiscos no funciona.
   —Con mucho gusto. (Se lo compro. Se la pago. Se lo traigo mañana.)
3. —Mamá, ¿me das tu coche esta noche?
   —Ay, hijo, no puedo. (Te lo digo con todo el corazón. Se lo doy a tu hermana. No nos lo van a cambiar.)
4. —No comprendemos muy bien esta lección.
   —Pues la maestra (nos lo va a examinar, me los va a preguntar, nos la va a explicar) otra vez.

2 *Exprese siempre de otra manera.*
Por ejemplo: Vamos a dárselo.   <u>Se lo vamos a dar.</u>
               ¿Me lo quieres explicar?   ¿Quieres explicármelo?

A propósito – When two pronouns are attached to the end of a verb, the infinitive ending gets an accent mark:

Voy a traérselas.   ¿Vas a enseñárnosla?

1. Te lo voy a decir.
2. ¿Me lo quieres pasar?
3. Vamos a escribírsela.
4. No pueden dárnoslo.
5. Se lo vamos a vender.
6. Nunca me los van a pagar.
7. Vienen a presentársela.

1. Voy a decírtelo.   2. ¿Quieres pasármelo?   3. Se la vamos a escribir.   4. No nos lo pueden dar.   5. Vamos a vendérselo.   6. Nunca van a pagármelos.   7. Se la vienen a presentar.

1. When a verb has both a direct and an indirect object pronoun, the indirect goes first:
   Me lo dan.   They give it to me. (They give me it.)

2. When both object pronouns begin with "l" (**le, les, lo, la, los, las**), the first one (**le, les**) changes to **se.** In other words:

$$
\begin{matrix} \text{le} \\ \text{les} \end{matrix} \; + \; \begin{matrix} \text{lo} \\ \text{la} \\ \text{los} \\ \text{las} \end{matrix} \; = \; \textbf{SE} \; \begin{matrix} \text{lo} \\ \text{la} \\ \text{los} \\ \text{las} \end{matrix}
$$

Students should give complete answers, including the object pronouns.

Práctica

(You can check your answers in the back of the book.)

1 *Cambie según los modelos.*
Por ejemplo: Le compramos los muebles. (Le... los)
                    Se los compramos.
               Les explico las lecciones. (Les... las)
                    Se las explico.

1. ¿Le paso los chocolates?
2. ¿Le venden la casa?
3. Les traigo el disco.
4. Les doy mi palabra.
5. Le decimos la verdad.

2 *Ahora pregunte Ud.:*

1. Ask someone if he or she is giving you the money. (¿Me da...?) Now ask when he/she is giving it to you. (¿Cuándo me lo...?)
2. Ask someone if she is bringing you her record player. Now ask when she is bringing it to you.
3. Ask your teacher if he or she wants to teach you-all a song. (¿Quiere Ud. enseñarnos...?) Now ask when he or she is teaching it to you. (¿Cuándo nos...?)

PANORAMA
MODOS DE VIVIR (WAYS OF LIFE)

1 Dos jóvenes en un café al aire libre (open air café) de San Juan, Puerto Rico. El café es una de las tradiciones favoritas de los hispanos.

2 "Hola. ¡Qué gusto de verte!" Observe que los hombres hispanos se abrazan (embrace). En efecto, la distancia entre las personas cuando hablan es menos grande que aquí.

3 ¡Qué día para ir a la playa! Pero el día no es completo sin la música de la guitarra. Cumaná, Venezuela.

4

4 Partido de básquetbol (o baloncesto) en Madrid. El básquetbol, un deporte relativamente nuevo en España, es muy popular ahora. Pero los deportes tradicionales (el fútbol, el tenis, etc.) son más populares todavía.

5 Bautizo (Baptism) en Managua, Nicaragua. ¡Qué padres más felices! La religión católica es una de las influencias principales en la vida (life) de casi todos los hispanos.

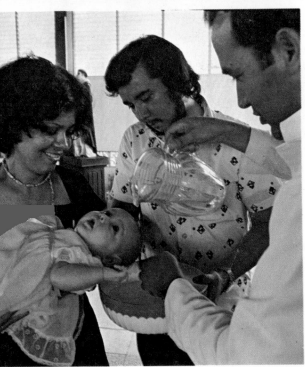

6 Hora de la siesta en Misiones, Argentina. La siesta es un receso (recess) de tres horas en el medio del día. Comienza normalmente a la una, y si es posible, el hispano vuelve a su casa a comer con la familia, a hablar y a descansar. A las cuatro, más o menos, el día comienza otra vez.

5

6

247

LECCIÓN 8

Aquí, allí, arriba, abajo
Here, there, up, down

fuera outside

dentro inside

encima de over, on top of

detrás de behind

delante de in front of

debajo de under

a la izquierda on the left

a la derecha on the right

Díganos

1. ¿Vive Ud. cerca o lejos de la escuela? ¿Hay tiendas cerca de su casa? ¿Hay un almacén grande allí? ¿Hay un cine allí? ¿Hay un garage o una estación de servicio?

2. ¿Pasa el autobús cerca de su casa? ¿Está cerca o lejos el tren? ¿Tiene Ud. que tomar el autobús para venir a la escuela? ¿Tiene que tomar el tren?

3. ¿Quién está delante de Ud. en este momento? ¿Quién está detrás de Ud.? ¿Quién está a su derecha? ¿y a su izquierda?

4. ¿Qué cosas tiene Ud. encima de su mesa? ¿Qué hay debajo de su silla?

5. ¿Le gusta a Ud. trabajar? ¿Le gusta ganar dinero? ¿Trabaja Ud. fuera de la escuela? ¿Trabaja Ud. mucho dentro de la escuela?

6. En una casa de dos pisos, ¿dónde están normalmente las alcobas—en el piso de arriba o en el piso de abajo? ¿Dónde está normalmente la sala? ¿y el comedor? ¿Cuál le gusta más a Ud.—una casa de dos pisos o de sólo uno?

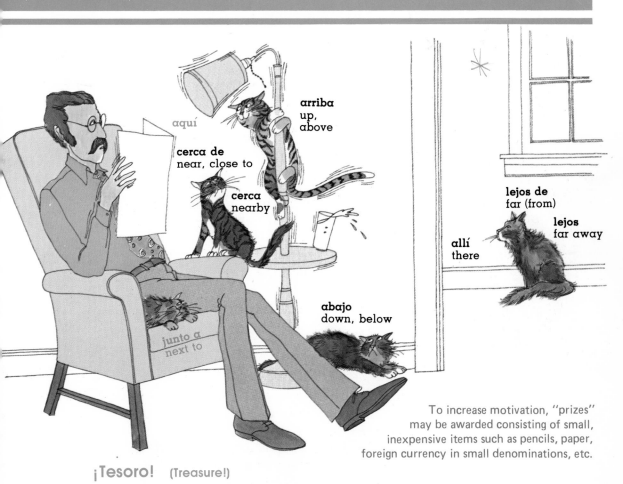

aquí

arriba
up,
above

cerca de
near, close to

cerca
nearby

lejos de
far (from)

lejos
far away

allí
there

abajo
down, below

junto a
next to

To increase motivation, "prizes"
may be awarded consisting of small,
inexpensive items such as pencils, paper,
foreign currency in small denominations, etc.

¡Tesoro! (Treasure!)

Look around your classroom, find a good place to hide
something, y entonces, ¡vamos a comenzar! Ud. comienza con:
"El tesoro es... una pluma azul, un lápiz amarillo, una llave
(key), un libro, un tisú (tissue), un dólar, un centavo (penny),
etc. ¿Dónde está?" Y ahora sus amigos tienen que hacerle
preguntas para encontrarlo: "¿Está a su derecha o a su
izquierda? ¿Está encima de su mesa? ¿Está debajo de la
ventana? ¿Está delante de mí? ¿Está detrás del maestro (de la
maestra)? ¿Está dentro del armario? ¿Está en la cesta (basket)?
¿Está encima de la pizarra?," etc. If they find it they call out:
"¡Tesoro!" If they don't (in 10 tries), dígales dónde está, y el
juego comienza otra vez.

This activity may serve as a "warm-up" at the beginning of the hour, or when there are a
few minutes at the end.

OBSERVACIONES

22. "I came, I saw, I conquered" — the preterite tense (singular)

¿RECUERDA UD.?

Until now we've been using only the present tense — AHORA, HOY.

¿Habla Ud. español? —Sí, lo hablo.
¿Hablas español?
(Do you speak...?) (Yes, I do...)

¿Come Ud. ahora? —No. Como después.
(Are you eating...?) (No. I eat later.)

Now let's move on to the past tense — AYER (yesterday)
ANOCHE (last night)

Spanish has two simple tenses that tell about the past. The one we're going to learn first is called the "preterite."

___ Actividades ___

1 ¿Habló Ud.? —Sí, hablé...

1. ¿Habló Ud. con Jaime? —Sí, hablé con él. (Yes, I spoke...)

 (Did you speak...?) —No, no hablé... (No, I didn't...)

2. ¿Bailó Ud. en la fiesta? —Sí, bailé... —No,...
3. ¿Trabajó Ud. ayer (yesterday)? —Sí, trabajé...
4. ¿Ayudó Ud. en casa?
5. ¿Miró Ud. la televisión?
6. ¿Escuchó el radio esta mañana? —Escuché...
7. ¿Qué programa escuchó?

2 ¿Comió Ud.? —Sí, comí.

1. ¿Comió Ud. mucho ayer? —Sí, comí... (Yes, I ate...)
 (Did you eat a lot yesterday?) —No, no comí... (No, I didn't...)
2. ¿Aprendió Ud. mucho en la escuela? —Sí, aprendí... —No,...
3. ¿Comprendió bien las lecciones? —Sí, comprendí...
4. ¿A qué hora salió Ud. de la escuela ayer? —Salí a la(s)...

250 Tell students that nearly all they have learned to say can now be expressed in the past tense.

5. ¿A qué hora volvió a su casa?   —Volví a la(s)...
6. ¿Perdió Ud. mucho tiempo ayer?
7. ¿Vio Ud. un programa bueno
   de televisión?   —Sí, vi... (Yes, I saw...)

3 Chico, ¿hablaste...?   —Sí, hablé...

1. Chico, ¿hablaste mucho por
   teléfono ayer?   —Sí, hablé...
   (Kid, did you talk...)   —No,...
2. ¿Llamaste a todos tus amigos?   —Sí, llamé... —No,...
3. ¿Llevaste tus zapatos negros
   ayer?
4. ¿Pasaste el día bien o mal?
5. ¿Con quiénes pasaste tu
   tiempo?
6. ¿Compraste un disco esta
   semana?
7. ¿Cuánto dinero ganaste?

4 Chica, ¿comiste?   —Sí, comí.

1. Chica, ¿comiste bien?   —Sí, comí...
   (Girl, did you eat...?)   —No,...
2. ¿Con quién (quiénes) comiste
   ayer?   —Comí con...
3. ¿A qué hora saliste de casa
   esta mañana?   —Salí a la(s)...
4. ¿Escribiste a un amigo
   anoche (last night)?
5. ¿Leíste un libro bueno?
6. ¿Viste una película buena?
7. ¿Dormiste bien anoche?
8. ¿Cuántas horas dormiste?

5 ¿Habló su vecino...?   —Sí, habló...

1. ¿Habló con Ud. ayer su
   vecino?   —Sí,... habló conmigo.
   (Did your neighbor speak...?)   —No,...
2. ¿Trabajó anoche su padre?
3. ¿Miró un programa de
   televisión?
4. ¿Funcionó bien el televisor?

6 ¿Comió la familia? —Sí, comió...

1. ¿Comió tarde anoche su
   familia?   —Sí, mi familia comió...
   (Did your family eat late...?)
2. ¿Vivió antes en otro lugar su
   familia?   —Sí, mi familia vivió...
3. ¿Aprendió español su madre
   en la escuela?
4. ¿Aprendió su padre a cocinar?
5. ¿Vio su tío recientemente a
   un viejo amigo?

En otras palabras — Here are the normal singular forms of the
preterite (**pretérito**). As you can see, the endings for **–er** and **–ir**
verbs are exactly alike.

	hablar	**comer**	**vivir**
(yo)	hablé	comí	viví
(tú)	hablaste	comiste	viviste
(Ud., Juan, Elisa)	habló	comió	vivió

—— Práctica ——————————————————————

1

1. ¿Cuándo entró Micaela? (bajar, subir, volver, acabar)
2. ¿Aprendiste mucho ayer? (perder, ganar, trabajar, ver)
3. Esperé toda la noche. (trabajar, llamar, leer, dormir)
4. Ud. lo sacó, ¿verdad? (tomar, abrir, conocer, recordar)

2 Ahora complete con el pretérito, escogiendo (choosing) el verbo
correcto:

1. Ramón González ____ de México ayer. (volver, sacar) —¿A
   qué hora ____ ? (acabar, llegar)
2. ¿____Ud. el tren? —No. ____ el autobús. (tocar, tomar)
3. Mamá me ____ un abrigo nuevo ayer. (comprar, explicar)
   —¿____ mucho dinero? (pagar, vender)
4. ¿Por qué no me ____ , Paquita? (llegar, llamar) —Porque no
   ____ el número de tu teléfono. (enseñar, encontrar)
5. ¿Dónde ____ Ud. el español? (comprender, aprender) —Lo
   ____ por muchos años en la escuela. (esperar, estudiar)

1 1. bajó, subió, volvió, acabó   2. Perdiste, Ganaste, Trabajaste, Viste   3. Trabajé,
252   Llamé, Leí, Dormí   4. tomó, abrió, conoció, recordó

23. "We came, we saw, they conquered" — the preterite tense (plural)

Now that you know the normal singular forms, let's try the plural.

___ **Actividades** _____

1 ¿Hablaron Uds.?   —Sí, hablamos.[1]

1. ¿Hablaron Uds. español ayer? (Did you-all speak...?)   —Sí, hablamos (Yes, we spoke...) —No, ...
2. ¿Trabajaron mucho en la clase?   —Sí, trabajamos...
3. ¿Comenzaron Uds. una lección nueva ayer?
4. ¿Acabaron todos los ejercicios?   —Sí, acabamos...
5. ¿Contestaron todas las preguntas?
6. ¿Jugaron Uds. al tenis el sábado?
7. ¿Miraron mucho la televisión anoche?
8. ¿A qué hora llegaron Uds. a la escuela hoy?   —Llegamos a la(s)...

2 ¿Comieron Uds.?   —Sí, comimos.

1. ¿Comieron Uds. en casa anoche? (Did you-all eat at home...?)   —Comimos en...
2. ¿A qué hora comieron?
3. ¿Salieron Uds. de casa anoche?   —Sí, salimos... —No, ...
4. ¿Conocieron Uds. a una persona interesante ayer? (Did you meet...?)   —Sí, conocimos...
5. ¿Vieron Uds. un programa interesante? (Did you see...?)   —Sí, vimos...
6. ¿Volvieron Uds. temprano o tarde ayer?
7. ¿Escribieron Uds. sus lecciones anoche?   —Sí, escribimos... —No, no escribimos nada...

_____
[1] No, this is no mistake. The **nosotros** form of **–ar** verbs is the same as in the present tense. But don't worry. The rest of the sentence will clear up any doubts. As for **vosotros**, look for the **–is** ending: **hablasteis,** etc. See verb chart, p. 413.

253

3 ¿Hablaron sus padres?   —Sí, hablaron.

1. ¿Hablaron con los vecinos ayer
   sus padres?   —Sí, mis padres hablaron...
   (Did your parents speak...?)   —No,...
2. ¿Compraron un coche este año
   sus padres?   —Sí, compraron...
3. ¿Compraron muebles nuevos
   para la casa?
4. ¿Llamaron sus abuelos ayer?   —Sí, mis... —No,...
5. ¿Llegaron invitados (guests) a
   su casa?

4 ¿Comieron sus amigos?   —Sí, comieron.

1. ¿Comieron sus amigos en la
   cafetería ayer?   —Sí, mis amigos comieron...
2. ¿Comieron en casa sus
   hermanos?
3. ¿Salieron de casa anoche?
4. ¿Vieron una película en la
   televisión?
5. Vivieron antes en otra casa
   sus padres?
6. ¿Vivieron en otro país (country)?

Now here are all the singular and plural forms together:

	hablar	**comer**	**vivir**
(yo)	hablé	comí	viví
(tú)	hablaste	comiste	viviste
(Ud., él, ella)	habló	comió	vivió
(nosotros, nosotras)	hablamos	comimos	vivimos
(Uds., ellos, ellas)	hablaron	comieron	vivieron

—— Práctica ——————————————————————————

1 Estudie las ilustraciones y diga la forma correcta del pretérito:

1. Marcos y yo: a.   b.   c.   d.

Práctica 2 1. llegamos; llegaron   2. subí; subieron   3. esperaste; esperé   4. compró;
254   compramos   5. volvieron; volvimos   6. Vivieron; vivimos   7. recordaron; recordó;
8. Soñó; soñé   9. pensaron; pensé   10. Acabaron; acabamos

2. ¿Uds.?:
a.   b.   c.   d.

3. Mario y Elda:
a.   b.   c.   d.

2 *Ahora complete, usando (using) el pretérito de cada verbo:*

1. (llegar) Nosotras _____ ayer. Los otros _____ el lunes pasado.
2. (subir) Yo _____ por la escalera. Ellos _____ por el ascensor.
3. (esperar) Charita, ¿cuánto tiempo _____ ? — (Yo) _____ todo el día.
4. (comprar) Riqui _____ una ganga maravillosa ayer. —Nosotros la _____ también.
5. (volver) Chicos, ¿_____ (Uds.) tarde anoche? —Sí. (Nosotros) _____ a la una.
6. (vivir) ¿_____ Uds. antes en California? —No. Mi familia y yo _____ en Virginia.
7. (recordar) ¿La _____ a Ud. sus viejos profesores? —No. Nadie me _____ .
8. (soñar) ¿_____ Ud. anoche? —Sí, (yo) _____ contigo (about you).
9. (pensar) ¿Qué _____ ellos de nosotros? —No sé. Pero yo no _____ mucho de ellos.
10. (acabar) ¿_____ Uds. ya la Lección Siete? —Sí, la _____ ayer.

3 *Lea bien los diálogos, y después conteste:*

1. —Salimos de Chicago a las ocho y llegamos a Nueva York a las diez.
   —Muy rápido, ¿eh?
   Conteste: a. ¿Cuánto tiempo tomó el viaje (trip)?
         b. ¿Tomaron el autobús, el tren o el avión (plane)?
         c. ¿Conoce Ud. bien Nueva York?

1. a. (El viaje) tomó dos horas.   b. Tomaron el avión.   c. Sí, conozco . . . (No, no conozco . . .)   2. a. (Los padres de Timoteo) ganaron dinero.   b. Ganaron trece mil pesos.   c. Sí, (esto) ocurre frecuentemente (ahora).   3. a. Jugaron al básquetbol. b. (Creo que) es el fin del año.

2. —Mis padres compraron nuestra casa por veinte mil pesos, y dos años más tarde, la vendieron por treinta y tres mil.

   —¡Qué suerte, Timoteo, qué suerte!

   Conteste: a. ¿Ganaron o perdieron dinero los padres de Timoteo?

   b. ¿Cuánto dinero ganaron?

   c. ¿Ocurre esto frecuentemente ahora?

3. —¿Quiénes ganaron el partido?

   —Nosotros lo ganamos—115 a 110.

   —Entonces ahora somos los campeones (champions), ¿verdad?

   Conteste: a. ¿A qué deporte jugaron—al tenis, al básquetbol o al béisbol?

   b. ¿Cree Ud. que es el principio o el fin del año?

REPASO RÁPIDO

Here are all the regular forms of the preterite:

	hablar	comer	vivir
(yo)	hablé (I spoke)	comí (I ate)	viví (I lived)
(tú)	hablaste	comiste	viviste
(Ud., él, ella)	habló	comió	vivió
(nosotros, nosotras)	hablamos	comimos	vivimos
(Uds., ellos, ellas)	hablaron	comieron	vivieron

Práctica

(You can check your answers in the back of the book.)

1 *Cambie al pretérito:*   Oral and/or written practice

1. *Gano* mucho dinero.
2. *Vendo* mi televisor.
3. ¿*Tomas* café?
4. ¿*Abres* la nevera?
5. Carlota *sale* con Juan.
6. ¿*Cambia* Ud. el vestido?
7. *Pagamos* poco por la máquina.
8. No *perdemos* tiempo.
9. ¿Qué me *preguntan* Uds.?
10. ¿Nos *llaman* hoy?

2 *Ahora haga frases originales usando el pretérito:*   Oral and/or written practice

1. Ayer / (yo) visitar / . . .
2. ¿Dónde/ encontrar (Uds.) / . . .?
3. ¿Qué / comer (tú) / . . .?
4. Los jóvenes / perder / . . .
5. Marta y yo / cocinar / . . .
6. Mis hermanos y yo / ver / . . .
7. ¿Se lo/ explicar (Ud.) / a . . .?

¡Lupita Cardenal! . . . Le voy a pedir su autógrafo.

Y el hombre que está con ella es Pedro Montero.

Hay un señor a su derecha y otro a su izquierda.

CUENTO   LA ESTRELLA

The Star

(En una **calle del centro.** Dos jóvenes hablan.)   **downtown street**

Riqui: ¡Allí **está**!   she is

David: ¿Quién?

Riqui: ¡Lupita Cardenal! ¿No la ves?

5 David: ¿Dónde?

Riqui: Delante del Teatro Luxe. Le voy a pedir su autógrafo.

David: Yo no veo a nadie.

Riqui: Tú nunca ves nada. **Ayer, ¿no te sentaste** sobre el   **Yesterday;** didn't you **sit down**
    almuerzo del señor Rosas? **Por suerte no te mató.**   **lunch;** Lucky he didn't kill you

10 David: ¡Qué hombre, eh! **Se dañaron** mis pantalones nuevos, y   got ruined
    él se molestó conmigo.   he got mad

Riqui: ¿No te digo?

David: Y tú, ¿no recuerdas? Ayer perdiste tu libro de ciencia y
    por tres horas **lo buscaste** arriba y abajo y dentro y   you **looked for** it
15   fuera. Y tú pensaste . . .

Riqui: **¡Ya, ya!**   OK!, OK!

David: Y por fin yo lo encontré encima de tu mesa, debajo de
    mil papeles.

Riqui: No quiero hablar de ayer. Hoy es hoy.

20 David: Entonces, ¿dónde está Lupita Cardenal?

Riqui: Allí, cerca de la puerta. Y el hombre que está con ella
    es Pedro Montero. Le voy a pedir su autógrafo
    también.

David: Hay dos hombres.

¡Es Lupita Cardenal!
¡En persona!

Señorita Cardenal una
sonrisa, por favor.

¿Por qué no le pedimos
su autógrafo?
¿Para qué, hombre? ¡ . . . !

25 Riqui: Antes no viste a nadie, y ahora ves a dos hombres.

David: ¡Pero es verdad! Hay un señor a su derecha y otro a su
      izquierda. Y uno más detrás de ella.

Riqui: ¿Son tres ya? ¡Caramba!

David: ¿Sabes, Riqui? **Yo me la imaginé** más bonita.   I imagined her

30 Riqui: Desde lejos, ¿cómo lo puedes saber? David, si tú
       quieres **quedarte** aquí, está bien. Yo...   **stay**

David: ¡**Vamos,** hombre, vamos!   Come on

● (Riqui y David **corren hacia** el Teatro Luxe y **gritan:** "¡Es Lupita   **run toward; shout**
       Cardenal! ¡En persona! ¡Es Lupita Cardenal!" Varias
35   personas **se paran.**)   stop

Voces: "¿Lupita Cardenal? ¿La estrella de cine?" "No. Es
       campeona de golf." "¡Vamos! ¿Dónde la vieron?" "En   a champion
       frente del Teatro Luxe." "¿Realmente, es ella?" "Yo la
       vi **anoche** en la televisión." "¿No escribió la película   **last night**
40   **Viejo Amor?**" "¡Qué va! Es **cantante** de ópera, no   a singer
       escritora." "¡Vamos! ¡Vamos todos! ¡¡Es Lupita   a writer
       Cardenal!!"

(En pocos minutos cientos de personas **rodean** a una "estrella"   surround
       muy **sorprendida.**   surprised

45 Voces: "Lupita, ¿me da su autógrafo?" "Señorita Cardenal, una   smile; **What's the**
       sonrisa, por favor." "Perdone, pero ¿**cómo se llama**   **name** of
       este señor? ¿Ud. va a **casarse con él**?"   **marry** him

(Riqui comienza a correr en otra dirección.)

David: Pero Riqui, ¿por qué **no nos quedamos**? ¿Por qué no le   didn't we stay
50   pedimos su autógrafo?

Riqui: ¿**Para qué,** hombre? ¡No hay **ninguna** "Lupita Cardenal"!   What for; any

258

1. ¿Dónde ocurre este cuento? A propósito, ¿vive Ud. en el centro?
2. ¿A quién ve Riqui? ¿Dónde está "la estrella"?
3. ¿Qué le va a pedir Riqui?
4. ¿Ve David también a Lupita?
5. ¿Qué le pasó a David ayer? (Se sentó sobre...)
6. ¿Qué perdió Riqui ayer? ¿Dónde lo buscó?
7. ¿Quién lo encontró por fin? ¿Dónde lo encontró?
8. Según Riqui, ¿quién es el hombre que está con Lupita?
9. ¿A cuántos hombres ve David ahora? ¿Dónde están?
10. En su opinión, ¿quién es el líder (leader)—Riqui o David? ¿Cuántos años cree Ud. que tienen los muchachos? (How old do you think...?)

1. ¿Hacia dónde comienzan a correr Riqui y David?
2. ¿Qué gritan?
3. ¿Quiénes se paran?
4. ¿Conocen bien estas personas a Lupita Cardenal?
5. ¿Qué dicen estas personas?
6. ¿Cuántas personas corren a ver a "la estrella"?
7. ¿Qué le piden a Lupita? A propósito, ¿tiene Ud. el autógrafo de una persona famosa? ¿Desea Ud. tenerlos?
8. ¿Qué hace Riqui ahora?
9. ¿Por qué no le pide su autógrafo a "Lupita"?
10. ¿Qué piensa Ud. ahora de Riqui? ¿Quién le gusta más—Riqui o David?

JUEGOS DE PALABRAS

1.

la calle
street

¿Qué hay en su calle? _____ _____

2.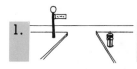

centro
center, downtown

¿Qué hay en el centro? _____ _____ muchas _____

1. casas; tiendas   2. el cine; el almacén; muchas personas

3.

el **almuerzo** ¿A qué hora   a _____   a _____   ¿Qué tiene? _____
lunch   toma el almuerzo?

4.

ayer   hoy   _____   **anoche**
yesterday   last night

5.

casarse (con) ¿Qué asocia Ud.
to get married (to) con casarse?   _____   un vestido _____   ¡Felices!

6.

sentarse (me siento) ¡Siéntese, por favor!   en ese _____   en esta _____
to sit down

7.

quedarse   ¿Dónde se queda?   en casa   en _____
to stay, to remain

8.

buscar   ¿Qué busca Ud.?   mi _____ nuevo   ¡Ya lo encon ____!
to look for

9.

correr hacia   ¿Hacia dónde corres?   mis _____   la " _____ "
to run toward

10.
   ¿A quién **grita**? _____

11.
¿Cómo se llama Ud.? Me llamo _____
What's your name?

260

OBSERVACIONES

24. "I love myself. He talks to himself." — the reflexives

Me habla.	He talks to me.
Te amo.	I love you.
Nos odian.	They hate us.

So far, our subjects have always done the action to someone else: "I love you," "He talks to me." But what happens when "I love *myself*," "He talks to *himself*"? We use what is called a reflexive, that's all.

A. Here are the reflexive pronouns. Except for the third person **se,** they are exactly the same as the direct and indirect object pronouns.

> **me** myself, to myself   **nos** ourselves, to ourselves
> **te** yourself, to yourself
> **SE** (to) himself, herself, itself, yourself (Ud.),
> (to) themselves, yourselves (Uds.)[1]

B. We use the reflexive whenever the subject does the action to itself.

Pablo se habla siempre.	Paul always talks to himself.
—Ah, ¿sí? ¿Qué dice?	Oh yes? What does he say?
¿Por qué no te ayudas?	Why don't you help yourself?
—Porque estoy cansado.	Because I'm tired.
¿Cómo se llama Ud.?	What's your name? (How do you
¿Cómo te llamas?	call yourself?)
—Me llamo Cuqui.	My name is "Kooky."
Me lavé el pelo ayer.	I washed my hair yesterday.
—¡Por fin!	At last!

---

[1] The friendly "you-all" form is **os.** See chart of personal pronouns, page 412.

Some students may understand the reflexive better if non-reflexive sentences are contrasted with reflexive utterances using the same verb: **María lava la ropa.**
María se lava.

C. Sometimes the reflexive adds "to get" to the meaning of a verb.

¿Cuándo van a casarse?
—¡Nunca!

When are you getting married?
Never!

Se dañaron mis pantalones,
¡y él se molestó conmigo!

My pants got ruined, and *he* got
mad at me!

Práctica

1 ¿Cómo se llama...?   *Have a chain drill:* **¿Cómo se (te) llama(s)?**

1. ¿Cómo se llama Ud.? (Me llamo...)
2. ¿Cómo se llama su mejor amigo (amiga)?
3. ¿Cómo se llama la persona a su derecha? ¿y la persona a su izquierda? ¿la persona detrás de Ud.? ¿la persona delante de Ud.?
4. ¿Cómo se llaman sus padres?   *Have students bring cutouts of popular*
5. ¿Cómo se llaman sus hermanos?   *singers, actors, actresses, sports figures,
etc. to class. They can use these to
practice* **¿cómo se llama...?**

2 Complete, usando siempre el reflexivo. (En otras palabras:
Make the subject do the action to itself.)
Por ejemplo: Ayer ____ levanté tarde.   <u>Ayer me levanté tarde.</u>
              ¿Por qué no ____ sienta Ud.?   <u>¿Por qué no se sienta Ud.?</u>
              ¿____ servimos ahora?   <u>¿Nos servimos ahora?</u>

1. Elena ____ considera maravillosa. —Claro, ____ admira mucho.
2. ¿Por qué no ____ preparaste mejor? —____ preparé muy bien.
3. Niño, ¿por qué no ____ lavas las manos?
4. ¿____ sienta Ud. cerca de la ventana? —No. (Yo) ____ siento cerca de la puerta.
5. Donada ____ compró una bicicleta nueva ayer. —¿De qué marca?
6. ¿____ perdieron Uds. en el centro? —¡Hombre! No ____ perdemos nunca.
7. ¿____ casó ya su hermana Raquel? —¿No lo sabe? Ella y Roberto ____ casaron en junio.
8. Amanda, ¿me ayudas? —Sí, si tú ____ ayudas primero, yo te ayudo después.

3 Mire las ilustraciones, y después conteste:

1. a. ¿Qué hace esta chica? (Se...)
   b. ¿Se lava Ud. el pelo todos los días?
   c. ¿Prefiere Ud. lavarse el pelo por (in) la mañana o por la tarde?

2. a. ¿Qué hace este muchacho?
   b. ¿Quién habla con él?
   c. ¿Se lava Ud. siempre las manos antes de comer?

Práctica 3 1. a. (Esta chica) se lava el pelo.   b. Sí, me lavo (No, no me lavo) el . . .   c. Prefiero lavarme el pelo por la mañana (tarde).   2. a. (Este muchacho) se lava la cara.   b. Su madre habla con él.   c. Sí, me lavo (No, no me lavo) las . . . ;   3. a. (Este señor) acaba de comprarse un coche.   b. (Este coche) vale mucho

3.

a. ¿Qué acaba de comprarse este señor?

b. ¿Vale poco o mucho dinero este coche?

c. ¿Se compraron un coche nuevo este año sus padres?

4.

a. ¿Qué hacen hoy estos jóvenes?

b. ¿Cuántos años cree Ud. que tienen? (Creo que . . .)

c. ¿Cree Ud. que van a ser felices?

REPASO RÁPIDO

These are the reflexive object pronouns. We use them when the subject is doing the action to itself.

me	myself, to myself	**nos**	ourselves, to ourselves
te	yourself, to yourself		
SE	(to) himself, herself, itself, yourself, themselves, yourselves		

They can also add "get" to the meaning of a verb.

perder	to lose	**perderse**	to get lost
lavar	to wash	**lavarse**	to get washed

Práctica

(You can check your answers in the back of the book.) Guided translation

Escriba según los modelos:

1. Did you wash your hair?   ¿Te lavaste el pelo?

   Did you wash your hands?   ¿ _____ ?

   Did you-all (Uds.) wash your feet?   ¿Se _____ ?

2. Why don't you sit down (seat yourself)?   ¿Por qué no se sienta Ud.?

   Why don't you-all sit down?   ¿ _____ ?

   Why don't we sit down (seat ourselves)?   ¿ _____ ?

3. Fran got married last night.   Paquita se casó anoche.

   Jean and Bob got married yesterday.   _____

   Victor and I got married in June.   _____ nos _____

4. He stayed all day.   Se quedó todo el día.

   They stayed all night.   _____ toda la _____

   I stayed all week.   _____

Práctica 3 , continued:

dinero. c. Sí, (mis padres) compraron (No, . . . no compraron) un coche nuevo (este año).   4. a. Estos jóvenes) se casan (hoy). or Hoy, estos jóvenes . . .   b. (Creo que) tienen _____ años. (free response) c. Sí, creo (No, no creo) que van a ser felices.   263

PANORAMA

SOBRE LA EDUCACIÓN

¿Cómo vamos a prepararnos para el futuro? ¿Qué oportunidades vamos a tener? Todo depende de (on) la educación. Y en diferentes partes del mundo hispánico, la solución es distinta.

1 "¿Cómo va a resultar el experimento?" En los centros urbanos, el sistema educacional es generalmente muy bueno. Aquí, por ejemplo, vemos un laboratorio de ciencia en una escuela privada de Puerto Rico.

1

2

2 Matemáticas, Grado 10. Una joven maestra enseña una clase de álgebra en una escuela secundaria boliviana. En años recientes, la educación superior se extiende mucho más que antes a las regiones rurales.

3 "Tome dos aspirinas y llámeme mañana." Estos jóvenes se preparan para la profesión médica en la Universidad de Santiago, Chile. Hay numerosas escuelas de medicina de primera categoría en España y Latinoamérica, y atraen (they attract) a muchos estudiantes norteamericanos también.

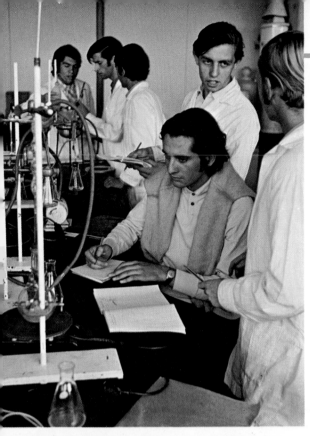

3

4 "Ahora, desde el principio, vamos a cantar." Clase de música en una escuela pública de México, D.F. Observe que los estudiantes hispanos normalmente llevan uniforme, y que los chicos y las chicas generalmente se sientan separados. En efecto, todavía hay muchas escuelas españolas y latinoamericanas que son exclusivamente para hombres o para mujeres.

4

5 La Universidad de México, una de las más importantes del mundo, es famosa también por su arquitectura moderna y por el arte de Diego Rivera que la adorna.

5

LECCIÓN 9

Cosas de todos los días

Everyday things   Associate previously learned names for foods and drinks that go with these words.

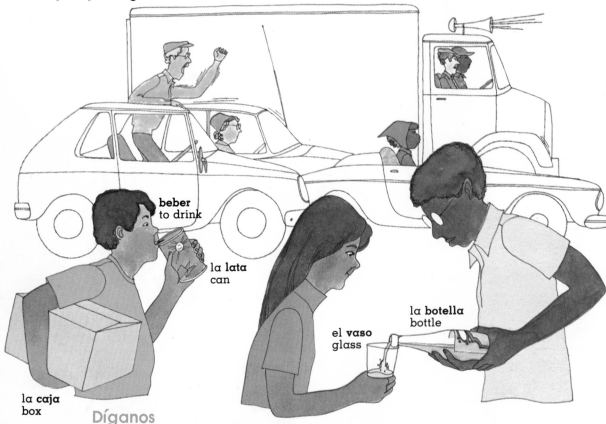

beber
to drink

la **lata**
can

la **botella**
bottle

el **vaso**
glass

la **caja**
box

Díganos

1. De todas las cosas que vemos aquí, ¿cuáles usa Ud. todos los días? ¿Cuáles usa para comer? ¿para beber? ¿para llevar cosas a un "picnic"?
2. ¿Prefiere Ud. usar vasos de plástico o vasos de cristal? (Prefiero...) ¿Prefiere Ud. usar servilletas de papel o de tela (cloth)? ¿platos de plástico o de porcelana? ¿Le gustan las tazas de papel? ¿Cuáles prefiere su madre?
3. ¿De qué es normalmente una lata — de aluminio o de otro metal? ¿Compra Ud. la leche (milk) en botellas o en cartones de papel? A propósito, ¿compran Uds. la leche en el supermercado, o la traen (do they bring it) a su casa?

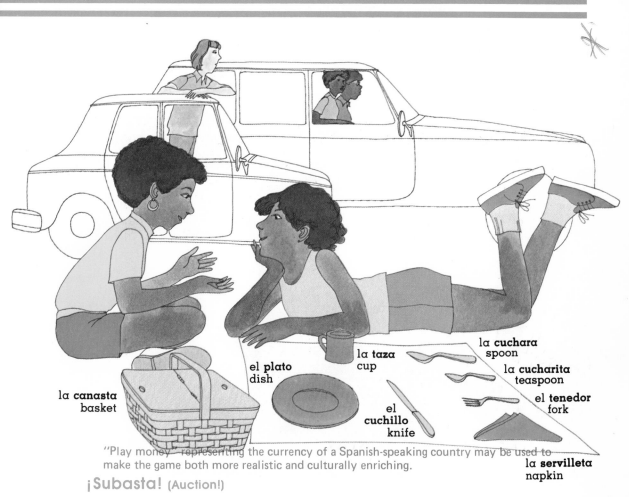

la **cuchara**
spoon

el **plato**
dish

la **taza**
cup

la **cucharita**
teaspoon

el **tenedor**
fork

la **canasta**
basket

el
cuchillo
knife

la **servilleta**
napkin

"Play money" representing the currency of a Spanish-speaking country may be used to make the game both more realistic and culturally enriching.

¡Subasta! (Auction!)

Haga Ud. una colección de cosas pequeñas — vasos, tazas, servilletas de papel, peines (combs), botellas, llaves (keys), lápices, platos de papel, discos, etc. Y ahora vamos a comenzar. Ud. levanta uno de los artículos y dice: "¿Cuánto me dan Uds. por este magnífico... por estas maravillosas... por estos fantásticos...? ¿Quién quiere comprar...?" And the bidding begins. "Cinco centavos (cents)... Veinte centavos... Un dólar... Mil dólares," etc. When you get the price you had in mind, call out: "Bueno. Se vende (Sold...) a la señorita... Se vende al señor... Se vende al muchacho del suéter rojo," etc. ¿Comprenden?

After modeling, let individual students take the role of "auctioneer." Find out who is the most authentic and dramatic!

OBSERVACIONES

25. Special preterite patterns

¿RECUERDA UD.?

(yo) hablé, comí, viví	I spoke, ate, lived
(Ud.) habló, comió, vivió	You spoke, ate, lived

These are the usual first and third person singular forms of the preterite. Most verbs go along with them. A few do not.

Many irregular verbs fall into a pattern of their own. Here are the clues to the pattern:

The **yo** form ends in **–e**, but **e** does not have an accent. The **él, ella, Ud.** form ends in **–o**, but the **o** has no accent. All the other forms have the usual preterite endings.

A. The **u** group

tener: tuve, tuviste, **tuvo,** tuvimos, tuvieron
estar: estuve, estuviste, **estuvo,** estuvimos, estuvieron
andar: anduve, anduviste, **anduvo,** anduvimos, anduvieron

Do you get the idea? Well, here are a few more:

poder: pude, pudiste, **pudo,** ＿＿, _leron_
poner: puse, ＿＿ , **puso,** ＿＿, ＿＿
saber: supe, ＿＿ , ＿＿ , ＿＿ , ＿＿

_____ Actividad _____

In each section below, substitute additional vocabulary as needed.

¿Estuvo Ud....? —Sí, estuve...

1. ¿Estuvo Ud. aquí ayer?
   (Were you...?)
   —Sí, estuve... (Yes, I was...)
   —No,...
2. ¿Estuvo Ud. bien preparado (preparada)?
3. ¿Dónde estuvo Ud. anoche?
4. ¿Estuvo muy ocupado(a)?
5. ¿Tuvo tiempo para ver televisión? (Did you have...?)
   —Sí, tuve... (Yes, I had...)
   —No,...
6. ¿Tuvo Ud. mucho sueño anoche?

7. ¿Puso Ud. este libro sobre mi
   mesa? (Did you put...?)

   —Sí, puse...
   —No, ...

8. ¿Se puso Ud. el abrigo hoy?
   (Did you put on a...?)

   —Sí, me puse...
   —No, ...

9. ¿Pudo Ud. completar sus
   lecciones anoche?
   (Were you able to...?)

   —Sí, pude... (Yes, I could...)
   —No, ...

10. ¿Pudo Ud. comprenderlas
    perfectamente?

B. The **i** and **a** groups

> **venir: vine,** viniste, **vino,** vinimos, vinieron
> **hacer: hice,** hiciste, **hizo**[1], **hicimos, hicieron**
> **querer: quise,** _____ , **quiso,** _____ , _____
> **decir: dije,** _____ , _____ , _____ , dijeron[2]
> **traer: traje,** _____ , _____ , _____ , trajeron

— Actividades —

1 ¿Hizo Ud....? —Sí, hice...

1. ¿Hizo Ud. algo interesante
   ayer?
   (Did you do something...?)

   —Sí, hice... (Yes, I did...)
   —No, no hice nada...

2. ¿Hizo Ud. sus ejercicios
   anoche?

   Ask the same question of several students to maximize
   practice with these irregular verbs in the preterite.

3. ¿Hizo muchos errores?
   (Did you make...?)

4. ¿Hizo Ud. una fiesta
   recientemente?

5. ¿Vino Ud. a la escuela ayer?
   (Did you come...?)

   —Sí, vine...
   —No, ...

6. ¿A qué hora vino hoy?

7. ¿Quiso Ud. salir anoche?
   (Did you want to go out...?)

   —Sí, quise...
   —No, ...

8. ¿Quiso Ud. ir al cine?

9. ¿Dijo Ud. que hay examen hoy?
   (Did you say that...?)

   —Sí, dije...
   —No, ...

[1]The **c** changes to **z** so that the sound won't change. How would "hico" be
pronounced?
[2]The **i** of the ending **–ieron** disappears after a **j**. Actually, the force of the **j**
sound swallows the **i** up. Try it, if you don't believe us!

10. ¿Me dijo Ud. el número de su
    casa? (Did you tell me . . .?)   —Sí, le . . .

11. ¿Me trajo Ud. algo hoy?   —Sí, le traje . . . (Yes, I brought . . .)
    (Did you bring me . . .?)   —No, no le traje nada . . .

12. ¿Me trajo una taza de café?

2 ¿Dijeron Uds. . . . ?   —Sí, dijimos . . .

1. ¿Dijeron Uds. que no hay clase
   mañana? (Did you-all say . . .?)   —Sí, dijimos . . . (Yes, we said . . .)

2. ¿Dijeron Uds. que les gusta el
   español?   —Sí, dijimos que nos . . .

3. ¿Trajeron Uds. el almuerzo hoy?   —Sí, trajimos . . .
   (Did you-all bring your lunch . . .?)   —No, . . .

4. ¿Trajeron Uds. una cosa bonita   —Sí, . . . para Ud.
   para mí?   —¡No! ¡No trajimos . . .!

───── Práctica ──

1 *Diga ahora las formas correctas del pretérito:* Mechanical drill to practice verb forms

1. (yo) tener, estar, saber, poder, hacer, querer, decir, traer
2. (tú) poner, poder, estar, venir, decir, traer
3. (Juan) estar, saber, poner, tener, traer, decir, venir, hacer
4. (Nena y yo) estar, tener, saber, venir, hacer, decir
5. (Uds.) poner, tener, estar, hacer, decir, traer

2 *Cambie según las indicaciones:*

1. No *dije* nada.   2. ¿Quién lo *hizo*?
   No _____ . (hacer)   ¿ _____ lo _____ ? (traer)
   Nosotros _____ .   ¿Quiénes _____ ?

3. ¿*Viniste* con ellos?   4. Ud. no lo *tuvo*, ¿verdad?
   ¿(Ud.) _____ ?   Uds. _____ , ¿ ___ ?
   ¿ _____ ? (estar)   _____ , ¿ ___ ? (querer)

3 ¿Dónde lo puso Ud.?

¿Lo puso delante o   ¿Lo puso debajo o   ¿Lo puso dentro o
detrás de la mesa?   encima de la mesa?   fuera de la casa?

4

Ahora conteste según el modelo. Por ejemplo:
Tú lo tuviste? (Yo no. Juan.)   Yo no lo tuve. Juan lo tuvo.

1. ¿Tú los pusiste allí? (Yo no. Alberto.)
2. ¿Ud. vino tarde? (Yo no. Elisa.)   Oral and/or written practice
3. ¿Ud. pudo abrirlas? (Yo no. Lupita.)
4. ¿Uds. lo hicieron? (Nosotros no. Ellas.)
5. ¿Uds. se lo dijeron? (Nosotros no. Ellos.)

5

¿Puede Ud. relacionar los Grupos 1 y 2?

1	2
¿Por qué no vino Ud. ayer?	Mil gracias. ¿Qué es?
Te traje una cosa muy bonita.	Entonces, ¿cómo lo supo?
¿Quién los puso allí?	Pues, ¿por qué no comieron?
¿Pudiste acabar la lección anoche?	Porque estuve muy cansada.
Yo no le dije nada a José.	En la oficina. Tuve que trabajar.
Tuvimos muchísima hambre anoche.	Yo. ¿Los quieres en otro lugar?
¿Dónde estuviste el otro día?	No, pero hice los ejercicios.

26. Hace una semana . . .   A week ago . . .

Spanish uses **hace** plus a period of time to tell what happened
some time ago. Of course the main verb has to be in the past tense.

¿Ya vino Alicia?	Did Alice come yet?
—Sí, hace una hora.	Yes, an hour ago.
Hijo, ¿por qué no te lavas?	Child, why don't you wash up (yourself)?
—Pero mamá, ¡me lavé hace dos semanas!	But Mom, I washed two weeks ago!
¿Cuándo vuelven tus vecinos?	When are your neighbors coming back?
—Volvieron hace meses.	They came back months ago.

To familiarize students with the pattern—*main* verb / **hacer** / period of time— ask students the
questions below as personalized questions. Once

—— Actividad ——

they are familiar with the pattern of response,
play the game for enjoyment.

¿Cuándo...? —Hace...
*Escriba cada una de estas expresiones en un papel diferente,
indicando siempre un período de tiempo.*
Por ejemplo: 1. hace ____ minutos   hace diez, quince, (etc.) minutos
2. hace... hora(s)   5. hace... mes(es)
3. hace... día(s)   6. hace... año(s)
4. hace... semana(s)   7. hace... siglo(s) (centuries)

Now you and your classmates place your seven slips in a box,
and get ready to draw one slip to answer each of the following
questions. You may get some pretty surprising answers!

271

a. ¿Cuándo se lavó Ud. la última vez (last time) el pelo? ¿las manos? ¿la cara? ¿los pies?

b. ¿Cuándo preparó Ud. la última vez sus lecciones? ¿y estudió para un examen? ¿y sacó (got) "A" en una clase? ¿y contestó bien una pregunta?

c. ¿Cuándo dijo Ud. la última vez la verdad? ¿y una cosa falsa? ¿y ayudó a otra persona? ¿y tuvo suerte?

d. ¿Cuándo se casaron sus padres? ¿Cuándo nació Ud. (were you born)? (Nací hace...) ¿Cuándo cree Ud. que nació su maestro (maestra) de español? (¿De verdad?)

REPASO RAPIDO

1. Some verbs have a special pattern in the preterite:
The **yo** form ends in an unaccented **e**.
The **Ud.** form ends in an unaccented **o**.

tener: tuve... tuvo	**venir:** vine... vino
estar: estuve... estuvo	**querer:** quise... quiso
poder: pude... pudo	**hacer:** hice... hizo
poner: puse... puso	**decir:** dije... dijo... dijeron
saber: supe... supo	**traer:** traje... trajo... trajeron

2. **Hace** + a period of time means "ago": **hace una semana,** "a week ago."

Práctica

1 (You can check your answers in the back of the book.)
Conteste según el modelo.
Por ejemplo: ¿Los puso Ud. arriba? (No, abajo)
  <u>No, los puse abajo.</u>
1. ¿Lo hizo Ud. esta mañana? (No, anoche) 2. ¿Le trajo Ud. la canasta? (No, la caja) 3. ¿Se lo dijiste a Ramón? (No, a nadie) 4. ¿Vinieron Uds. tarde? (No, temprano) 5. ¿Estuvieron Uds. muy cerca? (No, lejos)

Guided translation

2 *Ahora, diga Ud....*
1. that your family came here 100 years ago. (Mi...)
2. that the class finished the lesson two days ago.
3. that you washed the cups three weeks ago. (Lavé...)
4. that you washed your hands six months ago. (Me lavé...) ¡Ay, no!

¿Por qué tomas este camino?

¡¡NO!! . . . ¡Ahora! . . .
¡Cuidado!

¿Quiso matarnos? ¿Cuándo le
dieron la licencia . . .?
¡Estúpidos!

CUENTO LÍO DE TRÁFICO

Traffic Jam

Es un día **hermoso** de verano, y el tráfico es imposible. Una **pareja** en un **coche** verde **discute:**

Él: Linda, ¿no te dije? ¿Por qué tomas este **camino?** El otro es mejor. ¿No te lo dije **tres veces?**

5 Ella: Seis veces, Alberto. Pero el **policía** dijo...

Él: ¡El policía! ¿Qué sabe él? ¡Dios mío! En diez horas no vamos a llegar.

Ella: Pues, ¿qué debo yo hacer? ¿**Volar** encima de los otros coches?

10 Él: Linda, ... ¿si tomamos la **pista de la derecha**...? Yo te voy a decir cuándo... **Así**... ¡Ahora! (Linda comienza a ir hacia la derecha.) ¡Linda! ¡¡NO!! Ahora está mejor la pista de la izquierda... Bueno. ¡Ahora! (Linda va hacia la izquierda.) ¡**Cuidado!** ¿**No viste** ese coche

15 rojo? Chica, ¿por qué ...?

(Un señor en un Volkswagen rojo lleno de niños abre la **ventanilla** y grita.)

Sr.: ¡Hombre! ¿Quiso **matarnos?** ¿Cuándo **le dieron** la licencia para **manejar?**

20 (Tres niños gritan por la ventanilla también.)

Niños: ¡**Tontos!** ¡Estúpidos! ¿Nos quisieron matar?

● Sr.: (a su esposa) Yo no sé, Graciela. **Hoy día** hay sólo **locos** en los caminos.

beautiful
couple; car; is arguing
road
three times

policeman

Fly

right-hand lane
That's it.

Careful!; Didn't you see

car window

kill us; did they give you
drive

Dummies!

Nowadays; **nuts**

273

¿No podemos volver?. . . creo que dejé la estufa prendida.

Toño, ¿qué hiciste con la botella de Pepito?

¿Me quieres dar un beso? ¡Malo! . . . Sólo uno?

Sra.: ¿Sabes, Francisco? No me gustan **ya** estas excursiones al
25   **campo.** ¿No podemos volver?   *any more* / *country*

Sr.: ¿A dónde?

Sra.: **A casa.** Por favor, Francisco. . . creo que **dejé** la estufa   *Home; I left on*
      prendida.

Sr.: **¿Qué importa?** Nada le va a pasar.   *So what?*

30 Sra.: ¿Ah, no? Hace dos semanas la estufa nueva de Carmen
      Montes **explotó.**   *exploded*

Sr.: ¡No! ¿La famosa ganga que compró en el Almacén
      Monarca?

Niña: **No fue** hace dos semanas, mamá. Fue hace un mes.   *It wasn't*

35 Sra.: Pues yo **lo supe** sólo ayer cuando estuve en. . . (Un bebé   *I learned it*
      que tiene en sus brazos comienza a **llorar.**) ¿Qué te   *cry*
      pasa, mi amor? ¿Tú tienes hambre? . . . Toño, ¿qué
      hiciste con la botella de Pepito?   *did you do*

Toño: No hice nada, mamá. Nadie **me la dio.**   *gave it to me*

40 Laurita: Yo la puse en la canasta blanca, mamá, con las
      servilletas y los cuchillos y tenedores y. . .

Sra.: ¿Y dónde está la canasta, Laurita?

Laurita: Encima del coche, mamá, con la caja de los vasos y
      tazas y. . .

45 Sra.: ¡Ay, Dios! Francisco, ¿tú crees que posiblemente puedes
      parar por un momento el coche?   *stop*

Sr.: ¿Si puedo pararlo? Pero Graciela, ¡hace diez minutos se
      paró!

274

(Una **pareja** de **recién casados** conversa en un fabuloso   couple; newlyweds
50   convertible italiano.)

Ella: ¿Lo viste, Gregorio? El coche rojo delante de nosotros se
      paró, ¡y el hombre abrió la puerta y **bajó**!   got out

Él: Seguro. **Prefiere caminar.** Es más rápido.   He prefers to **walk.**

Ella: Puede ser, puede ser. Pero en serio, mi amor, con este
55   tráfico, ¿cuándo vamos a llegar?

Él: ¿Qué importa, Gloria? (**La abraza.**) ¿Me quieres dar un   He embraces her.
      beso?   kiss

Ella: ¡Malo! ... ¿Sólo uno?

—— Vamos a conversar —————————————————————————————

1. ¿En qué estación del año estamos?
2. ¿Hay mucho o poco tráfico? ¿Es así donde vive Ud.?
3. ¿Quiénes van en el coche verde?
4. ¿Quién maneja?
5. ¿Quién le da instrucciones constantemente?
6. ¿Qué instrucciones le da? A propósito, ¿quién maneja más
   en su familia? ¿Sabe Ud. manejar? Si no, ¿cuándo va a
   aprender?
7. ¿Hay muchas o pocas personas en el Volkswagen rojo?
8. ¿Qué grita el hombre del Volkswagen?
9. ¿Qué hacen los tres niños? ¿Qué dicen?
10. En su opinión, ¿son típicas o no estas personas? Y una
    cosa más: En su opinión, ¿quiénes manejan mejor—los
    hombres o las mujeres?

● 1. ¿Por qué quiere volver Graciela a casa?
2. ¿Qué pasó hace dos semanas con la estufa de Carmen
   Montes?
3. ¿Dónde la compró? A propósito, ¿recuerda Ud. el Almacén
   Monarca? ¿Le gusta a Ud. esa tienda?
4. ¿Quién comienza a llorar? Díganos: ¿Hay niños pequeños
   todavía en la familia de Ud.?
5. ¿Tiene Toño la botella de Pepito?
6. ¿Dónde está la botella del niñito?
7. ¿Qué pregunta la señora a su esposo Francisco?
8. ¿Qué contesta su esposo?
9. ¿Quiénes van en el convertible italiano? Use la
   imaginación y díganos: ¿Son ricos o pobres (rich or poor)?
   ¿viejos o jóvenes?
10. ¿Qué piensa Ud. de Gregorio y Gloria? ¿Le gustan a Ud.?

JUEGOS DE PALABRAS

1 Llene los blancos. (Fill in the blanks.)

1.

| el **coche**
car | ¿Qué asocia Ud.
con un coche? | **manejar**
to drive | el **policía**
policeman
la **policía**
the police (force) | el **camino**
road | _____ |

2.

caminar   ¿Dónde caminamos?   en el _____   en la _____   en el **campo**
to walk   country

3.

parar(se)   ¿Nos paramos a...   la luz verde o la luz roja?
to stop

4.

dejar   ¿Qué dejaste?   mi _____ en _____   el _____ en _____
to leave
(behind)

5.

hermoso   ¿Son feos o hermosos?   _____   _____   _____
beautiful

2 ¿Qué dice Ud?
Estudie por un momento estas palabras:

¡Cuidado! Careful! Watch out!   **¡Así!** That's it! Like this!
¡Tonto! Stupid! Silly!   **¡Loco!** Crazy!

Ahora, ¿qué les dice Ud. a estas personas?

1.   2.   3.   4.

OBSERVACIONES

27. More special preterites

¿RECUERDA UD.?

¿Lo vio Ud.?	—Sí, lo vi.
¿Lo viste?	(Yes, I saw it.)
(Did you see it?)	
¿Lo vieron Uds.?	—No, no lo vimos.
(Did you-all see it?)	(No, we didn't see it.)

A. The preterite of **dar** (to give) is almost exactly like the preterite of **ver** (to see). Here's the way it goes:

dar	
di	dimos
diste	
dio	dieron

___ Actividad ___

¿Dio Ud....? —Sí, di...

1. ¿Dio Ud. dinero a la Cruz Roja? —Sí, di . . .
   (Did you give... to the Red (Yes, I gave . . .)
   Cross?)

2. ¿Me dio Ud. el número de su
   teléfono? —Sí, le...

3. Anita, ¿me diste tus ejercicios —Sí, le di mis...
   hoy? —No, . . .

277

4. Jaime, ¿le diste la caja a
   Dorotea?   —Sí, le...
5. Chicos, ¿me dieron Uds. los
   papeles?   —Sí, le dimos...
   (Did you-all give me...?)   —No, ...
6. ¿Dieron una fiesta esta semana
   sus padres?   —Sí, mis padres dieron...
   (Did your parents give...?)   —No, ...

B. **Ir** (to go) and **ser** (to be) share one set of preterite forms between
them.

ir and ser	
fui	fuimos
fuiste	
fue	fueron

How do we tell them apart? The rest of the sentence helps us do
that.

¿A dónde fuiste anoche?   Where did you go last night?
—Fui a un concierto. Riqui y Elsa   I went to a concert. Ricky and Elsa
   fueron también.   went too.

¿Quién fue el primero de la clase?   Who was the first in the class?
—Nena y yo fuimos los primeros.   Nina and I were the first. You were
   Ud. fue el número 3.   number 3.

___ Actividad ___

¿Fue Ud....?   —Sí, fui...

1. ¿Fue Ud. a un almacén ayer?   —Sí, fui... (Yes, I went...)
   (Did you go...?)   —No, no fui...
2. Amigo, ¿fuiste a la cafetería
   hoy?
3. Chica, ¿a dónde fuiste ayer?   —Fui a(l)..., Fui a la...
4. Chicos, ¿fueron Uds. al cine
   el sábado?   —Sí, fuimos...
5. ¿Fueron a trabajar sus padres?   —Sí, mis padres fueron...
   (Did your... go...?)   —No, ...
6. ¿Fue Ud. presidente de su
   clase? (Were you...?)   —Sí, fui... (Yes, I was...)
                                         —No, no fui...
7. Carlos, ¿tú fuiste el primer hijo
   de tu familia?

8. Patricia, ¿fue irlandesa su familia?
(... was your family Irish?)

—Sí, mi familia fue...
—No, ...

9. Chicos, ¿fueron Uds. siempre muy buenos estudiantes?

—Sí, fuimos...

10. ¿Fueron mexicanos sus abuelos?

C. Stem-changing verbs that end in **–ir** make a slight change in the third person of the preterite: **e** becomes **i**; **o** becomes **u**.

pedir (to ask for)		**dormir** (to sleep)	
pedí	pedimos	dormí	dormimos
pediste		dormiste	
pidió	pidieron	durmió	durmieron

¿Ud. pidió café?   Did you ask for coffee?
—No. Pedí un vaso de leche.   No. I asked for a glass of milk.

¿Durmieron Uds. bien?   Did you-all sleep well?
—No, no dormimos nada.   No. We didn't sleep at all.

Remember: Of all the stem-changing verbs, the **–ir** verbs are the only ones that have any special preterite forms. The **–ar** and **–er** stem-changing verbs are like any normal verb in the preterite. Por ejemplo:

> **pensar:** pensé, pensaste, pensó
> **volver:** volví, volviste, volvió

Práctica

1   *Cambie según las indicaciones:*   Oral and/or written practice
1. *Serví café.* (pedir)
2. *Durmió anoche.* (morir)
3. *¿Qué pidieron?* (servir)
4. *¿Lo sintió Ud.?* (repetir)
5. *Comenzamos tarde.* (dormir)
6. *¿Recordó el número?* (repetir)
7. *¿Murieron todos?* (volver)
8. *¿Qué pensaste?* (pedir)

2   *Complete, usando el pretérito de* **ser, ir** *o* **dar:**
1. ¿Quién _____ al aeropuerto contigo? —Nadie. (Yo) _____ solo (alone).
2. ¿No le _____ (yo) el número de mi teléfono? —No. Ud. no me _____ nada.
3. Clara y yo _____ a tu casa a verte. —Ah, lo siento. Ayer Gilberto y yo _____ a Filadelfia.

4. ¿Quién ____ el mejor presidente de los Estados Unidos? —No sé.
5. Mis amigos me ____ una caja de chocolates para mi cumpleaños. —¿ ____ muy deliciosos?
6. ¿Uds. tienen todavía los platos? —No. Se los ____ a Graciela.
7. ¿ ____ Uds. los primeros en llegar? —No. (Nosotros) ____ los segundos.

REPASO RÁPIDO

More Special Preterites:

ir and **ser:** fui, fuiste, fue, fuimos, fueron
dar: di, diste, dio, dimos, dieron

–ir stem-changing verbs change **e** to **i** or **o** to **u** in the third person:

pedir: pedí, pediste, pidió, pedimos, pidieron
morir: morí, moriste, murió, morimos, murieron

Práctica

Guided translation

(You can check your answers in the back of the book.)
Complete, según los modelos:
1. Did the man die?   ¿Murió el _____
   Yes, he was very sick.   —Sí, estuvo _____
   Did the child sleep well?
   Yes, he was very tired.

2. Did you-all go to the movies?   ¿Fueron Uds. _____
   No, we went to a party.   —No, fuimos _____
   Did they go to the country?
   No, they went downtown. ____ al

3. Were you the oldest?   ¿Fue Ud. el (la) _____
   No, I was the youngest.   —No, fui _____
   Were you-all the best?
   No, we were the worst.

4. Did you give it to Marian?   ¿Se lo dio Ud. a Mariana? _____
   No, I gave it to her brother.   —No, se lo di _____
   Did they give them to the customer?
   Yes, they gave them to her.

Repaso, Lecciones 7–9

I. Repaso General

A. Chart of the direct and indirect object pronouns
(**Observaciones 19, 20,** and **21**)

direct		indirect	
		me	me, to me
		te	you (pal), to you
lo	him, it, you (**Ud.**)	**LE**	to him, to her, to it, to you
la	her, it, you (**Ud.**)		
		nos	us, to us
los	them, you (**Uds.**)	**LES**	to them, to you (**Uds.**)
las	them, you (fem.)		

Don't study

Remember:

1. **Me, te,** and **nos** are both direct and indirect objects.
   Nos odia.   He hates us.   **Nos habla.**   He speaks to us.

2. When we have both a direct and an indirect object pronoun,
   the indirect goes first.
   ¿Me lo das?   Are you giving it to me?
   —No, no te lo doy.   No, I'm not giving it to you.

3. **Le** and **les** change to **SE** before **lo, la, los,** or **las.**
   Pagan el dinero al Sr. Mera.   They pay the money to Mr. Mera.
   Le pagan el dinero.   They pay the money to him.
   Se lo pagan.   They pay it to him.
   Doy los mejores precios a mis   I give the best prices to my
      clientes.   customers.
   Les doy los mejores precios.   I give them the best prices.
   Se los doy.   I give them to them.

4. With the verb **gustar** (to be pleasing), we can use only an
   indirect object.
   ¿Le gustan?   Do you like them? (Are they pleasing to you?)
   Les gusta bailar.   They like to dance. (Dancing is pleasing to
   them.)
   No nos gusta.   We don't like it. (It is not pleasing to us.)

B. The preterite tense of regular verbs: "I won, I ate, I opened" (**22** and **23**)

–ar	**–er, –ir**
ganar	**comer, abrir**
gané	comí, abrí
ganaste	comiste, abriste
ganó	comió, abrió
ganamos	comimos, abrimos
ganaron	comieron, abrieron

¿Qué comieron?   What did you-all eat?
—No comimos casi nada.   We ate almost nothing.

¿Tú ganaste?   Did you win?
—No, perdí.   No, I lost.

C. Special preterite forms (**25** and **27**)

1. Three irregular verbs: **ir, ser, dar**
   ir: fui, fuiste, fue, fuimos, fueron
   ser: fui, fuiste, fue, fuimos, fueron
   dar: di, diste, dio, dimos, dieron
   (Yes, **ser** and **ir** are exactly alike.)

2. Special preterite patterns
   Note: The **yo** form ends in an unaccented **e**.
   The **Ud., él, ella** form ends in an unaccented **o**.

   a. The **u** group

   tener: tuve, tuviste, tuvo, tuvimos, tuvieron
   estar: estuve, estuviste, estuvo, estuvimos, estuvieron
   poder: pude, pudiste, pudo, pudimos, pudieron
   poner: puse, pusiste, puso, pusimos, pusieron
   saber: supe, supiste, supo, supimos, supieron

   b. The **i** and **a** groups

   venir: vine, viniste, vino, vinimos, vinieron
   hacer: hice, hiciste, hizo, hicimos, hicieron
   querer: quise, quisiste, quiso, quisimos, quisieron
   decir: dije, dijiste, dijo, dijimos, dijeron
   traer: traje, trajiste, trajo, trajimos, trajeron

   c. All **–ir** stem-changing verbs change **e** to **i**, **o** to **u** in the third person.

   pedir: pedí, pediste, pidió, pedimos, pidieron
   dormir: dormí, dormiste, durmió, dormimos, durmieron

D. With a verb in the past tense, **hace** (plus a period of time) means "ago." **(26)**

Marcos vino hace un mes. Yo vine hace tres días.
—¿Nada más?

Mark came a month ago. I came three days ago.
That's all?

E. The reflexive object pronouns — myself, to myself, etc. **(24)**
When the subject does the action to itself, we use a reflexive pronoun. Except for the third person **se,** the reflexives are exactly like the other object pronouns.

me   myself, to myself   **nos**   ourselves, to ourselves
te   yourself, to yourself (pal)
SE   (to) himself, (to) herself, (to) yourself—**Ud.;** (to) itself
       (to) themselves, (to) yourselves—**Uds.**

¿Se prepararon Uds. ya?
—No nos preparamos nunca, ¡para nada!

Did you prepare yourselves already?
We never prepare ourselves for anything!

Se habla todo el tiempo.
—Yo también.

He talks to himself all the time.
So do I.

II.   Repaso de Vocabulario

abajo   down, below, **8**
el almuerzo   lunch, **8**
allí   there, **8**
amar   to love, **7**
el amor   love, **7**
anoche   last night, **8**
arriba   up, above, **8**
así   like this, so, that's it, **9**
ayer   yesterday, **8**
beber   to drink, **9**
la botella   bottle, **9**
buscar   to look for, **8**
cada   each, every, **7**
la caja   box, **9**
la calle   street, **8**
caminar   to walk, **9**

el camino   road, **9**
el campo   country (not city), **9**
la canasta   basket, **9**
casarse (con)   to get married (to), **8**
el centro   center, downtown, **8**
cerca   nearby; **cerca de** (prep.)   near, close to, **8**
cocinar   to cook, **7**
el coche   car, **9**
¿Cómo se llama?   What's your name?, **8**
el corazón   heart, **7**
correr   to run, **8**
la cosa   thing, **7**
creer   to believe, to think, **7**
la cuchara   spoon, **9**

la **cucharita**   teaspoon, **9**
el **cuchillo**   knife, **9**
¡Cuidado!   Careful!, Watch out!, **9**
debajo de   under, **8**
dejar   to leave (behind), **9**
delante de   in front of, **8**
dentro   inside, **8**
derecho   right, **7**; **a la derecha**   on the right, **8**
detrás de   behind, **8**
dormir (duermo)   to sleep, **7**
encima de   over, on top of, **8**
encontrar (encuentro) to find, to meet, **7**
explicar   to explain, **7**
feliz (pl., felices)   happy, **7**
fuera   outside, **8**
gritar   to shout, **8**
hacia   toward, **8**
hermoso   beautiful, **9**
izquierdo   left, **7**; **a la izquierda**   on the left, **8**
la lata   can, **9**
lejos   far away; **lejos de**   far (from), **8**
loco   crazy, **9**
manejar   to drive, **9**
la **máquina**   machine, **7**

mismo   same, **7**
odiar   to hate, **7**
parar(se)   to stop, **9**
perder (pierdo)   to lose, **7**
el **plato**   dish (of food), plate, **9**
el **policía**   policeman; la **policía**   policewoman; the police (force), **9**
preguntar   to ask a question, **7**
quedarse   to stay, to remain, **8**
*   **recordar (recuerdo)**   to remember, **7**
saber (sé, sabes)   to know (a fact or how to), **7**
según   according to, **7**
*   **sentarse (me siento)**   to sit down, **8**
sentir (siento)   to feel, to regret, **7**
la **servilleta**   napkin, **9**
simpático   nice, **7**
sobre   on, about, over, above, **7**
*   **soñar (sueño) con**   to dream about, **7**
el **sueño**   dream, **7**
la **taza**   cup, **9**
el **tenedor**   fork, **9**
tonto   stupid, silly, **9**
triste   sad, **7**
vaso   (drinking) glass, **9**

Juegos de Palabras

1 *¿Puede Ud. encontrar en el Grupo 1 lo contrario de cada palabra del Grupo 2?*

1: amar, feliz, cerca, arriba, delante, dentro, aquí, derecho
2: abajo, allí, izquierdo, lejos, triste, odiar, fuera, detrás

Ahora, ¿puede encontrar un sinónimo en el Grupo 4 para cada palabra del Grupo 3?

3: amar, centro, sobre, tonto, decir, hermoso
4: ciudad, querer, encima de, contar, bonito, estúpido

abajo, arriba; allí, aquí; izquierdo, derecho; lejos, cerca; triste, feliz; odiar, amar; fuera, dentro; detrás, delante; amar, querer; centro, ciudad; sobre, encima de; tonto, estúpido; decir, contar; hermoso, bonito

2 Detective
¿Puede Ud. encontrar aquí 20 palabras relacionadas con artículos de uso diario?

botellas   cuchillos   sal
caja   lata (4)   servilleta
calle   máquina   silla
canasta   mesa (2)   taza (2)
cosa   nevera   tenedor
cuchara   olla   vaso(s) (2)
cucharita   platos

Álbum 5

¿Sabe Ud.?

En Hispanoamérica, los padres hacen una fiesta especial cuando la hija llega a los quince años, no a los diez y seis, como hacemos aquí en algunas partes. ¡**Parece** (it seems) que las jóvenes hispanas quieren sentirse "mayores" antes que las norteamericanas!

¿Qué opina Ud.?

Vida social . . . familia . . . la mujer en el mundo comercial . . . Frecuentemente, las ideas del hispano son similares a las **nuestras** (ours). Pero no siempre. Ahora, ¿quiere Ud. saber cómo piensan nuestros hermanos hispanoamericanos? Pues fuimos a Latinoamérica y ofrecimos a 200 estudiantes un cuestionario sobre estos mismos temas.

Éstos son algunos (some) de los estudiantes que respondieron a nuestro cuestionario en la biblioteca (library) de la Universidad de México.

Ahora se lo ofrecemos a Ud. A ver cómo contesta:

CUESTIONARIO

Nombre: _____

Dirección: _____

¿Dónde nació? _____

¿Cuántos años tiene Ud. ahora? _____

I. **Ud. y su familia**
   1. ¿Cuántos hermanos tiene Ud.? _____
   2. ¿Cuántos hijos quiere Ud. tener? _____
   3. ¿Vive con Uds. otro pariente (un abuelo, una tía, etc.)? _____

4. ¿Va Ud. a vivir con sus padres hasta el momento de casarse? _____

5. Si sus padres dicen que no les gusta su novio (o novia), ¿se casa Ud. con esa persona? _____

6. En su opinión, cuando los padres son viejos y no pueden trabajar,

_____ ¿deben ir a una "casa de viejos"?

_____ ¿deben vivir con sus hijos casados (married)?

II. Su Vida Social

1. ¿Cómo le gusta más pasar su tiempo?

_____ con un grupo de amigos   _____ con uno solo (una sola)

2. ¿A qué edad empezó Ud. a salir solo (sola) con jóvenes del otro sexo? _____

3. ¿Invita Ud. a sus amigos con frecuencia a su casa? _____

4. ¿Dónde pasa Ud. la mayor parte de su tiempo libre (free time)?

_____ en su propia casa   _____ en la calle

_____ en casa de amigos   _____

III. Hombre y mujer

1. Si dos amigos — un muchacho y una chica — salen juntos (together) al cine, a un café, etc., ¿quién debe pagar?

_____él   _____ella   _____los dos

2. ¿Le parece bien o mal cuando los novios **se besan** (kiss) en público? _____

3. En su opinión, ¿cuál es la mejor edad para casarse?

	mujer	hombre
a los 18 años o antes	_____	_____
entre los 19 y 21	_____	_____
entre los 22 y 25	_____	_____
después de los 26	_____	_____

4. ¿Cuál es su idea de una mujer bonita, o de un hombre guapo?

	mujer	hombre
altura (height)	_____	_____
peso (weight)	_____	_____
color del pelo	_____	_____
ojos	_____	_____

5. Finalmente, una pregunta personal: ¿Está Ud. **enamorado (enamorada)** (in love) ahora? _____ ¿De quién estuvo Ud. enamorado (enamorada) la primera vez (first time)? _____

¿Quiere saber las opiniones de nuestros estudiantes hispanoamericanos? Las puede encontrar en la página 299.

¡Viene el Correo!

correo mail

carta letter

cartero mailman

la **dirección**
address

Sr. Carlos Estrada
Córdoba 348
Buenos Aires
Argentina

sello stamp

el **sobre** envelope

¿Sabe Ud.?

En Latinoamérica o en España, cuando escribimos la dirección en una carta o en el sobre, ponemos el nombre de la calle primero y el número de la casa después.

el buzón mailbox

una postal postcard

un paquete package

Ahora díganos:

1. ¿Cuál es la dirección de su casa?
2. ¿Escribió Ud. una carta ayer? ¿Recibió una carta, o una postal?
3. ¿Hay un buzón aquí en la escuela? ¿Hay uno en su calle?
4. ¿Hay un cartero en su familia? ¿Desea Ud. ser cartero? ¿Por qué?
5. ¿Cuánto cuesta ahora un sello? ¿Cuesta mucho mandar por correo un paquete? (A propósito, ¿qué es una Casa de Correos?)
6. Ahora use la imaginación y díganos: El sobre que va a Elvira Martínez, ¿contiene una carta personal o de negocios (business)? ¿Quién escribe al Sr. Castañeda? ¿Dónde cree Ud. que vive esa persona? ¿A dónde viajó la amiga de Cecilia Alvarado?

¿Quiere Ud. **asistir a** una boda (attend a wedding)? Pues primero, estudie bien la invitación y díganos: ¿Cómo se llaman los **novios** (bride and groom, or sweethearts)? ¿Cómo se llaman los padres de la novia? ¿Y del novio? ¿Dónde se va a celebrar la boda? ¿Qué día de la semana va a ser? ¿Y a qué hora? ¿Vamos?

El día más feliz de su vida. . . . El matrimonio es para siempre según la tradición hispana. Y hay menos divorcios que aquí.

¿Sabe Ud.?

Cuando los novios anuncian su compromiso, el muchacho le da a la novia un anillo sencillo de oro (plain gold ring), y ella lo lleva en la mano izquierda. Cuando se casa, pasa el anillo a la mano derecha. (Yes, the wedding band is worn on the right hand.)

Imagínese que Susana y Gabriel son amigos suyos (of yours). Díganos entonces:

1. ¿Cuántos años de edad tiene (How old is) la novia? ¿Dónde vive? ¿Es estudiante todavía? ¿Trabaja? ¿Es muy bonita? ¿De qué color son sus ojos? ¿De qué color es su pelo? ¿Tiene la nariz grande o pequeña? ¿Y la boca? ¿Es muy alta? ¿Es muy baja? ¿Tiene hermanas mayores? ¿Ya se casó una hermana suya (of hers)? ¿O un hermano suyo?

2. En su opinión, ¿cómo es el novio? ¿Puede Ud. describírnoslo un poco? ¿Es alto, bajo, rubio, moreno, etc.? ¿Cuántos años tiene? ¿Dónde trabaja? ¿Cómo es su familia? ¿Cuántas personas van a asistir a la fiesta? ¿Cree Ud. que van a ser felices Susana y Gabriel? ¿Están muy enamorados?

sonar (sueno)
to ring, sound

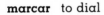

marcar to dial   **línea** line   **prometer** to promise   **guardar** to keep

Rosalía González, con la invitación de Susana todavía en la mano, corre al teléfono y marca un número. La línea está ocupada. Espera dos o tres minutos y marca el número otra vez. El teléfono suena . . . ¡en la casa de Ud.! Ud. lo coge y contesta: "¿Sí?" Vamos a ver cómo continúan Uds. la conversación. (Of course, you'll speak to each other as "tú.")

Rosalía

Hola, ____. Habla Rosalía.
¿____?

¿Sabes? Una amiga **tuya** (of yours) se va a casar.
(Le dice el nombre.)

Bueno. Entonces, ¿me prometes una cosa?

(Pregunta si puede guardar un secreto.)

Pues yo no soy amiga **suya** (of hers) tampoco (either). ¡Su novio . . . fue mío!

Ud.

(Ud. contesta.) ¿____?

—¿Una amiga mía? ¿Quién?
—¡Qué va! Ella no es amiga mía. Sí, conozco a sus hermanos, y ellos son amigos nuestros. Y nosotros somos amigos **suyos** (of theirs). Pero, ¿Susana? ¿Amiga mía? ¡Qué va!

(Dice que sí, promete.)

(Dice que seguramente puede.)

(¡Una exclamación!)

1 "Deposite su dinero después de oír la señal para marcar (dial tone)." A las cinco de la tarde, muchas personas esperan para usar el teléfono público en el Paseo de la Reforma, México, D.F. "Por favor, cinco pesos más."

2 "¿Rosalía? Aquí habla Susana. Sí . . . ¡Me voy a casar! Sí, con Gabriel."

¿Sabe Ud.?

La manera más común de decir un número telefónico en español es de dar los números en pequeños grupos, no uno por uno. Por ejemplo, si el número es 534–2756, decimos: cinco/ treinta y cuatro/ veinte y siete/ cincuenta y seis.

¿Puede Ud. decirnos ahora el número de su teléfono?

¿Quién llamó?

cuidarse
to take care
of oneself

acostarse
(me acuesto)
to go to bed

vestirse
(me visto)
to get dressed

divertirse
(me divierto)
to enjoy oneself

Yo no tengo teléfono privado. Y así, cuando quiero llamar a un amigo, siempre oigo fragmentos de otras conversaciones. Anoche, por ejemplo . . . ¿Puede Ud. decirme quiénes estuvieron en la línea?

1. Esteban, tienes que cuidarte más.
   —Pero me cuido mucho. Realmente.
   —Entonces, ¿por qué te acuestas tarde todas las noches?
   —No me acuesto tarde siempre.
   —Pues, ¿prometes que vas a acostarte temprano esta noche?
   ¿Me lo prometes, Esteban?

¿Quién llamó a Esteban, un pariente suyo (una pariente suya), un amigo suyo (una amiga suya), o su novia?

2. Entonces, ¿tú vas también?
   —Claro.
   —¡Qué maravilla! Vamos a divertirnos mucho.
   —Seguro. Si tú estás allí, siempre me divierto. A propósito, ¿cómo te vas a vestir?
   —Depende. Si la fiesta es muy formal, me pongo los levis nuevos. Si es informal, me pongo los viejos. ¿Qué te parece, amor mío?
   —Fantástico. Así me visto yo también.

Ahora, ¿quiénes son estas personas, amigos, hermanos, novios, o esposos? ¿Cuántos años de edad cree Ud. que tienen?

3. Amalia, ¿puedes guardar un secreto?
   —¡Cómo no! ¿Qué pasó?
   —¿Prometes que no se lo vas a decir a nadie?
   —Prometo, prometo, ¿Qué pasó?
   —Pues la nueva vecina tuya besó al cartero el otro día.
   —¿Y por qué no? ¡El cartero es su esposo!

   Díganos: ¿Quién habló con Amalia, un(a) agente de policía, un hijo suyo (una hija suya), o un vecino suyo (una vecina suya)? ¿Dónde cree Ud. que viven?

4. Señora, le voy a ofrecer una oportunidad que no ofrezco a todos mis clientes.
   —Gracias, no. No me gustan esos precios suyos.
   —Entonces, le ofrezco otra cosa, una ganga fantástica . . .
   —Por favor, señor, hoy no.

   Diga otra vez; ¿Quién habló con la señora, un primo suyo, el dueño de una tienda, o un íntimo amigo suyo? En su opinión, ¿qué cosa quiere vender?

Detectives . . . Dentistas . . . Discos . . . ¿Qué busca Ud.? Aquí lo encuentra en las "páginas amarillas" de la Guía Telefónica.

Vocabulario

acostarse (me acuesto) to go to bed
asistir a to attend (a function)
besar to kiss
el **buzón** mailbox
la **carta** letter
el **cartero** mailman
conducir (conduzco) to conduct, lead
el **correo** mail; **Casa de Correos** Post Office
cuidarse to take care of oneself
la **dirección** address
divertirse (me divierto) to enjoy oneself, have a good time
enamorado (de) in love (with)
guardar to keep
la **línea** line
marcar to dial
mío mine, of mine
nacer (nazco, naces) to be born
novia, novio sweetheart
ofrecer (ofrezco, ofreces) to offer
el **paquete** package
parecer (parezco, pareces) to appear, seem
la **postal** postcard
producir (produzco, produces) to produce
prometer to promise
el **sello** stamp
el **sobre** envelope
sonar (sueno) to ring, sound
suyo his, hers, its, yours, theirs; of his, of hers, etc.
tener . . . años (de edad) to be . . . years old
tuyo yours, of yours
vestirse (me visto) to get dressed

mi(s) means "my"	**mío(s), mía(s)** mean "mine" or "of mine"
tu(s) your	**tuyo(s), tuya(s)** yours, of yours
su(s) his, her, its, your (de **Ud.** or **Uds.**), their	**suyo(s), suya(s)** his, hers, its, yours, theirs

Nuestro, nuestra (and **vuestro, vuestra**) work either way.
nuestro amigo our friend   un amigo nuestro a friend of ours

Me gusta esa idea tuya.	I like that idea of yours.
Me gustan esas ideas tuyas.	I like those ideas of yours.
Este papel es mío.	This paper is mine.
Ésos son suyos.	Those are his (hers, yours, theirs).

Of course, we can change **suyo** to **de él, de ella, de Ud.,** etc., to make things perfectly clear.

La casa es suya . . . La casa es de él.   The house is *his*.
       La casa es de ella.   The house is *hers*.
       La casa es de ellos.   The house is *theirs*.

Respuestas al Cuestionario

Aquí tiene Ud. las respuestas (answers) de nuestros amigos latinoamericanos:

I. Ud. y su familia
1. ¿Cuántos hermanos?   70%, entre 4 y 6
2. ¿Cuántos hijos desea Ud.?   La gran mayoría dijo "Dos"
3. ¿Vive con Uds. otro pariente?   60%—Sí
4. ¿Va a vivir con sus padres hasta casarse?   60%—Sí
5. ¿Se casa Ud. contra los deseos de sus padres?   70%—Sí
6. ¿Dónde deben vivir los padres viejos?   90%—¡con los hijos casados!

II. Vida social
1. ¿Cómo pasa su tiempo?   65% —con un grupo de amigos
2. ¿Cuándo comenzó a salir solo (sola)?   60%— a los catorce años o después
3. ¿Invita Ud. a su casa . . .?   70%— ¡No!
4. ¿Dónde pasa su tiempo libre?   #1—en la calle con amigos #2—en casa (televisión, etc.)

III. Hombre y mujer
1. ¿Quién debe pagar?   La gran mayoría dijo "Él". ¡Nadie dijo "Ella"!
2. ¿Besarse en público?   50%—Está bien; 50%—Está mal.
3. ¿La mejor edad para casarse una mujer? —la mayoría dijo:18–22   ¿un hombre? —la mayoría dijo: 26 o más
4. ¿Mujer bonita?   70%—5'5" de alto; 125–135 libras de peso   65%—ojos oscuros, pelo moreno
¿Hombre guapo?   80% 5'11"– 6'0" de alto; peso—160–165 libras   95% ojos y pelo—oscuros (dark)

LECCIÓN 10

¡A comer!
Let's eat!

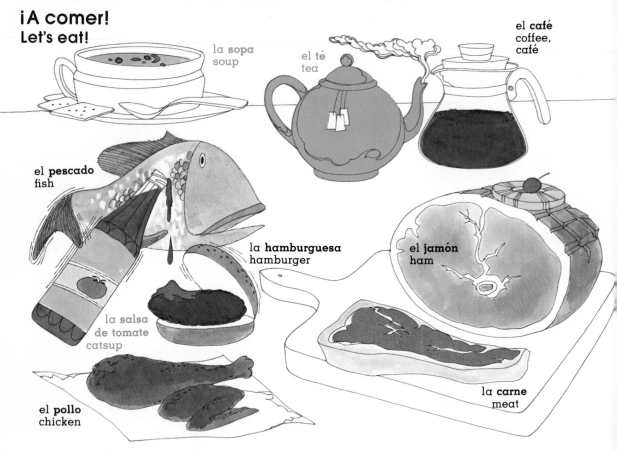

la **sopa**
soup

el **té**
tea

el **café**
coffee,
café

el **pescado**
fish

la **hamburguesa**
hamburger

el **jamón**
ham

la **salsa
de tomate**
catsup

el **pollo**
chicken

la **carne**
meat

Díganos

1. ¿Le gusta mucho a Ud. comer? ¿Dónde le gusta más comer — en casa o fuera? ¿Dónde comió anoche? A propósito, ¿es buena la comida (food) en la cafetería aquí?

2. ¿Come Ud. solamente cosas buenas para la salud (health)? ¿Come muchas cosas "malas"? ¿Vigila (Do you watch) mucho su dieta?

3. ¿Qué le gusta más a Ud. — la carne o el pescado? ¿Le gustan las hamburguesas "comerciales"? ¿Las come con mucha salsa de tomate? ¿Le gusta el pollo "al estilo Kentucky"?

4. ¿Le gustan a Ud. los vegetales? ¿las frutas? ¿los helados?

Ask students to group these foods according to the order in which they would be served in a restaurant. For cultural enrichment, bring menus from Spanish-speaking countries to discuss differences and similarities in foods.

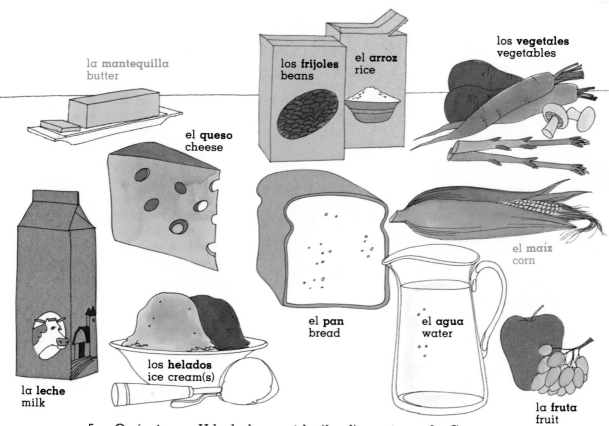

la mantequilla
butter

los **frijoles**
beans

el **arroz**
rice

los **vegetales**
vegetables

el **queso**
cheese

el **maíz**
corn

la **leche**
milk

los **helados**
ice cream(s)

el **pan**
bread

el **agua**
water

la **fruta**
fruit

5. ¿Qué piensa Ud. de la comida (food) mexicana? ¿Conoce Ud. los tacos? ¿los tamales? ¿los frijoles? ¿el arroz con pollo? ¿Qué otros platos hispanos conoce Ud.?

6. ¿Le gusta la comida china? ¿Cuál le gusta más — la comida china, la comida italiana o la comida francesa? A propósito, ¿hay restaurantes japoneses donde vive Ud.?

7. ¿Qué toma Ud. normalmente con su comida — agua, leche, jugos (juices) o soda? ¿Le gusta el jugo de tomate? ¿el jugo de naranja (orange)? ¿Bebe Ud. café? ¿Bebe mucho té? ¿Sirve su familia vino (wine) con la comida?

8. Finalmente, ¿quién prepara las comidas en su casa? ¿Sabe Ud. cocinar? ¿Sabe su padre cocinar? ¿Saben sus hermanos? En su opinión, ¿es importante para un hombre aprender a cocinar?

Restaurante

Hoy vamos a comer en un restaurante, ¿está bien? Vamos a un lugar muy bonito, nos sentamos a una mesa, el mesero (waiter) nos da el menú, y...

—Menú—

CARNES
rosbif, hamburguesa, biftec, pollo, jamón, cordero (*lamb*)

PESCADOS
salmón fresco, mariscos (*shellfish*) variados

VEGETALES
arroz, frijoles, papas fritas (*french fries*), maíz (*corn*), bróculi, coliflor

ENSALADA
lechuga (*lettuce*) y tomate, con salsa francesa, rusa o italiana pan con mantequilla

POSTRES (*Desserts*)
helados de vainilla o chocolate flan (*custard*) con caramelo tarta (*cake*) de chocolate o de queso fruta fresca

BEBIDAS - café, té, chocolate, sodas variadas

Ahora vamos a pedir (order), ¿está bien? The only trouble is that the waiter is a "health freak" and won't let us get anything we want.

Por ejemplo: ¿Cómo completa Ud. esta conversación?

Mesero (Mesera)	**Usted**
Buenas..., señor(ita). ¿Qué le puedo traer hoy?	—Buenas... ¿Me trae Ud....? (*Pida una carne o un pescado, con vegetales, papas, etc.*)
Ah, no, señor(ita). Eso no está muy fresco hoy. Yo le recomiendo más el...	—Muy bien. Entonces, voy a tomar... (*Pida Ud. otra cosa diferente.*)
Ay, por favor, señor(ita). Eso tiene muchas calorías. ¿Por qué no pide Ud....?	—Bueno, si Ud. insiste. Pero para terminar, quiero... (*Pida Ud. un postre delicioso y una bebida.*)
¡Por Dios, señor(ita)! Eso es muy malo para la salud. ¿Por qué no toma Ud....?	(*Decida Ud. si quiere aceptar esta recomendación o si prefiere ir a otro restaurante.*) —Muy bien, muy bien. O... —Adiós, señor(ita), me voy a otro lugar.

Assign students to divide into groups to act out this scene. Have a contest between groups to see who performs best. Props would add realism.

OBSERVACIONES

28. "I was going, I used to go" — the imperfect tense (singular)

¿RECUERDA UD.?

hablo I speak, I am speaking	hablé I spoke
como I eat, I am eating	comí I ate

So far, we have learned only two tenses—the present and the preterite. In other words, we can tell what *is happening* now or what *happened* at some moment in the past. Today we're going to tell what *was happening*, what *used to happen*. The new tense we're going to learn is called the "imperfect."

A. Here are the regular singular forms of the imperfect tense.

— Actividades ——————————————————————

1 ¿Hablaba...? —Sí, hablaba...

Yes, the first and the third persons are exactly alike in the imperfect tense.

Ahora, piense bien, y díganos: Substitute additional vocabulary as needed.
A la edad de dos años (At the age of two):
1. ¿Hablaba Ud. ya?   —Sí, hablaba...
   (Were you talking already?)   —No, no hablaba todavía.
2. ¿Miraba Ud. ya la televisión?
3. ¿Gritaba Ud. mucho?   —Sí, gritaba... (Yes, I used to...)
   (Did you yell...?)   —No,...
4. ¿Hablaba otra lengua en casa
   su familia? (Did your family   —Sí, mi familia... (My family
   speak...?)   used to...)

A la edad de cinco años:
1. ¿Jugaba Ud. con otros niños?
2. ¿Jugaba Ud. en la calle o en casa?
3. ¿Amaba Ud. mucho a sus
   abuelos?
4. ¿Los visitaba mucho su familia?
   (Did your family visit them...?)
5. ¿Le gustaba a Ud. aprender
   canciones?   —Sí, me gustaba...
6. ¿Qué le gustaba comer?   —Me gustaba comer...

2 ¿Vivía...? —Sí, vivía...

A la edad de diez años:
1. ¿Dónde vivía Ud.?   —Vivía en...
   (Where were you living?)
2. ¿Vivía cerca de la escuela su
   familia?
3. ¿Tenía Ud. muchos amigos en la   —Sí, tenía... (Yes, I used to...)
   escuela? (Did you have...?)   —No,...
4. ¿Tenía Ud. que ir a la cama
   temprano? (Did you have to...?)
5. ¿Podía Ud. salir de noche?   —Sí, podía...
   (Could you go out at...?)
6. ¿A qué hora volvía Ud. de la
   escuela?   —Volvía a la(s)...
7. ¿Sabía Ud. tocar un instrumento
   musical?
8. ¿Comía mucha fruta?
9. ¿Comía muchos vegetales?

3 Tú estabas...?   —Sí, estaba...
   Tú tenías...?   —Sí, tenía...

Just as with the present tense, the **tú** form simply adds **–s** to
the verb ending for **usted.** Por ejemplo:

1. ¿Dónde estabas hoy a las seis
   de la mañana?   —Estaba en...
   (Where were you...?)
2. ¿Dormías todavía?   —Sí, dormía...
   (Were you sleeping...?)   —No,...
3. ¿Dónde estabas anoche a las
   nueve?
4. ¿Mirabas la televisión?
5. ¿Escuchabas el radio?
6. ¿Ayudabas a tus padres?
7. ¿Comías un helado?
8. ¿Leías un libro?
9. ¿Llamabas por teléfono a un
   amigo?
10. ¿Hacías tu lección de español?
11. ¿Te sentías triste o feliz?   —Me sentía...
    (Were you feeling...?)

B. There are only three verbs that have special forms in the imperfect.

	ser (to be)	**ir** (to go)	**ver** (to see)
(yo, él, ella, Ud.)	era	iba	veía
(tú)	eras	ibas	veías

— **Actividad** ——————————————————————

era..., iba..., veía

Cuando Ud. era pequeño (pequeña):
1. ¿Era Ud. obediente o desobediente? (Were you...?) —(Yo) era...
2. ¿Era Ud. alto (alta) o bajo (baja) para su edad?
3. ¿Era Ud. simpático (simpática) o imposible?
4. ¿Iba Ud. frecuentemente al cine? (Did you go...?) —Sí, iba... (Yes, I used to...)
5. ¿A qué hora iba normalmente a la cama?
6. ¿Veía Ud. muchas películas? (Did you see...?) —Sí, veía...
7. ¿Veía Ud. todas las semanas a sus primos?

En breve—here are all the singular forms of the imperfect tense:

	hablar	**comer**	**vivir**
(yo, él, ella, Ud.)	hablaba	comía	vivía
(tú)	hablabas	comías	vivías

	ser	**ir**	**ver**
(yo, él, ella, Ud.)	era	iba	veía
(tú)	eras	ibas	veías

— **Práctica** ——————————————————————

1 *Diga las formas correctas del imperfecto:* Mechanical drill to practice verb forms
1. yo: bailar, cantar, volver, morir
2. tú: amar, odiar, creer, sentir
3. nuestro vecino: pensar, soñar, dormir, perder
4. Ud.: caminar, manejar, tener, conocer

[1] 1. (yo) bailaba, cantaba, volvía, moría   2. (tú) amabas, odiabas, creías, sentías
3. (nuestro vecino) pensaba, soñaba, dormía, perdía   4. (Ud.) caminaba, manejaba, tenía, conocía

2 Frases revueltas (Scrambled sentences)
Can you unscramble them? Do you know what they mean?

1. ¿ibas partido hoy no al conmigo?
2. hamburguesa esa buena era no muy
3. veía aquí sábados la todos los yo
4. era creo que hermano su o primo su
5. ¿siempre primera la clase eras la de?

Have a contest to see which student or group of students can unscramble these sentences first.

3 Cuento
Complete este cuento, usando siempre el imperfecto:

Oral and/or written practice

Cuando yo ____ niña, ____ un amigo imaginario. (ser, tener) Mi amigo ____ Pitumbo. (llamarse) No sé de dónde ____ ese nombre (name), pero ____ misterioso, y me ____ mucho. (venir, sonar, gustar) Todos los días (yo) ____ con él. (hablar) Le ____ mis pequeños problemas, y él me ____ con ellos. (contar, ayudar) Cuando (yo) ____ a la mesa, siempre ____ un plato para Pitumbo. (sentarme, poner) Cuando (yo) ____ a la calle, Pitumbo ____ conmigo. (salir, ir) Y (yo) nunca ____ miedo. (tener) Nunca ____ sola. (sentirme) Pero un día, todo cambió. ____ mi cumpleaños. (ser) Mamá ____ mi comida favorita — hamburguesa con helados. (preparar) Y Papá ____ con los trenes que (él) ____ de comprarme. (jugar, acabar de) De repente (Suddenly), oí un ruido (I heard a noise) en la puerta. La abrí, y allí, delante de mis ojos ____ un perrito (little dog) blanco y negro. (estar) Lo miré por un momento, y él me miró. "¿Pitumbo?" le dije. El perrito entró, y desde ese momento, mi amigo imaginario desapareció (disappeared).

Conteste ahora:
1. En su opinión, ¿cuántos años tenía la niña de este cuento?
2. Cuando Ud. era pequeña (pequeño), ¿tenía un amigo imaginario? ¿Tenía un perrito? ¿Cómo se llamaba?

29. "We were going, we used to go" — the imperfect tense (plural)

A. Here are the regular plural forms.

—— **Actividades** ——————————————————

1 ¿Hablaban Uds....? —Sí, hablábamos...

Cuando Uds. estaban en la escuela primaria:
1. ¿Hablaban Uds. mucho o poco en clase? —Hablábamos...

3 era, tenía; se llamba; venía, sonaba, gustaba; hablaba; contaba, ayudaba; me sentaba, ponía; salía, iba; tenía; me sentía; Era; preparaba; jugaba, acababa estaba

2. ¿Siempre preparaban bien sus
lecciones?   —Sí, preparábamos . . .
3. ¿Estudiaban ya el español?
4. ¿Caminaban Uds. a la escuela,
o tomaban el autobús?
5. ¿A qué deportes jugaban Uds.? —Jugábamos al . . .
6. ¿Hablaban otra lengua en casa
sus padres?   —Sí, mis padres hablaban . . .
(Did your parents speak . . .?)   —No, . . .
7. ¿Le enseñaban muchas cosas
sus padres?   —Sí, me enseñaban . . .
(Did your parents teach you . . .?) —No, . . .
8. ¿Lo (La) amaban mucho a Ud.?
9. ¿Le gustaban a Ud. las fiestas? —Sí, me . . .
10. ¿Le gustaban los helados?

2   ¿Comían Uds . . .?   —Sí, comíamos . . .[1]

Cuando Uds. eran niños:

1. ¿A qué hora comían Uds.?   —Comíamos a las . . .
(. . . did you usually have
dinner?)
2. ¿Comían Uds. con sus padres o
comían antes?
3. ¿Cuántas horas dormían cada
noche?   —Dormíamos . . .
4. ¿A qué hora tenían que ir a la
cama?
5. ¿Tenían Uds. miedo de los
animales?
6. ¿Veían Uds. frecuentemente a
sus abuelos?
7. ¿Leían Uds. muchos libros?
8. ¿Venían muchos invitados a su
casa?   —Sí, muchos invitados venían . . .
(Did many guests come . . .?)
9. ¿Tenían muchos amigos sus
padres?
10. ¿Hacían muchas fiestas en
casa?

---

[1] As always, for the **vosotros** form, look for the **–is** ending: **hablabais, comíais,** etc.
See verb chart, p. 413.

B. The three irregulars: **ser, ir,** and **ver**

——— Actividades ———————————————————————————

1 ¿Eran Uds....? —Sí, éramos...

Cuando Uds. estaban en la escuela primaria:
1. ¿Eran muy buenos estudiantes? —Sí, éramos... —No,...
2. ¿Eran buenos atletas (athletes) también?
3. ¿Eran más felices que (than) ahora?
4. ¿Eran muy simpáticos los maestros? —Sí, los maestros eran...

2 ¿Iban Uds....? —Sí, íbamos...

Cuando Uds. eran más jóvenes:
1. ¿Iban a fiestas en casa de amigos? (Did you go...?) —Sí, íbamos... (Yes, we would...) —No,...
2. ¿Iban frecuentemente al centro?
3. ¿Iban sus hermanos ya a la escuela? —Sí, mis hermanos iban...
4. ¿Iban a trabajar su mamá y su papá?

3 ¿Veían Uds....? —Sí, veíamos...

Y finalmente, cuando Uds. eran estudiantes nuevos en esta escuela:
1. ¿Veían todos los días a los mismos maestros? —Sí, veíamos...
   (Did you see every day...?)
2. ¿Veían Uds. mucho a sus viejos amigos? —Sí, veíamos a nuestros...
3. ¿Veían películas en la clase de historia?
4. ¿Veían experimentos en la clase de ciencia?

En breve — here are the plural forms of the imperfect:

hablar	comer	vivir	ser	ir	ver
hablábamos	comíamos	vivíamos	éramos	íbamos	veíamos
hablaban	comían	vivían	eran	iban	veían

Notice the accent marks on the forms **éramos, íbamos,** etc.

se paraban a cada momento. 7. ¿No me recordaban Uds.? 8. ¿Cómo se llamaban esos chicos? 9. (Nosotros) no sabíamos nada de ellas. 10. ¿Se sentían Uds. muy cansados?

___ **Práctica** _____

1   *Haga plurales todas las palabras indicadas.*   Oral and/or written practice
Por ejemplo: ¿Se *casaba* su primo?   ¿Se casaban sus primos?
           Yo *iba* con él.   <u>Nosotros íbamos con ellos.</u>
           ¿Ud. no la *conocía*?   <u>¿Uds. no las conocían?</u>

1. ¿A qué hora *bajaba* Ud.?
2. Yo siempre la *ayudaba.*
3. No me *gustaba* esa marca.
4. ¿Dónde se *sentaba* Ud.?
5. Yo no *quería* verlo.

6. *El tren se paraba a cada momento.*
7. ¿No me *recordaba* Ud.?
8. ¿Cómo se *llamaba* ese chico?
9. Yo no *sabía* nada de ella.
10. ¿Se *sentía* Ud. muy cansado?

2   *Cambie ahora al imperfecto:*
(Y recuerde: Hay sólo 3 verbos irregulares — **ir, ser** y **ver**.)

1. Los niños *corren* a su papá.
2. *Caminamos* en el campo.
3. ¿Quiénes *van* contigo?
4. No *queremos* hacerlo.
5. ¿Quién *sabe* la verdad?

6. No *vemos* nada.
7. Tú no *eres* como él.
8. *Vamos* a llamarlos hoy.
9. No *puedo* decírselo.
10. *Pienso* que es ella.

REPASO RÁPIDO

Here is the whole imperfect tense:

	hablar	**comer**	**vivir**	**ser**	**ir**	**ver**
(yo)	hablaba	comía	vivía	era	iba	veía
(tú)	hablabas	comías	vivías	eras	ibas	veías
(Ud., él, ella)	hablaba	comía	vivía	era	iba	veía
(Ud. y yo)	hablábamos	comíamos	vivíamos	éramos	íbamos	veíamos
(Uds., ellos)	hablaban	comían	vivían	eran	iban	veían

Práctica _____

(You can check your answers in the back of the book.)

Díganos . . .
1. where you were living in 1975.
2. how old you were then. (Tener . . . años)
3. what you used to like to do when you were a child. (Me . . .)
4. what you used to like to eat.
5. who your favorite people used to be.

_____
Class may be divided into small groups for this personalized, communicative activity.
With clear instructions and practice, students can learn to work productively in such
groups.

Desde que se casó . . . ya no tiene interés en su familia.

Quiero una hamburguesa . . .

¿Oyen? Cuando nosotros éramos pequeños . . .

CUENTO REUNIÓN DE FAMILIA

Apartamento 4B. Es domingo, 22 de junio, y la familia Sender está **reunida.** Los niños corren de un cuarto a otro y juegan y gritan, y los **mayores** conversan en pequeños grupos en la sala.

  5   Víctor: Entonces, ¿Elvira no viene?

       Silvia: No. Hablé con ella el jueves y dijo que tenía que ir a una **boda.**

       Jorge: **¡Qué va!** Yo la conozco. Desde que se casó con el nuevo esposo, **ya no** tiene interés en su familia.

10   Amanda: Eso no es verdad. ¿No fue al funeral de Pío?

       Jorge: Sí, para ver si estaba **bien finado.**

       Silvia: ¡Muy bonito! ¡Muy **gracioso!** Si hablas así de tu **propia** . . .

       (Tres niños entran con mucha conmoción.)

15   Amanda: Pero, ¿qué es esto? Rafaelito, ¿qué te pasa?

       Rafaelito: Quiero una hamburguesa, y **no hay.**

       Víctor: Si no hay, ¿por qué no comes otra cosa, hijo?

       Manuelita: Ya le dije que hay pollo y jamón . . .

       Michín: Y frijoles y arroz, y . . .

20   Manuelita: Y él dice **que no, que no, y que no.**

       Olga: El niño está muy **consentido.**

       Amanda: ¿Ah, sí? ¿Y tus hijos son **angelitos,** Olga?

       Olga: No digo eso. Sólo digo que si un niño de ocho años no está **contento** con la **comida** que tiene aquí —
25   carnes y pescados y vegetales . . .

gathered together
adults

wedding

Go on!
no longer

good and dead

funny
own

there aren't any

"no, no, no"

spoiled

little angels

satisfied; food

310

Cuando era pobre, ah, . . .
las cosas eran diferentes.

Su precioso Rafaelito rompió
el plato de los helados.

Tengo que estar loco. Pero . . .
los extraño, ¿saben?

Rafaelito: **¡Uf!**   Ugh!

Olga: . . . y frutas y quesos y helados . . .

Rafaelito: Quiero un helado.

Víctor: Sólo si dices "por favor" y "gracias."

30   Rafaelito: Por favor, y gracias.

Olga: **¿Oyen?** Cuando nosotros éramos pequeños,   Do you hear?
            ¿hablábamos así a nuestro papá? (Sale con los niños.)

● Jorge: **Como yo decía,** cuando ella vivía con el primer esposo,   As I was saying
            cuando era **pobre,** ah, entonces las cosas eran   **poor**
35   diferentes. **Todos los días** nos llamaba, y nos   Every day
            preguntaba cómo estábamos y cuándo íbamos a
            visitarla.

Amanda: ¿Quién?

Jorge: Elvira. **¿Y quién más?** Y todos los domingos venía a   And who else?
40   comer con nosotros.

Silvia: Eso no. Los domingos ella sólo iba a la **iglesia.**   **church**

Jorge: ¡A la iglesia! Yo nunca la veía allí.

Silvia: ¡Caramba! ¿Y cuándo ibas tú? Pero, ¿por qué no
         hablamos de otra cosa? Dámaso, Natalia, ¿cómo va
45   ahora su **negocio?**   business

Dámaso: Así, así. **Ricos** no vamos a ser nunca.   **Rich**

(Olga entra otra vez, furiosa. Trae a Rafaelito, **cubierto de**   **covered with**
         helados.)

Olga: Víctor, Amanda, ¿ahora ven **lo que** pasó?   what

50   Víctor: ¿Qué pasó?

Olga: Que su precioso Rafaelito **rompió** el plato de los   **broke**
         helados. Ahora, ¿quién va a **limpiar el piso?**   **clean** the floor

Rafaelito: Yo no hice nada.

Amanda: ¿Qué me cuentas? ¿Tú no rompiste el plato?

55 Rafaelito: Manuela **me empujó.** Yo fui a tomar un helado, y
ella me empujó y...   pushed me

Víctor: ¿Ya ves, Olga, cómo siempre **acusan** a Rafaelito? Tu   they accuse
divina Manuela...

Jorge: Elvira **tiene razón.** No sé por qué vengo yo a estas   is right
60 reuniones. Como digo siempre, uno puede **escoger**   choose
a los amigos, pero a los **parientes...**   relatives

Silvia: Pues si piensas así, ¿por qué vienes?

Jorge: No sé. Tengo que estar loco. Pero... **los extraño,**   I miss you-all
¿saben?

─── Vamos a conversar ────────────────────────

1. ¿En qué apartamento está reunida hoy la familia Sender?
2. ¿Qué hacen los niños?
3. ¿Dónde conversan los mayores?
4. ¿Por qué no viene Elvira?
5. ¿Habla bien o mal de ella Jorge? A propósito, en su
opinión, ¿qué son Elvira y Jorge — hermanos, primos,
cuñados (in-laws), etc.?
6. ¿Qué conmoción hay?
7. ¿Qué desea comer Rafaelito? ¿Por qué no puede comerla?
8. ¿Qué otras cosas hay de comer? ¿Le gustan a Rafaelito?
9. ¿Qué opinión tiene Olga del niño Rafaelito? En su opinión,
¿quién es Olga? ¿Cómo se llaman los padres de Rafael?
10. ¿Qué decide comer por fin Rafaelito? ¿Qué tiene que decir?

● 1. ¿Es rica o pobre ahora Elvira? ¿Era rica siempre?
2. Según Jorge, ¿a dónde iba Elvira todos los domingos?
3. Según Silvia, ¿a dónde iba Elvira los domingos?
4. ¿La vio muchas veces Jorge en la iglesia? ¿Va
frecuentemente a la iglesia Jorge?
5. ¿Cómo va el negocio de Dámaso y Natalia? En su opinión,
¿quiénes son estos dos?
6. ¿Cómo entra Rafaelito ahora?
7. Según Olga, ¿qué hizo el niño?
8. ¿Cómo lo explica Rafaelito?
9. ¿Le gustan a Jorge estas reuniones de familia? Entonces,
¿por qué viene?
10. ¿Tiene reuniones la familia de Ud.? ¿Son como esta
reunión de la familia Sender? ¿Hay una persona en su
familia como Jorge? ¿como Silvia? ¿como Olga? ¿como Rafael?

JUEGOS DE PALABRAS

1 Como siempre, llene (fill) los blancos.

1.

los **parientes**
relatives
(not parents!)

¿Quiénes son sus
parientes favoritos?

mi _____   _____   _____

2.

la **iglesia**
church

¿Qué asocia Ud. con la iglesia?   Hoy es _____.   una **boda**
wedding

3.

la **comida**
food, meal, dinner

¿Qué relación hay?   _____   el _____   _____

4.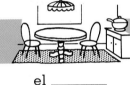

limpiar
to clean

¿Qué limpiamos?   los _____   el _____   el _____

5.

romper
to break

¿Qué rompiste?   los _____   una _____   _____

2 ¿Tienen razón? (Are they right?)   **2** (free responses)
Estudie por un momento estas palabras (words) o expresiones:

pobre poor	**rico** rich	**gracioso** funny
contento pleased, satisfied	**propio** (one's) own
cubierto de covered with	**ya no** no longer, not any more

313

Now here are some common things that people say. Díganos: **¿Tienen razón?** (Are they right?) **¿O no tienen razón?** (Are they wrong?)

1. "Nadie está realmente contento con sus parientes." _____
2. "La cosa más importante de todas es ser rico." _____
3. "Una persona pobre puede ser feliz también." _____
4. "Tu cuarto siempre está cubierto de mugre (dirt)." _____
5. "Cada persona debe hacer sus propias decisiones." _____
6. "Ya no hay sinceridad entre las personas." _____
7. "Woody Allen es el hombre más gracioso que hay." _____

OBSERVACIONES

30. Why both imperfect and preterite?

¿RECUERDA UD.?

¿A dónde fuiste?　　　　—Fui a verla.
(Where did you go?)　　(I went to see her.)

¿A dónde ibas?　　　　—Iba a verla.
(Where were you going?)　(I was going to see her.)

A. Perhaps this diagram can show you what the imperfect and the preterite really mean, and what the difference is between them:

The imperfect describes what was happening
at a certain time, or how things used to be.
The preterite simply reports that something took place.

B. How to use the imperfect
   1. It tells what was going on, or how someone was feeling at a certain time.

¿Qué **hacías** cuando te llamé?　　What were you doing when I
—**Dormía.**　　　　　　　　　　called you? I was sleeping.
¿Te **sentías** mal?　　　　　　　　Were you feeling bad?
—No. **Estaba** cansada, nada más.　No. I was tired, that's all.

Tell students that a clue to when the imperfect is used is to look for the words "always," "was" or "used to" in the English equivalent.

Llovía mucho, y yo no **tenía** abrigo. — It was raining a lot, and I didn't have a coat.

—Pues, ¿qué hiciste? — Well, what did you do?

2. It tells what used to happen or how things used to be.

Nuestra casa no **era** grande, pero **era** muy hermosa. — Our house wasn't big, but it was very beautiful.

—Ah, sí, la recuerdo bien. — Ah, yes, I remember it well.

Cuando **vivíamos** en California, **íbamos** siempre a México. — When we lived in California, we always went (used to go) to Mexico.

—Nosotros también. — So did we.

3. It tells time in the past. It sets the stage for something to happen.

¿Qué hora **era?** — What time was it?

—**Eran** las tres, más o menos. — It was three o'clock, more or less.

Era julio, y **hacía** mucho frío. — It was July, and it was very cold out.

Práctica

1 ¿Puede Ud. relacionar los Grupos 1 y 2? — Mainly for reading comprehension practice

1	2
En el verano íbamos al campo.	Servilletas y platos, nada más.
¿Fue muy grande la boda?	Todavía no. No tuve tiempo.
¿Qué tenías en la canasta?	Hace diez años, más o menos.
¿Ya comiste el almuerzo?	¿Y dónde pasaban el invierno?
Los papeles estaban debajo de la mesa.	Ajá. Por eso no los pude encontrar.
¿Cuándo se casaron sus tíos?	Tienes razón. ¿Quién las sacó?
Las frutas debían estar en la nevera.	No. Sólo los parientes estuvieron presentes.

1️⃣ 1–4; 2–7; 3–1; 4–2; 5–5; 6–3; 7–6

2 Ahora lea los pequeños diálogos, y conteste las preguntas:

1. —¡Dios mío, Gerardo! ¿Qué pasó? El piso está cubierto de helados.
  —No fue nada, mamá. Lo limpio todo en tres minutos.
  —¿Y quién rompió mis vasos de cristal? ¿Y mis tazas nuevas? ¿Y los platos que me compró tu papá?
  —Con calma, mamá, con calma. Es que mis amigos y yo estábamos...

  a. ¿De qué está cubierto el piso?
  b. ¿Quién lo va a limpiar?
  c. ¿Qué cosas se rompieron (got broken)?

  d. En su opinión, ¿quiénes fueron responsables de todo esto?

  e. ¿Jugaban o peleaban (were fighting) los jóvenes?

  f. Cuántos años de edad cree Ud. que tienen Gerardo y sus amigos?

2. —No lo comprendo. Yo manejaba perfectamente bien, y . . .
    —Y entonces, ¿por qué te paró el policía?
    —¿Qué sé yo? Los otros iban más rápidamente que (than) yo, y . . . No es justo. Voy a protestar.
    —¿Y la otra vez, Niqui? ¿Y las diez veces antes? ¿Protestaste también?

  a. En su opinión, ¿quiénes son las dos personas que hablan?

  b. ¿Quién paró a Niqui?

  c. ¿Fue la primera vez?

  d. ¿Cree Ud. que Niqui maneja bien o mal?

  e. ¿Por qué piensa Ud. así?

REPASO RÁPIDO

Imperfect vs. Preterite

The imperfect describes what was happening at a certain time, or what used to happen or be.
The preterite just says that something took place.
The imperfect sets the background. The preterite reports the event.

Práctica

Have students briefly explain their choice of imperfect or preterite tense.
(You can check your answers in the back of the book.)
Complete, esogiendo (choosing) el pretérito o el imperfecto:

1. ¿Quién _____ (manejar) cuando _____ (ocurrir) el accidente?
   —Yo, señor.

2. Ayer yo _____ (dejar) mi sombrero en la iglesia. —¿Y nadie lo _____ (encontrar)?

3. Cuando Elvira _____ (vivir) cerca, me _____ (visitar) todos los días. ¡Qué suerte, eh!

4. Cuando (nosotros) _____ (ser) pequeños, no nos _____ (gustar) los frijoles. —¿Y ahora? —¡Los odiamos!

5. De repente, Rafael _____ (entrar), cubierto de chocolate.
   "Rafael," _____ (decir) su mamá, "¿tú _____ (romper) el plato de los helados?" —"No, mamá. Yo no _____ (hacer) nada."
   —"¡Ay, no! ¡Y yo _____ (limpiar) el piso sólo ayer!"

PANORAMA
LA FAMILIA HISPANA

La idea hispana de la familia es un poco diferente de la nuestra. Por ejemplo, el concepto hispano no se limita a los miembros de la familia inmediata— padres, hijos y hermanos. ¡Al contrario! La familia hispana incluye a los abuelos, los tíos, y a todos los primos, cercanos y distantes. Y muy frecuentemente, dos o tres generaciones viven en la misma casa. ¡A los hispanos no les gusta mandar a sus parientes viejos a una "casa de viejos"!

1 "¿Me amas, abuelita?" En efecto, esta amable señora es la bisabuela (great-grandmother), no la abuela de Raquel Baca. La señora, que nació en México, vive ahora con la familia de su hija en Belén, Arizona.

2 Cuatro generaciones se reúnen en la casa de Antonio y Sofía Baca. Con sus doce hijos, los Baca formaron hace poco una banda musical que toca en las fiestas locales.

3 "¡Ah, pero la vida es buena!" Domingo en un parque mexicano. El amor toma muchas formas.

4 Siempre unida, la familia del gran actor mexicano Manolo Fábregas se reúne delante de su casa en Cuernavaca. De izquierda a derecha: Rafael, Marta, la señora Fela Fábregas, Manolo, Virginia, Manolo hijo, y Mónica (que también es estrella de teatro y cine). Para el hispano, la unidad de la familia vale más que el triunfo social.

5 Mientras sus padres trabajan, Elena Hostos pasa el tiempo con su abuelo. La familia ya no vive en Puerto Rico, pero la tradición hispana continúa.

6 "¡Uyyy! ¡Qué bonito!" Mamá, papá, niño y sombrero en un parque de recreo (amusement park). México, D. F.

7 Fiesta de cumpleaños en Cali, Colombia, y toda la familia está reunida. Los hispanos no celebran solamente su cumpleaños. ¡Celebran el día de su santo (saint's day) también!

319

¡Qué bien, eh!

Díganos

1. ¿Es Ud. una persona muy emocional? ¿muy expresiva? ¿muy sentimental?

2. ¿Es Ud. una persona tranquila o nerviosa? Y sus padres, ¿cómo son? ¿y sus hermanos?

3. ¿Es Ud. una persona celosa (jealous)? ¿Es Ud. celoso (celosa) de sus amigos? ¿de los miembros de su familia? ¿de las personas ricas o famosas?

4. ¿Ama Ud. fácilmente? ¿Llora Ud. (Do you cry) mucho? ¿Ríe (Do you laugh) mucho? ¿Ríe Ud. en voz muy alta?

5. ¿Se molesta Ud. (Do you get annoyed) fácilmente? (Sí, me . . .) ¿Con quién se molesta Ud. más? ¿Odia Ud. a esa persona?

6. ¿Se entusiasma Ud. (Do you get enthusiastic) fácilmente? ¿Pierde Ud. rápidamente su entusiasmo?

7. Y una cosa más: ¿Cuáles son sus expresiones favoritas en inglés? ¿Cuáles le gustan más en español? (¡Dios mío!)

¡Qué demonios! . . . ¡Qué rico!

Vamos a hacer un experimento, ¿está bien? Escriba Ud. en papeles individuales todas las expresiones que acabamos de aprender, y métalas (put them) en una caja o canasta. (Si sabe más expresiones — ¡expresiones decentes, por favor! — , métalas allí también.) Ahora prepare Ud. seis o siete frases originales. (Sus amigos van a hacerlo también.) Por ejemplo: "¿Saben Uds.? Nuestra profesora se casó secretamente anoche." "¡Mi madre ganó la lotería ayer!" "Este sábado es mi cumpleaños (birthday)." "El viernes vamos a tener cinco exámenes." "(Una persona famosa) viene a visitar nuestra clase." "(Nombre de una persona) tiene un novio nuevo (una novia nueva)." ¿Comprende? Y no importa realmente si son verdad.

Ahora, cuando una persona lee su frase, la persona a su derecha (o izquierda) mete la mano en la caja y saca una de las expresiones: "¡Qué demonios!" . . . "¡Qué maravilla!" . . . "¡Caramba!" . . . Vamos a jugar.

OBSERVACIONES

31. The present participle: —ing

¿RECUERDA UD.?

Complete, usando . . .   Complete, using . . .
Conteste, escogiendo . . .   Answer, choosing . . .

The English verb form that ends in –ing ("talking, eating," etc.) is called the present participle. Here's the way we say it in Spanish:

> hablar: **hablando** speaking   comer: **comiendo** eating
> vivir: **viviendo** living

In other words: Change the –**ar** infinitive ending to –**ando**.
              Change the –**er** or –**ir** to –**iendo**.

Of course –**iendo** becomes –**yendo** after a vowel. You know why, don't you?

caer (ca-iendo) ⟶ **cayendo** falling
oír (o-iendo) ⟶ **oyendo** hearing

—— Práctica ————————————————————

Diga rápidamente la forma de –ndo:

1 dar, estar, gastar, descansar, pensar, cerrar, encontrar, comprar

2 nacer, parecer, ser, mover, recibir, subir, permitir, dirigir, traer, oír

One small exception: –**ir** stem-changing verbs change the **e** to **i** and the **o** to **u** in their main part.[1] Of course, the –**iendo** ending still stands:

servir: sirviendo   dormir: durmiendo

Vamos a continuar.

3 pedir, repetir, sentir, mentir, vestir, divertir; dormir, morir

—————————
[1] A few, very few, irregular verbs have the same type of change. We'll come to them one by one.

[1] dando, estando, gastando, descansando, pensando, cerrando, encontrando, comprando
[2] naciendo, pareciendo, siendo, moviendo, recibiendo, subiendo, permitiendo, dirigiendo, trayendo, oyendo

32. "Not now! I'm working!" —estar + —ando, —iendo

___ **Actividades** _____

1 ¿Está(s) hablando . . .?   —Sí, estoy hablando . . .

1. ¿Está Ud. hablando español?   —Sí, estoy . . .
2. ¿Está hablando inglés?
3. ¿Está trabajando mucho?
4. ¿Está aprendiendo una cosa nueva?
5. ¿Está escribiendo ahora en la
   pizarra?
6. (Charita), ¿estás hablando con tu
   vecina?
7. (Arturo), ¿estás escuchándome?   —Sí, . . . escuchándola
                                           (escuchándolo).
                                           —No, . . .

2 ¿Están hablando . . .?   —Sí, estamos hablando . . .

1. Chicos, ¿están hablando ahora en
   español?   —Sí, estamos . . .
2. ¿Están practicando los verbos?
3. ¿Están aprendiendo muchas
   expresiones nuevas?
4. ¿Qué lección están Uds. estudiando?   —Estamos . . .
5. ¿Están comenzándola o terminándola
   ahora?

3 ¿Qué estaba(s) haciendo . . .?   —Estaba . . .

Anoche a las once, díganos:

1. ¿Estaba Ud. comiendo todavía?   —Sí, estaba . . .   —No, . . .
2. ¿Estaba Ud. mirando la televisión?
3. ¿Estaba conversando con sus
   hermanos?
4. ¿Estaba durmiendo?
5. Y tú, (Rogelio), ¿estabas hablando
   por teléfono?
6. (Dorotea), ¿estabas preparando tus
   ejercicios?
7. (Micaela), ¿estabas escribiéndolos?

Esta mañana a las siete:

1. ¿Estaban Uds. durmiendo todavía?   —Sí, estábamos . . . —No, . . .
2. ¿Estaban sirviendo el café?
3. ¿Estaban caminando ya a la escuela?
4. ¿Estaban trabajando o descansando
   sus padres?   —Mis padres estaban . . .

En otras palabras (In other words):

A. As you know, Spanish can tell what is happening right now just by using the present tense, without the help of any other verb.

¿Qué haces?   What are you doing?
—Preparo la comida.   I'm preparing dinner.

But if we want to really point out that the action is going on at this very moment, we can use **estar** and the present participle.

¿Qué estás haciendo?   What are you doing?
—Estoy preparando la comida. I'm (in the middle of) preparing
                             dinner.

B. The same idea can work with the past. Instead of using the simple imperfect tense, we can use the imperfect of **estar** plus –**ando,** –**iendo**.

¿Qué hacías?
¿Qué **estabas haciendo**?   What were you doing?

—Preparaba la comida.
—**Estaba preparando** la comida.   I was preparing dinner.

C. Where do object pronouns go? Either at the end of –**ando, –iendo,** or before **estar.** (It's always safer to attach them!)

Estoy preparándola.
La estoy preparando.   I am preparing it.

Estamos sirviéndosela.
Se la estamos sirviendo.   We are serving it to you.

Now you tell us: Why do we need the written accents? (Recuerde: The secret is in the saying!)

1. ¿Estás descansando ahora?   2. ¿Están tomando el tren?   3. Estamos produciendo más este año.
4. Estoy sirviendo la comida ya.   5. ¿Están terminando Uds.?   —No, estamos comenzando ahora.
6. Estaba escribiendo una carta.   7. El teléfono estaba sonando.   8. ¿Quiénes estaban manejando?   9. ¡Ese

Práctica

hombre estaba mintiendo!   10. No estábamos haciendo nada.

1 *Cambie según los modelos:*   —Entonces, ¿por qué no estaban ayudando?

Llegan en este momento.   **Están llegando en este momento.**
¿Dormías?   **¿Estabas durmiendo?**

1. ¿Descansas ahora?   2. ¿Toman el tren?   3. Producimos más este año.   4. Sirvo la comida ya.   5. ¿Terminan Uds.?   —No, comenzamos ahora.   6. Escribía una carta.   7. El teléfono sonaba.   8. ¿Quiénes manejaban?   9. ¡Ese hombre mentía!   10. No hacíamos nada.   —Entonces, ¿por qué no ayudaban?

2 *Esta vez, mire las ilustraciones, y complete según los modelos.*

Por ejemplo:

Estoy cocinando los (**vegetales**).   Estaba buscando sus (**llaves**).
Estoy cocinándolos.   **Estaba buscándolas.**

1.    2.    3.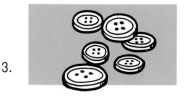

¿Estás buscando un ____?   Estamos usando el ____.   Estoy cosiendo los ____.
¿Estás ____?   Estamos ____.   _____

4.    5.    6.

¿Estabas llevando ____?   ¡Estaba robándome la ____!   Estaban pidiéndonos ____.
¿Estabas ____?   ¡Estaba ____!   _____

2   1. sello; ¿Estás buscándolo?   2. teléfono; Estamos usándolo.   3. botones; Estoy cosiéndolos.
4. zapatillas; ¿Estabas llevándolas?   5. cartera; ¡Estaba robándomela!   6. dinero; Estaban pidiéndonoslo.

3 ¿Puede Ud. expresar estas frases de otra manera?

Por ejemplo:

¿Están vistiéndose?   ¿Se están vistiendo?
¿**Lo** estabas ayudando?   ¿Estabas ayudándo**lo**?

1. ¿**Te** estás cuidando?   2. ¿**Se** están acostando ahora?   3. Están levantándo**se** ya.   4. Estábamos terminándo**las**.   5. ¿Estabas divirtiéndo**te**?   6. Yo estaba escribiéndo**selo**.   7. ¿Quién está ofreciéndo**selos**?

REPASO RÁPIDO

1. The present participle (English –*ing*) has only two endings in Spanish: –**ando** for –**ar** verbs; –**iendo** for –**er** or –**ir** verbs: **comprando, vendiendo.**
   Stem-changing –**ir** verbs change **e** to **i, o** to **u** in the main part: pidiendo, muriendo.

2. **Estar** + the present participle points out that the action is or was happening at a particular moment.

3. An object pronoun is either attached to the end of –**ando**, –**iendo**, or goes before **estar: Está usándolo. Lo está usando.**

Práctica ————————————————————————————

(You can check your answers in the back of the book.)

Usando siempre **estar** *y la forma de* –**ndo**:

1. Say that your friends are arriving now.
2. Say that you're looking for your eyeglasses.
3. Ask someone if he or she is using those scissors.
4. Ask someone if it's raining.
5. Tell us what you're doing at this moment.

. . . está limpiando sus alfombras. ¡A estas horas!

Si ella puede limpiar . . . Riqui puede tocar su trompeta.

Riqui . . .¿Quieres tocarnos una canción?

CUENTO LOS VECINOS

Casa de apartamentos. Apartamento 3B.

Sra. Alas: Pablo, ¿oyes? **¡Otra vez!**   **Again**

Sr. A.: ¿Qué?

Sra. A.: **Arriba.** La señora Romero está limpiando sus   Upstairs
5   **alfombras.** ¡A estas horas!   **rugs**

Sr. A.: ¿Qué hora es?

Sra. A.: **Las diez pasadas.**   Past ten

Sr. A.: ¡Dios mío! ¡Y qué **ruido** está haciendo esa   **noise**
     aspiradora!   **vacuum cleaner**

10 Sra. A.: ¿Aspiradora? ¡Está usando un tractor!

Sr. A.: ¿Y no lo puede hacer **durante** el día?   **during**

Sra. A.: **Dice que** no. Trabaja todos los días.   She says

Sr. A.: Entonces no hay **remedio.**   choice

Sra. A.: Tal vez. Pero, ¿sabes, Pablo? ¿Sabes por qué
15   **me molesta?** Porque cuando nuestro Riqui quiere tocar   it **annoys** me
     la trompeta después de las nueve, los vecinos llaman al
     dueño, y el dueño me llama a mí, y . . .   landlord

Sr. A.: ¡Qué cosa! ¿Ellos pagan más que nosotros?

Sra. A.: ¡Qué va! ¿Pero ves? Cuando la señora Romero
20   limpia sus alfombras a la **medianoche,** con esa   **midnight**
     empujatierra suya, nadie dice nada.   bulldozer

Sr. A.: ¡Caramba! Pues yo digo que si ella puede limpiar
     sus alfombras, Riqui puede tocar su trompeta.

Sra. A.: Claro. **Lo justo** es justo . . . ¡Ri-qui! . . .   What's **fair**
25 Sr. A.: Riqui . . . ¿Quieres tocarnos una canción?

*Julita . . .¡Riqui Alas
está tocando su trompeta!*

*Si Riqui puede . . .
nosotros podemos bailar.*

*¿Qué es esto? ¿Una
discoteca?*

● Apartamento 2B.

Esteban: Julita, ¿oyes? ¡Otra vez! Riqui Alas está tocando
su trompeta.

Julia: ¡Cómo! ¿A estas horas?

30   E.:   ¿Sabes? Ésa no es una trompeta normal. ¡Es la trompeta
de Gabriel!

J.:   Yo no lo entiendo. El jueves **pasado,** ¿recuerdas?,   last
estábamos bailando a la música del tocadiscos, a las
ocho y media de la noche . . .

35   E.:   No, Julita. Eran las once, **por lo menos.**   at least

J.:   Pues no importa. Estábamos bailando tranquilamente,
tú y yo, en nuestra propia casa, y los vecinos comenza-
ron a **golpear en las paredes** y en . . .   bang on the walls

E.:   Es verdad. Y **siguieron** golpeando **hasta que** tuvimos   they kept; until

40   que parar.

J.:   ¡Qué cosa, eh!

E.:   Pues yo pienso que si Riqui Alas puede tocar la
trompeta . . . ¿Qué dices, Julita? ¿Vamos a bailar? (Los
vecinos del 2A y 2C abren sus ventanas y comienzan a

45   gritar: "¡Caramba! ¿Qué es esto? ¿Una discoteca?" "¡Qué
demonios! . . . Ana, ¿dónde está mi martillo?" **Mientras**   While
en el apartamento 1 B . . .)

Sra. Losada: Luis, si **sigues** golpeando, va a caer el **cielo**   you keep on; ceiling
raso.

50   Chito Losada: Mamá, ¡está cayendo ya! ¡Cui-da-do!
(Julia y Esteban están bailando todavía.)

J.:   ¡Qué bien! ¡Qué rico! Me encanta bailar.

E.:   Me encantas tú, Julita. ¿Qué dices, chica? ¿**Seguimos**   Shall we keep on
bailando?

1. ¿En qué apartamento comienza este cuento? ¿Quiénes viven allí?
2. ¿Qué está haciendo la señora Romero arriba?
3. ¿Qué hora es? En su opinión, ¿es tarde para limpiar alfombras?
4. ¿Hace mucho o poco ruido la aspiradora? ¿Piensa Ud. que es una aspiradora vieja o nueva? ¿buena o mala? ¿Hace mucho ruido la aspiradora de Uds.?
5. ¿Por qué no limpia sus alfombras durante el día la señora Romero?
6. ¿A quién llaman los vecinos cuando Riqui toca su trompeta?
7. ¿Llaman al dueño cuando la señora Romero limpia sus alfombras?
8. Según el señor Alas, ¿qué puede hacer Riqui entonces?
9. ¿A quién llaman los señores Alas?
10. ¿Qué le dicen?

1. ¿Quiénes viven en el apartamento 2B? ¿Los recuerda Ud. del libro primero?
2. ¿Son jóvenes o mayores Julita y Esteban? ¿Cuántos años cree Ud. que tienen? ¿Están muy enamorados?
3. ¿Qué oye Esteban?
4. ¿Qué hacían Julita y Esteban el jueves pasado?
5. ¿Y qué hicieron los vecinos? ¿Ocurre esto en la casa de Ud.?
6. ¿Qué deciden hacer ahora Esteban y Julita?
7. ¿Qué gritan los vecinos de los apartamentos 2A y 2C? ¿Qué más cree Ud. que gritan?
8. ¿Por qué está cayendo el cielo raso en el 1B?
9. ¿Qué siguen haciendo Esteban y Julita?
10. En su opinión, ¿son típicas o no estas personas? ¿Quién le gusta más a Ud.? ¿Quién(es) le gusta(n) menos? ¿Con quién se identifica Ud. (do you identify yourself?) (Me . . .)

JUEGOS DE PALABRAS

1 ¿Puede Ud. llenar (fill) los blancos?

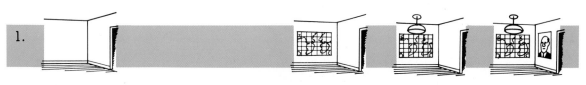

1.

| la **pared** | **cielo raso** | ¿Dónde están | El mapa está | La _____ | La foto |
| wall | ceiling | estas cosas? | en _____. | está _____. | _____. |

<u>1</u> 1. la pared; La lámpara está en el cielo raso; está en la pared

2. alfombra, pared, cielo raso, piso; aspiradora, muebles   3. el piso; en la puerta   4. el tráfico; los gritos; el radio   5. Duerme; ¿Mira Ud. la televisión?; a una fiesta   6. un coche; una tienda; un apartamento   7. No es justo; no es justo; no es justo

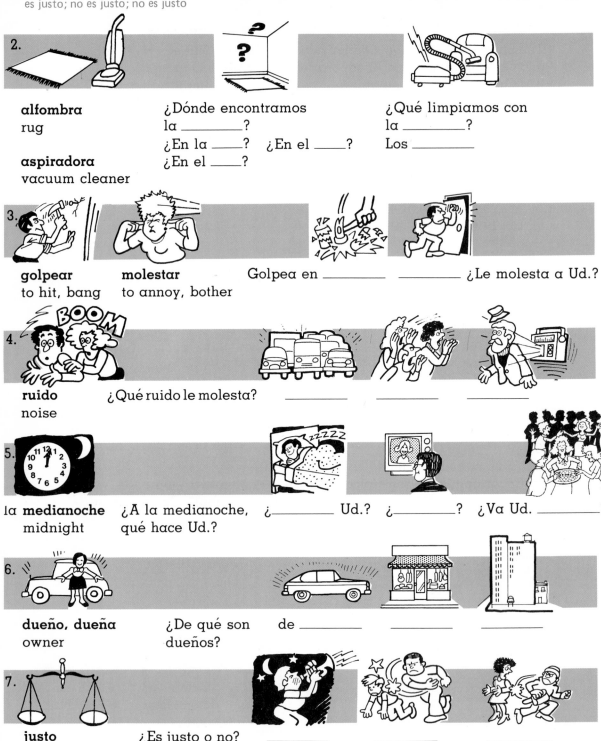

2.

alfombra
rug

aspiradora
vacuum cleaner

¿Dónde encontramos
la _____?
¿En la _____?   ¿En el _____?
¿En el _____?

¿Qué limpiamos con
la _____?
Los _____

3.

golpear   **molestar**
to hit, bang   to annoy, bother

Golpea en _____   _____   ¿Le molesta a Ud.?

4.

ruido   ¿Qué ruido le molesta?   _____   _____   _____
noise

5.

la **medianoche**   ¿A la medianoche,   ¿_____ Ud.?   ¿_____?   ¿Va Ud. _____?
midnight   qué hace Ud.?

6.

dueño, dueña   ¿De qué son   de _____   _____   _____
owner   dueños?

7.

justo   ¿Es justo o no?   _____   _____   _____
just, fair

330

2 Aquí tiene Ud. cuatro expresiones muy comunes:

durante during   **mientras** while   **por lo menos** at least
otra vez again, one more time   (**una vez** one time, once)

¿Cómo las relaciona Ud. con las cosas siguientes?
la noche . . . cien personas . . . repetir . . . estábamos jugando . . .
Ahora, ¿puede Ud. usarlas en cuatro frases originales?

(A propósito, si **una vez** es "one time, once", y **otra vez** es "another time, again", ¿qué significa **a veces**?)

OBSERVACIONES

33. Seguir (to continue; to follow)

¿RECUERDA UD.?

Lea las frases siguientes . . .   Read the following sentences . . .

A. The verb **seguir** has two meanings. One is "to continue, to keep on" (doing something). The other is "to follow."
Seguir is a normal stem-changing verb (**e ⟶ i**), like **pedir** and **servir.** But it also has a special spelling change, for reasons of sound. Can you explain it?

Present	*Preterite*
sigo (I continue, I follow)	seguí (I continued, I followed)
sigues	seguiste
sigue	siguió
seguimos	seguimos
siguen	siguieron

Ahora díganos: ¿Cuál es la forma de **–ndo**? _____ [1]

B. When we use **seguir** + **–ando, –iendo,** it means "to keep on" (doing something).

¿Seguimos bailando?	Shall we keep on dancing?
Siguieron caminando.	They kept on walking.
¿Por qué sigues golpeando?	Why do you keep on banging?

---

[1] **Siguiendo.** Did you get it?

Práctica

1 Llene los blancos según las indicaciones:

1. ¿Sigues una nueva dieta?
   Yo _____.
   Anita y yo _____.
   ¿Por qué no _____ Uds. _____?

2. El ladrón me siguió a la tienda.
   Los ladrones _____ banco.
   ¿Tú _____ en el camino?
   Yo los _____.

3. ¿Por qué sigues invitándolos?
   ¿_____? (molestarme)
   ¿_____ Ud. _____? (llamarlas)
   ¿_____ yo _____? (repetirlo)

4. Seguí leyendo.
   La clase _____.
   Los niños _____. (jugar)
   Roque y yo _____. (comer)

2 Indique siempre la conclusión correcta:

1. Si seguimos bailando a estas horas, los vecinos van a (descansar mejor, llamar al dueño de la casa, hacerse abogados).
2. Si sigue lloviendo, te voy a dar (mi impermeable y paraguas, mis llaves y anteojos, mi bolsa y cartera).
3. Si sigues golpeando en esa mesa, (la alfombra, el martillo, la lámpara) va a caer.
4. Si siguen acostándose tarde, van a estar (muy cansados, muy tristes, muy tranquilos) para manejar un coche.
5. El policía trató de cogerlo, pero el ladrón siguió (andando despacio, vistiéndose, corriendo).

3 Enigma (Puzzle).
A ver cómo lo soluciona Ud.:

Bobi   David   Rita   Yo   Tú   Michín   Nena   Sara   Cuco

Yo le seguí a Bobi, y Bobi te siguió a ti. Tú seguiste a Sara y Cuco, y ellos siguieron a David. Nadie siguió a Rita. Rita siguió a Michín. Nena vino antes de Michín, y a nadie siguió David.

Ahora díganos: ¿Quién llegó primero? ¿y segundo? ¿Puede Ud. ponernos en nuestro orden (order) correcto?

Y una cosa más: ¿Quién vino conmigo? ¿A quiénes seguimos tú y yo?

repitiéndolo? 4. La clase siguió leyendo. Los niños siguieron jugando. Roque y yo seguimos comiendo.

> **seguir** (to continue, keep on; to follow)
> present: sigo, sigues, sigue, seguimos, siguen
> preterite: seguí, seguiste, siguió, seguimos, siguieron
> present participle: siguiendo

Seguir + **–ando, –iendo** means "to keep on" (doing something).

Práctica

(You can check your answers in the back of the book.)

1 *Mire las ilustraciones, y conteste según el modelo.*

Por ejemplo:

¿Sigue Ud. leyendo?   —No, sigo <u>escribiendo.</u>

1. ¿Sigues escuchando tus discos?   2. ¿Siguen Uds. trabajando?

3. ¿Sigue durmiendo la abuela?   4. ¿Seguimos bailando?

2 *¿Puede Ud. hacer frases originales usando las expresiones siguientes? (Use el pretérito de **seguir** por lo menos dos veces.)*

1. La señora Romero / seguir . . . / durante la noche.
2. ¿Por qué / seguir / molestarnos?
3. El dueño / seguir / pedirnos más dinero / por . . .
4. Si Uds. / seguir . . . / vamos a . . .

Práctica 3 , p. 332: David llegó primero. Sara y Cuco llegaron segundo.
El orden correcto: Rita → Michín → Nena → yo → Bobi → tú → Sara y Cuco → David.
Nadie vino contigo. Yo seguí a Bobi y tú seguiste a Sara y Cuco.

PANORAMA
FIESTAS Y FESTIVALES

Como ya dijimos, la gran mayoría de los hispanos son católicos. Y por eso, la mayor parte de sus festivales son religiosos—fiestas como la Navidad, las Pascuas (Easter) y otras dedicadas a diversos santos patrones. Pero debemos recordar también que la cultura hispanoamericana es una combinación de dos tradiciones fundamentales, la española y la india, sin mencionar la africana que es importantísima en ciertas regiones. Y así, los festivales latinoamericanos conservan sus orígenes nativos—su música, sus danzas, sus espectáculos excitantes. ¿Quiere Ud. ir con nosotros a verlos? Vamos.

1

2

1 El festival de la cosecha (harvest) en Oaxaca, México. Mire. Las jóvenes están bailando con canastas de flores en la cabeza, ¡exactamente como en tiempos antiguos!

2 El Día de los Difuntos (All Soul's Day) en Santiago Zacatacapech, México. En esta curiosa fusión de tradición nativa y católica, los participantes van al cementerio (cemetery) a traer comida a los difuntos (dead).

3 El festival de San Lucas en Guatemala conmemora la lucha (struggle) de los indios contra los conquistadores españoles.

4 "Vamos a la Feria." En Fuengirola, España, se celebra un festival muy similar a la famosa Fiesta de Abril de Sevilla. Hasta los caballos (Even the horses) van adornados.

5 El siete de julio a las siete de la mañana, los toros (bulls) corren por las calles de Pamplona, España, para comenzar la Fiesta de San Fermín. ¡Cuidado!

¡Ummm! ¡Rico!

torta de cumpleaños

el **rosbif**
roast beef

crema
cream

salchicha
sausage,
frankfurter

mantequilla
butter

Díganos

1. ¿Le gusta a Ud. hablar de comida? ¿Le gusta comer? ¿Qué le gusta más — la carne, el pescado o el pollo? ¿Le gusta la fruta? ¿Es Ud. vegetariano? ¿Tiene Ud. amigos vegetarianos?

2. Ud. sabe que los hispanos toman su comida principal al mediodía, ¿verdad? Pues díganos: ¿Prefiere Ud. un almuerzo completo o una cosa más sencilla (simple)? ¿Qué le parece (How do you like) un sandwich de lechuga y tomate? ¿una salchicha? ¿una hamburguesa con papas fritas? ¿una pizza?

3. ¿Come Ud. mucha ensalada? ¿La sirven frecuentemente en su casa? ¿Usan Uds. mucha mayonesa? ¿muchas salsas (sauces)? ¿mucha mantequilla? ¿mucha sal y pimienta?

4. A propósito, ¿comen Uds. más pan blanco o pan negro? Según los médicos, ¿cuál es mejor para la salud (health)?

5. Volviendo a Ud. personalmente, díganos otra vez: Cuando Ud. era pequeño (pequeña), ¿cuál era su comida favorita? ¿Cuál es ahora? ¿Sabe Ud. prepararla?

6. ¿Quién prepara las comidas en su familia? ¿Ayudan también los otros miembros de la familia? ¿Quién lava los platos y limpia la mesa? ¿Qué hace Ud.?

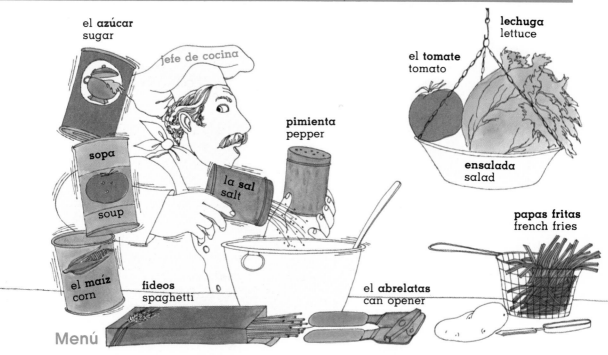

el **azúcar**
sugar

jefe de cocina

lechuga
lettuce

el **tomate**
tomato

pimienta
pepper

sopa
soup

la **sal**
salt

ensalada
salad

papas fritas
french fries

el **maíz**
corn

fideos
spaghetti

el **abrelatas**
can opener

Menú

Esta semana vienen invitados (guests) a comer. Sí, ya sé que cuesta dinero, y un poco de trabajo (work). Pero no importa. La única (only) dificultad es que hay unos problemas. A ver cómo los resolvemos entre Ud. y yo.

1. El lunes viene una amiga que está a dieta. Puede comer solamente cosas de pocas calorías. ¿Qué debemos servirle para comenzar? ¿y como plato principal? ¿y después?

2. Pues el martes viene un amigo que estuvo enfermo recientemente. Ahora puede comer de todo y no le importan las calorías. ¡Al contrario! El pobre está muy delgado (thin) y . . . Dígame: ¿Qué le vamos a servir?

3. El miércoles vamos a hacerle una fiesta de cumpleaños a Lorenzo Rosales. No va a ser una comida completa. Sólo cosas pequeñas y postres (desserts). ¿Qué me recomienda Ud.?

4. El jueves vienen tres amigos nuestros a tomar el almuerzo. Pero, ¡Dios mío!, nos quedan (we have left) sólo dos dólares y medio para comprar comida. ¿Qué les vamos a servir?

5. Viernes . . . ¿Quién nos ofrece un poco de pan?

OBSERVACIONES

34. "Speak to me!" – about giving people commands

¿RECUERDA UD.?

Escuche y repita Ud.	Listen and repeat.
Contesten (Uds.) en español.	Answer in Spanish.
Pase(n) a la pizarra y escriba(n) . . .	Go to the board and write . . .

A. If we want to tell someone to do something, usually we just take
the **Ud.** (or **Uds.**) form of the present tense and change the final
a to **e**, the final **e** to **a**. Even stem-changing verbs follow this rule!

—— Actividades ——

1 ¿Escucha Ud.? —¡Escuche (Ud.)!

1. ¿Escucha Ud. al maestro?   ¡Escuche (Ud.) al maestro!
2. ¿Habla a su vecino?   ¡Hable . . .!
3. ¿Levanta la mano derecha?   ¡Levante . . .!
4. ¿Guarda bien el secreto?   ¡ . . .!
5. ¿Paga al dueño?   ¡Pague . . .!¹
6. ¿No gasta su dinero?   ¡No . . .!
7. ¿No piensa en eso?   ¡ . . .!
8. ¿No cierra la ventana?   ¡ . . .!
9. ¿No toca el piano?   ¡No toque . . .!
10. ¿No busca hilo blanco?   ¡ . . .!

(Now how would you give these commands to more than one
person — **Uds.**?)

2 ¿Escribe Ud.? —¡Escriba (Ud.)!

1. ¿Escribe Ud. los ejercicios?   ¡Escriba (Ud.) . . .!
2. ¿Corre a la escuela?   ¡Corra . . .!
3. ¿Recibe mis paquetes?   ¡ . . .!
4. ¿Vuelve Ud. pronto?   ¡ . . .!
5. ¿Entiende a su hermana?   ¡ . . .!
6. ¿No pierde su tiempo?   ¡No . . .!
7. ¿No mueve los muebles?   ¡ . . .!

---

¹ You remember the old **g** ——→ **gu**, **c** ——→ **qu** before **e**, don't you?

8. ¿No duerme ahora?   ¡. . .!
9. ¿No coge ese tren?   ¡No coja . . .!
10. ¿No dirige este grupo?   ¡. . .!

(Otra vez, ¿cómo dirige Ud. estas órdenes a más de una persona
— **Uds.**?)

Vamos a continuar.

B. With almost all irregular verbs, you make a command by taking
the **yo** form of the present tense and changing the **o** to **a**. That's all![2]

Por ejemplo: digo ⟶ **Diga** Ud. . . .   Say . . .!
                hago ⟶ **Haga** Ud. . . .   Do . . .!, Make . . .!

Continúe Ud.:   pongo, ____; salgo, ____; caigo, ____; traigo, ____;
                  vengo, ____; tengo, ____;
                  conozco, ____; ofrecer, ____; producir, ____;
                  conducir, ____

As always, the **Uds.** command just adds **–n: Digan . . . Hagan . . .
Vengan . . .**

—— Actividad ————————————————————————————————

¡**Páselo!** (Pass it!)

Ahora vamos a hacer algo un poco diferente. Someone is going to
give you a command. But instead of doing it yourself, pass it on to
someone else and that person must do it. Por ejemplo: "Abra la
puerta." You turn to someone nearby and say: "No. (Roberto),
abra Ud. la puerta." Y la otra persona se levanta y la abre.
Entonces esa persona . . . Ud. comprende, ¿verdad?

Vamos a empezar:

1. Dígame dónde vive.   —No. Rosa, dígame Ud. . . .   —Yo vivo . . .
2. Dígame su nombre.   —No. Pepe, . . .   —Mi nombre es . . .
3. Abra esa ventana.
4. Ahora abra la otra ventana.
5. Cierre la puerta.
6. Levante la mano derecha.
7. Levante la mano izquierda.
8. Levántese Ud.
9. Ahora siéntese.

——————

[2] Only **ser, saber, ir,** and **haber** (which you haven't learned yet) have special forms.
Estar is perfectly regular: **esté.** And so is **dar: dé**. We put an accent on **dé** when it
stands alone to set it off from the preposition **de** (of, from).

10. Pregúntele a la profesora (al profesor) dónde vive.
11. Pregúntele si tiene novio (novia).
12. Deme todo su dinero. (¿Ah, no?)
13. Escriba su nombre en la pizarra.
14. Ponga su cuaderno en el piso.
15. Traiga pizza para toda la clase.
16. Repita Ud.: "Te amo, te adoro."
17. Repita Ud.: "¡Me encanta el español!"
18. Y finalmente: Deme un beso (kiss). (!!!)

¿Qué dice? ¿Pasamos a otra cosa?

35. Where do object pronouns go with commands?

A. If you tell someone to do something, *attach* the pronoun to the *end* of the command.

Dígame.	Tell me.
Siéntense (Uds.).	Sit down.
Mándenselo.	Send it to him.

B. If you tell someone *not* to do something, put the pronoun *before* the command.

¡No me diga!	Don't tell me!
No se sienten (Uds.).	Don't sit down.
No se lo manden.	Don't send it to him.

_____ Actividades _____

1 Bébalo. —No. No lo beba.

Imagínese que Ud. quiere dar unas órdenes. Pero hay otra persona presente que siempre dice lo contrario (the opposite). Por ejemplo:

Ud.	**La otra persona**
¿El café? Bébalo.[1]	—No. No lo beba.
1. ¿Los vegetales? Cómalos.	—No. Nos los _____
2. ¿Esta caja? Úsela.	—No. No la _____
3. ¿Esas frutas? Córte_____	—No. _____
4. ¿El jamón? Sírva_____	—No. _____todavía.

_____
[1] When we add pronouns to the end of a verb, most of the time we have to put a written accent on the syllable where the weight normally falls. Say the word out loud and you'll see.

5. ¿El dinero? Gáste_____   —No. _____ todo.
6. ¿Esos números? Márque_____   —No. _____ ahora.
7. ¿Esas lámparas? Apágue_____   —No. _____ todas.
8. ¿La comida? Hága_____   —No. _____ todavía.
9. ¿Esos clavos? Pónga _____ aquí.   —No. _____

2 Esta vez la otra persona va a dar unas órdenes a diferentes amigos suyos. Pero Ud. va a decir siempre lo contrario. "Lo justo es justo", ¿verdad?

La otra persona	Ud.
1. ¿Estas palabras? Repítanlas (Uds.).	—No. No las _____
2. ¿Estos discos? Escúchenlos.	—No. _____ ahora.
3. ¿El cuento? Díganmelo.	—¡Qué va! No me _____ a mí.
4. ¿La cuerda? Pásenmela.	—¡Por Dios! No _____
5. ¿La canción? Cántennosla.	—¡Caramba! No nos _____ a nosotros.
6. ¿Esas batas? Tráigannoslas.	—¡Qué cosa! No _____
7. ¿Las corbatas? Ofrézcanselas.	—¡Qué va! No se _____
8. ¿Esta carta? Mándensela al dueño.	—¡No! No _____ a él.
9. ¿El número? Pregúntenselo a Ana.	—¡Caramba! No _____ a ella.
10. ¿Las llaves? Pídanselas a sus tíos.	—¡Dios mío! No _____ a ellos.

___ Práctica _____

1 *Lea bien, y escoja siempre la conclusión correcta:*

1. Por favor, no hagan mucho ruido.
   —¿Por qué? (¿Hay fiesta arriba? <u>¿Están durmiendo los niños?</u> No queremos molestar a nadie.)
2. Por una semana, no coman más que tomate, lechuga y vegetales frescos.
   —¡Ajá! (<u>¿Nos está poniendo a dieta?</u> Ud. quiere verme más alto. Entonces vamos a necesitar un abrelatas nuevo.)
3. Cuando trabajo hasta la medianoche, no puedo levantarme por la mañana. No puedo concentrarme en la escuela.
   —Pues, (duerma menos, <u>acuéstese más temprano</u>, trate de descansar durante las clases).
4. ¡Dios mío! Paquito va a cortarse con ese cuchillo.
   —Pues (ofrézcaselo, enciéndaselo, <u>quíteselo</u>) inmediatamente.
5. Tengo que mandar esta carta y no sé dónde está la Casa de Correos.
   —No importa. (<u>Póngala en este buzón</u>. Escriba otra vez la dirección. No le ponga más sellos.)

1. Créanme Uds. Ayúdenme Uds. No me ayuden Uds.   2. Por favor, búsquenlo. Por favor, tóquenlo. Por favor, no lo toquen.   3. Cuídese ahora. Sírvase ahora. Vístase ahora.   4. Pregúnteselo. Pídaselo. No se lo pidan Uds.

2 *Cambie ahora según las indicaciones:*

1. Créame. (Believe me!)
   _____ Uds.
   _____. (ayudar)
   No _____.

2. Por favor, sáquenlo.
   _____. (buscar)
   _____. (tocar)
   ____, no ____.

3. Diviértase ahora.
   _____. (cuidarse)
   _____. (servirse)
   _____. (vestirse)

4. Prométaselo.
   _____. (preguntar)
   _____. (pedir)
   No _____ Uds.

3 *Mire las ilustraciones, y después conteste según los modelos.*

Por ejemplo:

¿Preparo la (cama)?
—Sí. Prepárela.

¿Usamos esta (cómoda)?
—No. Por favor, no la usen.

1. ¿Limpio la ____?
   —Sí. ____.

2. ¿Uso esta ____?
   —No. No ____.

3. ¿Compramos este ____?
   —Sí, ____. (Uds.)

4. ¿Escribimos aquí la ____?
   —No. ____ Uds. allí.

5. ¿Sacamos el ____?
   —Claro. ____ ahora.

   1. alfombra; Límpiela.   2. aspiradora; la use.   3. reloj; cómprenlo.   4. dirección; No la escriban.   5. abrelatas; Sáquenlo

REPASO RÁPIDO

1. To make a command form, you normally take the present tense
   form of **Ud.** or **Uds.** and change the **a** of the ending to **e**, the
   e to **a**:

Ud. trabaja . . . ¡Trabaje (Ud.)!   ¿Uds. recuerdan? . . . Recuerden (Uds.).
¿Ud. sube? . . . Suba (Ud.).   ¿Uds. duermen? . . . ¡Duerman (Uds.)!

   With almost all irregular verbs, you take your command from the
   yo form of the present tense:

   Digo ⟶ Diga Ud., Digan Uds.
   Tengo ⟶ Tenga Ud., Tengan Uds.

2. When you tell someone to do something, attach the object
   pronoun(s) to the end: **Escúchela. Díganselo.**

   When you tell someone *not* to do something, put the pronoun(s)
   before: **No la escuche. No se lo digan.**

Práctica

(You can check your answers in the back of the book.)

1 Mire las ilustraciones siguientes y díganos: ¿Qué órdenes estamos
dando?

1. ¡_____!   2. ¡_____se!   3. ¡_____!

4. ¡_____!   5. ¡No _____!

2 Ahora . . .
1. Ask someone in your class to pass you his (or her) notebook.
2. Ask someone to tell you what time it is.
3. Ask several people to raise their right hand (la mano derecha).
4. Ask your teacher not to give you-all a test tomorrow.
   (Por favor, . . .)
5. Tell some people not to bother you . . . ¿oyen?

Sr. Salinas: ¿Qué comió en la noche del 10 de enero?

Comió tres huevos con azúcar. Y dos salchichas con miel.

Confiéselo, Sr. Salinas. Estas personas lo vieron todo.

CUENTO CONFESION

weight

Un cuarto pequeño **iluminado** por una **sola bombilla.** El Sr. Salinas está **sentado** en una silla baja de metal. Un hombre alto y **delgado** lo interroga.

    Hombre: Díganos otra vez, Sr. Salinas: ¿Qué comió en la

5   noche del 10 de enero?

    Sr. S.: ¿De este año, señor?

    Hombre: Precisamente. No me diga que no lo recuerda.

    Sr. S.: Déjeme pensar. En la noche del 10 de enero yo comí . . .

          Perdone. Repita Ud. la pregunta, por favor.

10 Hombre: Sr. Salinas, **hablemos** francamente. ¿No dijo Ud.

          ayer que sólo comió una ensalada de lechuga y tomate?

    Sr. S.: Sí. Con sal y pimienta. Créame. Se lo **juro.**

    (La puerta se abre y cuatro personas entran.)

    1: ¡Qué va! Yo lo vi. Comió tres **huevos** con azúcar y

15   mayonesa.

    2:   Y dos salchichas con **miel.**

    3:   Y papas fritas con maíz y frijoles.

    4:   ¡Y una hamburguesa con **salsa** de chocolate!

    Sr. S.: ¡No, no, no!

20 Hombre: **Confiéselo,** Sr. Salinas. Aquí tenemos cuatro

          personas que lo vieron todo.

● Sr. S.. ¡**Déjenme en paz!** ¡No me molesten más! Sí, confieso.

    Comí rosbif, con pan y mantequilla.

lighted; single bulb

seated

slim

let's speak

I swear

eggs

honey

sauce

Confess it

Leave me alone!

*Fideos con jalea de banana
. . . Y sopa de margarina.*

*Hay maneras de hacerle
hablar. . . Traigan el espejo.*

*¡Ayyyyyy!
¿Qué soñaste?*

	1: Y fideos con **jalea** de banana.	jelly
25	2: Y sopa de margarina.	
	3: Y **batatas** con crema de **maníes**.	yams; peanuts
	4: Y **torta de queso** con helado de vainilla.	cheesecake
	Sr. S.: ¡Quítenlos de aquí! ¡Están mintiendo!	
	Hombre: ¿Ah, sí? Pues vamos a ver quién miente y quién no.	
30	Sr. S.: ¡Ellos, ellos!	
	Los cuatro: ¡Él, él!	
	Hombre: Recuerde, Sr. Salinas. Hay **maneras** de hacerle	ways
	hablar . . . **¡Caballeros!** Traigan el **espejo**.	Gentlemen; mirror
	Sr. S.: ¿Él es . . .? Por favor. ¡Tengan compasión!	
35	(Dos hombres entran trayendo un espejo enorme.)	
	Hombre: Ahora, Sr, **Gordo**, mírese en el espejo.	**Fat**
	Sr. S.: ¡Ayyyyy! (**Se lanza** hacia la puerta.)	hurls himself
	¡Sálvenme! ¡No me hagan **sufrir**!	Save me!; **suffer**
	Hombre: **¡Cojámoslo!** ¡**No lo dejemos** salir!	Let's grab him!; Let's not let him
40	Sr. S.: ¡Ayyyyyyyyyyyyyyy!	
	(La señora Salinas y su hija entran corriendo.)	
	Sra.: ¡Dios mío! ¿Qué soñaste?	
	Hija: ¿Por qué gritaste, papá?	
	Sr. S.: Es que . . . Perdonen. No fue nada, realmente.	
45	Sra.: Pues son las nueve ya. ¿Qué dices? **Vamos a** comer,	Let's
	¿eh?	
	Sr. S.: Si quieres, Lola. Pero la verdad, no tengo mucha	
	hambre. Sólo quiero una hamburguesa . . . con jalea, y	
	salsa de chocolate.	

1. Cuando comienza este cuento, ¿dónde estamos?
2. ¿En qué está sentado el Sr. Salinas?
3. ¿Quién lo interroga?
4. ¿Qué le pregunta el hombre delgado?
5. ¿Qué dijo Salinas ayer que comió en la noche del 10 de enero?
6. ¿Quiénes entran en este momento?
7. Según el primer testigo, ¿qué comió Salinas esa noche?
8. Según el segundo, ¿qué más comió?
9. ¿Y según el tercero (third)? ¿y según el otro?
10. ¿Qué piensa Ud. de estos platos? ¿Cuál le parece el mejor? ¿y el peor?

1. ¿Qué confiesa Salinas que comió?
2. Según los cuatro testigos, ¿qué más comió?
3. En su opinión, ¿quién está mintiendo — Salinas o los cuatro testigos?
4. ¿Qué va a traer el hombre delgado para obligarlo a confesar?
5. ¿Cuántos hombres entran trayendo el espejo?
6. ¿Desea verse Salinas en el espejo?
7. ¿Le permite el hombre escapar? ¿Qué dice?
8. Cuando Salinas grita, ¿quiénes entran corriendo?
9. ¿Fue real todo esto o fue un sueño? A propósito, ¿tiene Ud. malos sueños? ¿Tiene Ud. sueños como éste?
10. ¿Qué desea comer esta noche Salinas? ¿Qué le parece a Ud. esta combinación? . . . ¡Ummm! ¡Delicioso!

JUEGOS DE PALABRAS

1.

peso ¿Pesan mucho   Es **gordo**.   Pesa _____.   Es **delgada**.   Pesa _____.
weight o poco?   fat   slim

1. Pesa mucho; Pesa poco

¿Cómo son sus padres?

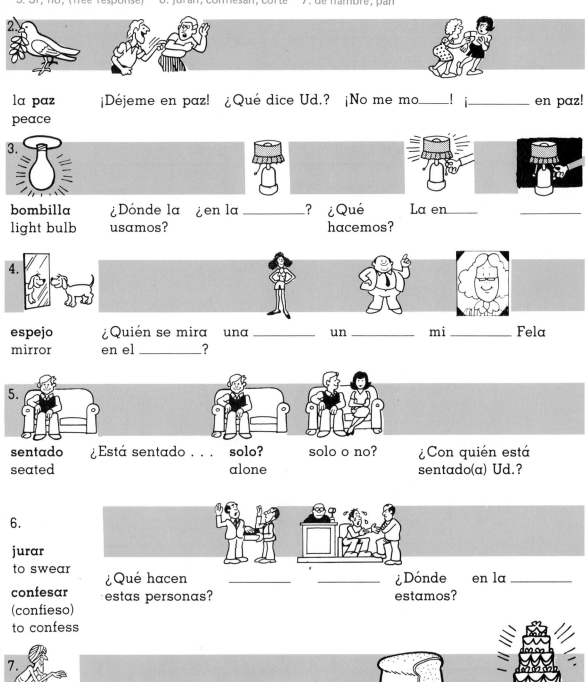

2.

la **paz**
peace

¡Déjeme en paz!   ¿Qué dice Ud.?   ¡No me mo____!   ¡_____ en paz!

3.

bombilla
light bulb

¿Dónde la   ¿en la _____?   ¿Qué   La en____   _____
usamos?   hacemos?

4.

espejo
mirror

¿Quién se mira   una _____   un _____   mi _____   Fela
en el _____?

5.

sentado
seated

¿Está sentado . . .   **solo?**   solo o no?   ¿Con quién está
                       alone   sentado(a) Ud.?

6.

jurar
to swear

confesar
(confieso)
to confess

¿Qué hacen   _____   _____   ¿Dónde   en la _____
estas personas?   estamos?

7.

sufrir
to suffer

¿De qué   ¿Hay **manera** (a way)   ¿Le damos _____?   ¿o una **torta?**
sufre? _____   de ayudar?   cake

347

OBSERVACIONES

36. "Let's . . ."

¿RECUERDA UD.?

Vamos a comenzar.	Let's begin.
Vamos a continuar.	Let's go on.

"Let's . . ." is a command we give when we want to get ourselves into the action, too. (You do it. So will I. Let's do it!)
There are two ways of saying "Let's . . ." in Spanish. You already know one.

A. Vamos a . . . plus an infinitive.

Vamos a trabajar.	Let's work.
—¡Qué va! Vamos a descansar.	Nonsense! Let's rest.
Vamos a decírselo ahora.	Let's tell it to them now.
—No. Vamos a esperar.	No. Let's wait.

You see, **Vamos** means both "We are going" and "Let's go!"

B. Or if you prefer, add **–mos** onto the **Ud.** command form. (This works for everything except stem-changing verbs.) Of course, object pronouns are attached to the end.

Hable Ud.	Speak.
Hablemos.	Let's speak.
Cójalos.	Grab them.
Cojámoslos.	Let's grab them.
Hágala.	Do it.
Hagámosla.	Let's do it.

When we say "Let's *not* . . .," the pronouns go *before* the command. You knew that, didn't you?

No le hablemos.	Let's not speak to him.
No los cojamos.	Let's not grab them.
No la hagamos.	Let's not do it.

(Remember: **Vamos a . . .** does not work in the negative!)

Práctica ☐1 1. Bailemos.   2. Comamos.   3. Tengamos paciencia.   4. Dejémoslo en paz.   5. Hagámosle un favor.   6. Démosles el dinero.   7. Guardémoslas en la bolsa.   8. Conduzcámoslo bien.   9. Apaguemos esa lámpara.   10. Busquémoslo allí.   11. Pongámoslas en esa cartera.   12. ¡Tomémoslo con calma!

348

Práctica

1 *Cambie a **nosotros** las órdenes siguientes. (En otras palabras: Get yourself into the act!)*

Por ejemplo:

　　　　Espere Ud.   <u>Esperemos.</u>
　　　　Bébalo.   <u>Bebámoslo.</u>

1. Baile Ud.   2. Coma.   3. Tenga paciencia.   4. Déjelo en paz.
5. Hágale un favor.   6. Deles (Give them) el dinero.   7. Guárdelas en la bolsa.   8. Condúzcalo bien.   9. Apague esa lámpara.
10. Búsquelo allí.   11. Póngalas en esa cartera.   12. ¡Tómelo con calma!

2 *Ahora haga negativas estas órdenes:*

1. Gastémoslo todo.   2. Saquémoslos de allí.   3. Traigámosla mañana.   4. Ofrezcámosle más dinero.   5. Rompámosla.
6. Hagámoslo otra vez.

3 *Esta vez, exprese las órdenes usando **Vamos a** . . .*

Por ejemplo:

　　　　Cantemos.   <u>Vamos a cantar.</u>
　　　　Acabémoslo.   <u>Vamos a acabarlo.</u>

1. *Mandemos* el paquete esta tarde.   2. *Salgamos* temprano.
3. *Invitémoslos.*   4. *Quitémoslo* ahora.   5. *Viajemos* con ellos.
6. *Preguntémosle* dónde vive.   7. *Ayudémosla,* ¿está bien?

4 *Y finalmente, ¿cómo relaciona Ud. los Grupos 1 y 2?*

	1		2
a.	No puedo encontrar mis guantes.	c	Entonces vamos a manejar con mucho cuidado.
b.	La línea está ocupada ahora.	f	No. Siempre llegan tarde.
c.	Hay muchos accidentes en este camino.	a	Pues busquémoslos en tus bolsillos.
d.	Ofrezcámosles nuestro coche.	b	Muy bien. En cinco minutos llamemos otra vez.
e.	Son las siete y media de la mañana.	d	¿Por qué? ¿No funciona el suyo?
f.	Esperémoslos un poco más.	e	Bueno, vamos a levantarnos.

Práctica ③1. Vamos a mandar   2. Vamos a salir   3. Vamos a invitarlos   4. Vamos a quitarlo
5. Vamos a viajar   6. Vamos a preguntarle   7. Vamos a ayudarla

349

REPASO RÁPIDO

1. "Let's" (do something)!
   Either:

   a. Use **Vamos a** + an infinitive: **Vamos a ver**.

   b. Or add **–mos** to the **Ud.** command form of most verbs:
   Ame . . . **Amemos**. Salga . . . **Salgamos**.
   Remember that object pronouns must be attached to the end:
   Tomémoslos.   Dejémosla en paz.

2. "Let's not" (do something)!

   For most verbs, add **–mos** to the **Ud.** command form. But put the
   object pronoun(s) *before* the verb: **No los tomemos.**

   No la dejemos en paz.

Práctica

(You can check your answers in the back of the book.)

Exprese en español según los modelos:

1. Let's call them.   Vamos a llamarlos.
   Let's help her.   _____.
   Let's give it to her. _____.

2. Let's get dressed.   Vamos a vestirnos.
   Let's get up.   _____.
   Let's get to bed.   _____.

3. Let's eat now.   Comamos ahora.
   Let's eat it now.   _____.
   Let's finish it later. _____.

4. Let's not go out today. No salgamos hoy.
   Let's not do it today.   _____.
   Let's not put it here.   _____.

Repaso, Lecciones 10-12

I. Repaso General

A. The imperfect tense: "I was eating, used to eat" (**28, 29,** and **30**)

1. Regular forms

-ar	-er, -ir
ganar	**comer, abrir**
ganaba	comía, abría
ganabas	comías, abrías
ganaba	comía, abría
ganábamos	comíamos, abríamos
ganaban	comían, abrían

2. There are only three irregular verbs in the imperfect tense.

> **ser:** era, eras, era, éramos, eran
> **ir:** iba, ibas, iba, íbamos, iban
> **ver:** veía, veías, veía, veíamos, veían

¿A qué hora llegaron Uds.?	What time did you arrive?
—Íbamos a llegar a las seis, pero no llegamos hasta las ocho. Fuimos primero al cine.	We were going to arrive at six, but we didn't arrive until eight. First we went to the movies.

3. Remember: The preterite simply reports what took place.

> The imperfect describes what was happening at a certain time or what used to happen over a period of time.

Ganó mucho dinero.	He earned a lot of money.
Ganaba mucho dinero.	He used to earn a lot of money. He was earning a lot of money.

B. The present participle and its uses (**Observaciones 31, 32, 33**)

1. The present participle is normally formed by changing the infinitive ending to **-ando** or **-iendo**.

-ar verbs	-er, -ir verbs
hablando	comiendo, viviendo

A few exceptions:

a. After a vowel, **-iendo** becomes **-yendo: oyendo, leyendo**
b. **-ir** stem-changing verbs change the stem **e** to **i, o** to **u:**
   pidiendo, sirviendo, muriendo, durmiendo

2. **Estar** + a present participle describes an action in progress at a particular time.

¿Estás trabajando?   Are you working (at this moment)?
—No, estoy descansando.   No, I'm resting.

¿Qué estaban haciendo?   What were they doing?
—Estaban cantando y   They were singing and having fun,
    divirtiéndose, nada más.   that's all.

Remember that an object pronoun is either attached to the end of –**ando**, –**iendo**, or goes before **estar**.

3. **Seguir** (to continue or to follow) + a present participle means "to keep on" (doing something). (Notice that **seguir** is both a spelling-changing and a stem-changing verb.)

Present Indicative	*Preterite*
sigo	seguí
sigues	seguiste
sigue	siguió
seguimos	seguimos
siguen	siguieron

Siguió mirándome.   He kept on looking at me.
—¿Y qué hiciste?   And what did you do?

Pablo, ¿por qué sigues molestando?   Paul, why do you keep on annoying?
—¿Quién? ¿Yo?   Who? Me?

C. How to give commands to **Ud., Uds.** or **nosotros** (34, 35, and 36)

1. With regular verbs, take the present tense and change the **a** of the ending to **e**, the **e** to **a**.

Ud. habla.   You speak.   ¡Hable Ud.!   Speak!
     You are speaking.

Comemos.   We eat.   ¡Comamos!   Let's eat!
     We are eating.

2. With almost all irregular verbs, take the **yo** form of the present indicative and change the final **o** to **a**.

Digo ⟶ Diga Ud.,
           Digan Uds.,
           Digamos.

3. When we say "Let's (do something)," we have a choice. For all verbs except the stem-changers, we can add **–mos** onto the **Ud.** command form. Or we can use **Vamos a** + an infinitive.

Viajamos.   We travel.   ¡Viajemos!   Let's travel!
               We are traveling.   ¡Vamos a viajar!

Lo hacemos.   We do it.   ¡Hagámoslo!   Let's do it!

When we say "Let's *not* (do something)," we cannot use **Vamos a . . .**

¡No viajemos! Let's not travel.

4. **Important!** When we tell someone to do something, we *must attach* any object pronouns to the end of the verb.

Háblenme.   Speak to me.
Dígaselo.   Tell it to him.

When we tell someone *not* to do something, object pronouns go *before* the verb.

No me hablen.   Don't speak to me.
No se lo diga.   Don't tell it to him.
No lo hagamos.   Let's not do it.

II. Repaso de Vocabulario

el **abrelatas** can opener, **12**
el **agua** *(fem.)* water, **10**
la **alfombra** rug, **11**
el **arroz** rice, **10**
la **aspiradora** vacuum cleaner, **11**
el **azúcar** sugar, **12**
la **boda** wedding, **10**
la **bombilla** light bulb, **12**
el **café** coffee, **10**
¡**Caramba!** Well, I'll be . . .!, **11**
la **carne** meat, **10**
el **cielo raso** ceiling, **11**
¡**Claro!** Of course!, **11**
la **comida** food, meal, dinner, **10**
¡**Cómo!** What!, **11**
confesar (confieso) to confess, **12**
contento pleased, satisfied, **10**
la **crema** cream, **12**

cubierto de covered with, **10**
delgado slim, **12**
¡**Dios mío!** My goodness!, **11**
la **dueña**, el **dueño** owner, landlord, **11**
durante during, **11**
la **ensalada** salad, **12**
el **espejo** mirror, **12**
los **fideos** spaghetti, **12**
los **frijoles** beans, **10**
la **fruta** fruit, **10**
golpear to hit, bang, **11**
gordo fat, **12**
gracioso funny, **10**
la **hamburguesa** hamburger, **10**
el **helado** ice cream, **10**
la **iglesia** church, **10**
el **jamón** ham, **10**
jurar to swear, **12**

justo just, fair, 12
la **leche** milk, 10
la **lechuga** lettuce, 12
limpiar to clean, 10
el **maíz** corn, 12
la **manera** manner, way, 12
la **mantequilla** butter, 12
¡Me encanta! I love it!, 11
la **medianoche** midnight, 11
mientras while, 11
molestar to annoy, bother, 11
No importa. It doesn't matter.
    Never mind. 11
otra vez again, 11
el **pan** bread, 10
la **papa** potato; **papas fritas**
    French fries, 12
la **pared** wall, 11
el, la **pariente** relative, 10
la **paz** peace; **dejar en paz** to leave
    (someone) alone, 12
el **pescado** fish, 10
el **peso** weight; unit of money in
    certain Hispanic countries, 12
la **pimienta** pepper, 12
pobre poor, 10
el **pollo** chicken, 10
por lo menos at least, 11

propio (one's) own, 10
¡Qué bien! How good! Terrific!, 11
¡Qué cosa! What a thing!, 11
¡Qué demonios! What the devil!, 11
¡Qué lata! What a mess!
    What a nuisance!, 11
¡Qué maravilla! How wonderful!, 11
¡Qué rico! How great! How delicious!, 11
¡Qué va! Nonsense! Go on!, 11
el **queso** cheese, 10
rico rich, 10
romper to break, 10
el **rosbif** roast beef, 12
el **ruido** noise, 11
la **sal** salt, 12
la **salchicha** frankfurter, sausage, 12
seguir (sigo) to follow; continue,
    keep on, 11
sentado seated, 12
solo alone, single, 12
la **sopa** soup, 12
sufrir to suffer, 12
tal vez maybe, perhaps, 11
***tener razón** to be right, 10
el **tomate** tomato, 12
la **torta** cake, 12
el **vegetal** vegetable, 10
ya no no longer, not any more, 10

_____ Juegos de Palabras _____

1 ¿Cómo relaciona Ud. las palabras del Grupo 1 con las del Grupo 2?
    (Recuerde: There can be more than one for each in Group 2.)

1	2
c g k un abrelatas	a piso / b mirarse / c abrir / d luz / e torta / f aspiradora /
a f una alfombra	g lata / h teatro / i baño / j lámpara / k sardinas /
e l azúcar	l té y café / m encima de la cómoda
d j bombilla	
b i m espejo	

354

2 Detective de Palabras

¿Puede Ud. encontrar aquí 34 palabras diferentes relacionadas con la comida? *(The words go from left to right, right to left, backwards, diagonally, and up and down. We'll get you started on the first. Y después, ¡adelante!)*

agua	hamburguesas	pollo
ajo (garlic)	helados	queso
apio (celery)	higo (fig)	rosbif
arroz	jamón	sal (4 veces)
azúcar	leche	salchicha
café	lechuga	sopas
carne	maíz	té (6 veces)
crema	mantequilla	tomates
ensalada	miel (honey)	torta
fideos	pan (3 veces)	vegetales
frijoles	papas fritas	
frutas	pescado	

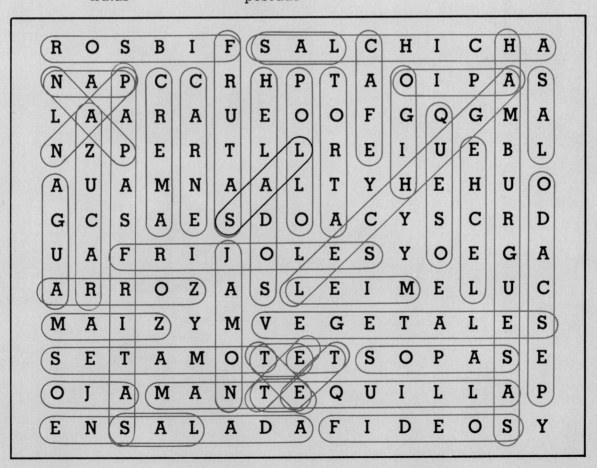

Álbum 6

1 *"Tortillas calientes." Las tortillas de maíz son la base de la comida tradicional mexicana. Pero México tiene otros platos muy diversos también.*

2 *"Ummm. Tacos." Los tacos son tortillas fritas, llenas de carne, queso y condimentos. ¿Los come Ud.?*

¿Qué comen los hispanos? La pregunta es difícil de contestar, porque la comida depende de la geografía y de la situación económica del individuo. Cerca del mar (sea), hay mucho pescado y mariscos (shellfish). En el interior, hay más vegetales, frutas, granos, o posiblemente carnes. Pero en todas partes hay platos favoritos. Aquí tiene Ud. varios.

3 *La paella valenciana—arroz amarillo con pollo, salchicha, mariscos y vegetales—tal vez el plato más famoso de toda España.*

4 *¿Para la dieta? No exactamente. Pero, ¡ay, qué deliciosos son los pasteles (pastries) españoles! Barcelona, España.*

¿Qué Comemos?

el **desayuno** breakfast

la **tostada** toast

jugo de naranja orange juice

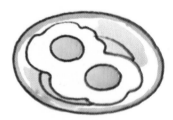

los **huevos** eggs

el **tocino** bacon

la **olla** pot

una **flor** flower

la **jarra** jar

el **cereal** cereal

El desayuno normal del hispano consiste en pan o tostadas con café, o tal vez un plato de churros (thin crullers) con chocolate. (A propósito, el chocolate caliente que sirven en España tiene mucho más azúcar y es más negro que el nuestro.) En el campo se toma un desayuno más grande—cereal, queso, sopa, huevos, y posiblemente un poco de carne también . . . Mire ahora el menú a la derecha y díganos: ¿Qué desayuno pide Ud.?

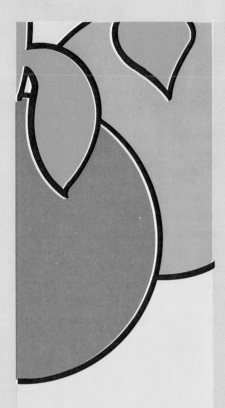

desayuno

desayuno continental $ 48

jugo de naranja
pan tostado o bolillos dulces
mantequilla y mermelada
café, té o leche

desayuno americano $ 88

a escoger jugo de naranja o fruta
dos huevos al gusto
    con jamón, tocino o salchicha
Bolillos Tostados
mantequilla y mermelada
café, té o leche

desayuno la huerta $ 95

a escoger jugo de naranja o fruta
huevos pochés en caldo de frijol
Bolillos Tostados
mantequilla y mermelada
café, té o leche

jugos y fruta fresca

jugos de naranja, toronja, tomate	$ 18
jugos de manzana, ciruela, uva y V8	18
yoghurt natural de sabores	22
plato surtido de frutas frescas	48
orden de papaya, sandía, piña o ½ melón	35
½ toronja	35
suprema de toronja	50

cereales

avena, crema de trigo, corn flakes, rice krispies	$ 34
con plátano	34
con fresas	50

breakfast

continental breakfast $ 48

orange juice
toast or sweet rolls
butter and preserves
coffee, tea or milk

american breakfast $ 88

orange juice or fresh fruit
two eggs any style
    with ham, bacon or sausage
toast
butter and preserves
coffee, tea or milk

"la huerta" breakfast $ 95

orange juice or fruit
poached eggs mexican style
toast
butter and preserves
coffee, tea or milk

juice and fresh fruit

orange, grapefruit or tomato juice	$ 18
apple, prune, grape, V-8 juice	18
choice of yoghourt	22
assorted fruit plate	48
order of papaya, watermelon, pineapple or half cantaloupe	35
half grapefruit	35
supreme of grapefruit	50

cereals

oat meal, cream of wheat, corn flakes, rice krispies	$ 34
with slices of bananas	34
with fresh strawberries	50

La manera de comer del hispano es un poco distinta a la nuestra. Observe, por ejemplo, que el hispano toma el tenedor con la mano izquierda y el cuchillo con la derecha. Corta la carne y toma un poquito con el tenedor siempre en la mano izquierda. Usa el cuchillo entonces para poner un poco de papa o de vegetal sobre la carne en el tenedor. Y levanta el tenedor a la boca con la mano izquierda. En otras palabras, en el mundo hispánico, el tenedor está siempre en la misma mano. En los Estados Unidos, pasamos el tenedor a la otra mano para llevarlo a la boca.

1 "Mira bien, hija. Tomamos las hojas (leaves) del banano y las llenamos con carne y maíz, y. . . ." La Sra. Concepción Samaniego da lecciones de cocina a su hija Magda. Barranquilla, Colombia.

2 Un plato de sopa caliente con arroz y vegetales al mediodía. La comida no es elegante pero es nutritiva. Y a esta familia de Cundinamarca, Colombia, le gusta sobre todo estar unida a la hora de comer.

3 "Buenos días." Desayuno al estilo norteamericano, con una familia cubana de Tampa. Jugo de naranja, huevos con tocino . . . ¿Qué más ve Ud. aquí?

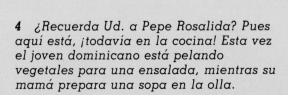

4 ¿Recuerda Ud. a Pepe Rosalida? Pues aquí está, ¡todavía en la cocina! Esta vez el joven dominicano está pelando vegetales para una ensalada, mientras su mamá prepara una sopa en la olla.

¿Éste, ése o aquél? (that one over there)

1. ¿Éste, ése o aquél?

este desayuno   ese desayuno   aquel desayuno

¿Qué desayuno es más grande, éste, ése o aquél?
¿Cuáles tienen fruta?
¿Cuál tiene cereal? ¿y carne?
¿Cuál es más nutritivo?
¿Cuál es mejor para la dieta?
¿Cuál le gusta más a Ud.?
¿Puede Ud. decirnos todas las cosas que hay en aquél?

2. ¿Ésta, ésa o aquélla?

esta comida   esa comida   aquella comida

De todas estas comidas, ¿cuál es la más elegante, ésta, ésa o aquélla?
¿Cuál es la más económica?
¿Cuál tiene carne? ¿Cuál tiene pollo o pescado?
¿Cuál sabe Ud. preparar?
¿Cuál sirve más frecuentemente su mamá?
¿Cuál se sirve con flores en la mesa?

3. ¿Éstos, ésos o aquéllos?

estos platos · esos platos · aquellos platos

De todos estos platos, ¿cuáles son líquidos, éstos, ésos o aquéllos?
¿Cuáles son vegetales?
¿Cuáles tienen más calorías? ¿y menos?
¿Cuáles servimos fríos?
¿Cuáles son los más deliciosos?

4. ¿Éstas, ésas o aquéllas?

estas manos · esas manos · aquellas manos

¿De quién son estas manos, de un norteamericano,
de un español o de un asiático? ¿Y ésas? ¿Y aquéllas?
¿En qué manos vemos un cuchillo y un tenedor?
¿En qué manos vemos otra cosa?

COLIFLOR FRITA

1 coliflor cocida (boiled)
5 dientes de ajo (garlic)
Aceite (oil)
Sal
Pimienta

Fría (fry) los ajos en el aceite caliente. Retírelos. Fría en la misma grasa la coliflor. Sazone con sal y pimienta. Sírvala con los ajos encima.

FLAN DE CARAMELO

6 huevos
1 taza y ½ de azúcar
1 litro de leche

1 cucharadita de vainilla
Azúcar para el molde

Bata los huevos con el azúcar. Añada la leche hirviendo (boiling) y la vainilla. Páselo a un molde acaramelado y póngalo en el horno (oven) por 30 minutos.

ARROZ CON PESCADO

1 taza de arroz
1 taza de tomates
pelados y picados
1 cebolla picada (chopped)
2 pimientos rojos
1 diente de ajo picado
2 tazas de agua

1 rama de perejil (parsley)
Aceite
Sal
Pimienta negra
½ kilo de pescado cocido

Fría en aceite caliente la cebolla, el ajo y los pimientos. Agregue el tomate. Muela (mash) la pimienta junto con el perejil. Incorpore el agua hirviendo y añada el arroz. Sazone con sal. Deje hervir 10 minutos a fuego fuerte (high flame). Añada el pescado. Baje el fuego y cocine por otros 10 minutos. Deje reposar un momento y sirva.

1 "Arroz . . . frijoles . . . sopas . . . frutas en lata . . . Muy bien, pero ¿dónde está la crema de maníes (peanut butter)?" Los supermercados son un fenómeno relativamente nuevo en el mundo hispánico, y todavía se limitan a los centros más grandes. Pero donde hay supermercados, son enormes y modernísimos, como éste de Guadalajara, México.

2 "¡Especial hoy! Lechuga—19 centavos. Gandules (beans)—tres libras (pounds) por 99 centavos. Habichuelas rojas (red stringbeans). . . ." Gangas en una tienda puertorriqueña de Nueva York. A propósito, ¿qué son "Vitarroz" y "Goya"? Sí, son marcas populares.

3 *"¿Qué les apetece?" Departamento de fiambres (cold cuts) y . . . . Díganos: ¿Qué más vende esta dependienta atractiva? Barcelona, España.*

4 *Un mercado al aire libre. Fuera de las ciudades, el mercado tradicional es todavía el mejor lugar para comprar comida. Los campesinos (farmers) traen sus vegetales frescos todos los días. Y si uno quiere un pollo bien fresco, pues, ¡lo matan delante de sus ojos, y ya! Toluca, México.*

1 Comida a las nueve en "El Vesuvio", uno de los restaurantes de lujo de la capital mexicana. En realidad, la comida que se sirve en la mayor parte de los restaurantes finos de México es internacional—francesa, española, italiana, etc., con un poco "extra" de sabor (flavor) nativo.

2 Verano en Toledo, España. Los jóvenes se reúnen en un café al aire libre a tomar un refresco y hablar, hablar. . . . El café ocupa un lugar importantísimo en la vida hispana porque no se va allí solamente a comer. El café es realmente una combinación de "snack bar" y de club social.

¿Sabe Ud.?

En cada parte del mundo hay diferentes platos favoritos. Al mexicano le gustan sus tortillas y tamales, al español le gustan sus "paellas" y pescados, y a nosotros nos gustan nuestro pollo frito y nuestras hamburguesas. Pero en realidad, hoy, con los nuevos sistemas de transporte y comunicación, la comida es más internacional. Por ejemplo, en España, y en Latinoamérica hay restaurantes que sirven comida francesa, italiana o china, exactamente como los restaurantes de aquí que sirven comida española o mexicana. "Oigan, chicos, ¿que vamos a comer, tacos o pizza?"

3

4

3 Un plato de pollo frito "al estilo Kentucky" en México, D.F. En los centros grandes, muchos hispanos están adoptando ahora la costumbre norteamericana del almuerzo rápido—una hamburguesa, una salchicha con papas fritas, etc.

4 ¡Qué variedad de comida! Tamales, tortillas, enchiladas, frijoles, pan con queso, jamón y aguacate (avocado). . . . Domingo en "La Lagunilla" (flea market) de México, la capital.

Vocabulario

aquel, aquella   that (over there), that one (over there)
aquellos, aquellas   those (over there)
el **cereal**   cereal
el **desayuno**   breakfast
eso   that (in general)
esto   this (in general)
la **flor**   flower
la **jarra**   jar, pitcher
el **jugo de naranja**   orange juice
la **olla**   pot
el **tocino**   bacon
la **tostada**   toast

Appendices

ADDITIONAL PRACTICE

Primera Parte

1 Hola. Yo soy . . . _____

Escriba los nombres en inglés (Write the names in English):

1. Alicia
2. Tomás
3. Miguel
4. Susana

5. Eduardo
6. Sara
7. Carolina
8. Ricardo

1. Alice   2. Thomas   3. Michael   4. Susan
5. Edward   6. Sarah   7. Caroline   8. Richard

2 ¿Es usted . . .? _____

● *Conteste, por favor (Answer, please):*

Ejemplo: Paco es sincero, ¿y María?   María es sincera.

1. Diego es inteligente, ¿y Luisa?
2. Susana es famosa, ¿y Roberto?
3. Víctor es interesante, ¿y Alicia?
4. Isabel es generosa, ¿y Pablo?
5. Tomás es modesto, ¿y Sara?

1. Luisa es inteligente.
2. Roberto es famoso.
3. Alicia es interesante.
4. Pablo es generoso.
5. Sara es modesta.

● *Answer "yes" and add one more adjective:*

Ejemplo: Es usted inteligente?   Sí, soy inteligente y artístico (artística).

1. ¿Es usted brillante?
2. ¿Es usted sociable?
3. ¿Es usted obediente?
4. ¿Es usted popular?
5. ¿Es usted paciente?

free response

3 ¿Qué es esto? _____

*Complete con **un** o **una** (Complete with **un** or **una**):*

1. _____ libro
2. _____ maestra
3. _____ silla
4. _____ mesa
5. _____ maestro

1. un libro
2. una maestra
3. una silla
4. una mesa
5. un maestro

6. _____ pluma
7. _____ ventana
8. _____ lápiz
9. _____ escuela
10. _____ puerta

6. una pluma
7. una ventana
8. un lápiz
9. una escuela
10. una puerta

4 Si un mexicano es de México . . .

● *Conteste:*

1. Miguel es español. ¿De dónde es?
2. Luisa es peruana. ¿De dónde es?
3. Tomás es argentino. ¿De dónde es?
4. Mi amiga es colombiana. ¿De dónde es?
5. Andrés es chileno. ¿De dónde es?

1. Miguel es de España.
2. Luisa es de Perú.
3. Tomás es de Argentina.
4. Mi amiga es de Colombia.
5. Andrés es de Chile.

● *Complete según el modelo (Complete according to the model):*

Ejemplo: Soy de Chile.   Soy <u>chileno.</u>

1. Mi amigo es de Bolivia. Es _____.
2. Elena es de Venezuela. Es _____.
3. Pedro y José son de Ecuador. Son _____.
4. Mi maestra es de México. Es _____.
5. Ana y María son de Honduras. Son _____.

1. boliviano
2. venezolana
3. ecuatorianos
4. mexicana
5. hondureñas

● *Conteste:*

1. ¿De dónde es usted?
2. ¿De dónde es su padre?
3. ¿Es mexicana su maestra?
4. ¿Es americana su madre?
5. ¿Es de Cuba su amigo?
6. ¿Es de Nueva York su amiga?

free response

5 ¿Hay un médico en la casa?

● *Conteste:*

1. ¿Hay una mesa en la clase?
2. ¿Hay maestros cubanos en la escuela?
3. ¿Hay sillas en la clase?
4. ¿Hay una ventana en la clase de español?
5. ¿Hay un médico en la clase?

free response

● *Conteste usando no, según el modelo (Answer using no, according to the model):*

Ejemplo: ¿Hay un dentista en la clase?   <u>No, no hay un dentista en la clase.</u>

1. ¿Hay una pluma en la clase de español?
2. ¿Hay estudiantes en la clase?
3. ¿Hay papeles en la clase?
4. ¿Hay libros en la clase?
5. ¿Hay peruanos en la clase?
6. ¿Hay actrices famosas en la clase?

1. No, no hay una pluma en la clase de español.   2. No, no hay estudiantes en la clase.   3. No, no hay papeles en las clase.   4. No, no hay libros en la clase.   5. No, no hay peruanos en la clase.   6. No, no hay actrices famosas en la clase.

6 Álbum de familia

● *Lea las frases, y después complete (Read the sentences, and then complete):*

Andrés y María son los padres de Roberto. Ramón y Marisa son los hermanos de Roberto. Carlos y Felipe son los primos de Roberto.

1. _____ es la madre de Roberto.
2. _____ es el esposo de María.
3. _____ y _____ son los primos de Roberto.
4. Roberto, Ramón, y Marisa son _____.
5. Andrés es el _____ de Carlos y Felipe.

1. María   2. Andrés   3. Carlos, Felipe
4. hermanos   5. tío

● *Complete con **el, la, los** o **las** (Complete with **el, la, los** or **las**):*

Ejemplo: <u>las</u> tías, <u>el</u> abuelo

1. _____ hermano	1. el	6. _____ abuela	6. la
2. _____ primas	2. las	7. _____ hombres	7. los
3. _____ hija	3. la	8. _____ padre	8. el
4. _____ primo	4. el	9. _____ hijos	9. los
5. _____ esposo	5. el	10. _____ madres	10. las

7 ¿Le gusta?

● *Complete con **gusta** o **gustan** (Complete with **gusta** or **gustan**):*

1. gustan   2. gusta   3. gusta
4. gustan   5. gusta   6. gusta

1. Me _____ mis maestros.
2. No me _____ la televisión.
3. ¿Le _____ la música popular?
4. ¿Le _____ sus clases?
5. ¿Qué actor le _____?
6. ¿Le _____ el español?

● *Conteste (con **no**):*

1. No, no me gusta el fútbol.   2. No, no me gustan las óperas.   3. No, no me gusta mi hermano.   4. No, no me gusta el golf.   5. No, no me gustan los conciertos.   6. No, no me gustan los dentistas.

1. ¿Le gusta el fútbol?
2. ¿Le gustan las óperas?
3. ¿Le gusta su hermano?
4. ¿Le gusta el golf?
5. ¿Le gustan los conciertos?
6. ¿Le gustan los dentistas?

8 Números 1–12

● *Conteste en español:*

1. ¿Cuántas ventanas hay en la clase?
2. ¿Cuántos libros hay en su mesa?
3. ¿Cuántos maestros de francés hay en la escuela?
4. ¿Cuántas mesas hay en la clase?
5. ¿Cuántas clases tiene Ud.?

free response

373

● *Escriba los números que faltan (Write the missing numbers):*

Ejemplo: siete, <u>ocho</u>, nueve, diez, <u>once</u>

1. dos, cuatro, _____, ocho, _____
2. uno, tres, _____, _____
3. doce, _____, diez, _____, ocho

4. ocho, seis, _____, _____
5. _____, seis, nueve, _____

1. seis, diez   2. cinco, siete   3. once, nueve
4. cuatro, dos   5. tres, doce

9   ¿Qué hora es?

● ¿Qué hora es?   1. Es la una y media.   2. Son las dos y cuarto.   3. Son las seis y media.
4. Son las ocho.   5. Son las nueve menos cuarto.

✓ Ejemplo: 1:00   <u>Es la una.</u>

1. 1:30   2. 2:15   3. 6:30   4. 8:00   5. 8:45

● *Complete las frases (Complete the sentences):*

Ejemplo: Mi clase de inglés es <u>a las diez.</u>

1. Mi clase de español es _____.
2. Mi clase de música es _____.
3. Mi clase de ciencia es _____.

4. Mi clase de matemáticas es _____.
5. Son _____ ahora.
6. Mi clase de historia es _____.

free response

10   Los días de la semana

● *Complete las frases:*

1. Hoy es lunes; mañana es _____.
2. Si hoy es sábado, mañana es _____.
3. Hay siete _____ en la semana.

4. Hoy es martes; mañana es _____.
5. Mañana es viernes; hoy es _____.
6. Hoy es domingo; mañana es _____.

1. martes   2. domingo   3. días   4. miércoles   5. jueves   6. lunes

Álbum 1   ¿Qué Tiempo Hace?

● *Conteste las preguntas (Answer the questions):*

1. ¿Cuántos meses hay en el año?
2. ¿Cuántas estaciones hay en el año?
3. ¿En qué estación es el mes de junio?
4. ¿En qué estación es el mes de enero?
5. ¿Cuál mes del año le gusta?
6. ¿Cuál estación le gusta?
7. ¿Cuáles son los meses del verano?

1. Hay doce meses en el año.   2. Hay
cuatro estaciones en el año.   3. En el
verano.   4. En el invierno.   5. free
response   6. free response   7. Junio,
julio y agosto.

● *Asociaciones. Can you match Column A with Column B?*

A	**B** 1. e 2. b 3. a 4. c 5. d
1. Hace frío.	a. en abril
2. Hace mucho frío.	b. en enero
3. Llueve.	c. en agosto
4. Hace mucho calor.	d. en marzo
5. Hace viento.	e. en noviembre

● *Conteste, por favor:*

1. ¿Qué tiempo hace en febrero?
2. ¿Nieva mucho en abril?
3. ¿En qué mes llueve mucho?
4. ¿En qué mes hace mucho viento?
5. ¿Nieva o hace calor en junio?
6. ¿Hace calor en diciembre?

● *Complete las frases siguientes (Complete the following sentences):*

1. Mi estación favorita es _____.
2. Mi mes favorito es _____.
3. El aniversario de mis padres es en _____.
4. Mi cumpleaños es en _____.
5. Mi signo es _____.
6. Soy una persona muy _____.

free response

11   Números 13–30

● *Escriba los números y complete los problemas (Write the numbers and complete the problems):*

Ejemplo: 6 + 2 = ocho

free response

1. _____ + _____ = siete
2. _____ + _____ = treinta
3. _____ + _____ = trece
4. _____ + _____ = veinte y cinco
5. _____ + _____ = veinte y uno
6. _____ × _____ = diez y ocho
7. _____ × _____ = veinte
8. _____ × _____ = diez y seis

● *Escriba los números que faltan (Write the missing numbers):*

1. trece, _____, quince, _____, diez y siete
2. cinco, diez, _____, veinte, _____
3. doce, _____, diez y ocho, _____, veinte y cuatro
4. treinta, _____, veinte y seis, _____, veinte y dos
5. diez y nueve, _____, veinte y tres, _____, veinte y siete

1. catorce, diez y seis   2. quince, veinte y cinco   3. quince, veinte y uno   4. veinte y ocho, veinte y cuatro   5. veinte y uno, veinte y cinco

12   ¿Habla Ud. Japonés?

● *Conteste, por favor:*

1. ¿Amigo, hablas inglés?
2. ¿Habla español su hermano?
3. ¿Escuchas en la clase?
4. ¿Contesta Ud. en español?
5. ¿Escucha música popular su maestra?

free response

● *Complete con la forma correcta del verbo (complete with the correct form of the verb):*

1. Yo _____ música. (escuchar)
2. Mi padre _____ japonés. (hablar)
3. Mi madre _____ el teléfono. (contestar)
4. Mi amigo _____ ciencia en la escuela. (estudiar)
5. Su amiga _____ italiano. (hablar)

1. escucho   2. habla   3. contesta   4. estudia   5. habla

13 ¡Sí, sí, comprendo!

• Escriba las frases, cambiando el sujeto a **Diego** (Write the sentences, changing the subject to **Diego**):

Ejemplo: Vivo en Costa Rica.   Diego vive en Costa Rica.

1. Comprendo español.
2. Aprendo matemáticas.
3. Leo muchos libros de historia.
4. Escribo poemas en la clase de inglés.

1. Diego comprende español.   2. Diego aprende matemáticas.   3. Diego lee muchos libros de historia.   4. Diego escribe poemas en la clase de inglés.

• Complete con la forma correcta del verbo (Complete with the correct form of the verb):

1. Yo _____ español. (comprender)
2. ¿_____ Ud. libros de ciencia? (leer)
3. Mi familia _____ en Texas. (vivir)
4. Paco, ¿_____ rápidamente? (aprender)
5. Julia, ¿_____ poemas? (escribir)

1. comprendo   2. Lee   3. vive
4. aprendes   5. escribes

14 ¿De qué color es el amor?

Complete con un color (Complete with a color):   free response

Ejemplo: un libro negro

1. una pluma _____
2. una silla _____
3. un papel _____

4. un lápiz _____
5. una pizarra _____
6. una mesa _____

15 Escuche y repita, por favor.

¡Escriba en Español! (Write in Spanish!):

1. Speak Spanish!   1. ¡Hable español!
2. Open the door!   2. ¡Abra la puerta!
3. Listen in class!   3. ¡Escuche en clase!

4. Don't read aloud!   4. ¡No lea en voz alta!
5. Don't talk!   5. ¡No hable!
6. Repeat, please!   6. ¡Repita, por favor!

• Cambia las frases a mandatos (change the sentences to commands):

Ejemplo: Roberto lee el libro.   Roberto, lea el libro.

1. Margarita abre la puerta.
2. Clarita aprende español.
3. José escribe en la pizarra.
4. Isabel habla italiano.
5. Pedro pasa a la pizarra.
6. Carlos escucha la música.
7. Luisa estudia mucho.

1. Margarita, abra la puerta.
2. Clarita, aprenda español.
3. José, escriba en la pizarra.
4. Isabel, hable italiano.
5. Pedro, pase a la pizarra.
6. Carlos, escuche la música.
7. Luisa, estudie mucho.

16   ¿Cómo está Ud.? _____

● *Complete el diálogo (Complete the dialogue):*

Sr. Díaz: Buenos _____, señor.   días
Pedro: Buenos _____. ¿Cómo _____ Ud.?   días, está
Sr. Díaz: Así, _____. ¿Y Ud.?   así
Pedro: _____, gracias. Pués, _____.   Muy bien, hasta luego (mañana)
Sr. Díaz: Hasta _____.   luego (mañana)

● *Respond to each phrase below:*

1. Buenas tardes, Pepe.   3. ¿Cómo está Ud.?
2. Adiós.   4. Hasta luego.   free response

17   Números, otra vez _____

● *Counting by 10's to 100, write the numbers in Spanish.*   diez,   veinte,   treinta, cuarenta,   cincuenta,   sesenta, setenta,   ochenta,   noventa,   cien

● *Counting by 100's to 1000, write the numbers in Spanish.*   cien,   doscientos,   trescientos, cuatrocientos,   quinientos, seiscientos,   setecientos, ochocientos,   novecientos,   mil

18   Bueno, malo, mucho, poco _____

● *Escoja el adjetivo correcto para completar la frase (Choose the correct adjective to complete the sentence):*

bajo, alta, grandes, pequeños, bonitas, larga

1. María es _____.   1. alta   4. Los elefantes son _____.   4. grandes
2. Roberto es _____.   2. bajo   5. Los insectos son _____.   5. pequeños
3. Las chicas son _____. 3. bonitas   6. La serpiente es _____.   6. larga

● *Escriba lo contrario (Write the opposite):*

1. bonita   1. fea   4. grande   4. pequeño
2. alto   2. bajo   5. corto   5. largo
3. nuevo   3. viejo   6. malo   6. bueno

● *Dé (give) un ejemplo de:*

1. un actor alto   free response   5. un color bonito
2. un animal feo   6. una universidad grande
3. una actriz bonita   7. una persona baja
4. un libro corto   8. un objeto pequeño en la clase

● *Complete con el adjetivo opuesto (Complete with the opposite adjective):*

1. bajo
1. Pepe no es alto; es _____.   4. larga
   2. bonitas   4. Una serpiente no es corta; es _____.
2. Mis amigas no son feas; son _____.   5. viejas
3. No hay muchos libros; hay _____.   5. Las sillas no son nuevas; son _____.
   3. pocos   6. Mi familia no es grande; es _____.   6. pequeña

19 Cuál es más grande?

● *Cambie según el modelo (Change according to the model):*

Ejemplo: Paco es alto, ¿y Pedro?   <u>Pedro es más alto que Paco.</u>

1. Susana es bonita, ¿y su hermana?
2. Elena es baja, ¿y Rosa?
3. Su hermano es guapo, ¿y su padre?
4. Su escuela es pequeña, ¿y su casa?

1. Su hermana es más bonita que Susana.   2. Rosa es más baja que Elena.   3. Su padre es más guapo que su hermano.   4. Su casa es más pequeña que su escuela.

● *Conteste las preguntas (Answer the questions):*

1. ¿Quién es mayor, usted o su amigo (amiga)?   free response
2. ¿Quién es más alta (alto), usted o su madre?
3. ¿Quién es mayor, usted o su maestra?
4. ¿Qué es más interesante, inglés o historia?

● *Complete, según (according to) el modelo:*

Ejemplo: a. Pepe es grande.   b. Diego <u>es más grande.</u> (bigger)

c. Jaime <u>es el más grande.</u> (the biggest)

1. b. es más bonita   c. es la más bonita

1. a. Juanita es bonita.
   b. Rosa _____. (prettier)
   c. Elena _____. (the prettiest)
2. a. El tiempo es malo.
   b. El curso _____. (worse)
   c. El examen _____. (worst)

2. b. es peor   c. es el peor

3. a. Mi madre es estricta.   3. b. es más estricto
   b. Mi padre _____. (stricter)   c. es el más estricto
   c. Mi abuelo _____. (strictest)
4. a. El fútbol es bueno.   4. b. es mejor
   b. El vólibol _____. (better)   c. es el mejor
   c. El básquetbol _____. (best)

20 ¿Éste o ése?

✘ *Cambie las frases al plural (Change the sentences to the plural):*

Ejemplo: Esta chica es alta.   <u>Estas chicas son altas.</u>

1. Este libro es grande.
2. Esa casa es bonita.
3. Este elefante es viejo.
4. Ese coche es nuevo.
5. Esta clase es maravillosa.

1. Estos libros son grandes.
2. Esas casas son bonitas.
3. Estos elefantes son viejos.
4. Esos coches son nuevos.
5. Estas clases son maravillosas.

● *Exprese en español, según el modelo:*

Ejemplo: Esta señora es española.   <u>Ésta es española.</u>

1. Esos chicos son altos.
2. Ese señor es jugador de fútbol.
3. Estas flores son bonitas.
4. Esta chica es alta.
5. Estos estudiantes son buenos.

1. Ésos son altos.
2. Ése es jugador de fútbol.
3. Éstas son bonitas.
4. Ésta es alta.
5. Éstos son buenos.

- *Complete las frases, según el modelo:*

Ejemplo: No me gusta este libro; me gusta ése.

1. No vivo en esta casa; vivo en _____.
2. No leo estos libros; leo _____.
3. No hay gasolina en este coche; hay gasolina en _____.
4. No comprendo esos ejercicios; comprendo _____.
5. No escribo este ejercicio; escribo _____.

1. ésa
2. ésos
3. ése
4. éstos
5. ése

Álbum 2   ¿A Dónde Va Ud.? _____

- *Complete con al o a la:*

1. Voy _____ banco.
2. Raúl va _____ concierto.
3. Mi madre va _____ oficina.
4. Su padre va _____ gimnasio.

5. ¿Vas _____ farmacia?
6. Hoy no voy _____ partido de béisbol.
7. Dolores, ¿vas _____ fiesta?
8. ¿Va Ud. _____ cine?

1. al   2. al   3. a la   4. al   5. a la   6. al   7. a la   8. al

- *Cambie según las indicaciones:*

1. Mi padre va al teatro.
   _____ oficina.
   _____ aeropuerto.
   _____ estación de gasolina.

2. Rosita va a la fiesta.
   (Yo) _____.
   Amigo, ¿_____?
   _____ ¿_____ concierto?

1. Mi padre va a la   Mi padre va al   Mi padre va a la   2. voy a
la fiesta.   vas a la fiesta   Amigo, ¿vas al

Segunda Parte

LECCIÓN 1

1. The present tense

- *Conteste según el modelo (Answer according to the model):*

Ejemplo: María comprende español, ¿y ustedes?
         Nosotros comprendemos español.

1. Pedro vive en España, ¿y ustedes?
2. Mis vecinos escuchan música, ¿y ustedes?
3. Juan escribe libros, ¿y ustedes?
4. Mis amigos aprenden francés, ¿y ustedes?
5. Ana lee mucho, ¿y ustedes?

1. Nosotros vivimos en España.
2. Nosotros escuchamos música.
3. Nosotros escribimos libros.
4. Nosotros aprendemos francés.
5. Nosotros leemos mucho.

● *Escriba otra vez, cambiando las palabras indicadas al plural (Rewrite, changing the italicized words to the plural):*

Ejemplo: *Mi hermano estudia* inglés.   Mis hermanos estudian inglés.

1. *Usted estudia ciencia.*
2. *Su amigo comprende español.*
3. *El vecino escucha el radio.*
4. *La maestra abre la ventana.*
5. *No aprendo rápidamente.*
6. *¿Vive Ud. en esa casa?*

1. Ustedes estudian ciencia.
2. Sus amigos comprenden español.
3. Los vecinos escuchan el radio.
4. Las maestras abren las ventanas.
5. No aprendemos rápidamente.
6. ¿Viven Uds. en esas casas?

molestar
comer
vivir

● *Complete con la forma correcta del verbo (Complete with the correct form of the verb):*

beber
caminar
escuchar
comprender
abrir
recibir

Ejemplo: (hablar) Luisa _____ francés.   Luisa habla francés.

1. (escuchar) Mis amigos _____ el radio.
2. (contestar) Alicia no _____ hoy.
3. (estudiar) ¿Qué _____ (tú), Carlos?
4. (bajar) Sr. Pardo, ¿_____ Ud.?
5. (hablar) (Yo) _____ español y francés.
6. (comprender) Diego no _____ inglés.
7. (leer) Carlota no _____ muchos libros.
8. (comprender) ¿(Tú) _____ esta lección, Donado?
9. (vivir) ¿_____ ustedes en Puerto Rico?
10. (escribir) ¿_____ ustedes frecuentemente?
11. (subir) ¿(Tú) _____ ahora?
12. (vivir) Ana _____ en Arizona y nosotros _____ en Texas.

1. escuchan
2. contesta
3. estudias
4. baja
5. hablo
6. comprende
7. lee
8. comprendes
9. viven
10. escriben
11. subes
12. vive; vivimos

● *Conteste las preguntas siguientes (Answer the following questions):*

1. ¿Dónde viven ustedes?
2. ¿Hablan ustedes español?
3. ¿Estudia francés su padre?
4. ¿Escribe poemas Víctor?
5. ¿Abren ustedes sus libros en clase?
6. ¿Leen mucho sus amigos?

free response

2. Subject pronouns

● *Escriba el sujeto correcto para cada frase (Write the correct subject pronoun for each sentence):*

1. nosotros   2. yo   3. tú   4. Uds.; ellos, ellas   5. tú
6. Ud., él, ella   7. Uds., ellos, ellas   8. nosotros
9. Ud., él, ella   10. yo

Ejemplo: Estudio en mi cuarto.   yo

1. ¿Bajamos a la cocina?
2. No aprendo la música.
3. ¿Hablas español en la clase?
4. Suben a su cuarto.
5. ¿A qué hora entras?
6. Habla español y portugués.
7. Son de España.
8. ¿Contestamos en francés o en italiano?
9. ¡Caramba, es inteligente!
10. Subo por la escalera.

● *Escriba la frase otra vez con el pronombre correcto (Rewrite the sentence with the correct pronoun):*

Ejemplo: *Isabel* estudia mucho.   Ella estudia mucho.

1. *Pepe y yo subimos la escalera.*
2. *Eduardo y Luisa comprenden bien el italiano.*
3. *El señor Gómez es mi vecino.*
4. *Esteban y usted escuchan el radio.*
5. *Carmen y Rosa van al cine.*   1. Nosotros subimos la escalera.   2. Ellos comprenden bien el italiano.   3. Él es mi vecino.   4. Ustedes escuchan el radio.   5. Ellas van al cine.

● *Escriba la forma correcta de cada verbo (Write the correct form of each verbo):*

1. entrar
   a. Tú y yo _____.   1.a. entramos
   b. Usted y yo _____.   b. entramos
   c. Nosotros _____.   c. entramos
   d. Raul y Anita _____.   d. entran

2. bajar
   a. el vecino _____.   2.a. baja
   b. el vecino y yo _____.   b. bajamos
   c. mis amigos _____.   c. bajan
   d. nosotros _____.   d. bajamos

3. subir
   a. Juan y usted _____.   3.a. suben
   b. Isabel y Pablo _____.   b. suben
   c. Riqui y yo _____.   c. subimos
   d. Carla y José _____.   d. suben

3. The verb **ser**

● *Asocie los Grupos A y B (Match Column A with Column B):*

A
1. ¿De dónde es Federico?
2. ¿Son Uds. chilenos?
3. ¿Qué es esto?
4. ¿Son grandes los cuartos?
5. ¿Es estudiante Juan?

B
a. Sí, de la universidad.
b. Es una lámpara.
c. No. Somos panameños.
d. Es de Francia.
e. Sí, son enormes.

1. d
2. c
3. b
4. e
5. a

● *Cambie según el modelo (Change according to the model):*

Ejemplo: María es inteligente. (yo)   Yo soy inteligente.

1. Mis abuelos son de Venezuela. (tú)
2. Juan y yo somos buenos estudiantes. (ellos)
3. Las flores son de plástico. (la pluma)
4. Yo no soy de España. (Uds.)
5. Mis primas son altas. (nosotras)
6. El sofá es para la sala. (las sillas)
7. Pedro y yo somos de Puerto Rico. (él)
8. Mi padre es médico. (yo)

1. Tú eres de Venezuela.
2. Ellos son buenos estudiantes.
3. La pluma es de plástico.
4. Uds. no son de España.
5. Nosotras somos altas.
6. Las sillas son para la sala.
7. Él es de Puerto Rico.
8. Yo soy médico.

● Complete con la forma correcta del verbo **ser** (Complete with the correct form of the verb **ser**):

1. Paco, ¿_____ (tú) de España? —No, _____ de Chile.
2. ¿_____ ustedes hermanos? —No, _____ primos.
3. Sí, su casa _____ verde.
4. Yo no _____ alta.
5. Estos libros _____ muy buenos.
6. Mañana _____ sábado, ¿no?
7. María y yo _____ hermanas.
8. ¿De dónde _____ usted? —Yo _____ de San Luis.

1. eres; soy   2. Son; somos   3. es
4. soy   5. son   6. es   7. somos
8. es; soy

● Conteste las preguntas:

free response

1. ¿De dónde es usted?
2. ¿De dónde es su amigo?
3. ¿Es su familia muy talentosa?
4. ¿Son Uds. buenos estudiantes?
5. ¿Es alto o bajo su padre?
6. ¿Son generosos sus amigos?

LECCIÓN 2

4. Tener and venir

● Conteste con la forma correcta del verbo **tener** (Answer with the correct form of the verb **tener**):

1. ¿Cuántos hermanos tiene Ud.?
2. ¿Tiene Ud. muchas fiestas esta semana?
3. ¿Tienen Uds. buenos amigos?
4. ¿Tienen Uds. un televisor en la sala?
5. ¿Tienen mucha paciencia sus padres?
6. ¿Tiene una cafetería su escuela?

1. Tengo . . . hermanos. (free response)   2. Sí, tengo (No, no tengo) muchas fiestas esta semana.
3. Sí, tenemos (No, no tenemos) buenos amigos.
4. Sí, tenemos (No, no tenemos) un televisor en la sala.
5. Sí, mis padres tienen (No, . . . no tienen) mucha paciencia.   6. Sí, mi escuela tiene (No, . . . no tiene) una cafetería.

● Complete con la forma correcta del verbo **tener** (Complete with the correct form of the verb **tener**):

1. Pedro y yo no _____ papel.
2. ¿_____ Ud. un piano en su casa?
3. (Yo) No _____ hermanas pero mi primo _____ una hermana.
4. Ellos _____ una casa grande.
5. Antonio, ¿(tú) _____ mi lápiz?
6. (Yo) _____ dos tíos en Colorado.

1. tenemos   2. Tiene   3. tengo; tiene   4. tienen   5. tienes
6. tengo

● Conteste con la forma correcta del verbo **venir** (Answer with the correct form of the verb **venir**):

1. ¿Viene a la clase hoy el director?
2. ¿Vienen a esta escuela sus hermanas?
3. ¿Vienen Uds. al partido de béisbol?
4. ¿Viene Ud. a la fiesta mañana?
5. ¿Vienen al teatro sus padres?

1. Sí, el director viene (No, . . . no viene) a la clase hoy.   2. Sí, mis hermanas vienen (No, . . . no vienen) a esta escuela.   3. Sí, venimos (No, no venimos) al partido de béisbol.   4. Sí, vengo (No, no vengo) a la fiesta mañana.   5. Sí, mis padres vienen (No, . . . no vienen) al teatro.

- Complete con la forma correcta del verbo **venir** (Complete with the correct form of the verb **venir**):

    1. ¿De dónde _____ Uds.?
    2. Delia _____ con nosotros.
    3. Mi padre _____ a las ocho y yo _____ mañana.
    4. Sara y yo _____ hoy.
    5. Francisca, mañana (tú) _____ a mi casa, ¿no?
    6. ¿A qué hora _____ sus amigos?

    1. vienen
    2. viene
    3. viene; vengo
    4. venimos
    5. vienes
    6. vienen

- Complete usando (using) **tener** o **venir**:

    1. Yo _____ dos hermanos.
    2. Mis amigas _____ a mi fiesta.
    3. En mi casa, nosotros _____ dos radios.
    4. Inés y yo _____ un coche viejo.
    5. Pablo no _____ a la escuela hoy.
    6. Lucia, ¿(tú) _____ tiempo ahora?
    7. Mi padre _____ a la oficina temprano.
    8. Alberto, ¿(tú) _____ mañana?

    1. tengo   2. vienen   3. tenemos   4. tenemos
    5. viene   6. tienes   7. viene   8. vienes

5. Expressions with tener

- Complete, usando una expresión con **tener** (Complete using an expression with **tener**):

    1. En el invierno yo _____.
    2. No voy a la cafetería. No _____.
    3. En el verano, nosotros _____.
    4. A las diez, mi hermana va a la cama. Ella _____.
    5. Mi madre _____ de las serpientes.
    6. Si nosotros _____, tomamos agua.

    1. tengo frío
    2. tengo hambre
    3. tenemos calor
    4. tiene sueño
    5. tiene miedo
    6. tenemos sed

- A group of students is on an overnight camping trip in the mountains. As it grows dark, the weather turns bad and everyone begins to complain. Can you tell your Spanish friend what each one is saying? Exprese en español:

    Ejemplo: (Roberto): "I'm hungry."   Tengo hambre.

    1. (Susana): "I'm not hungry, I'm scared."
    2. (dos chicas): "We're thirsty."
    3. (Roberto, a su amigo): "Are you sleepy?"
    4. (el maestro): "Are you (all) warm?"
    5. (dos chicos): "No, we're not warm, we're cold."
    6. (Paco)· "Caramba, I have to study tomorrow!"

    1. No tengo hambre, tengo miedo.
    2. Tenemos sed.
    3. ¿Tienes sueño?
    4. ¿Tienen calor?
    5. No, no tenemos calor, tenemos frío.
    6. Caramba, tengo que estudiar mañana.

- Lea la frase, y después decida si es verdad o falso (Read the sentence, and then decide whether it's true or false):

    1. Tengo que lavar platos en la clase.
    2. Tengo que aprender español.
    3. Tengo que estudiar para la fiesta.
    4. Tengo que ayudar en mi casa.
    5. Tengo que subir por la ventana.

    1. falso   2. verdad   3. falso   4. verdad   5. falso

6. Where to put adjectives

• *Escriba la frase otra vez con el adjetivo en paréntesis (Rewrite the sentence, adding the adjective either before or after the italicized noun):*

Ejemplo: (grande) Es una *casa*. Es una casa grande.

1. (bonita) Es una *chica*, ¿no?
2. (mucho) No tenemos *tiempo*.
3. (generoso) Andrés es un *chico*.
4. (bajo) ¿Quién es ese *hombre*?
5. (americana) ¡Sí, me gusta la *música*!
6. (pequeña) Tengo una *alcoba*.
7. (pocas) ¡Caramba, hay *ventanas* aquí!
8. (amarilla) Mis abuelos viven en una *casa*.

1. Es una chica bonita, ¿no?
2. No tenemos mucho tiempo.
3. Andrés es un chico generoso.
4. ¿Quién es ese hombre bajo?
5. ¡Sí, me gusta la música americana!
6. Tengo una alcoba pequeña.
7. ¡Caramba, hay pocas ventanas aquí!
8. Mis abuelos viven en una casa amarilla.

• *Complete con la forma correcta del adjetivo (Complete with the correct form of the adjective):*

1. (mucho) ¿Tiene Ud. _____ amigos?
2. (simpático) Son niños _____.
3. (poco) Ramón gana _____ dinero.
4. (primero) Alicia es la _____ hija de su familia.
5. (generoso) ¿Son _____ sus tíos?
6. (nuevo) Es un estudiante _____ de Italia.
7. (francés) Miramos programas _____.
8. (primero) Es mi _____ coche.
9. (bueno) Es una _____ pregunta.
10. (malo) Hace _____ tiempo.

1. muchos 2. simpáticos
3. poco 4. primera 5. generosos
6. nuevo 7. franceses 8. primer
9. buena 10. mal

• *Escriba otra vez, cambiando la posición del adjetivo (Write again, changing the position of the adjective):*

1. un mal niño 2. el ejercicio primero
3. los años primeros 4. una buena amiga
5. el primer ejemplo 6. un programa malo

Ejemplo: un buen libro un libro bueno

1. un niño malo
2. el primer ejercicio
3. los primeros años
4. una amiga buena
5. el ejemplo primero
6. un mal programa

LECCIÓN 3

7. Ir, dar, and estar

• *Complete con la forma correcta del verbo ir (Complete with the correct form of the verb ir):*

1. van 2. voy 3. vamos
4. va 5. voy 6. vas 7. van 8. vamos

1. Ellos _____ con Rafael.
2. Yo _____ mañana.
3. Nosotros _____ a las cinco.
4. ¿_____ Ud.?
5. Yo no _____ al parque.
6. ¿A dónde _____ (tú)?
7. ¿Cuántos chicos _____ a ir?
8. Pepe y yo _____ temprano.

• *Complete con la forma correcta del verbo* **dar** *(Complete with the correct form of the verb* **dar***):*

1. ¡Caramba, el señor Gómez _____ muchos exámenes!
2. Por favor, ¿quién _____ lecciones de español?
3. Yo _____ lecciones de francés.
4. ¿Por qué no _____ (nosotros) una fiesta?
5. Los músicos _____ conciertos los sábados.
6. Beto, ¿(tú) _____ el dinero? —Sí, yo _____ un poco.

1. da   2. da   3. doy   4. damos
5. dan   6. das; doy

• *Complete con la forma correcta del verbo* **estar** *(Complete with the correct form of the verb* **estar***):*

1. estamos   2. estás; estoy   3. están   4. está   5. están   6. estoy
7. está

1. Flaco y yo _____ en el patio.
2. ¿Cómo _____, mi amigo? —(Yo) _____ bien, gracias.
3. ¿Dónde _____ sus padres?
4. ¿_____ aquí el Sr. Rivas?
5. ¿Cuántas chicas _____ en la sala?
6. (Yo) _____ en la cocina, Pepe.
7. ¡Ay, este café _____ frío!

• *Complete con la forma correcta de* **dar** *o* **ir** *(Complete with the correct form of* **dar** *or* **ir***):*

1. Mis amigos _____ al partido.
2. Nosotros _____ conciertos en la escuela.
3. Marisa _____ una fiesta mañana.
4. Yo _____ al laboratorio temprano.
5. El maestro de ciencia _____ muchos exámenes.
6. Beatriz, ¿_____ al cine hoy?

1. van   2. damos   3. da   4. voy   5. da
6. vas

8. When to use **estar**

• *Exprese en inglés:*

1. The soup is cold.   2. The ice is cold.   3. The boy is sick.   4. That girl is very bad.   5. Isabel looks pretty in her red dress.   6. My neighbor is very pretty.

1. La sopa está fría.
2. El hielo es frío.
3. El chico está malo.
4. Esa chica es muy mala.
5. Isabel está bonita en el vestido rojo.
6. Mi vecina es muy bonita.

• *Escoja el verbo correcto y complete (Choose the correct verb and complete):*

1. Mi madre _____ de Portugal. (es, está)
2. Susana _____ enferma hoy. (es, está)
3. Sus zapatos _____ en la sala. (son, están)
4. Felipe _____ muy alto. (es, está)
5. ¡Ay! El té _____ frío ahora. (es, está)
6. La lámpara _____ de cristal. (es, está)
7. Estos pantalones _____ para Roberto. (son, están)
8. Mi padre _____ en Caracas. (es, está)
9. Yo _____ venezolano. (soy, estoy)
10. Las serpientes _____ largas. (son, están)

1. es   2. está   3. están   4. es
5. está   6. es   7. son   8. está
9. soy   10. son

✒ Complete con *la forma correcta del verbo* **ser** *o* **estar** *(Complete with the correct form of the verb* **ser** *or* **estar**):

1. Enrique _____ con su hermano pero los otros _____ aquí.
2. Este libro _____ muy interesante, ¿no?
3. Marta _____ una chica brillante pero no _____ en la clase hoy.
4. ¿Dónde _____ mis zapatos, Guillermo?
5. ¡_____ las once y los niños no _____ en la cama!
6. Nosotros _____ en el comedor y Clarita _____ en la cocina.
7. Daniel, (tú) _____ chileno, ¿no? —No, (yo) _____ peruano.
8. ¿De dónde _____ Ud.?

1. está; están   2. es
3. es; está   4. están
5. Son; están   6. estamos;
está   7. eres; soy   8. es

9. Pronouns that follow prepositions

● Complete *la frase con el pronombre correcto.*

1. La pregunta es para _____. (her)
2. El televisor es de _____. (him)
3. Amigo, voy al cine con _____. (you)
4. Trabajamos con _____. (him)
5. Ellos van al partido con _____. (us)
6. Los chicos están locos por _____. (her)

1. ella   2. él   3. ~~usted~~   4. él   5. nosotros   6. ella
tigo

● Cambie *a pronombres (Change to pronouns):*

Ejemplo: El saco es para *Roberto.*   El saco es para él.

1. Las camisas son para *Carlos y Juan.*
2. Los muebles son para *Estela.*
3. Estas lámparas son para *los Gómez.*
4. Pepe trabaja con *su vecino.*
5. ¿Vienes a mi casa con *Rosa y Gabriela?*

1. ellos   2. ella   3. ellos   4. él   5. ellas

● Complete *usando la preposición correcta (Complete using the correct preposition):*

1. Vivimos _____ San Francisco. (en, de)
2. Estas faldas son _____ ti. (para, con)
3. ¿Come Ud. _____ la cocina? (en, a)
4. Están locas _____ ese actor. (por, para)
5. Ellos siempre hablan mal _____ mí. (de, para)
6. ¿Por qué vas al cine _____ Miguel? (a, con)

1. en   2. para   3. en   4. por   5. de   6. con

● Exprese *en español usando la preposición* **de, con,** *o* **para** *(Express the following in Spanish using the preposition* **de, con,** *or* **para**):

Ejemplo: We're speaking *with her.*   Hablamos con ella.

1. It's *for you* (tú), Pablo.
2. Is it *for me?*
3. The sweater is *from us.*
4. Ana is coming *with you* (all).
5. Is it *for you* (**Ud.**) or *for him?*
6. My brothers are going *with me.*
7. The shirt is *from her.*
8. Is Barbara going *with you?*

1. Es para ti, Pablo.   2. ¿Es para mí?   3. El suéter es de nosotros.   4. Ana viene con ustedes.   5. ¿Es para Ud. o para él?   6. Mis hermanos vienen conmigo.   7. La camisa es de ella.   8. ¿Viene Bárbara con Ud. (contigo)?

10. Possession

● *Conteste según (according to) el modelo:*

Ejemplo: ¿De quién es ese abrigo? (Paco)   Es de Paco.

1. ¿De quién son esos papeles? (la profesora)
2. ¿De quién es ese sombrero? (mi hermano)
3. ¿De quiénes son esas plumas? (los estudiantes)
4. ¿De quiénes son estos muebles? (mis vecinos)
5. ¿De quién es este coche? (Tomás y Guillermo)
6. ¿De quién es ese dinero? (maestro)

1. Son de la profesora.
2. Es de mi hermano.
3. Son de los estudiantes.
4. Son de mis vecinos.
5. Es de Tomás y Guillermo.
6. Es del maestro.

● Mrs. Rodríguez is making a list of things to take on a family vacation.
Can you translate her list into Spanish for her? *Exprese en español:*

Ejemplo: Daniel's shoes   Los zapatos de Daniel

1. Ann's dress   1. el vestido de Ana
2. Charlie's books   2. los libros de Carlos
3. John's radio   3. el radio de Juan

4. the children's shirts   4. las camisas de los niños
5. Amalia's overcoat   5. el abrigo de Amalia
6. the neighbor's son   6. el hijo del vecino

11. The possessives

● *Cambie usando la forma correcta de* **nuestro**:

Ejemplo: *Mi* casa es bonita.   Nuestra casa es bonita.

1. *Mi* familia es muy grande.
2. *Mi* madre es bonita.
3. *Mi* padre es simpático.
4. El Sr. Muñoz es *mi* vecino.
5. No me gusta *mi* alcoba.

1. Nuestra familia es muy grande.
2. Nuestra madre es bonita.
3. Nuestro padre es simpático.
4. El Sr. Muñoz es nuestro vecino.
5. No me gusta nuestra alcoba.

● *Cambie según el modelo:*

Ejemplo: mi amigo (zapatos, casa)   mis zapatos / mi casa

1. nuestra clase (primos, padre)
2. su clase (maestros, corbata)
3. tu cama (pelo, ojos)
4. mi brazo (piernas, nariz)
5. nuestro tío (alcobas, calcetines)
6. su dinero (vestidos, nevera)
7. mi saco (pantalones, coche)
8. tu cara (hermanas, idea)

1. nuestros primos, nuestro padre
2. sus maestros, su corbata
3. tu pelo, tus ojos
4. mis piernas, mi nariz
5. nuestras alcobas, nuestros calcetines
6. sus vestidos, su nevera
7. mis pantalones, mi coche
8. tus hermanas, tu idea

387

- When the Rodríguez family returns from vacation, they discover their house has been burglarized! Can you tell in Spanish what each one says is missing? *Exprese en español:*

Ejemplo: (Sra. R): "Oh, where is my stove?"   "Ay, ¿dónde está mi estufa?"

1. (Amalia): "Where are my blouses and her dresses?"
2. (Carlos): "And where are your shoes?"
3. (Sra. R.): "Where is our table, and where are our chairs?"
4. (Sra. R.): "Where is our television?"
5. (Sra. R. a sus hijos): "Carlos, Juan, where are your shirts and your ties?"

1. ¿Dónde están mis blusas y sus vestidos?   2. ¿Y dónde están tus zapatos?   3. ¿Dónde está nuestra mesa, y dónde están nuestras sillas?   4. ¿Dónde está nuestro televisor?   5. Carlos, Juan, ¿dónde están sus camisas y sus corbatas?

12. Special verbs: **decir** and the **–go** group

- *Conteste las preguntas:*

1. Ramón pone sus zapatos en la cama, ¿y usted?
2. Alfonso sale esta noche, ¿y usted?
3. Margarita hace un sandwich, ¿y usted?
4. Marcos trae un millón de dólares a clase, ¿y usted?
5. Rosario hace mucho en casa, ¿y usted?

1. Yo pongo mis zapatos en la cama.
1. Yo salgo esta noche.
3. Yo hago un sandwich.
4. Yo traigo un millón de dólares a clase.
5. Yo hago mucho en casa.

- *Cambie al singular, según (according to) el modelo:*

Ejemplo: Salimos tarde de la clase.   Salgo tarde de la clase.

1. Traemos los instrumentos mañana.
2. Ponemos los exámenes en la mesa de la maestra.
3. Hacemos calcetines para los chicos.
4. Valemos un millón de dólares.

1. Traigo los instrumentos mañana.
2. Pongo los exámenes en la mesa de la maestra.
3. Hago calcetines para los chicos.
4. Valgo un millón de dólares.

- *Complete con la forma correcta del verbo (Complete with the correct form of the verb):*

1. (salir) Juanito _____ mañana pero yo _____ hoy.
2. (poner) Ellos _____ su ropa aquí pero yo _____ mi ropa en la alcoba.
3. (hacer) Manolo, (tú) _____ el ejercicio bien, pero yo _____ la lección mejor.
4. (traer) Mario _____ el café y yo _____ el té.
5. (decir) Mis amigos _____ "sí", pero yo _____ ¡"no"!
6. (valer) ¡Mi primo dice que Víctor _____ poco y que yo _____ menos!

1. sale; salgo   2. ponen; pongo   3. haces; hago   4. trae; traigo   5. dicen; digo   6. vale; valgo

- *Lea la frase y escriba **verdad** o **falso**:*

1. Mi libro de español vale mil dólares.
2. Su hermano hace las lecciones en casa.
3. Ud. trae su televisor a la escuela.
4. Ud. pone los zapatos en la mesa.
5. Su padre sale tarde de casa todos los días.

1. falso   2. verdad   3. falso   4. falso
5. falso

13. The preposition **a**

● *Decida cuales frases requieren la preposición a, y escriba otra vez (Decide which sentences require the preposition a, and rewrite):*

1. Llamo _____ mi amigo.
2. Tenemos _____ primos.
3. ¿Ves _____ María?
4. Voy _____ salir temprano.
5. Ellos hablan _____ mucho en la clase.
6. Vamos _____ estudiar para el examen.
7. ¿Tiene Ud. _____ amigos generosos?
8. Vengo _____ comprar las flores.
9. ¿Hago _____ la cama?
10. Invitamos _____ Isabel.

1. Llamo a mi amigo.
2. Tenemos primos.
3. ¿Ves a María?
4. Voy a salir temprano.
5. Ellos hablan mucho en la clase.
6. Vamos a estudiar para el examen.
7. ¿Tiene Ud. amigos generosos?
8. Vengo a comprar las flores.
9. ¿Hago la cama?
10. Invitamos a Isabel.

● *Conteste según el modelo:*

Ejemplo: ¿Trae Ud. el dinero?   No, voy a traer el dinero mañana.

1. ¿Hace Ud. los ejercicios ahora?
2. ¿Ramón da una fiesta hoy?
3. ¿Estudian Uds. para el examen?
4. ¿Llama Ud. a Roberto ahora?
5. ¿Invitan Uds. a Elvira hoy?

1. No, voy a hacer los ejercicios mañana.
2. No, Ramón va a dar una fiesta mañana.
3. No, vamos a estudiar para el examen mañana.
4. No, voy a llamar a Roberto mañana.
5. No, vamos a invitar a Elvira mañana.

● *Haga frases completas usando la preposición **a** (Make complete sentences, using the preposition **a** in the proper place):*

Ejemplo: voy / salir.   Voy a salir.

1. voy / trabajar / pronto.
2. ¿vienen / estudiar / con nosotros?
3. ¿quién / llamas?
4. llamo / Pepito Jiménez.
5. ¿vamos / la fiesta?
6. ¡no / contesto / Jorge!
7. Chelo / aprende / tocar / la guitarra.
8. tus abuelos / vienen / comer hoy.
9. Sr. Vargas, ¿/ quién / habla?

1. Voy a trabajar pronto.   2. ¿Vienen a estudiar con nosotros?   3. ¿A quién llamas?   4. Llamo a Pepito Jiménez.   5. ¿Vamos a la fiesta?   6. ¡No contesto a Jorge!   7. Chelo aprende a tocar la guitarra.   8. Tus abuelos vienen a comer hoy.   9. Sr. Vargas, ¿a quién habla?

14. Using the infinitive after a preposition

● *Complete con la form correcta del verbo (Complete with the correct form of the verb):*

1. Estoy cansada de _____ (escribir, escribo)
2. ¿Están listos para _____ al teatro? (van, ir)
3. Cuando tengo hambre, _____ un sandwich. (comer, como)
4. Sin _____ el libro es difícil comprender la lección. (leo, leer)
5. Este dinero es para _____ un sombrero. (comprar, compramos)
6. Si tienes frío, _____ el abrigo. (usar, usa)

1. escribir
2. ir
3. como
4. leer
5. comprar
6. usa

- *Complete, usando el verbo correcto (Complete the sentence, using the correct verb):*

  1. Vamos a (estar / llamar) a Gloria.
  2. ¿Están Uds. listos para (comer / ser)?
  3. Este verano trabajo sin (llegar / ganar) mucho dinero.
  4. Después de (salir / sacar) de su casa, Víctor va a (trabajar / tomar).
  5. ¿Vienes para (salir / ayudar) en la tienda?
  6. Lupe, ¿estás cansada de (deber / escuchar) música?
  7. ¿Por qué vas a (acabar / sacar) tu dinero del banco?
  8. Voy a (esperar / llamar) por teléfono.

  1. llamar
  2. comer
  3. ganar
  4. salir; trabajar
  5. ayudar
  6. escuchar
  7. sacar
  8. llamar

15. The double negative

- *Cambie según el modelo:*

  Ejemplo: Nunca comemos tarde.   No comemos tarde nunca.

  1. Nadie viene a la fiesta.
  2. Los estudiantes nunca estudian.
  3. Nada funciona en esta casa.
  4. Nadie llama por teléfono.
  5. Nunca decimos la verdad.

  1. No viene nadie a la fiesta.
  2. Los estudiantes no estudian nunca.
  3. No funciona nada en esta casa.
  4. No llama nadie por teléfono.
  5. No decimos nunca la verdad.

- *Complete con **nada, nadie,** o **nunca:***

  1. Jaime, ¿debes dinero? —No, no debo _____.
  2. ¿Hay un médico en la casa? —No, no hay _____ en la casa.
  3. ¿Conocen ustedes a mis padres? —No, no conocemos a _____.
  4. ¿Cuándo vas a llamar a Pepe? —No voy a llamar _____.
  5. ¿Siempre van Uds. a las fiestas? —No, no vamos _____.
  6. ¿Esperamos a los otros? —No, no esperamos a _____. Vamos ahora.
  7. ¿Qué tienes en la boca? —No tengo _____ en la boca.
  8. ¿Vende este hombre ropa bonita? —No, no vende _____.
  9. ¿Vienen los artistas aquí? —No, no viene _____ aquí.
  10. ¿Cuándo estudias tus lecciones? —¿Yo? ¡No estudio _____ mis lecciones!

  1. nada   2. nadie   3. nadie   4. nunca   5. nunca   6. nadie   7. nada   8. nada   9. nadie   10. nunca

- *Complete de la manera más negativa:*

  Ejemplo: ¿Estudian ustedes mucho en casa?
      No, no estudiamos nunca en casa.

  1. ¿Hay buenas gangas en el almacén ahora?
  2. ¿Qué compras en el primer piso del almacén?
  3. ¿Conoce Ud. a muchos actores?
  4. ¿Usa Ud. el ascensor en la escuela?
  5. ¿Funciona este coche viejo?
  6. ¿Come Ud. un sandwich?

  1. No, no hay buenas gangas en el almacén nunca.
  2. No compro nada en el primer piso del almacén.
  3. No, no conozco a nadie.
  4. No, no uso nunca el ascensor en la escuela.
  5. No, este coche viejo no funciona nunca.
  6. No, no como nunca un sandwich.

LECCIÓN 6

16. 1st and 2nd person object pronouns

● *Complete con* **me**, **te**, *o* **nos**, *según el modelo.*

Ejemplo: ¿_____ ayudo esta tarde? (a ti)   **¿Te ayudo esta tarde?**

1. ¿_____ das un sandwich? (a mí)
2. Mamá, ¿_____ compras un tocadiscos? (a nosotros)
3. _____ invito a mi fiesta. (a ti)
4. Miguel, ¿_____ esperas después del partido? (a mí)
5. ¿_____ traes los discos mañana? (a nosotros)
6. Rosita, _____ llamo a las ocho. (a ti)

1. Me   2. nos   3. Te   4. me
5. Nos   6. te

● *Complete con* **me**, **te**, *o* **nos:**

1. ¿_____ pagas mañana, Alberto? —Sí, _____ pago mañana.
2. ¿_____ llamas, mamá? —Sí. ¿Uds. no tienen hambre? Vamos a comer.
3. Rosa, ¿_____ esperas cien años? —¡Claro, querido, _____ espero mil años!
4. Por favor, hombres, ¿_____ ayudan un poco? —Con mucho gusto.
5. Papá, ¿_____ traes un televisor nuevo? —No, hijo, no _____ traigo nada hoy.
6. ¿_____ cantas una canción, Diego? —Sí, me gusta cantar para Uds.

1. me; te   2. nos   3. me; te   4. nos   5. me; te   6. Nos

17. Position of object pronouns

● *Escriba otra vez usando el pronombre indicado (Write the sentence again using the pronoun in parentheses):*

Ejemplo: ¿Traes el café, Juana? (me)   **¿Me traes el café, Juana?**

1. Hombres, ¿ayudan el sábado? (nos)
2. Luis, ¿cuándo dices la verdad? (me)
3. Adela debe cincuenta pesos. (nos)
4. Traigo el tocadiscos mañana. (te)
5. Caramba, Felipe, ¿por qué llamas ahora? (me)
6. Silvia, ¿quién habla? (te)
7. ¿Va a esperar en la tienda? (nos)
8. Ellos siempre dan buenos precios aquí. (me)

1. Hombres, ¿nos ayudan el sábado?
2. Luis, ¿cuándo me dices la verdad?
3. Adela nos debe cincuenta pesos.
4. Te traigo el tocadiscos mañana.
5. Caramba, Felipe, ¿por qué me llamas ahora?
6. Silvia, ¿quién te habla?
7. ¿Nos va a esperar en la tienda?
8. Ellos siempre me dan buenos precios aquí.

● *Asocie los grupos A y B (Match Column A with Column B):*

A	B
1. ¿Te gusta el número 13?	a. El domingo, si tengo tiempo.
2. ¿Me das tu número de teléfono?	b. No, gracias. No tengo hambre.
3. ¿Cuándo nos vienes a visitar?	c. Sí, cuando nos hablas en inglés.
4. ¿Me comprenden Uds.?	d. No, siempre me trae mala suerte.
5. ¿Te hago un sandwich?	e. No, no te conozco.

1. d   2. e   3. a   4. c   5. b

• *Exprese de dos maneras, usando el pronombre indicado:*

Ejemplo: Vas a dar el dinero? (me) ¿Me vas a dar el dinero?
  ¿Vas a darme el dinero?

1. Vienen a visitar mañana. (nos)
2. ¿Vienes a ver? (me)
3. Mis padres van a comprar un televisor. (nos)
4. ¿Quién va a ayudar? (te)
5. Va a dar un examen. (me)

1. Nos vienen a visitar mañana. Vienen a visitarnos mañana.
2. ¿Me vienes a ver? ¿Vienes a verme?
3. Mis padres nos van a comprar un televisor. Mis padres van a comprarnos un televisor.
4. ¿Quién te va a ayudar? ¿Quién va a ayudarte?
5. Me va a dar un examen. Va a darme un examen.

• *Exprese en español:*

1. Tell us. 1. Díganos.
2. Listen to us. 2. Escúchenos.
3. Answer me. 3. Contésteme.
4. Read to me. 4. Léame.
5. Talk to us. 5. Háblenos.
6. Help me. 6. Ayúdeme.

18. Stem-changing verbs

1. pedimos; piden 2. duerme; duermo
3. vuelven; volvemos 4. puedo; podemos
5. sirve; servimos

• *Complete con la forma correcta del verbo:*

1. (pedir) Nosotros ____ dinero a nuestros padres. Mis amigos ____ ropa nueva.
2. (dormir) Mi hermano menor ____ mucho. Yo ____ muy poco.
3. (volver) ¿A qué hora ____ Uds. del partido de béisbol? Nosotros ____ temprano.
4. (poder) Yo no ____ volver tarde a casa. Nosotros no ____ volver tarde nunca.
5. (servir) Mi tía ____ poporocho, pero nosotros ____ pizza.

• *Cambie según las indicaciones:*

Ejemplo: Duermen hasta las siete. (él, nosotros) Duerme hasta las siete.
  Dormimos hasta las siete.

1. Vuelvo a casa a las ocho. (nosotros, ellos)
2. Pedimos un buen precio. (yo, ellos)
3. Marta piensa en las gangas. (yo, Paco y yo)
4. Ramon comienza a estudiar. (Nosotros, Elena y María)
5. Quiero ir al cine mañana. (él, nosotros)

1. Volvemos a casa a las ocho. Vuelven a casa a las ocho.
2. Pido un buen precio. Piden un buen precio. 3. Pienso en las gangas. Pensamos en las gangas.
4. Comenzamos a estudiar. Comienzan a estudiar.
5. Quiere ir al cine mañana. Queremos ir al cine mañana.

• *Complete con la forma correcta del verbo:*

1. Juan Carlos no *duerme* mucho, pero yo ____ mucho.
2. María *vuelve* temprano, pero nosotros ____ tarde.
3. Ellos *piden* dinero, pero yo ____ más vacaciones.
4. Los chicos *comienzan* a jugar al fútbol, pero nosotros ____ a escuchar los discos.
5. Dorotea y Juan *quieren* bailar, pero nosotros ____ cantar.

1. duermo 2. volvemos
3. pido 4. comenzamos
5. queremos

● *Complete con los sujetos nuevos (Complete with the new subjects):*

1. No recuerdo la hora.
   Ellos no ＿＿ la hora.
   ¿No ＿＿ (tú) la hora?
   Pepe y yo no ＿＿ la hora.

2. Queremos bailar.
   Marta ＿＿ bailar.
   ¿＿＿ Uds. bailar?
   Las chicas ＿＿ bailar.

3. Elena vuelve a las ocho.
   (Nosotros) ＿＿ a las ocho.
   El Sr. Suárez ＿＿ a las ocho.
   ¿Yo? ＿＿ a las ocho.

4. ¿Pueden venir mañana?
   Amigo, ¿＿＿ venir mañana?
   Yo no ＿＿ venir mañana.
   Mi hermana y yo no ＿＿ venir mañana.

5. Pensamos jugar con amigos.
   (Yo) ＿＿ jugar con amigos.
   ¿＿＿ Uds. jugar con amigos?
   Martín, ¿(tú) ＿＿ jugar con amigos?

6. Te pido un gran favor.
   Tu mamá y yo te ＿＿ un gran favor.
   Sus amigas le ＿＿ un gran favor.
   Enrique nos ＿＿ un gran favor.

● *Conteste, por favor:*

1. ¿Repite Ud. los verbos?
2. ¿Piensa Ud. en los exámenes?
3. ¿Vuelven Uds. temprano de la fiesta?
4. ¿Pierden Uds. sus papeles en la clase?
5. ¿Puede Ud. cantar bien?

1. Sí, repito los verbos.
2. Sí, pienso en los exámenes.
3. Sí, volvemos temprano de la fiesta.
4. No, no perdemos nuestros papeles en la clase.
5. Sí, puedo cantar bien.

LECCIÓN 7

19. 3rd person direct objects

● *Escriba otra vez usando el pronombre correcto (Write the sentence again using the correct pronoun):*

Ejemplo: Vemos *los discos.* (lo, los) <u>Los vemos.</u>

1. Cantan *las canciones.* (las, la)
2. Visitamos *a mi tía.* (la, las)
3. Conozco bien *a mis primos.* (lo, los)
4. Odio *este disco.* (lo, los)
5. No usamos *la escalera.* (la, las)
6. Ayudan *al maestro.* (lo, los)

1. Las cantan.
2. La visitamos.
3. Los conozco bien.
4. Lo odio.
5. No la usamos.
6. Lo ayudan.

● *Cambie a pronombres (Change to pronouns):*

Ejemplo: Escucho *los discos.* <u>Los escucho.</u>

1. Digo siempre *la verdad.*
2. ¿Tiene Ud. *mi sombrero?*
3. Odio a *Luisa y Estela.*
4. Vamos a ver *la película.*
5. Quiere comprar *un sandwich.*
6. ¿Puedes traer *las botas?*

1. La digo siempre.
2. ¿Lo tiene Ud.?
3. Las odio.
4. La vamos a ver.
5. Lo quiere comprar.
6. ¿Las puedes traer?

- Carlos is staying at his cousin's house for the summer. When his parents come to visit, they have brought several articles which Carlos forgot. Fortunately, his mother remembered to bring everything! *Exprese en español, usando los pronombres **lo, la, los, las:***

Carlos	Su mamá
1. ¿Tienes mi sombrero?	—Sí, lo tengo.
2. ¿Tienes mis camisas?	_____
3. ¿Tienes mi abrigo?	_____
4. ¿Tienes mi lápiz y mi papel?	_____
5. ¿Traes mi guitarra?	—Sí, _____ traigo.
6. ¿Traes mi suéter verde?	_____
7. ¿Traes mis discos nuevos?	_____
8. ¿Traes mis zapatos viejos?	_____
9. Y mamá, ¿traes mi dinero?	_____

1. Sí, lo tengo.
2. Sí, las tengo.
3. Sí, lo tengo.
4. Sí, los tengo.
5. Sí, la traigo.
6. Sí, lo traigo.
7. Sí, los traigo.
8. Sí, los traigo.
9. Sí, lo traigo.

- Amalia, who is going to have a party, is asking her new friend, Dorotea, whether she knows some of the invited guests. It seems that Dorotea doesn't know anyone! *Conteste por Dorotea, usando el pronombre **lo, la, los, o las:*** 1. No, no lo conozco. 2. No, no lo conozco. 3. No, no los conozco. 4. No, no lo conozco. 5. No, no la conozco. 6. Perdón, pero no las conozco. 7. No, no la conozco.

Amalia	Dorotea
1. ¿Conoces a mi amigo Donado?	—No, no _____ conozco.
2. ¿Conoces a Luis Vargas?	—No, no _____.
3. ¿Y conoces a mis hermanos, Rudi y Paco?	_____.
4. ¿No conoces a Paco?	_____.
5. Entonces, ¿conoces a mi hermana mayor?	_____.
6. Sé que conoces a Marta y Alicia Sánchez.	—Perdón, pero no _____.
7. ¡Caramba! ¿No conoces a Alicia Sánchez?	_____.

- *Use la imaginación y escriba a qué se refiere el pronombre (Use your imagination and write what the pronoun refers to):*

free response

1. **Lo** veo.
2. Julia **las** canta.
3. Marco **los** escucha.
4. **Lo** toco bien.
5. **La** abro cuando hace calor.
6. **Los** odio.

20. 3rd person indirect objects

*Complete con **le** o **les**, según el modelo.*

Ejemplo: _____ pagamos mañana. (a ellos)   **Les pagamos mañana.**

1. _____ escribo. (a ustedes)
2. _____ vendemos el coche. (a él)
3. _____ traigo un suéter. (a ella)
4. _____ decimos la verdad. (a ellas)
5. _____ doy una ganga. (a Ud.)

1. Les escribo.
2. Le vendemos el coche.
3. Le traigo un suéter.
4. Les decimos la verdad.
5. Le doy una ganga.

● *Conteste según el modelo, usando **le** o **les**:*

Ejemplo: ¿Enseñas el baile *a Ricardo?* —Sí, le enseño el baile.

1. ¿Escribes *a tus primos?*
2. ¿Escuchan Uds. *a sus hermanos mayores?*
3. ¿Hablas *a María?*
4. ¿Da Ud. dinero *a sus hijos?*
5. ¿Explicamos el problema *a Felipe?*
6. ¿Debes mucho *a tu hermano?*
7. ¿Cantan Uds. *a los niños?*
8. ¿Preguntas muchas cosas *a tus padres?*
9. ¿Lees *a tu hermana menor?*
10. ¿Piden Uds. favores *a sus amigos?*

1. Sí, les escribo.
2. Sí, les escuchamos.
3. Sí, le hablo.
4. Sí, les doy dinero.
5. Sí, le explicamos el problema.
6. Sí, le debo mucho.
7. Sí, les cantamos.
8. Sí, les pregunto muchas cosas.
9. Sí, le leo.
10. Sí, les pedimos favores.

● *Conteste según el modelo, usando **le** o **les**:*

Ejemplo: ¿Me da Ud. el dinero? Sí, le doy el dinero.

No, no le doy el dinero.

1. ¿Les dice Ud. la verdad?
2. ¿Nos trae Ud. un café?
3. ¿Me escribe Ud. de Chile?
4. ¿Nos sirven Uds. el chocolate?
5. ¿Les explicas el problema?

1. Sí, les digo la verdad.
   No, no les digo la verdad.
2. Sí, les traigo un café.
   No, no les traigo un café.
3. Sí, le escribo de Chile.
   No, no le escribo de Chile.
4. Sí, les servimos el chocolate.
   No, no les servimos el chocolate.
5. Sí, les explico el problema.
   No, no les explico el problema.

● *Complete con **les** o **le**:*

1. Sra. Morena, _____ digo la verdad.
2. Sr. Gómez, _____ pago el dinero pronto.
3. Amigas, _____ compro estas blusas.
4. Roberto y Paco, _____ doy mi fútbol.
5. Srta. Palma, _____ traemos su lámpara nueva.
6. Alumnas, _____ voy a dar un examen.

1. le   2. le   3. les   4. les   5. le   6. les

21. Two object pronouns together

● *Cambie la frase, según el modelo:*

Ejemplo: a. Digo la verdad. La digo.

b. Digo la verdad a Mario. Se la digo.

1. a. Riqui trae los chocolates.
   b. Riqui trae los chocolates a Juanita.
2. a. Mis padres venden la casa.
   b. Mis padres venden la casa al Sr. Pérez.
3. a. Isabel lee el cuento.
   b. Isabel lee el cuento a los niños.
4. a. Explican la pregunta.
   b. Explican la pregunta a nosotros.

1.a. Riqui los trae.
  b. Riqui se los trae.
2.a. Mis padres la venden.
  b. Mis padres se la venden.
3.a. Isabel lo lee.
  b. Isabel se lo lee.
4.a. La explican.
  b. Nos la explican.

● *Ponga estas frases revueltas en orden (Put these scrambled sentences in order):*

1. se/digo/la
2. trae/se/los
3. la/damos/se

4. la/nos/escriben
5. se/no/pedimos/los

● *Cambie dos veces, según el modelo:*

Ejemplo: ¿Das <u>dinero</u> a Carlos?   —Sí, le doy dinero.

—Sí, se lo doy.

1. ¿Dices <u>la verdad</u> a tus amigos?
2. ¿Venden <u>discos</u> a los estudiantes?
3. ¿Damos <u>chocolate</u> a los niños?
4. ¿Pedimos <u>la soda</u> al señor?
5. ¿Pagamos <u>el dinero</u> a ellos?
6. ¿Llevan <u>las máquinas</u> a los clientes?
7. ¿Explica <u>el sueño</u> a su esposo?
8. ¿Escribe Ud. <u>la verdad</u> a Fernando?
9. ¿Vendemos <u>la casa</u> a los vecinos?
10. ¿Lees <u>el libro</u> a los otros?

1. Sí, les digo la verdad.   Sí, se la digo.
2. Sí, les venden discos.   Sí, se los venden.
3. Sí, les damos chocolate.   Sí, se lo damos.
4. Sí, le pedimos la soda.   Sí, se la pedimos.
5. Sí, les pagamos el dinero   Si, se lo pagamos.
6. Sí, les llevan las máquinas.   Sí, se las llevan.
7. Sí, le explica el sueño.   Sí, se lo explica.
8. Sí, le escribo la verdad.   Sí, se la escribo.
9. Sí, les vendemos la casa.   Sí, se la vendemos.
10. Sí, les leo el libro.   Sí, se lo leo.

● *Exprese de otra manera:*

Ejemplo: Se lo vamos a traer.   <u>Vamos a traérselo.</u>

1. Me la van a comprar.
2. Quiero leértelo.
3. Se la vienen a presentar.
4. Van a enseñárnosla.
5. No se las puedo repetir.
6. ¿Vas a traérmelo?
7. Nos las quieren explicar.

1. Van a comprármela.
2. Te lo quiero leer.
3. Vienen a presentársela.
4. Nos la van a enseñar.
5. No puedo repetírselas.
6. ¿Me lo vas a traer?
7. Quieren explicárnoslas.

LECCIÓN 8

22. The preterite tense (singular)

● *Escriba el párrafo (paragraph) otra vez, cambiando el sujeto (the subject)*
*a **Cristina:***

Hoy *salí* de casa a las ocho. *Tomé* el autobús a la escuela. *Entré* en la clase de inglés a las ocho y media. *Trabajé* mucho, y luego *volví* a casa. Allí *escuché* discos y *hablé* por teléfono con mis amigos. ¡Qué día!

● *Conteste según el modelo:*

Ejemplo: ¿Salió Ud. de casa ayer?   <u>No, yo no salí, pero Juan salió.</u>

Hoy Cristina salió de casa a las ocho. Tomó el autobús a la escuela. Entró en la clase de inglés a las ocho y media. Trabajó mucho, y luego volvió a casa. Allí escuchó discos y habló con sus amigos. ¡Qué día!

1. ¿Comió Ud. muchos chocolates ayer?
2. ¿Trabajaste en casa ayer?
3. ¿Volvió Ud. tarde a casa?
4. ¿Escuchó Ud. el piano?
5. ¿Escribió Ud. un cuento?

1. No, yo no comí, pero Juan comió.
2. No, yo no trabajé, pero Juan trabajó.
3. No, yo no volví tarde, pero Juan volvió tarde.
4. No, yo no escuché, pero Juan escuchó.
5. No, yo no escribí, pero Juan escribió.

● *Cambie las frases al pretérito:*

Ejemplo: Hablo con el profesor.   Hablé con el profesor.

1. ¿Escuchas los discos?
2. Pablo vende el piano.
3. No comprendo las preguntas.
4. Gabriel sale temprano.
5. Le escribo un poema.
6. ¿A qué hora entra Ud.?

1. ¿Escuchaste los discos?
2. Pablo vendió el piano.
3. No comprendí las preguntas.
4. Gabriel salió temprano.
5. Le escribí un poema.
6. ¿A qué hora entró Ud.?

● *Complete en el pretérito con la forma correcta del verbo:*

1. Ud. no _____ nada. (comer)
2. Yo _____ en un hospital. (trabajar)
3. Tú _____ mucho. (aprender)
4. Sara me _____ en México. (conocer)
5. El televisor no _____ bien. (funcionar)
6. ¿Con quién _____ tú? (salir)

1. comió   2. trabajé   3. aprendiste   4. conoció
5. funcionó   6. saliste

23. The preterite tense (plural)

1. ganaron; ganamos   2. comprendieron; comprendimos
3. conocimos; conocieron   4. salimos; salieron   5. encontraron;
encontramos   6. acabamos; acabaron

● *Complete en el pretérito con la forma correcta del verbo:*

1. (ganar) Ellos _____ cien pesos pero nosotros _____ sólo setenta.
2. (comprender) Mis padres _____ la película pero mi hermano y yo _____ muy poco.
3. (conocer) María y yo _____ a muchos estudiantes en la escuela pero mis primos no _____ a nadie.
4. (salir) Nosotras _____ a las cinco y los otros _____ después.
5. (encontrar) Nuestros amigos _____ un hotel en Monterrey y nosotros _____ un motel en San Felipe.
6. (acabar) ¡Elena y yo _____ ayer pero los otros nunca _____!

● *Cambie las frases al pretérito (Change to the preterite):*

Ejemplo: Mis padres venden los muebles.
    Mis padres vendieron los muebles.

1. Ellas bailan mal.
2. Uds. salen temprano.
3. Conocemos a Isabel.
4. ¿Ganan Uds. mucho dinero?
5. Trabajamos en una oficina.
6. ¿Qué piensan ellas del concierto?
7. Suben por la escalera.
8. ¿Sueñan Uds. conmigo?

1. Ellas bailaron mal.   2. Uds. salieron temprano.   3. Conocimos a Isabel.   4. ¿Ganaron Uds. mucho dinero?
5. Trabajamos en una oficina.   6. ¿Qué pensaron ellas del concierto?   7. Subieron por la escalera.
8. ¿Soñaron Uds. conmigo?

24. The reflexives

● *Complete con la forma correcta del reflexivo* —**me, te, nos** o **se**:

Ejemplo: María ____ lava. (washes herself)   María se lava.

1. Mi hermano ____ habla. (talks to himself)
2. ____ llamo Lorenzo. (I call myself)
3. Ayer mi amigo ____ casó con una francesa. (married himself to)
4. ____ sentamos en unas sillas enormes. (sat ourselves down)
5. Jorge, ¿por qué (tú) ____ lavas ahora? (wash yourself)
6. Perdón, (yo) no ____ explico bien. (explain myself)

1. se   2. me   3. se   4. nos   5. te   6. me

● *Conteste las preguntas:*

1. ¿Te casaste ayer con Raúl?
2. ¿Se lavó Ud. el pelo ayer?
3. ¿Se prepararon Uds. para el examen?
4. ¿Se sentaron sus amigos en la cocina?
5. ¿Te quedaste en casa todo el día?
6. ¿Se levantaron Uds. tarde hoy?

1. Sí, me casé ayer con Raúl.
2. Sí, me lavé el pelo ayer.
3. Sí, nos preparamos para el examen.
4. Sí, mis amigos se sentaron en la cocina.
5. Sí, me quedé en casa todo el día.
6. Sí, nos levantamos tarde hoy.

● *Escriba las frases en español usando el reflexivo (using the reflexive form of the verb):*

Ejemplo: Adela talks to herself.   Adela se habla.

1. I call myself Juan.
2. They sat (themselves) down.
3. What is her name?
4. Shall we wash our hands?

1. Me llamo Juan.
2. Se sentaron.
3. ¿Cómo se llama?
4. ¿Nos lavamos las manos?

● *Complete con los sujetos nuevos (new subjects):*

1. María *estuvo* enferma.
   Yo ____ enfermo(a).
   Tú y yo ____ enfermos.
   Mis padres ____ enfermos.
2. Yo *puse* mi suéter allí.
   ¿Quién ____ mi suéter allí?
   Mis amigas ____ mi suéter allí.
   Tú ____ mi suéter allí.
3. Carlos *supo* la verdad el lunes.
   ¿Quiénes ____ la verdad el lunes?
   ¿Tú ____ la verdad el lunes?
   La chica ____ la verdad el lunes.
4. ¿Qué *hiciste* tú ayer?
   ¿Qué ____ Ud. ayer? (¡Cuidado!)
   ¿Qué ____ Uds. ayer?
   ¿Qué ____ nosotros ayer?

1. estuve
   estuvimos
   estuvieron
2. puso
   pusieron
   pusiste
3. supieron
   supiste
   supo
4. hizo
   hicieron
   hicimos

5. Mi hermano y yo no *trajimos* corbata.
   Yo no _____ corbata.
   El mecánico no _____ corbata.
   Los actores no _____ corbata.

5. traje
trajo
trajeron

LECCIÓN 9

25. Special preterite patterns

● *Complete en el pretérito (in the preterite), usando el verbo correcto:*

1. Isabel _____ estudiar anoche. (querer, decir)
2. Carlos no _____ pasar el examen la semana pasada. (poner, poder)
3. Pablo _____ en el centro ayer. (saber, estar)
4. Los niños _____ un sandwich a clase. (traer, decir)
5. Juan _____ a clase tarde ayer. (venir, querer)

1. quiso   2. pudo   3. estuvo
4. trajeron   5. vino

● *Complete con la forma correcta del mismo verbo:*

1. ¿No tuviste tiempo? —Sí, _____ tres horas.
2. ¿Viniste tarde o temprano? —_____ tarde, muy tarde.
3. ¿Qué quisiste hacer? —_____ sacar A en inglés.
4. ¿_____ Uds. a visitarme? —No. No vinimos a visitar a nadie.
5. ¿Ya _____ "gracias" a la señora, Juanito? —No dije nada. No me gusta esa señora.
6. ¿_____ entrar en la casa? —No pude entrar. Fue imposible.
7. ¿Dijeron Uds. que sí o que no? —_____ que no.
8. ¿No pudieron Uds. hacerlo? —Quisimos, pero no _____.

1. tuve   2. vine   3. quise   4. vinieron
5. dijiste   6. pudiste   7. dijimos
8. pudimos

26. Hace plus a period of time

● *Conteste usando* **hace:**

Ejemplo: ¿Cuándo salieron sus amigos? (una hora)   Salieron hace una hora.

1. ¿Cuándo comieron Uds. el almuerzo? (media hora)
2. ¿Cuándo compraste la nevera? (dos meses)
3. ¿Cuándo te dijeron la verdad? (tres días)
4. ¿Cuándo llegaron Uds. del centro? (cinco minutos)
5. ¿Cuándo estuviste en México? (diez años)

1. Comimos el almuerzo hace media hora.
2. Compré la nevera hace dos meses.
3. Me dijeron la verdad hace tres días.
4. Llegamos del centro hace cinco minutos.
5. Estuve en México hace diez años.

● *Complete usando el pretérito y* **hace:**

Ejemplo: ¿Viene su tío mañana?   No. Vino hace una hora.

1. ¿Traen el dinero mañana?
2. ¿Se casan Uds. el sábado?
3. ¿Se lava Ud. el pelo esta noche?
4. ¿Van a hacer Uds. las camas?
5. ¿Salen sus tíos mañana?

1. No. Trajeron el dinero hace una hora.
2. No. Nos casamos hace una hora.
3. No. Me lavé el pelo hace una hora.
4. No. Hicimos las camas hace una hora.
5. No. Mis tíos salieron hace una hora.

- Complete cada frase, usando un elemento del Grupo A y un elemento del Grupo B (Complete each sentence using an expression from Group A and an expression from Group B):

1. Mi padre (madre)
2. Mi mejor amigo (amiga), _____
3. Mi maestro (maestra) de _____   free response
4. El director de la escuela
5. _____ (your choice)

A	B
trabajó mucho	hace dos años
contestó en la clase	hace veinte semanas
lavó sus pantalones (su falda)	hace cien días
se sentó en su oficina	hace ocho meses
leyó un libro	hace un siglo (century)

27. More special preterites

- Escriba las formas correctas del verbo en el pretérito:

1. yo: dar, ir, ser
2. él: pedir, servir, dormir
3. nosotros: dormir, pedir, repetir
4. ellos: ir, volver, servir
5. tú: volver, servir, ir

1. doy, voy, soy
2. pide, sirve, duerme
3. dormimos, pedimos, repetimos
4. van, vuelven, sirven
5. vuelves, sirves, vas

- Identifique el infinitivo, **ser** o **ir**:

Ejemplo: ¿Fuiste al partido de béisbol ayer?   ir

1. *Fui* al cine con Julia.
2. *Fue* médico en un hospital grande.
3. *Fuimos* al centro para ver a mi padre.   1. ir   2. ser   3. ir   4. ser   5. ir
4. *Fueron* buenos estudiantes.
5. Inés *fue* a Lima hace un año.

- Complete con los sujetos nuevos (new subjects):

1. Yo serví café y soda.
   Mamá _____ café y soda.
   Ud. y yo _____ café y soda.
   Las maestras _____ café y soda.
2. Nosotros no morimos de hambre.
   Los estudiantes no _____ de hambre.
   Tú no _____ de hambre.
   Alicia no _____ de hambre.

3. Luisa fue a España.
   Tú _____ a España.
   ¿Quiénes _____ a España?
   Mi amiga y yo _____ a España.

1. sirvió   servimos   sirvieron
2. murieron   moriste   murió
3. fuiste   fueron   fuimos

● *Complete con la forma correcta del mismo verbo:*

1. ¿No diste una fiesta la semana pasada? —Sí, ____ cuatro. Mis padres fueron a China.
2. ¿A dónde fuiste el sábado? —____ a un concierto de rock.
3. ¿____ Uds. ocho horas? —¿Con esos niños? ¡No dormimos tres!
4. ¿No ____ Uds. cucharas? —Sí, pedimos cucharas. Y nos dieron tenedores. ¡Qué restaurante!
5. ¿Dónde ____ Ud. anoche? —Dormí en la sala, en el sofá.
6. ¿Por qué ____ Ud. la pregunta, señora? —La repetí porque tú no la contestaste.
7. ¿Quién ____ el primero en llegar? —¡Fui yo!

1. di 2. fui 3. durmieron 4. pidieron 5. durmió 6. repitió 7. fue

LECCIÓN 10

28. The imperfect tense (singular)

● *Escriba en español:*

1. I was opening (abrir) ____.
2. were you (pal) helping? (ayudar) ¿____?
3. she was reading (leer) ____.
4. you weren't speaking (hablar) Ud. no ____.
5. he used to know (conocer) ____.
6. you (pal) used to shout (gritar) ____.
7. I always wrote (escribir) siempre ____.
8. you (pal) always paid (pagar) siempre ____.

1. abría
2. ayudabas
3. leía
4. hablaba
5. conocía
6. gritabas
7. escribía
8. pagabas

● *Complete en el imperfecto con la forma correcta del verbo:*

1. ¿____ a la escuela, Pablo? (caminar) —Pues, no ____. (correr)
2. ¿Qué ____ a la maestra, Elisa? (decir) —Le ____ que no hice el ejercicio. (explicar)
3. Paco siempre ____ ejercicios perfectos. (escribir) —Sí, porque los ____ siempre de su vecino. (copiar)
4. Ud. me ____ siempre, señora. (creer) —Sí, porque tú siempre ____ la verdad, Diego. (decir)
5. Normalmente yo ____ en el ascensor. (bajar) —Sí. Y normalmente tú ____ por la escalera. (subir) ¡Estás loco, Toño!

1. caminaba; corría
2. decías; explicaba
3. escribía; copiaba
4. creía; decías
5. bajaba; subías

● *Complete en el imperfecto con el verbo correcto:*

1. Estéban ____ a su amigo en el centro. Su amigo ____ allí frecuentemente. (ver, ir)
2. Cuando (yo) ____ niño, mi madre ____ al parque conmigo todas las tardes. (ir, ser)
3. Mi familia ____ a Vermont todos los veranos. Yo ____ muchas montañas bonitas allí. (ver, ir)
4. Yo ____ al cine todos los sábados cuando ____ niña. (ser, ir)
5. Cuando tú ____ a la cama, nosotros ____ televisión. (ver, ir)

1. veía; iba
2. era; iba
3. iba; veía
4. iba; era
5. ibas; veíamos

29. The imperfect tense (plural)

● *Escriba en español:*

1. we were reading (leer) _____
2. they were singing (cantar) _____
3. you were dancing (bailar) <u>Uds. _____</u>
4. we used to earn (ganar) _____
5. they used to see (ver) _____
6. you used to say (decir) <u>Uds. _____</u>
7. we always went (ir) <u>siempre _____</u>
8. they always went out (salir) <u>siempre _____</u>
9. you always were (ser) <u>Uds. siempre _____</u>

1. leíamos
2. cantaban
3. bailaban
4. ganábamos
5. veían
6. decían
7. íbamos
8. salían
9. eran

● *Escriba la forma correcta del imperfecto:*

1. Uds.: subir, volver, ir, ver
2. ellas: leer, estar, salir, ser
3. nosotros: tener, buscar, traer, comer

1. subían, volvían, iban, veían
2. leían, estaban, salían, eran
3. teníamos, buscábamos, traíamos, comíamos

● *Escriba dos veces, usando los sujetos nuevos:*

Ejemplo: Yo servía el café. (nosotros, ellos)   **Servíamos el café.**

   Servían el café.

1. Preparaban la sopa para Elena.   (Ud., ellos)
2. Su papá leía un libro todas las mañanas. (ellas, tú y yo)
3. Dormía mucho los sábados. (nosotros, Uds.)
4. Iba a la escuela temprano. (Uds., nosotros)
5. Veía películas francesas. (ellos, nosotras)

1. Preparaba la sopa para Elena.
   Preparaban la sopa para Elena.
2. Leían un libro todas las mañanas.
   Leíamos un libro todas las mañanas.
3. Dormíamos mucho los sábados.
   Dormían mucho los sábados.
4. Iban a la escuela temprano.
   Íbamos a la escuela temprano.
5. Veían películas francesas.
   Veíamos películas francesas.

● *Complete en el imperfecto con la forma correcta del verbo:*

1. ¿_____ los niños? (jugar) —Sí, _____ y _____. (correr, gritar)
2. ¿Qué _____ Uds. a las seis? (hacer) —¿A las seis? _____ pizza, creo. (cocinar)
3. Nosotros siempre _____ muchos discos. (comprar) —¡Qué coincidencia!
   Nosotros _____ tocadiscos. (vender)
4. Uds. nos _____ mucho a sus fiestas. (invitar) Y ahora no. —¡Claro!
   Porque Uds. siempre _____ los pies en el sofá. (poner)
5. ¿_____ Uds. muchas cosas cuando _____ pequeños? (perder, ser) —No.
   Sólo _____ nuestro dinero. (perder)

1. jugaban; corrían; gritaban   2. hacían; cocinábamos
3. comprábamos; vendíamos   4. invitaban; ponían
5. perdían; eran; perdíamos

30. Imperfect vs. Preterite

● *¿Pretérito o imperfecto? Lea cada ejemplo y escoja (choose) la forma correcta del verbo:*

Ejemplo: *I visited* them this morning. (visité, visitaba)   <u>visité</u>

1. a. *He went* to the doctor last Monday. (iba, fue)
   b. *He went* to the doctor constantly. (iba, fue)

1. a. fue   b. iba   2. a. vinieron   b. venían   3. a. trabajamos
   b. trabajábamos   4. a. bebí   b. bebía   5. a. estudió   b. estudiaba

2. a. *They came* to see us. We invited them. (venían, vinieron)
   b. *They came* to see us whenever they had time. (venían, vinieron)
3. a. *We worked* hard last weekend. (trabajamos, trabajábamos)
   b. *We worked* hard when we were younger. (trabajamos, trabajábamos)
4. a. *I drank* plenty of milk this morning. (bebí, bebía)
   b. *I drank* plenty of milk as a child. (bebí, bebía)
5. a. *She studied* a lot. She had a tough exam. (estudiaba, estudió)
   b. *She studied* a lot. She was always ambitious. (estudiaba, estudió)

● *¿Pretérito o imperfecto? Complete con la forma correcta del verbo:*

1. *I was listening* to music when they arrived.
   ____ música cuando llegaron. (Escuché, Escuchaba)
2. *We used to eat* there every Sunday.
   ____ allí todos los domingos. (Comimos, Comíamos)
3. This morning *they took* the bus to the López Department Store.
   Esta mañana ____ el bus al Almacén López. (Tomaron, Tomaban)
4. What *were you doing* at eight o'clock?
   ¿Qué ____ a las ocho? (hicieron Uds., hacían Uds.)
5. *Did you call* Joe yesterday?
   ¿____ a Pepe ayer? (Llamaste, Llamabas)

1. Escuchaba
2. Comíamos
3. tomaron
4. hacían
5. Llamaste

● *Complete, escogiendo (choosing) el pretérito o el imperfecto:*

____ (ser) medianoche. ____ (hacer) frío y mucho viento. Yo ____ (dormir) cuando de repente ____ (gritar) mi hermana. Yo ____ (levantarse) rápidamente. Yo ____ (correr) a la alcoba de ella y ____ (ver) algo en su cama. ¡____ (ser) mi serpiente!

Era . . . Hacía . . . dormía . . . gritó . . . me levanté . . . corrí . . . vi . . . era

LECCIÓN 11

31. The present participle: –ing

● *Siga el modelo (Follow the model):*

Ejemplo: hablar   hablando

1. dar
2. empezar
3. pensar
4. coser

5. leer
6. dormir
7. vestir
8. oír

1. dando   2. empezando   3. pensando
4. cosiendo   5. leyendo   6. durmiendo
7. vistiendo   8. oyendo

● *Escriba el infinitivo del verbo:*

Ejemplo: trayendo   traer

1. divirtiendo
2. mintiendo
3. sirviendo

4. cayendo
5. muriendo
6. vistiendo

1. divertir   2. mentir   3. servir   4. caer
5. morir   6. vestir

32. estar + –ando, –iendo

• *Escriba respuestas a las siguientes preguntas, usando el verbo entre paréntesis (Write answers to the following questions, using the verb in parentheses):*

1. ¿Qué estás haciendo tú? Estoy _____ (mirar) la televisión.
2. ¿Qué estamos haciendo ahora? Estamos _____ (estudiar) español.
3. ¿Qué están haciendo los muchachos? Están _____. (escribir)
4. ¿Qué está haciendo el niño? Está _____. (dormir)
5. ¿Qué estaban haciendo los muchachos? Estaban _____ (caminar) a la escuela.
6. ¿Qué estaba haciendo tu mamá? Estaba _____ (preparar) el desayuno.

1. mirando   2. estudiando   3. escribiendo   4. durmiendo   5. caminando   6. preparando

• *Cambie según el modelo:*

Ejemplo: Cocino los vegetales.   <u>Estoy cocinando los vegetales.</u>

1. Usan el teléfono.
2. Cosemos los botones.
3. Traen las zapatillas.
4. Duermo en el sofá.
5. Sirves el almuerzo.
6. Pide más dinero.
7. Oímos el radio.
8. Mueves los muebles.

1. Están usando el teléfono.
2. Estamos cosiendo los botones.
3. Están trayendo las zapatillas.
4. Estoy durmiendo en el sofá.
5. Estás sirviendo el almuerzo.
6. Está pidiendo más dinero.
7. Estamos oyendo el radio.
8. Estás moviendo los muebles.

• *Conteste usando estar + –ndo:*

Anoche a las ocho:

free response

1. ¿Estaba Ud. trabajando o durmiendo?
2. ¿Estaban Uds. mirando la televisión o escuchando el radio?
3. ¿Estaba Ud. leyendo o hablando con sus padres?
4. ¿Estaba estudiando o hablando por teléfono su hermana?
5. ¿Estabas lavando los platos o durmiendo?

• *Cambie según el modelo:*

Ejemplo: Ella está hablando *español*.   <u>Ella está hablándolo.</u>

1. Arturo está practicando *los verbos*.
2. ¿Estás preparando *tus lecciones*?
3. Yo estoy escribiendo *la carta*.
4. Estamos sirviendo *la comida*.
5. Están repitiendo *la expresión*.
6. Clarita está leyendo *el libro*.

1. Arturo está practicándolos.   2. ¿Estás preparándolas?
3. Yo estoy escribiéndola.   4. Estamos sirviéndola.
5. Están repitiéndola.   6. Clarita está leyéndolo.

● *Cambie según los modelos:*

Ejemplos: Le escribo una carta.   Estoy escribiéndole una carta.

Las comprábamos.   Estábamos comprándolas.

1. Nos piden el dinero.
2. Les sirvo el café.
3. Los traíamos.
4. La llevaban.
5. Me ayudaban.
6. Nos leían un cuento.

1. Están pidiéndonos el dinero.
2. Estoy sirviéndoles el café.
3. Estábamos trayéndolos.
4. Estaban llevándola.
5. Estaban ayudándome.
6. Estaban leyéndonos un cuento.

33. Seguir

● *Escriba otra vez la frase usando la forma correcta del verbo* **seguir**
(Write the sentence again using the correct form of the verb **seguir**):

Ejemplo: Ella *está* hablando en la clase. (seguir)
Ella sigue hablando en la clase.

1. El niño *está* golpeando la mesa. (seguir)
2. Rogelio y Dorotea *están* estudiando. (seguir)
3. ¿Por qué *estás* invitándolos? (seguir)
4. *Estuvimos* durmiendo en el sofá. (seguir)
5. El ladrón *estuvo* corriendo. (seguir)
6. Yo *estuve* oyendo el radio. (seguir)

1. El niño sigue golpeando la mesa.
2. Rogelio y Dorotea siguen estudiando.
3. ¿Por qué sigues invitándolos?
4. Seguimos durmiendo en el sofá.
5. El ladrón siguió corriendo.
6. Yo seguí oyendo el radio.

● You've just visited your cousin David in Lima, and your parents are eager to find out what he's doing. *Conteste las preguntas según el modelo:*

Ejemplo: ¿Estudia la guitarra ahora? (No, el piano)
No, sigue estudiando el piano.

1. ¿Toma el autobús ahora? (No, el tren)
2. ¿Duerme ocho horas ahora? (No, seis horas)
3. ¿Lee novelas ahora? (No, poemas)
4. ¿Estudia matemáticas ahora? (No, ciencia)
5. ¿Oye conciertos ahora? (No, música popular)

1. No, sigue tomando el tren.
2. No, sigue durmiendo seis horas.
3. No, sigue leyendo poemas.
4. No, sigue estudiando ciencia.
5. No, sigue oyendo música popular.

● *Conteste usando* **seguir** + **–ndo:**

Ejemplo: ¿Estudió Ud. para el examen anoche?   Sí, y sigo estudiando.

1. ¿Descansaron ellos anoche?
2. ¿Trabajaste mucho anoche?
3. ¿Bailó Ud. anoche?
4. ¿Golpearon Uds. anoche?
5. ¿Leyeron ellas mucho anoche?
6. ¿Tocó Riqui la trompeta anoche?

1. Sí, y siguen descansando.
2. Sí, y sigo trabajando.
3. Sí, y sigo bailando.
4. Sí, y seguimos golpeando.
5. Sí, y siguen leyendo.
6. Sí, y sigue tocando.

34. Commands

● *Escriba los mandatos de cada verbo (Write commands for each verb):*

Ejemplo: Ud. estudia español. <u>Estudie Ud. español.</u>

1. Ud. levanta la mano izquierda.
2. Ud. contesta la pregunta.
3. Ud. toca el violón.
4. Ud. mueve los muebles.
5. Uds. cierran la ventana.
6. Uds. dirigen la clase.
7. Uds. cogen al ladrón.
8. Uds. conducen los coches.
9. Uds. salen ahora.
10. Uds. traen las tijeras.

1. Levante Ud. la mano izquierda.
2. Conteste Ud. la pregunta.
3. Toque Ud. el violón.
4. Mueva Ud. los muebles.
5. Cierren Uds. la ventana.
6. Dirijan Uds. la clase.
7. Cojan Uds. al ladrón.
8. Conduzcan Uds. los coches.
9. Salgan Uds. ahora.
10. Traigan Uds. las tijeras.

● *Conteste con un mandato (command), según el modelo:*

Ejemplo: ¿Cierro la ventana? <u>¡Cierre la ventana!</u>

1. ¿Sirvo los fideos?
2. ¿Leo las frases?
3. ¿Hago la comida?
4. ¿Toco el piano?
5. ¿Pago a la dueña?
6. ¿Busco la billetera?
7. ¿Apago la lámpara?
8. ¿Pongo las flores?

1. ¡Sirva los fideos!
2. ¡Lea las frases!
3. ¡Haga la comida!
4. ¡Toque el piano!
5. ¡Pague a la dueña!
6. ¡Busque la billetera!
7. ¡Apague la lámpara!
8. ¡Ponga las flores!

● *Pase el trabajo a otra persona y escriba los mandatos (Pass the work to someone else and write the commands):*

Ejemplo: No quiero lavar los platos. <u>María, lave los platos.</u>

1. No quiero mover los muebles.   Roberto, _____.
2. No me gusta tocar el violón.   Susana, _____.
3. No quiero marcar el número.   Rafael, _____.
4. No puedo traer el tocadiscos.   Pepe, _____.
5. No quiero confesar la verdad.   Carmen, _____.
6. No me gusta conducir el coche.   Estéban, _____.

1. mueva los muebles
2. toque el violón
3. marque el número
4. traiga el tocadiscos
5. confiese la verdad
6. conduzca el coche

● *Escriba mandatos negativos con **Uds.** (Write negative commands with **Uds.**):*

Ejemplo: Uds. escriben los ejercicios. <u>¡No escriban Uds. los ejercicios!</u>

1. Uds. cierran los libros.
2. Uds. cortan los papeles.
3. Uds. pierden el tiempo.

1. ¡No cierren Uds. los libros!
2. ¡No corten Uds. los papeles!
3. ¡No pierdan Uds. el tiempo!

4. Uds. salen ahora.
5. Uds. traen los paquetes.
6. Uds. cogen el tren.

4. ¡No salgan Uds. ahora!
5. ¡No traigan Uds. los paquetes!
6. ¡No cojan Uds. el tren!

35. Object pronouns with commands.

● *Conteste usando un mandato y el pronombre correspondiente (Answer using a command and the corresponding pronoun):*

Ejemplo: ¿Leo *el libro*;   Sí, léalo.

1. ¿Pongo *los platos*?
2. ¿Escucho *los discos*?
3. ¿Sirvo *las frutas*?
4. ¿Ofrezco *la comida*?

5. ¿Digo *el poema*?
6. ¿Pido *las llaves*?
7. ¿Traigo *el azúcar*?
8. ¿Apago *las luces*?

1. Sí, póngalos.
2. Sí, escúchelos.
3. Sí, sírvalas.
4. Sí, ofrézcala.
5. Sí, dígalo.
6. Sí, pídalas.
7. Sí, tráigalo.
8. Sí, apáguelas.

● *Cambie según el modelo:*

Ejemplo: Escriba *la carta*, Pepe.   Escríbala, Pepe.

1. Corte *la flor*, Marisa.
2. Termine *la comida*, Gloria.
3. Sirva *el desayuno*, Lupita.
4. Marque *el número*, Riqui.
5. Apague *la luz*, Marisa.
6. Mándeme *el dinero*, Francisco.
7. Cántenos *la canción*, David.
8. Dígale *el cuento*, Lupita.

1. Córtela, Marisa.
2. Termínela, Gloria.
3. Sírvalo, Lupita.
4. Márquelo, Riqui.
5. Apáguela, Marisa.
6. Mándemelo, Francisco.
7. Cántenosla, David.
8. Dígaselo, Lupita.

● *Cambie según el modelo:*

Ejemplo: No ponga Ud. *las llaves* allí.   No las ponga Ud. allí.

1. No repita Ud. *las palabras*.
2. No encienda Ud. *la luz*.
3. No muevan Uds. *los paquetes*.
4. No sirva Ud. *el tocino* ahora.
5. No cierren Uds. *el paraguas*.
6. No coja Ud. *el bus*.
7. No le digan Uds. *los cuentos*.
8. No me ofrezca Ud. *los huevos*.

1. No las repita Ud.
2. No la encienda Ud.
3. No los muevan Uds.
4. No lo sirva Ud. ahora.
5. No lo cierren Uds.
6. No lo coja Ud.
7. No se los digan Uds.
8. No me los ofrezca Ud.

● *Conteste con un mandato según el modelo (Answer with a command, according to the model):*

Ejemplo: ¿Se lo digo?   Dígaselo.

1. ¿Se las compro?
2. ¿Se la pido?
3. ¿Me levanto?

1. Cómpreselas.
2. Pídasela.
3. Levántese.

4. ¿Se la hago?
5. ¿Se lo sirvo?
6. ¿Me siento?

4. Hágasela.
5. Sírvaselo.
6. Siéntese.

• Cambie a mandatos negativos (Change to negative commands):

Ejemplo: ¡Dígamelo!   ¡No me lo diga!

1. ¡Páselo!
2. ¡Démelos!
3. ¡Levántese!
4. ¡Páguenselo!

1. ¡No me lo pase!
2. ¡No me los dé!
3. ¡No se levante!
4. ¡No se lo paguen!

5. ¡Repítamelas!
6. ¡Cántennoslas!
7. ¡Tráigannoslo!
8. ¡Pídanselo!

5. ¡No me las repita!
6. ¡No nos las canten!
7. ¡No nos lo traigan!
8. ¡No se lo pidan!

36. Let's . . .

Cambie según el modelo:

Ejemplo: Vamos a hablar.   Hablemos.

1. Vamos a descansar.
2. Vamos a cortar la cuerda.
3. Vamos a sufrir un examen.
4. Vamos a cogerlos.

1. Descansemos.   2. Cortemos la cuerda.   3. Suframos un examen.   4. Cojámoslos.

• Conteste con un mandato según el modelo:

Ejemplo: ¿Salimos temprano?   Sí, salgamos temprano.

1. ¿Descansamos ahora?
2. ¿Hablamos con el profesor?
3. ¿Sacamos el dinero?
4. ¿Viajamos con ellas?
5. ¿Pagamos ahora?
6. ¿Marcamos otra vez?

1. Sí, descansemos ahora.
2. Sí, hablemos con el profesor.
3. Sí, saquemos el dinero.
4. Sí, viajemos con ellas.
5. Sí, paguemos ahora.
6. Sí, marquemos otra vez.

• Cambie a mandatos con **nosotros** (Change to commands with **nosotros**):

Ejemplo: ¡Apáguela!   ¡Apaguémosla!

1. ¡Córtenlo!
2. ¡Cójalas!
3. ¡Dígaselo!

1. ¡Cortémoslo!
2. ¡Cojámoslas!
3. ¡Digámoselo!

4. ¡Escríbanla!
5. ¡Rómpanlo!
6. ¡Condúzcalo!

4. ¡Escribámosla!
5. ¡Rompámoslo!
6. ¡Conduzcámoslo!

• Responda a las siguientes preguntas con mandatos afirmativos (Answer the following questions with affirmative commands):

Ejemplo: ¿Le hablamos?   Sí, hablémosle.

1. ¿Lo empezamos?
2. ¿Lo confesamos?
3. ¿La cantamos?
4. ¿La rompemos?
5. ¿Las hacemos?
6. ¿Los ofrecemos?

1. Sí, empecémoslo.
2. Sí, confesémoslo.
3. Sí, cantémosla.
4. Sí, rompámosla.
5. Sí, hagámoslas.
6. Sí, ofrezcámoslos.

• Cambie las respuestas del ejercicio anterior a mandatos negativos (Change the answers in the above exercise to negative commands).

Ejemplo: Sí, hablémosle.   No, no le hablemos.

1. No, no lo empecemos.
2. No, no lo confesemos.
3. No, no la cantemos.
4. No, no la rompamos.
5. No, no las hagamos.
6. No, no los ofrezcamos.

ANSWERS TO REPASOS RÁPIDOS

LECCIÓN 1

I. 1. estudiamos, aprenden 2. suben, usamos 3. Abro, hace 4. comprendes, estudio 5. escuchas (escucha Ud.), gusta

II. ☐1 1. (Una lámpara) es de cristal. 2. Somos de América. 3. (Normalmente), la sala es más grande. 4. Mis personas favoritas son mis padres (mis vecinos). 5. (La televisión nueva) es para la alcoba. 6. Soy un (una) estudiante excelente (terrible).
☐2 1. Soy de _____. (free response) 2. Mis abuelos (mis vecinos) son de _____. (free response) 3. ¿Es usted español(a), señor (señora, señorita)? 4. (free response)

LECCIÓN 2

I. ☐1 2. ¿Tiene Ud. (Tienes) (mucha) sed? 3. ¿Tiene Ud. (Tienes) (mucho) miedo? 4. ¿Tiene Ud. (Tienes) (mucho) sueño? 5. ¿Tiene Ud. (Tienes) (mucho) frío? 6. ¿Tiene Ud. (Tienes) (mucho) calor?
2. Tengo (No tengo) (mucha) sed. 3. Tengo (No tengo) (mucho) miedo. 4. Tengo (No tengo) (mucho) sueño. 5. Tengo (No tengo) (mucho) frío. 6. Tengo (No tengo) (mucho) calor.

☐2 1. ¿Vienen Uds. a la fiesta _____? No. (Nosotros) tenemos que _____. (free completion) 2. (Yo) vengo de (la) Argentina. ¿Ah, sí? Mis _____ vienen de Buenos Aires. (free completion) 3. Pepe, ¿por qué no viene(s) a mi casa? Porque (yo) tengo (**que** + infinitive) _____. (free completion)

II. (free response)

LECCIÓN 3

I. ☐1 1. voy, van 2. damos, vas 3. doy, vamos
☐2 1. estás 2. están 3. es 4. está 5. somos 6. es, es 7. es 8. son 9. está 10. estamos

II. 1. ¿Van conmigo?; ¿Van contigo? 2. Estas camisas son para ti.; Esas camisas son para mí.

LECCIÓN 4

I. 1. (Es) su camisa., (Son) sus zapatos., etc. 2. ¿Tus ojos son azules? (¿Son azules tus ojos?) 3. ¿Sus ojos son negros? (¿Son negros sus ojos?) 4. (Es) nuestro(a) _____ . (free response)

II. 1. traigo 2. hago 3. digo la verdad 4. salgo 5. pongo mis (los) pies

LECCIÓN 5

I. 1. Esta noche voy a _____. (free response) 2. _____ viene pronto a visitar nuestra escuela. (free response) 3. Voy a invitar a _____ a mi próxima fiesta (a mi casa este domingo). (free response) 4. Antes de comer (esta tarde), voy a _____ . Y después de comer, voy a _____ . (free response) 5. Sí, estoy (No, no estoy) cansado(a) de estudiar ahora.

II. 1. nunca 2. nada 3. nadie 4. nunca, nadie 5. nadie 6. nada

LECCIÓN 6
I. ☐1 1. ¿Te ven?; ¿Nos llaman? 2. Nuestro(a) maestro(a) nos habla.; Clarita, tu mamá te llama. 3. ¿Por qué no nos esperas?; ¿Por qué no nos ayudas?
☐2 (free completion)

II. 1. _____ (person's name), ¿a qué hora vuelves mañana? 2. (Chicos) (Amigos), ¿recuerdan Uds. el cuento "La Ganga"? 3. _____, ¿puedes (puede Ud.) ayudarnos? 4. _____, ¿puedo ayudarte? 5. _____, ¿piensas (piensa Ud.) en mí? 6. _____, ¿me quieres (quiere Ud.)?

LECCIÓN 7
I. 1. La conozco muy bien.; Las conocemos muy bien. 2. Señora Hado, le pago el dinero hoy.; Señorita Ramos, le traigo el disco mañana. 3. ¿Quieres cantarles una canción?; ¿Quieres decirle (a él) un cuento?; ¿Quieres decirle (a ella) un cuento?

II. ☐1 1. Se los paso. 2. Se la venden. 3. Se lo traigo. 4. Se la doy. 5. Se la decimos.
☐2 1. _____ (person's name), ¿me das (da Ud.) el dinero?; ¿Cuándo me lo das (da Ud.)? 2. _____, ¿me traes tu (me trae Ud. su) tocadiscos?; ¿Cuándo me lo traes (trae Ud.)? 3. Señor (Señora, Señorita) _____ (teacher's name), ¿quiere Ud. enseñarnos una canción?; ¿Cuándo nos la enseña Ud.?

LECCIÓN 8
I. ☐1 1. Gané 2. Vendí 3. Tomaste 4. Abriste 5. salió 6. Cambió 7. Pagamos 8. perdimos 9. preguntaron 10. llamaron
☐2 1. Ayer (yo) visité _____. 2. ¿Dónde encontraron Uds. _____? 3. ¿Qué comiste (tú) _____? 4. Los jóvenes perdieron _____. 5. Marta y yo cocinamos _____. 6. Mis hermanos y yo vimos _____. 7. ¿Se lo explicó Ud. a _____? (all free completion)

II. 1. ¿Te lavaste las manos?; ¿Se lavaron Uds. los pies? 2. ¿Por qué no se sientan Uds.?; ¿Por qué no nos sentamos? 3. Juana y Roberto se casaron ayer.; Víctor y yo nos casamos en junio. 4. Se quedaron toda la noche.; Me quedé toda la semana.

LECCIÓN 9
I. ☐1 1. No, lo hice anoche. 2. No, le traje la caja. 3. No, no lo dije a nadie. 4. No, vinimos temprano. 5. No, estuvimos muy lejos.
☐2 1. Mi familia vino (aquí) hace cien años. 2. La clase terminó (acabó) la lección hace dos días. 3. Lavé las tazas hace tres semanas. 4. Me lavé las manos hace seis meses.

II. 1. hombre; muy enfermo; ¿Durmió bien el niño (la niña)?; Sí, estaba muy cansado (cansada). 2. al cine; a una fiesta; ¿Fueron al campo?; No, fueron al centro. 3. mayor; el (la) menor; ¿Fueron Uds. los mejores?; No, fuimos los peores. 4. a su hermano; ¿Se los (las) dieron a la cliente?; Sí, se los (las) dieron.

LECCIÓN 10

I. 1. (En 1975) (yo) vivía en _____.   2. (Yo) tenía _____ años (entonces).   3. Cuando (yo) era niño, me gustaba _____.   4. Me gustaba comer _____.   5. Mis personas favoritas eran _____.

II. 1. manejaba, ocurrió   2. dejé, encontró   3. vivía, visitaba   4. éramos, gustaban   5. entró, dijo, rompiste, hice, limpié

LECCIÓN 11

I. 1. Mis amigos están llegando ahora.   2. Estoy buscando mis anteojos.   3. (. . .), ¿está Ud. / estás usando esas tijeras?   4. (. . .), ¿está lloviendo?   5. Estoy . . . (free response)

II. ☐1 1. No, sigo mirando la televisión.   2. No, seguimos descansando.   3. No, (la abuela) sigue cosiendo.   4. No, seguimos cantando.

☐2 1. La señora Romero sigue / siguió (free response) durante la noche.   2. ¿Por qué sigue Ud. / sigues / siguió Ud. / seguiste molestándonos?   3. El dueño sigue / siguió pidiéndonos más dinero por (free response).   4. Si Uds. siguen (free response), vamos a (free response).

LECCIÓN 12

I. ☐1 1. ¡Cierre la ventana!   2. ¡Vístase!   3. ¡Limpie la alfombra!   4. ¡Muevan los muebles!   5. ¡No golpee en el cielo raso!

☐2 1. (. . .), páseme su cuaderno, por favor.   2. (. . .), dígame la hora, por favor.   3. (. . .), levanten la mano derecha.   4. Por favor, Sr. (Sra., Srta. . . .), no nos dé (un) examen mañana.   5. (. . .), no me molesten, ¿oyen?

II. 1. Vamos a ayudarla.   Vamos a dárselo / dársela.   2. Vamos a levantarnos. Vamos a acostarnos.   3. Comámoslo / Comámosla ahora.   Terminémoslo / Terminémosla más tarde.   4. No lo / la hagamos hoy.   No lo / la pongamos aquí.

CHART OF PERSONAL PRONOUNS

SUBJECT OF A VERB

	Singular			Plural	
1	**yo**	I		**nosotros**	we
				nosotras	we (feminine)
2	**tú**	you (my pal)		*vosotros*	*you*
				vosotras	*you (feminine)*
3	**él**	he		**ellos**	they
	ella	she		**ellas**	they (feminine)
	usted (Ud.)	you (polite)		**ustedes (Uds.)**	you (polite)

AFTER A PREPOSITION

	Singular			Plural	
1	(para) **mí**	(for) me		(para) **nosotros**	(for) us
				nosotras	us (feminine)
2	**ti**	you		*vosotros*	*you*
				vosotras	*you (feminine)*
3	**él**	him		**ellos**	them
	ella	her		**ellas**	them (feminine)
	usted (Ud.)	you (polite)		**ustedes (Uds.)**	you (polite)

But: **conmigo** with me, **contigo** with you

OBJECTS OF A VERB

Direct

1	**me**	me	**nos**	us
2	**te**	you	**os**	you
3	**lo**	him, it, you (**Ud.**)	**los**	them, you (**Uds.**)
	la	her, it, you (feminine)	**las**	them, you (feminine)

Indirect

1	**me**	to me	**nos**	to us
2	**te**	to you	*os*	*to you*
3	**le**	to him, to her, to you (**Ud.**), to it	**les**	to them, to you (**Uds.**)

Reflexive

1	**me**	(to) myself	**nos**	(to) ourselves
2	**te**	(to) yourself	*os*	*(to) yourselves*
3	**se**	(to) himself, herself, yourself (**Ud.**), itself	**se**	(to) themselves, yourselves (**Uds.**)

VERBS

These are the tenses and verbs we have studied this year.

Infinitive

hablar to speak	**comer** to eat	**vivir** to live

Present Participle

hablando speaking	**comiendo** eating	**viviendo** living

Present Tense

I speak, am speaking, do speak	I eat, am eating, do eat	I live, am living, do live

sing.	1 hablo	como	vivo
	2 hablas	comes	vives
	3 habla	come	vive
pl.	1 hablamos	comemos	vivimos
	2 *habláis*	*coméis*	*vivís*
	3 hablan	comen	viven

Imperfect

I was speaking, used to speak, spoke	I was eating, used to eat, ate	I was living, used to live, lived
hablaba	comía	vivía
hablabas	comías	vivías
hablaba	comía	vivía
hablábamos	comíamos	vivíamos
hablabais	*comíais*	*vivíais*
hablaban	comían	vivían

Preterite

I spoke	I ate	I lived
hablé	comí	viví
hablaste	comiste	viviste
habló	comió	vivió
hablamos	comimos	vivimos
hablasteis	*comisteis*	*vivisteis*
hablaron	comieron	vivieron

413

Chart of Direct Commands

	Affirmative	Negative
Ud. Uds.	hable(n), coma(n), viva(n)	no hable(n), no coma(n), no viva(n)
nosotros	hablemos, comamos, vivamos or *Vamos a* + infinitive	no hablemos, no comamos, no vivamos

STEM-CHANGING VERBS

1. –ar and –er stem-changing verbs change the stressed **e** to **ie**, and the **o** to **ue** in the present indicative. They have no special changes anywhere else. Here is their pattern:

Singular 1 e ⟶ ie   o ⟶ ue
        2 e ⟶ ie   o ⟶ ue
        3 e ⟶ ie   o ⟶ ue
Plural   1   The first person plural does not change.
        3 e ⟶ ie   o ⟶ ue

pensar to think	**perder** to lose	**soñar** to dream	**volver** to return
pienso	pierdo	sueño	vuelvo
piensas	pierdes	sueñas	vuelves
piensa	pierde	sueña	vuelve
pensamos	perdemos	soñamos	volvemos
pensáis	*perdéis*	*soñáis*	*volvéis*
piensan	pierden	sueñan	vuelven

Other verbs of this type:

comenzar to begin
contar to count, tell
encontrar to find, meet
llover to rain

nevar to snow
recordar to remember
sentarse to sit down

414

2. Most –**ir** stem-changing verbs change the stressed **e** to **ie**, the **o** to **ue** in the present indicative. A few change **e** to **i**.

e⟶ie	o⟶ue	e⟶i
sentir	**dormir**	**pedir**
to feel, to regret	to sleep	to ask for
siento	duermo	pido
sientes	duermes	pides
siente	duerme	pide
sentimos	dormimos	pedimos
sentís	*dormís*	*pedís*
sienten	duermen	piden

Other verbs of these types:

morir to die　　　　　　**servir (e⟶i)** to serve

repetir (e⟶i) to repeat

3. The preterite of stem-changing –**ir** verbs has a special change in the third person. The **e** becomes **i**, the **o** becomes **u**.

sentir	**dormir**	**pedir**
sentí	dormí	pedí
sentiste	dormiste	pediste
sintió	durmió	pidió
sentimos	dormimos	pedimos
sentisteis	*dormisteis*	*pedisteis*
sintieron	durmieron	pidieron

SPELLING-CHANGING VERBS

1. Verbs ending in -**car** change **c** to **qu** before **e**.

   sacar to take out

   Preterite: saqué, sacaste, sacó, etc.

   Commands: saque, saquen

2. Verbs ending in -**gar** change **g** to **gu** before **e**.

   pagar to pay

   Preterite: pagué, pagaste, pagó, etc.

   Commands: pague, paguen

3. Verbs ending in -**zar** change **z** to **c** before **e**.

   gozar to enjoy

   Preterite: gocé, gozaste, gozó, etc.

   Commands: goce, gocen

4. Verbs ending in **-ger** or **-gir** change **g** to **j** before **o** and **a**.

coger   to catch

Present Indicative: cojo, coges, coge, etc.

Commands: coja, cojan

dirigir   to direct

Present Indicative: dirijo, diriges, dirige, etc.

Commands: dirija, dirijan

5. Verbs ending in **-guir** change **gu** to **g** before **o** and **a**.

seguir   to follow

Present Indicative: sigo, sigues, sigue, etc.

Commands: siga, sigan

6. Verbs ending in **-eer** change unstressed **i** to **y** between vowels.

leer   to read

Preterite: leí, leíste, leyó, leímos, *leísteis*, leyeron

Present Participle: leyendo

IRREGULAR VERBS

NOTE: Only the tenses containing irregular forms are given. The conjugation of verbs ending in **-ducir** may be found under **conducir;** those ending in a vowel +**cer** or +**cir** are found under **conocer.**

andar   to walk, go

Preterite: anduve, anduviste, anduvo, anduvimos, *anduvisteis*, anduvieron

caer   to fall

Present Indicative: caigo, caes, cae, caemos, *caéis*, caen

Preterite: caí, caíste, cayó, caímos, *caísteis*, cayeron

Present Participle: cayendo

conducir   to conduct (similarly, all verbs ending in -ducir)

Present Indicative: conduzco, conduces, conduce, conducimos, *conducís*, conducen

Preterite: conduje, condujiste, condujo, condujimos, *condujisteis*, condujeron

conocer to know (similarly, most verbs ending in a vowel +**cer** and +**cir**)

Present Indicative: conozco, conoces, conoce, etc.

creer (*see* **leer**)

dar to give

Present Indicative: doy, das, da, damos, *dais*, dan
Preterite: di, diste, dio, dimos, *disteis*, dieron

decir to say, tell

Present Indicative: digo, dices, dice, decimos, *decís*, dicen
Preterite: dije, dijiste, dijo, dijimos, *dijisteis*, dijeron
Present Participle: diciendo

estar to be

Present Indicative: estoy, estás, está, estamos, *estáis*, están
Preterite: estuve, estuviste, estuvo, estuvimos, *estuvisteis*, estuvieron

haber to have

Present Indicative: he, has, ha, hemos, *habéis*, han
Preterite: hube, hubiste, hubo, hubimos, *hubisteis*, hubieron

hacer to do, make

Present Indicative: hago, haces, hace, hacemos, *hacéis*, hacen
Preterite: hice, hiciste, hizo, hicimos, *hicisteis*, hicieron

ir to go

Present Indicative: voy, vas, va, vamos, *vais*, van
Imperfect Indicative: iba, ibas, iba, ibamos, *ibais*, iban
Preterite: fui, fuiste, fue, fuimos, *fuisteis*, fueron
Present Participle: yendo

oír to hear

Present Indicative: oigo, oyes, oye, oímos, *oís*, oyen
Preterite: oí, oíste, oyó, oímos, *oísteis*, oyeron
Present Participle: oyendo

poder to be able

Present Indicative: puedo, puedes, puede, podemos, *podéis*, pueden
Preterite: pude, pudiste, pudo, pudimos, *pudisteis*, pudieron
Present Participle: pudiendo

poner   to put, place

Present Indicative: pongo, pones, pone, ponemos, *ponéis*, ponen
Preterite: puse, pusiste, puso, pusimos, *pusisteis*, pusieron

querer   to wish

Present Indicative: quiero, quieres, quiere, queremos, *queréis*, quieren
Preterite: quise, quisiste, quiso, quisimos, *quisisteis*, quisieron

reír   to laugh

Present Indicative: río, ríes, ríe, reímos, *reís*, ríen
Preterite: reí, reíste, rió, reímos, *reísteis*, rieron
Present Participle: riendo

saber   to know

Present Indicative: sé, sabes, sabe, sabemos, *sabéis*, saben
Preterite: supe, supiste, supo, supimos, *supisteis*, supieron

salir   to go out, leave

Present Indicative: salgo, sales, sale, salimos, *salís*, salen

ser   to be

Present Indicative: soy, eres, es, somos, *sois*, son
Imperfect Indicative: era, eras, era, éramos, *erais*, eran
Preterite: fui, fuiste, fue, fuimos, *fuisteis*, fueron

tener   to have

Present Indicative: tengo, tienes, tiene, tenemos, *tenéis*, tienen
Preterite: tuve, tuviste, tuvo, tuvimos, *tuvisteis*, tuvieron

traer   to bring

Present Indicative: traigo, traes, trae, traemos, *traéis*, traen
Preterite: traje, trajiste, trajo, trajimos, *trajisteis*, trajeron
Present Participle: trayendo

valer   to be worth

Present Indicative: valgo, vales, vale, valemos, *valéis*, valen

venir   to come

Present Indicative: vengo, vienes, viene, venimos, *venís*, vienen
Preterite: vine, viniste, vino, vinimos, *vinisteis*, vinieron
Present Participle: viniendo

ver   to see

Present Indicative: veo, ves, ve, vemos, *veis*, ven
Imperfect Indicative: veía, veías, veía, veíamos, *veíais*, veían

VOCABULARIOS

The Spanish-English vocabulary has the words that appear in this book.

In addition to including all active vocabulary, the English-Spanish vocabulary offers a handy assortment of extra words to fill your conversation needs. It may not have every one you want, but chances are you'll find most. Try it and you'll see.

Now here are some special notes:
1. Active vocabulary is shown in color.
2. These are the abbreviations that we use:

adj.	adjective	*obj.*	object
adv.	adverb	*pl.*	plural
conj.	conjunction	*prep.*	preposition
f.	feminine	*pron.*	pronoun
m.	masculine	*sing.*	singular
n.	noun	*v.*	verb

Gender is shown for all nouns, except masculine nouns that end in —**o**, feminine nouns that end in —**a**, and nouns referring to male or female beings. Irregular verbs are marked with an asterisk: **tener***, **venir***, and their full conjugation appears in the Verb appendix. Stem-changing verbs have the change indicated in parentheses: **cerrar (ie), contar (ue), pedir (i)**. Verbs like **conocer** have **(zco)** in parentheses, and those ending in —**eer** follow the pattern of **creer**.

ESPAÑOL-INGLÉS

a to; — **las ocho** at 8 o'clock; — **propósito** by the way; — **veces** at times

abajo down, below; downstairs

abierto *adj.* open

abogada, abogado lawyer

abrelatas *m. sing.* can opener

abrigo overcoat

abril April

abrir to open

abuela grandmother

abuelo grandfather; *pl.*, grandparents

acabar to finish; — **de** + *infin.* to have just (done something)

aceptar to accept

acondicionador *m.* air conditioner

acostarse (ue) to go to bed

actividad *f.* activity

actriz actress

acusar to accuse

adelante forward; onward; Come in!

además besides

adiós good-bye

adivinar to guess

adjetivo adjective

admirar to admire

¿a dónde? (to) where?

aeropuerto airport

agencia agency

agosto August

agradable pleasant

agua *f.* (But: **el agua**) water

aguja needle

ahora now; — **bien** now, then; — **mismo** right now

ahorros savings

aire *m.* air; **al** — **libre** in the open air

al *(contraction)* to the; — **principio** at first, at the beginning

alcoba bedroom

alegrar(se) to make or become happy

alemán, alemana German

alfabeto alphabet

alfombra rug

algo something

algunos some, several

almacén m. store, department store

almuerzo lunch

alto high; tall; loud (as a voice); upper

aluminio aluminum

allí there

amar to love

amarillo yellow

amiga, amigo friend

amor m. love

amplificador m. amplifier

anaranjado orange-colored

andar* to walk; go (about); run (as a car)

andino Andean, referring to the Andes

angelito little angel

anoche last night

anteojos m. pl. eyeglasses

antes adv. before(hand), earlier; – **de** prep. before

antiguo old, ancient

anual annual, yearly

anunciar to announce

año year; **tener . . . años** to be . . . years old; **¿Cuántos –s tienes?** How old are you?

apagar to turn off, shut off

aparato appliance

aparentar to pretend

apartamento apartment

aplausos m. pl. applause

apostar (ue) to bet

aprender to learn

aquel that (over there)

aquellos those (over there)

aquí here

árabe Arab; Arabic

árbol m. tree

arco (violin) bow

argentino Argentinian

armario closet

arquitecto architect

arriba up; above; upstairs

arroz m. rice

Ártico Arctic

artículo article; – **de vestir** article of clothing

asado roast; roasted

ascensor m. elevator

así so; like this, so; **así así** so-so

asiático Asian

asistir a to attend (a school, etc.)

asociar to associate, relate to something else

aspiradora vacuum cleaner

atiplado high-pitched

atleta athlete

atrás back(wards)

aun even

aunque although, even though

ausente absent

autobús m. bus

autógrafo autograph

ayer yesterday; – **por la mañana** yesterday morning

ayuda help

ayudar to help

azúcar m. sugar

azul blue

bailar to dance

baile m. dance

bajar to go down; lower; get off (a car, train, etc.)

bajo low; short (in height)

banco bank

bandera flag

banquero banker

baño bath; bathroom

barro clay

base f. base, basis

bastante enough; quite, rather

bata robe, housecoat

beber to drink

bebida (a) drink

berliniano Berliner

besar to kiss

beso kiss

bicicleta bicycle

bien adv. well; **Está –** All right

bienvenido welcome

biftec m. beefsteak

blanco white

blusa blouse

boca mouth

boda wedding

boleto ticket (Span. Am.)

bolsa purse

bolsillo pocket

bombilla (electric) bulb

bonito pretty

bordado embroidery

bota boot

botella bottle

botón m. button

boxeo boxing

brasileño Brazilian

brazo arm

breve brief, short

británico British

bróculi m. broccoli

buen, bueno good

burro donkey

buscar to look for

buzón m. mailbox

caballero gentleman

caballo horse

cabeza head

cacerola casserole, pan

cada each, every

caer* to fall

café m. coffee; café

caja box

calcetín m. sock

calidad f. quality

caliente hot

calma calm; **Con –** Take it easy!

calor m. heat; warmth; **tener –** to be (feel) warm; **hacer –** to be warm (out)

calzoncillos *m. pl.*
undershorts

calle *f.* street

cama bed

cambiar to change;
exchange

caminar to walk

camino road; way

camión *m.* truck; bus
(Mexico)

camisa shirt

campeón, campeona
champion

campo country (opposite of
city)

canadiense Canadian

canasta basket

canción *f.* song

cansado tired

cantante singer

cantar to sing

capital *f.* capital (city)

cara face

carácter *m.* character

¡Caramba! Gee whiz!; I'll
be . . .!

Caribe *m.* Caribbean

carne *f.* meat; flesh

carnicería butcher shop

carpintería carpenter's
shop

carpintero carpenter

carrera race; career

carta letter

cartera wallet

cartero mailman

casa house; **en —** at home;
ir a — to go home

casado married; **recién
—** newlywed

casarse (con) to marry

casi almost

Castilla Castile, the
central region of Spain

castillo castle

catedral *f.* cathedral

catolicismo Catholicism

católico Catholic

catorce fourteen

celebrar to celebrate; **–se**
to take place

centavo cent

centro center; downtown

centroamericano Central
American

cerca *adv.* near(by); **– de**
prep. near, close to

cereal *m.* cereal

cerrado closed

cerrar (ie) to close

cesta basket; wastebasket

cielo sky, heaven
–raso ceiling

cien, ciento one hundred

ciencia science

cierto (a) certain

Cierre . . . Close . . .

cinco five

cincuenta fifty

cine *m.* movies; movie
house

cinta tape

ciudad *f.* city

claro clear; light;
¡Claro! Of course!

clase *f.* class; classroom;
kind, type

clavo nail (metal)

cliente *m. & f.* customer

clima *m.* climate

cocina kitchen

cocinar to cook

coco coconut

cocodrilo crocodile

coche *m.* car

coger to catch

cola line; tail

colegio school; high school

colorado red-colored

collar *m.* necklace

comedor *m.* dining room

comenzar (ie) to begin

comer to eat

cómico funny, comical

comida meal; food; dinner

como like; as

¿Cómo? How?; What did
you say?; **¡Cómo no!**
Of course. Why not?;
¿Cómo se llama? What's
your name?

cómoda chest of drawers

compañía company

compás *m.* beat, rhythm

complicado complicated

componer* to compose

compra purchase

comprar to buy

comprender to understand

computadora computer

común common

con with

condimento seasoning,
spice

conducir (zco) to lead; conduct

confesar (ie) to confess

congelador *m.* freezer

conmigo with me

conocer (zco) to know (a
person or place); be
familar with (something)

consentido spoiled

conservador(a) conservative

construir (uyo) to build,
construct

contar (ue) to count; tell

contener* to contain

contento content(ed),
happy, pleased

contestación *f.* answer

contigo with you (my friend)

continuar (úo) to continue

contra against

contrario: al — on the
contrary; **lo —** the opposite

conversar to chat

corazón *m.* heart

corbata tie

correo mail

correr to run

corrida de toros bullfight

cortar cut
corte *f.* court
cortés polite, courteous
cortesía courtesy
corto short (in length)
cosa thing
coser to sew
costa coast
costar (ue) to cost
costarricense Costa Rican
costoso expensive, costly
costura seam
costumbre *f.* custom
creer* to think, believe
crema cream
cremallera zipper
cristal *m.* glass; crystal
crucigrama *m.* crossword
  puzzle
cruz *f.* cross
cruzar to cross
cuaderno notebook
¿Cuál? Which (one)?;
  ¿Cuáles? Which (ones)?,
  What . . . ?
cuando when; ¿Cuándo?
  When?
¿Cuánto? How much?; *pl.,*
  How many?
cuarenta forty
cuarto quarter; room
cuatro four
cubierto de covered with or
  by
cubrir to cover
cuchara spoon
cucharita teaspoon
cuchillo knife
cuenta count; bill, account
cuento story
cuerda cord, string
cuerpo body
¡Cuidado! Careful!, Watch
  out!
cuidarse to take care
cumpleaños *m. sing.*
  birthday

cuñado brother-in-law
curioso curious; strange
curso course
chaqueta jacket
chica girl
chicle *m.* chewing gum
chico boy
chileno Chilean
¡Chist . . .! Shhh!, Cool it!

dama lady
dañar to spoil, damage;
  –se to get spoiled or
  ruined
dar* to give
de of; from; also used for
  possession; **– nuevo**
  again; **– repente**
  suddenly; **– todas partes**
  from everywhere; ¿–
  verdad? really?
debajo de under, below
deber to owe; should,
  ought to
decir* to say; tell
dedo finger; toe
dejar to leave (behind); let,
  allow
defectuoso defective,
  damaged
del *(contraction)* of the,
  from the
delante (de) in front (of)
delgado slim
delicia delight
dentro *adv.* inside; –
  de inside of, within
depender de to depend on
dependienta, dependiente
  salesperson
deporte *m.* sport
deportista sportsman,
  sportswoman
derecho right; a la
  derecha on the right
desaparecer (zco) to
  disappear

desayuno breakfast
descansar to rest
descendiente descendant
descontento dissatisfied
describir to describe
descubrimiento discovery
desde from; since
desear to want, wish,
  desire
deseo (a) wish, desire
desesperado desperate
desfile *m.* parade
desierto desert
despacio slow(ly)
después *adv.* after(wards),
  later; then; – de *prep.*
  after
detrás *adv.* behind; – de
  behind, in back of
día *m.* day; Buenos –s
  Good morning; todos los –s
  every day
diario daily
diciembre December
diente *m.* tooth
diez ten
difícil difficult, hard
dificultad *f.* difficulty
Diga . . . Say . . .;
  Dígame . . . Tell me . . .
dinero money
Dios God; ¡– mío! For
  Heaven's sake!, Oh, my!
dirección *f.* address;
  direction
dirigir to direct; lead
disco record
discutir to discuss; argue
divertirse (ie) to have a
  good time
dividir to divide
doce twelve
dólar *m.* dollar
domingo Sunday
donde where; ¿Dónde?
  Where?; ¿De –? From
  where?

dormir (ue)   to sleep
dos   two
dueña, dueño   owner;
 landlord
dulce   sweet; *m. pl.*, sweets
durante   during

edad *f.*   age
edificio   building
editor(a)   publisher
educado   educated;
 well-mannered
efecto   effect; **en –**   in fact
ejemplo   example; **por**
 –   for example
ejercicio   exercise
el *(m. sing.)*   the
él   he; *(after a prep.),* him, it
elección *f. (usually*
 pl.)   election
elemental   elementary
elevador *m.*   elevator
ella   she; *(after a prep.),*
 her, it
empezar (ie)   to begin
empujar   to push
en   in; on; at; **– breve**   in
 short; **– casa**   at home; **–**
 efecto   in fact; **– fin**
 anyway, in short; **–**
 realidad   actually, really
enamorado   in love with
encender (ie)   to turn on
encima *adv.*   on top; above;
 – de *prep.*   on top of, over
encontrar (ue)   to find; meet
enemigo   enemy
energía   energy
enero   January
enfermo   sick
enorme   enormous
ensalada   salad
enseñar   to teach
entender (ie)   to understand
entero   entire, whole
entonces   then
entrar **(en or a)**   to enter, go in

entre   between, among
equipo   team
era (See imperfect tense of
 ser)
error *m.*   mistake
esa (See **ese**)
escalera   stairway;
 — automática   escalator
escena   scene; stage
escoger   to choose
escribir   to write; **– a**
 máquina   to type
escritor(a)   writer
escuchar   to listen (to)
escuela   school
ese, esa *adj.*   that (near
 you); esos, esas   those;
 ése, ésa, etc., *pron.*   that
 one, those
eso   that (in general)
espada   sword
espalda   shoulder, back
España   Spain
español *m.*   Spanish
 (language)
español(a)   Spanish;
 Spaniard
especial   special
espectáculo   spectacle; show
espejo   mirror
esperar   to wait for; hope;
 expect
esposa   wife
esposo   husband
esquí *m.*   skiing
esta (See **este**)
¿Está bien?   OK?
estación *f.*   station; season
estado   state; **los Estados**
 Unidos   the United States
estar*   to be (in a certain
 place, condition or
 position); to be "in" (at
 home)
este, esta *adj.*   this; estos,
 estas   these; éste, ésta
 etc., *pron.*   this one, these

este *m.*   East
estéreo   stereo set
estilo   style
esto   this (in general)
estómago   stomach
estrella   star
estricto   strict
estructura   structure
estudiante *m. & f.*   student
estudiar   to study
estudioso   studious
estufa   stove
estúpido   stupid
europeo   European
examen *m.*   exam; *pl.*
 exámenes
excursión *f.*   trip, tour
explicar   to explain
explotar   to explode
extranjero   foreign;
 foreigner
extrañar   to miss (someone)

fábrica   factory
fácil   easy
falda   skirt
familia   family
farmacia   pharmacy,
 drugstore
favor *m.*   favor; **por –**   please
febrero   February
felicidad *f.*   happiness
felicitaciones   congratulations
feliz *(pl.* felices)   happy
feo   ugly
feria   fair
fideos *m. pl.*   spaghetti
fiesta   party; **día de –**   holiday
fin *m.*   end; **al –**   at the
 end; **en –**   anyway, in
 short; **por –**   finally, at last
finado   dead
física   physics
flan *m.*   custard
flor *f.*   flower
foto *f.*   photo
francés, francesa   French

frase *f.* sentence; phrase
frecuentemente frequently
frente *m.* front
fresco cool; fresh
frijol *m.* bean
frío cold; **tener –** to be (feel) cold; **hacer –** to be cold (out)
frito fried
fruta fruit
fuera *adv.* outside; **– de** *prep.* outside of
funcionar to work, run (a machine)
funeral *m.* funeral
fútbol *m.* soccer; football

ganador(a) winner
ganar to win; earn; gain
ganga bargain
garage *m.* garage
garantizar to guarantee
gas *m.* gas
gaseosa soda
gastar to spend (money, not time!)
gaucho cowboy of the Argentine pampas (prairies)
gente *f. sing.* people
gimnasio gymnasium
golpear to hit; bang
gordo fat
gorila gorilla
gracias thanks, thank you
gracioso funny
gran *(before a singular noun)* great
grande large, big; great
gris gray
gritar to shout
grito *n.* shout
grupo group
guante *m.* glove
guapo handsome
guardar to keep
guatemalteco Guatemalan

gustar to be pleasing; **—le** (una cosa a una persona) to like
gusto pleasure; taste; **Mucho –** I'm pleased to meet you; **Con mucho –** I'd be glad to
Habana: La – Havana
había there was, there were
habitante inhabitant
hablador(a) *adj.* talking
hablar to speak; **– por teléfono** to talk on the phone
hace *(with a verb in the past tense)* ago; **– seis días** six days ago
hacer* to make; do; **– calor** to be warm or hot out; **– frío** to be cold out; **– una pregunta** to ask a question; **– viento** to be windy
hacia toward
Haga . . . Make . . ., Do . . .
hambre *f.* (But: **el hambre**) hunger; **tener –** to be hungry
hamburguesa hamburger
hasta *prep.* until; **– luego, – pronto** so long; **– la próxima vez** till next time
hay there is, there are
helado *(often pl.)* ice cream
hermana sister
hermano brother
hermoso beautiful
hielo ice
hierba grass
hija daughter
hijo son
hilo thread
hispánico Hispanic (referring to the Spanish-speaking world)
hispano person of Hispanic origin; *adj.*, Hispanic

Hola Hello, Hi
holandés, holandesa Dutch; Hollander
hombre man; **– de negocios** businessman
hondureño native of Honduras
hora hour; **¿Qué – es?** What time is it? **¿A qué – ?** At what time?
hoy today
hueco hole
huevo egg

identificar to identify
idioma *m.* language
iglesia church
igual equal; same
igualmente equally
imaginarse to imagine
impermeable *m.* raincoat
importancia importance
importar to matter, be important; to import; **No importa** It doesn't matter
indicar to indicate
indio Indian
individuo (an) individual
ingeniero engineer
Inglaterra England
inglés, inglesa English; English person
insistir en to insist on
interés *m.* interest
interesante interesting
interesar to interest
intermedio intermediate
invierno winter
invitado guest
invitar to invite
ir* to go
Irlanda Ireland
irlandés, irlandesa Irish; Irish person
isla island
izquierdo left; **a la izquierda** on the left

jamón *m.* ham
japonés, japonesa Japanese
jarra jar, pitcher
jersey *m.* T-shirt
joven (*pl.* jóvenes) young; young person
juego game
jueves Thursday
jugador(a) player
jugar (ue) to play (a game, not an instrument); – **al béisbol** to play baseball
jugo juice
julio July
junio June
junto (*usually pl.*) together; – **a** *prep.* next to
jurar to swear
justo just; fair

kilo a little more than 2 pounds
kilómetro kilometer (about ⅝ of a mile)

la the, *f. sing.*; (*object of a verb*), her, it
labio lip
lado side
ladrón, ladrona thief
lágrima tear (crying)
lámpara lamp
lápiz *m.* (*pl.* lápices) pencil
largo long (not *large!*)
las the, *f. pl.*; (*object of verb*) them
lástima pity; ¡Qué – ! What a pity!
lata can; tin
lavaplatos *m. sing.* sink; –**eléctrico** dishwasher
lavar to wash
le to him, to her, to it, to you (*indirect object of a verb*)
lección *f.* lesson
leche *f.* milk

lechuga lettuce
leer* to read
lejos *adv.* far away; – **de** *prep.* far (from)
lema *m.* motto
lengua language; tongue
levantar to raise, lift; –**se** to rise; get up
levis *m. pl.* jeans
libertad *f.* liberty
libre free
libro book
licencia license
líder *m.* leader
limpiar to clean
línea line
liquidación *f.* clearance sale
listo ready; smart
lo him, it, you (**Ud.**) (*direct object of a verb*); – **que** what (not as a question)
loco crazy
los the, *m. pl.*; (*direct object of a verb*); – **que**
lotería lottery
lucha libre wrestling
luego then; hasta – so long
lugar *m.* place
luisiano person from Louisiana
luna moon
lunes Monday
luz *f.* light
llamar to call; –**se** to be named; ¿Cómo se llama Ud.? What's your name?
llave *f.* key
llegar (a) to arrive (in or at)
llenar to fill
lleno (de) full (of)
llevar to carry; take; wear
llorar to cry
llover (ue) to rain

madre mother

maestra, maestro teacher
magnífico magnificent
maíz *m.* corn
mal *adv.*, badly; *adj.* (*before a m. sing. noun*), bad
malo bad
mandar to send
manejar to drive
manera manner, way
maní *m.* peanut
manía craze, mania
mano *f.* hand
mantequilla butter
manzana apple
mañana tomorrow; *f.*, morning; – **por la** – tomorrow morning
máquina machine; – **de lavar** washing machine; **escribir a** – to type
mar *m.* sea
maravilloso marvelous, wonderful
marca brand
marcar to mark; dial (a number)
marisco shellfish
martes Tuesday
martillo hammer
marzo March
más more; most; – **que** more than; ¿Qué más? What else?
matar to kill
matrimonio marriage; married couple
mayo May
mayor older; larger; greater; oldest; largest; greatest; **la – parte** the greater part, most
mayormente mostly, mainly
me (*obj. of verb*) (to) me, (to) myself
¡Me encanta! I love it!
mecánico mechanic, repairman

mediano average

medianoche f. midnight

médico n. doctor; *adj.*, medical

medio n. middle; *adj.*, half

mediodía m. midday

mejicano Mexican (Spanish spelling)

mejor better, best

memoria memory; **de –** by heart

menor younger; smaller; lesser; youngest; smallest; least

menos less; least; minus; **por lo –** at least

mentir (ie) to lie

mercado market

mes m. month

mesa table; desk

mesero waiter

mesita de noche night table

mestizo a person of Indian and European origins

meter to put (into)

metro subway

mexicano Mexican (Sp. Am. spelling)

mi(s) my

mí *(after a prep.)* me

mío mine

miedo fear; **tener –** to be afraid

miembro member

mientras while

miércoles Wednesday

mil *(pl. miles)* thousand

milla mile

millón m. million

millonario millionaire

mirar to look at, watch

mismo same

misterio mystery

modelo model

molestar to annoy; **–se** to get annoyed

momento moment

monarca monarch; king, queen

moneda coin

montaña mountain

montañoso mountainous

monte m. mountain; **los Montes Pirineos** (mountains of Northern Spain)

moreno dark-haired or skinned; brunet

morir (ue) to die

motocicleta motorcycle

mover(se) (ue) to move

muchacha girl

muchacho boy

muchísimo very much; *pl.*, a great many

mucho much; **muchos** many

muebles m. pl. furniture

mujer woman; wife

mundo world

muy very

nacer (zco) to be born

nada nothing; (not) anything; **de –** You're welcome

nadie nobody, no one; (not) anyone

naranja orange

nariz f. nose

Navidad f. Christmas

necesitar to need

negocio business (also *pl.*)

negro black

nervioso nervous

nevar (ie) to snow

nevera refrigerator

ni . . . ni neither . . . nor

nicaragüense Nicaraguan

ningún, ninguno no, none

niña girl

niño boy; child

No importa. It doesn't matter. Never mind.

noche f. night; evening; **Buenas –s** Good evening; Good night

nombre m. name, noun

norte m. North

norteamericano North American

nos *(obj. of a verb)* us, to us, (to) ourselves

nosotras, nosotros we; *(after a prep.)*, us, ourselves

nota grade; note

novecientos 900

novela novel

noventa ninety

novia girlfriend; fiancée; bride

noviembre November

novio boyfriend; fiancé; groom

nuestra, nuestro our; ours, of ours

nuevo new; **de –** anew, again

número number; size (of clothing)

nunca never

o or; **o . . . o** either . . . or

octubre October

ocupado busy

ocupar to occupy

ocurrir to happen

ochenta eighty

ocho eight

odiar to hate

oeste m. west

oficina office

ofrecer (zco) to offer

oír* (oigo, oyes, oye, oímos, oyen) to hear

ojo eye

¡Olé! Hooray!

olla pot; **– de barro** clay pot

once eleven

oportunidad f. opportunity

optimista optimist(ic)

opuesto opposed; **lo –** the opposite

oración f.   sentence; prayer

orden f., order, command; m., order (in turn); orderliness

oreja   (outer) ear

origen m.   origin

orquesta orchestra

otoño   autumn, fall

otro   other, another; **el –** the other; **otra vez** again

paciencia patience

paciente adj.   patient

padre   father; pl., parents

paella a Spanish dish of rice with chicken, sausage and seafood

pagar   to pay

página page

país m.   country, nation

pálido   pale

pampa Argentine prairie land

pan m.   bread

panameño Panamanian

pantalones m. pl.   pants

papa   potato; **–s fritas** French fries, potato chips

papel m.   paper

paquete m.   package

par m.   pair

para   for; in order to; intended for; by (a certain time or date)

paraguas m. sing.   umbrella

paraguayo Paraguayan

parar(se)   to stop

pardo   brown

parecer (zco)   to seem;   to appear

pared f.   wall

pareja couple

parienta, pariente   relative

parisino Parisian

parque m.   park; **– de recreo** amusement park

parte f.   part; **gran –** a large part; **en todas –s** everywhere

partido   game; political party

pasado past; last; **la semana pasada** last week

pasajero passenger

pasar   to pass; happen; go; **Pase Ud.** Come in.

pasillo hallway; aisle

pastel m.   pastry; pie

pastelería pastries

patrón m.   boss

paz f.   peace; **déjeme en –** Leave me alone.

pecho chest (body)

pedir (i)   to ask for, order

peine m.   comb

pelear to fight

película   film, movie

pelo   hair

pensar (ie)   to think; **– en** think about; **– de** think of, have an opinion of

peor   worse, worst

pequeño   small

perder (ie)   to lose

Perdón   Pardon me

perdonar to pardon, forgive

permitir to permit

pero   but

perro dog

persona (always f.)   person

peruano Peruvian

pescado   fish

peso   weight; money of certain Spanish American countries

pie m.   foot

piedra stone

pierna   leg

pijama   pajama(s)

pimienta   pepper

piña   pineapple

piso   floor; story (of a house)

pista floor; trail

pizarra blackboard

plato   dish (of food), plate

playa beach

plaza town square

plomero plumber

pluma pen

pobre poor

poco   little (in amount); **un – de** a little

poder*   to be able, can

poema m.   poem

poeta, poetisa poet

policía m., policeman; f., police force or policewoman

pollo chicken

poner*   to put; turn on

poporocho popcorn

por   by; for; by means of; for the sake of; during; through; **– ejemplo** for example; **– eso** therefore; **– favor** please; **– fin** at last, finally; **– lo menos** at least; **– la mañana** in the morning; **– supuesto** of course

¿Por qué?   Why?

porque   because

portugués, portuguesa Portuguese

postal f.   postcard

postre m.   dessert

práctica practice

práctico practical

precio   price

precioso cute; precious

preferir (ie) to prefer

pregunta   question; **hacer una –** to ask a question

preguntar   to question, ask about

premio prize

prendido turned on

427

preparado prepared
preparar to prepare
presentar to present; introduce
prima, primo cousin
primario primary, elementary
primavera spring
primer(o) first
privado private
principio beginning; **al –** at first
problema *m.* problem
proceder to proceed
producir (zco) to produce
profesor(a) teacher
prometer to promise
pronombre *m.* pronoun
pronto soon; **hasta –** so long
pronunciar to pronounce
propio (one's) own
propietario owner
propósito: a – by the way
próximo next
público public; (the) people
pueblo town; (a) people
puerta door; gate
puerto port
puertorriqueño Puerto Rican
pues well, then

que who, that, which; than; **lo –** what (not a question!)
¿Qué? What? Which?;
¿**– tal?** How goes it?;
¡Qué . . .! What a . . .!;
¡**– bien!** How great!;
¡**– cosa!** What a thing!;
¡**– demonios!** What the devil!; ¡**– lata!** What a mess!; ¡**– maravilla!** How wonderful!; ¡**– rico!** How great!; ¡**– va!** Go on!
quedar to be left; **–se** to remain, stay

querer* to want; like, love (a person)
querido dear
queso cheese
quien (*pl.* **quienes**) who; whom
¿**Quién(es)?** Who?
quince fifteen
quinientos 500
quitar to take away

radiante radiant, glowing with joy
radio *m.* or *f.* radio
rápidamente quickly, fast
raza race (of people)
razón *f.* reason; tener **–** to be right
realidad *f.* reality; **en –** actually, really
realmente really
rebaja reduction, clearance sale
rebozo large shawl
receso recess
recibir to receive
reciente recent
recomendar (ie) to recommend
recordar (ue) to remember
recreo recreation
reloj *m.* watch, clock
repente: de – suddenly
repetir (i) to repeat
rey king
rico rich; delicious; "great"
risa laugh(ter)
robar to rob; steal
rodear to surround
rojo red
romper to break
ropa clothing, clothes
rosado pink
rosbif *m.* roast beef
rubio blond
ruido noise
ruso Russian

sábado Saturday
saber* to know (well or by heart); know a fact; know how to
sacar to take out
saco (suit) jacket; bag
sal *f.* salt
sala living room
salchicha sausage; frankfurter
salida exit
salir* to go out, leave
salón *m.* large room, hall
salsa sauce; **– de tomate** tomato sauce, catsup
salud *f.* health
salvadoreño Salvadoran
San(ta) Saint
santo *adj.*, holy
santuario shrine
Saquen . . . Take out . . .
sartén *m.* or *f.* frying pan
se (*reflexive obj. of a verb*), himself, herself, yourself (**Ud.**), itself, themselves, yourselves; (also see **se** as indirect object)
sé (See **saber***); **Lo –** I know
sed *f.* thirst; tener **–** to be thirsty
seguida; en – immediately
seguir (i) to follow; to continue, keep on
según according to
segundo second
seguramente surely
seguro sure; safe
seis six
sello (postage) stamp
semana week; **– pasada** last week
sentado seated
sentarse (ie) to sit down
sentimiento feeling, sentiment

sentir (ie)   to feel; regret, be sorry

señor (*abbrev.* **Sr.**)   mister; Mr.; sir; gentleman

señora (*abbrev.* **Sra.**)   Mrs.; madam; wife; lady

señorita (*abbrev.* **Srta.**)   Miss; young lady

septiembre   September

ser*   to be (someone or something); to be (characteristically)

serio   serious; **en –** seriously

serpiente *f.*   snake

servilleta   napkin

servir (i)   to serve; be suitable

sesenta   sixty

setecientos   700

setenta   seventy

si   if; whether

sí   yes; *after a prep.*, himself, herself

siempre   always

siesta   afternoon rest period; nap

siete   seven

siglo   century

signo   sign

siguiente   following; next

sílaba   syllable

silbido   whistle

silencio   silence

silla   chair

simpático   nice

sin   without

sobre   on, upon; above; about (concerning); sobre *m.* envelope; **– todo** above all, especially

sociedad *f.*   society

sofá *m.*   sofa

sol *m.*   sun; **hace –** it is sunny

solamente   only

sólo   only; solo   alone

sombrero   hat

sonar (ue)   to sound; ring

sonrisa   smile

soñar (ue)   to dream; **– con** to dream of

sóquer *m.*   soccer

sopa   soup

sorprendido   surprised

su(s)   his, her, your (de **Ud.** or **Uds.**), their

subir   to go up; raise, get on

sud *m.*   South

sudamericano   South American

sueño   dream; tener – to be sleepy

suerte *f.*   luck

suéter *m.*   sweater

sufrir   to suffer

supuesto: por –   of course

sur *m.*   south

suroeste *m.*   southwest

suyo   his, hers, its, yours, theirs

taco   a Mexican food made of fried cornmeal with meat and spices

tal vez   maybe, perhaps

talentoso   talented

tamal *m.*   a Mexican corn cake stuffed with meat

también   also, too

tambor *m.*   drum

tan   so, as

tarde *f.*   afternoon; Buenas –s Good afternoon; *adv.*, late

taza   cup

te   you, to you, (to) yourself (*object of a verb, 2nd person*)

té *m.*   tea

teatro   theater

techo   roof

tejer   to weave

tela   cloth

teléfono   telephone

televisor *m.*   TV set

tema *m.*   theme, subject, topic

temporada   season, period

temprano   early

tenedor *m.*   fork

tener*   to have, possess; **– . . . años (de edad)** to be . . . years old; **– frío, calor** to be (feel) cold, warm; **– hambre, sed** to be hungry, thirsty; **– miedo** to be afraid; **tener que + *infin.*** to have to; **– razón** to be right; **– sueño** to be sleepy

tenis *m.*   tennis

terminar   to finish

tesoro   treasure

testiga, testigo   witness

ti   you, my friend (*after a prep.*)

tía   aunt

tiempo   time; period of time; weather; ¿Qué – hace?   How's the weather?

tienda   store

tierra   land; earth

tigre *m.*   tiger

tijeras *f. pl.*   scissors

timbre *m.*   doorbell

tío   uncle

típico   typical

tipo   type; kind; "guy"

tisú *m.*   tissue

tiza   chalk

tocadiscos *m. sing.*   record player

tocar   to touch; play (an instrument)

tocino   bacon

todavía   still; **– no** not yet

todo   everything, all; *adj.*, all, every; **– el mundo** everybody; **todos los días** every day

tomar   to take; eat, drink

tomate *m.*   tomato

tonto   stupid, silly

toque *m.* touch

torero bullfighter

toro bull; – **bravo** fighting bull

torre *f.* tower

torta cake

tortilla a kind of corn pancake in Mexico; an omelet in Spain

tostada toast

trabajar to work

trabajo work; job

tráfico traffic

traerᵃ to bring

traje *m.* suit; – de baño bathing suit

tranquilo calm; peaceful

tratar de to try to

trece thirteen

treinta thirty

tremendo tremendous

tren *m.* train

tres three

triste sad

tu(s) your (friendly)

tú you, my pal *(subject pron.)*

turista tourist

tuyo yours

último last

un, uno, una one; a, an

único only; unique

unido united, close; **los Estados Unidos** the United States

universidad *f.* university, college

uña fingernail, toenail

uruguayo Uruguayan

usted(es) you *(abbrev.* **Ud., Uds.)** *3rd person polite*

utensilio utensil

va (See **ir**ᵃ, to go)

vacaciones *f. pl.* vacation

vainilla vanilla

valerᵃ to be worth; cost

varios some, various

vaso (drinking) glass

vecina, vecino neighbor

vegetal *m.* vegetable

veinte twenty

velocidad *f.* speed

vendedor(a) seller; – **ambulante** peddler

vender to sell

venezolano Venezuelan

venirᵃ to come

ventana window

ventanilla car window

ver* to see: **A** — Let's see

verano summer

verbo verb

verdad *f.* truth; true; ¿ – ? isn't it, aren't they, don't they?, etc.; **Es** – It's true

vestido dress; *pl.,* clothes; *adj.,* dressed

vestir(se) (i) to get dressed

vez *f.* time, instance, occasion; **esta** – this time; **otra** – again; **a veces** at times

viajar to travel

viaje *m.* trip; **hacer un** – to take a trip

vida life

viejo old

viento windy; Hace – It is windy

viernes Friday

vigilar to watch over

vino wine

violón *m.* bass fiddle

violoncelo cello

vista view; sight

¡Viva! Hooray for . . .!

vivir to live

volumen *m.* volume

volver (ue) to return

voy I am going (See **ir**ᵃ)

voz *f.* voice; **en** – **alta, baja** in a loud or soft voice

y and

ya already; – no no longer, not any more

yo I

zapatería shoestore, shoemaker's

zapatilla slipper

zapato shoe

about de, sobre (a topic)

above encima de, sobre

according to según

address n. dirección f.

afraid: to be – tener* miedo

afternoon tarde, f.; **Good** –
  Buenas tardes

ago hace (+ a period of
  time); **a half hour** – hace
  media hora

airplane avión, m.

all adj., todo (a, os, as); n.,
  todo (everything); –
  day todo el día

almost casi

alone solo, a solas

already ya

also también

always siempre

among entre

and y; e (before a word
  beginning with **i** or **hi**)

another otro(a)

answer n., contestación,
  respuesta; v., contestar,
  responder

anybody: not – nadie

anything: not – nada

arm brazo

arrive at or **in** llegar a

artist artista (m. and f.)

as como

ask preguntar; – **for** pedir (i)

at en; (sometimes) a; – **12**
  o'clock a las doce

at least por lo menos

attend asistir a (a class, etc.)

aunt tía

autumn otoño

bacon tocino

bad mal, malo(a, os, as)

badly mal

ball game partido

bang golpear

baseball béisbol, m.

basket cesta, canasta

bath baño

bathroom (cuarto de) baño

be ser* (refers to who or
  what the subject is or
  what it is really like);
  estar* (tells how or where
  the subject is); **Is John**
  in? ¿Está Juan?

bean frijol m.

beautiful hermoso(a, os, as)

because porque

bed cama; **go to** – acostarse
  (ue)

bedroom alcoba

before adv., antes; prep.,
  antes de

begin comenzar (ie),
  empezar (ie)

behind prep. detrás de

believe creer*

below adv., abajo; prep.,
  debajo de

best adj., (el, la) mejor; (los,
  las) mejores; adv., mejor

better adj., mejor(es); adv.,
  mejor

between entre

big gran(de)

birthday cumpleaños, m.
  sing.

black negro(a, os, as)

blackboard pizarra

blond rubio(a, os, as)

blouse blusa

blue azul(es)

book libro

boot bota

bottle botella

box caja

boy muchacho, niño, chico

boyfriend novio

brand n. marca

bread pan, m.

break v. romper

breakfast desayuno

bring traer*

brother hermano

brown pardo, castaño

brunet moreno (a)

bulb bombilla (light)

bus autobús, m.; bus, m.

busy ocupado

but pero

button botón, m.

buy comprar

by por

call n., llamada (telefónica);
  v., llamar

calm tranquilo

can (to be able), poder*; n.,
  lata

candy dulces, m. pl.

capital capital, f. (city)

car coche, m., carro,
  automóvil, m.

care: to take care cuidar

careful: Be – ! ¡Cuidado!

carry llevar

cat gato

catch v. coger

ceiling cielo raso

cereal cereal m.

chair silla

change v., cambiar

cheese queso

chest pecho (of the body);
  cómoda (furniture)

chicken pollo

child niña, niño

church iglesia

class clase, f.; **–room**
  (sala de) clase

clean adj., limpio; v., limpiar

clock reloj, m.

close adv., cerca; – **to**
  cerca de

closed cerrado(a, os, as)

clothes, clothing ropa,
  vestidos, m. pl.

coat abrigo; saco (of a suit)

coffee café, *m.*

cold *n.,* frío; *adj.,* frío(a, os, as); **to be – (out)** hacer* frío; **to be** or **feel – (**a person**)** tener* frío

comb *n.,* peine, *m.; v.,* peinar

come venir*; **– back** volver (ue)

conduct *v.* conducir (zco)

confess confesar (ie)

continue seguir (i)

cook *v.,* cocinar

cool fresco

cord cuerda

count contar (ue)

country campo (opposite of city); país, *m.* (nation)

course curso; **of –** por supuesto, cómo no, claro (está)

court corte *f.*

cousin prima, primo

covered with cubierto de

crazy loco

cream crema

cup taza

customer cliente

cut *v.* cortar

dance *n.,* baile, *m.; v.,* bailar

dark oscuro; **–haired** moreno

daughter hija

day día, *m.*

dear querido

delicious delicioso, rico

dentist dentista

department store almacén, *m.*

desk mesa; escritorio

dessert postre, *m.*

die morir (ue)

dish plato

dining room comedor, *m.*

dinner comida

direct *v.* dirigir

do hacer*; **– you?** (end question) ¿verdad?, ¿no?

doctor médico (profession); doctor (title)

dog perro

door puerta

down abajo

downtown el centro

dream *n.,* sueño; *v.,* **– about** or **of** soñar (ue) con

dress *n.,* vestido; *v.,* vestirse (i)

dressed vestido(a, os, as)

drink *n.,* bebida; *v.,* beber, tomar

drive *v.* manejar

each cada

ear oreja (outer); oído (inner)

early temprano

earn ganar

easy fácil(es)

eat comer

egg huevo

either o; **– ...or** o ... o

elevator elevador, *m.,* ascensor, *m.*

end *n.,* fin, *m.; v.,* acabar, terminar

English inglés (inglesa, es, as)

enjoy (oneself) divertirse (ie)

enter entrar

envelope sobre *m.*

evening tarde, *f.;* noche, *f.;* **Good –** Buenas tardes, Buenas noches; **in the –** por la tarde, por la noche, de noche

ever alguna vez; **not –** nunca

every cada; todos los, todas las

explain explicar

eye ojo

face *n.* cara

factory fábrica

fall *n.* otoño; *v.* caer

family familia

far lejos; **– from** lejos de

fast rápido, rápidamente

father padre

favorite favorito

feel sentir (ie); **– sorry** sentir; **– sick, tired,** etc. sentirse mal, cansado

few pocos(as)

fight pelear

film película

find encontrar (ue)

finger dedo; **–nail** uña

finish acabar, terminar

first primer(o, as, os, as)

fish *n.* pescado

flag bandera

floor piso

flower flor *f.*

foot pie, *m.*

football fútbol, *m.,* sóquer, *m.;* fútbol norteamericano

for para (to be used for, headed for; in order to); por (for the sake of, because of, in place of, by way of); **– example** por ejemplo

fork tenedor, *m.*

French francés (francesa, es, as)

friend amiga, amigo

from de; (since), desde

front frente, *m.;* **in – of** delante de, en frente de

full lleno(a, os, as)

funny gracioso, cómico

furniture muebles, *m. pl.*

game partido; juego; **football –** partido de fútbol

gentleman caballero

get obtener*; **– dressed** vestirse (i); **– married** casarse; **– up** levantarse

girl muchacha, chica, niña

girlfriend novia

give dar*

glad contento; alegre; **I'm – ** Me alegro

glass (drinking) vaso

glasses (eye) anteojos *m. pl.*

glove guante, *m.*

go ir*; **– down** bajar; **– in** entrar (en or a); **– out** salir*; **– up** subir

good buen(o, a, os, as); **– morning** Buenos días; **– afternoon** Buenas tardes; **– evening, night** Buenas noches

good-bye adiós

good-looking guapo

goodness: My –! ¡Dios mío!

grandfather abuelo

grandmother abuela

grandparents abuelos

gray gris(es)

great gran(de)

green verde(s)

guitar guitarra

gymnasium gimnasio

hair pelo

half medio(a); **a – hour ago** hace media hora; **– past one** la una y media

ham jamón, *m.*

hamburger hamburguesa

hammer martillo

hand mano, *f.*

happen pasar, ocurrir

happy contento(a, os, as), feliz (felices)

hard difícil(es); duro(a, os, as) (not soft); **to work –** trabajar mucho

hat sombrero

hate odiar

have tener*; **to – just** (done something) acabar de (+ *infin.*); **to – to** tener que (+ *infin.*)

he él

head cabeza

heart corazón, *m.*

hello Buenos días, etc.; Hola

help *v.* ayudar

her *direct object of verb,* la; *indirect object of verb,* le; *object of prep.,* ella; *possessive adj.,* su(s)

here aquí

herself *object of a verb* se; **to –** se

high alto(a, os, as)

him *direct object of a verb,* lo; *indirect object of a verb,* le; *object of a prep.,* él

himself *reflexive object pron.* se; **to –** se

his su(s)

home casa; **to go –** ir* a casa; **at –** en casa

homework tarea (de la escuela)

hope *v.* esperar

hot caliente; **to be – out** hacer* (mucho) calor; **to be or feel –** (a person) tener* (mucho) calor

hour hora

house casa

How? ¿Cómo?; **– are you?** ¿Cómo está? ¿Qué tal?; **– much?** ¿Cuánto(a)?; **– many?** ¿Cuántos(as)?

hunger (el) hambre *f.*

hungry: to be – tener* hambre

husband esposo, marido

I yo

ice cream helado(s)

important importante(s)

in en; **– the morning** por la mañana; **at 8 in the morning** a las ocho de la mañana

inside dentro; **– of** dentro de

it *object of a verb,* lo, la; *after a prep.,* él, ella; (Note: Do not translate "it" when it is the subject of a verb in English.)

Italian italiano(a, os, as)

itself *reflexive object pron.* se

jacket saco (of a suit); chaqueta

jar jarra

jeans levis *m. pl.*

juice jugo

just justo; **to have –** acabar de (+ *infin.*)

keep guardar

kiss besar *v.*

kitchen cocina

knife cuchillo

know saber* (a fact, how to, know by heart); conocer* (zco) (know or be familiar with someone or something)

lady señora, dama

lamp lámpara

language lengua, idioma, *m.*

large grande(s) (not *largo*)

last último; pasado; **– night** anoche; **– week** la semana pasada

late tarde

later más tarde, después

lawyer abogado, abogada

learn aprender

least *adj.,* (el, la, los, las) menos; *adv.,* menos

leave salir*; dejar (leave something behind); **– (someone) alone** dejar en paz

left izquierdo(a, os, as); **on the –** a la izquierda

less menos

letter carta; letra (of the alphabet)

library biblioteca

lie v. mentir (ie)

life vida

lift levantar, subir

like prep., como; v., querer* a (a person); gustarle una cosa a una persona (See Lesson 7.); – **this,** – **that** así

line línea

lip labio

listen escuchar

little pequeño (in size); poco (in amount); **a** – un poco (de)

live v. vivir

living room sala

long largo

longer: no – ya no

look v., estar* (seem); – **at** mirar; – **for** buscar

lose perder (ie)

lot: a – mucho, muchísimo

love n., amor, m.; v., amar, querer*; **in** – **with** enamorado de; **I** – **it!** ¡Me encanta!

low bajo(a, os, as)

lower v. bajar

luck suerte, f.

lunch almuerzo

machine máquina

mail n. correo

mailbox buzón m.

mailman cartero

make v., hacer*; n., marca (brand)

man hombre

many muchos(as)

map mapa, m.

married casado; **to get** – casarse

marry casarse con

matter: It doesn't – No importa

maybe tal vez

me object of a verb, me; after a prep., mí; **with** – conmigo

meet encontrar (ue); conocer (zco); **Pleased to** – **you** Mucho gusto

men (los) hombres

milk leche, f.

mine mío(a, os, as)

mirror espejo

Miss señorita

mistake error, m., falta

money dinero

month mes, m.

more más; **not any** – ya no

morning mañana; **in the** – por la mañana; **at ten in the** – a las diez de la mañana; **Good** – Buenos días

most adv. más

mother madre

mouth boca

movie película (a film)

movies el cine

Mr. señor, Sr.

Mrs. señora, Sra.

much mucho(a, os, as); **very** – muchísimo

music música

my mi(s)

myself reflexive object of a verb, me; **to** – me; after a prep., mí

nail clavo

name nombre, m.; **What is your** –**?** ¿Cómo se llama Ud.?

napkin servilleta

near adv., cerca (nearby); prep., cerca de

needle aguja

neighbor vecina, vecino

neither ni; – **...nor** ni ... ni

never nunca, jamás

new nuevo(a, os, as)

nice simpático

night noche f.; **Good** – Buenas noches; **last** – anoche

nobody, no one nadie

nose nariz, f.

notebook cuaderno

nothing nada

now ahora; **right** – ahora mismo

o'clock; at ten – a las diez

of de

offer v. ofrecer (zco)

old viejo(a, os, as); **to be ... years** – tener* ... años (de edad)

older mayor(es); más viejo(a, os, as)

oldest (el, la) mayor; (los, las) mayores

once una vez

one uno; un, uno(a)

only sólo, solamente

open adj. abierto(a, os, as); v. abrir

or o; u (before a word beginning with ho or o)

order v. pedir (i) (food, etc.); mandar (command)

other otro(a, os, as)

ought deber

our nuestro(a, os, as)

ours (el) nuestro, (la) nuestra, (los) nuestros, (las) nuestras

ourselves object of a verb, nos; **to** – nos; after a prep., nosotros(as)

outside fuera; **to go** – salir*

over prep. sobre, encima de

overcoat abrigo

owe deber

own adj. propio (belonging to someone)

owner dueño

package paquete, *m.*
pajama(s) pijama
pants pantalones, *m. pl.*
paper papel, *m.*;
　news– periódico
parents padres
party fiesta; (political),
　partido
pay pagar
pen pluma
pencil lápiz, *m.* (*pl.*, lápices)
people personas, *f. pl.*,
　gente, *f. sing.*
pepper pimienta
person persona (always *f.*)
phone teléfono; – **call**
　llamada; *v.,* llamar
　por teléfono, telefonear
pink rosado(a, os, as)
pitcher jarra
place lugar, *m.*
plate plato
play *n.,* comedia, drama,
　m.; v., jugar (ue) (al
　béisbol, etc.); tocar (an
　instrument)
please por favor
pleased contento(a, os, as)
pleasure gusto; **It's a –**
　Mucho gusto
pocket bolsillo
police policía, *f.*
policeman, policewoman
　(el, la) policía
poor pobre; – **thing!** ¡Pobre!
pot olla
pretty bonito(a, os, as)
price precio
produce *v.* producir (zco)
program programa, *m.*;
　radio – programa de radio
promise promesa; *v.,*
　prometer
purse bolsa
put poner*

question *n.,* pregunta; *v.,*
　preguntar

radio radio, *m.* or *f.*
rain *v.* llover (ue); **It is**
　raining Llueve
raincoat impermeable, *m.*
raise levantar, subir
read leer*
ready listo(a, os, as)
really realmente
record *n.* disco; – **player**
　tocadiscos, *m. sing.*
red rojo(a, os, as)
refrigerator nevera,
　refrigerador, *m.*
relative *n.* parienta,
　pariente
remain quedar(se)
remember recordar (ue)
repeat repetir (i)
return volver (ue)
rice arroz, *m.*
rich rico(a, os, as)
right derecho; **on the –** a la
　derecha; **to be –** tener*
　razón
road camino
rob robar
robe bata
room cuarto, habitación, *f.*
rug alfombra
run correr; funcionar (a
　machine)

sad triste
salt sal *f.*
same mismo; igual
satisfied contento (a, os, as)
say decir*
school escuela, colegio
scissors tijeras *f. pl.*
season estación, *f.*
seated sentado
second segundo(a, os, as)
see ver*
seem aparecer (zco)

sell vender
send mandar
set aparato; **TV –** televisor, *m.*
sew coser
she ella
shirt camisa
shoe zapato
shopping: to go – ir* de
　compras
short corto (in length); bajo
　(in height)
should deber
shout *v.* gritar
sick enfermo(a, os, as)
silly tonto(a, os, as)
since *prep.* desde
sing cantar
sister hermana
sit down sentarse (ie)
skirt falda
sleep *v.* dormir (ue)
sleepy: to be – tener* sueño
slow(ly) despacio
small pequeño(a, os, as)
snow *v.* nevar (ie); **It is**
　snowing Nieva
so así
sock calcetín, *m.*
sofa sofá, *m.*
So long Hasta luego, Hasta
　pronto
some algunos(as)
somebody alguien
someone alguien
something algo
song canción, *f.*
soon pronto
sorry: to be – sentir (ie); **I'm**
　– Lo siento
soup sopa
spaghetti fideos *m. pl.*
speak hablar
spend gastar (money); pasar
　(time)
spoon cuchara
sport deporte, *m.*
spring primavera

435

staircase escalera
stand up levantarse
standing parado, de pie
stay v. quedarse
still todavía
stocking media
stomach estómago
stop v. parar(se)
store tienda, almacén, m.
story cuento; piso (of a house)
stove estufa
street calle, f.
strict estricto
student estudiante, alumno
study n., estudio; v.,estudiar
stupid tonto, estúpido
suffer sufrir
sugar azúcar m.
suit traje, m.; **bathing –** traje de baño
summer verano
sun sol, m.; **It is sunny** Hace sol
sure seguro
swear jurar

table mesa
take tomar (food, drink, an object); llevar (a person); **– out** sacar; **– away** quitar
talk v. hablar
tall alto
taller, tallest (el) más alto, etc.
tape cinta
teach enseñar
teacher maestro(a), profesor(a)
teaspoon cucharita
television televisión f.; **– set** televisor
tell decir*; contar (ue)
than que; de (before a number)
thanks gracias; **Thank you** (Muchas) gracias

that *demonstrative adj.,* ese, esa; *demonstrative pron., neuter pron.* eso; **– one** ése, ésa; **That's it** Éso es, Así es; *before a clause,* que
their su(s)
theirs suyo(a, os, as)
them *direct object of a verb,* los, las, les; *indirect object of a verb,* les; *object of a prep.,* ellos, ellas
themselves *reflexive object of a verb* se; (to) **–** se
then entonces; después, más tarde
there allí; **– is, – are** hay; **– was, were** había
these estos, estas; *pron.,* éstos, éstas
they ellos, ellas
thief ladrón, ladrona
thing cosa; **Poor – !** ¡Pobre!
think pensar (ie); **– about** pensar en; **– of** (have opinion) pensar de
thirst sed f.
thirsty: to be – tener* sed
this *adj.,* este, esta; *neuter pron.,* esto (in general); **– one** éste, ésta
those *adj.,* esos, esas (near you); *pron.,* ésos, ésas
thread hilo
tie corbata
time tiempo; hora (of day); vez (an instance or occasion); **At what – ?** ¿A qué hora? **two times** dos veces; **to have a good –** divertirse (ie)
tired cansado(a, os, as)
to a
toast n. tostada
today hoy

toe dedo (del pie)
tomorrow mañana; **– morning** mañana por la mañana
tonight esta noche
too también (also)
tooth diente, m.
toward hacia
train tren, m.
true: It's – Es verdad; **– ?** ¿verdad?
truth verdad, f.
try tratar; **– to** tratar de
turn v., volver(ue); **– on** poner*, encender (ie) **– off** apagar

ugly feo(a, os, as)
umbrella paraguas m. sing.
uncle tío
understand comprender, entender (ie)
united unido; **the – States** los Estados Unidos
until prep. hasta
up arriba
us *object of a verb,* nos; **to –** nos; *after a prep.,* nosotros(as)

vacuum cleaner aspiradora
vegetable vegetal, m., legumbre, f.
very muy; **to be – cold outside** hacer* mucho frío; **to be or feel – cold, warm** tener* mucho frío, calor; **to be – hungry** tener* mucha hambre
visit n., visita; v., visitar
voice voz, f.

wait v., esperar; **to – for** esperar (a una persona)
walk v. caminar, andar
wall pared, f.
wallet cartera

want querer*, desear

warm caliente; **to be – out** hacer* calor; **to feel –** (a person) tener* calor

wash *v.*, lavar(se); **washing machine** máquina de lavar

watch *n.*, reloj, *m.*; *v.*, mirar (look at); **– out!** ¡Cuidado!

water agua, *f.* (but: el agua)

we nosotras, nosotros

weather tiempo, clima, *m.*; **How is the –?** ¿Qué tiempo hace?

wedding boda

week semana

weekend fin (*m.*) de semana

welcome bienvenido(a, os, as)

well bien

What? ¿Qué . . .?, ¿Cuál(es) . . .? (Which one or ones); **– is your name?** ¿Cómo se llama Ud.?; **– a . . .!** ¡Qué . . .!

when cuando; **– ?** ¿Cuándo?

where donde; (a) donde (with ir*); **– ?** ¿Dónde?, ¿A dónde?; **From – ?** ¿De dónde?

which que

Which? ¿Cuál(es) . . .?, ¿Qué . . .?; **– one(s)?** ¿Cuál(es)?

white blanco(a, os, as)

who quien(es), que; **– ?** ¿Quién(es)?

Why? ¿Por qué?

win ganar

wind viento; **It is windy** Hace viento

window ventana; ventanilla (of a car)

wish *v.* desear

with con; **– me** conmigo; **– you** (friendly) contigo

within *adv.*, dentro; *prep.*, dentro de

without sin

witness testigo, testiga

woman mujer

word palabra

work *n.*, trabajo; *v.*, trabajar; funcionar (a machine)

worse peor(es)

worst (el, la) peor; (los, las) peores

worth: to be – valer*

write escribir

year año

yellow amarillo

yesterday ayer

yet todavía; **not –** todavía no

you (*2nd person*) *subject pron.*, tú; *object of a verb* te; **to –** te; *after a prep.*, *ti*; **with –** contigo; (*3rd person*) *subject pron.*, usted (Ud.), ustedes (Uds.); *object of verb*, lo, la, los, las; **to –** le, les; *after a prep.*, usted(es) (Ud., Uds.)

young joven (*pl.* jóvenes)

younger, youngest (el, la) menor, más joven; (los, las) menores, más jóvenes

your (*2nd person*), tu(s); (*3rd person*), su(s)

yours (*2nd person*), tuyo(a, os, as); (*3rd person*), suyo(a, os, as)

yourself *reflexive object of a verb* (*2nd person*), te; **to – ** te; (*3rd person*), se; **to – ** se; *after a prep.*, ti, si

yourselves *object of a verb*, se; **to – ** se; *after a prep.*, sí

INDEX

Teacher's Manual

Persona a persona

1

Contents

Persona a persona 1

Student Text
Teacher's Edition
Workbook
Answer Key to Workbook
Tape/Cassette Program (with teacher script)
Tape/Cassette Guide
Testing Program (on Spirit Masters)

Persona a persona 2

Student Text
Teacher's Edition
Workbook
Answer Key to Workbook
Tape/Cassette Program (with teacher script)
Tape/Cassette Guide
Testing Program (on Spirit Masters)

Persona a persona 3

Student Text
Teacher's Edition

Persona a persona is a three-level Spanish series authored by Zenia Sacks Da Silva and designed for today's high school students. The texts employ a healthy blend of both spoken and written language with a motivating, humorous story line. The practical vocabulary, personalized *Actividades,* abundant practice, colorful culture *Albums,* career lessons, and frequent reviews are features designed to meet contemporary teacher and student needs.

Special Features

■ **Dependable Format**   Throughout the series, from the six-part regular lessons in levels 1 and 2 to the workshop lessons in level 3, a clearly defined format provides reliable direction for both students and teachers.

■ **Controlled Vocabulary Presentation**   The regular lessons in levels 1 and 2 have *two* distinct vocabulary sections in which new active words are presented and practiced through a combination of visuals and questions designed to put new vocabulary to immediate and practical use.

■ **Controlled Grammar Presentation**   The regular lessons in levels 1 and 2 have *two* separate grammar sections in which a maximum of three new grammar structures are introduced. Grammar is reinforced through practice in the form of personalized question–answer *Actividades,* followed by a variety of basic exercises.

■ **Motivational Content**   The *Cuentos* provide a series of connected, humorous stories written to motivate while providing reading practice, conversational opportunity, and reinforcement of the lesson's active vocabulary and grammar. Six illustrations visually dramatize each story and provide an effective pre-teaching tool.

■ **Outstanding Visual Appeal**   Evident throughout the texts, and especially in the *Panoramas,* the *Albums,* and in the *Lecturas* of level 3, an abundance of illustrations and full color photographs heighten student interest in the study of Spanish language and culture. Questions for the cultural *Panoramas* are found in the *Teacher's Manual.*

■ **Personalized Approach**   The *Dígame* and *Actividades* sections of each lesson, as well as the *Cuentos,* employ personalized questions which encourage students to talk in Spanish about themselves and their own everyday experiences. This approach is continued and expanded in the flexible workshop format in level 3.

■ **Accent on Culture**   Throughout the texts, and especially in the *Albums* and *Panoramas* of levels 1 and 2 and the *Lecturas* in level 3, an appreciation for the richness and diversity of Spanish culture is developed.

■ **Career Focus**   Levels 2 and 3 include a series of lessons that develop the theme of careers and professional opportunities in today's world. Pertinent vocabulary is provided for each career introduced.

■ **Additional Practice Exercises**   Further reinforcement of each structure is provided in a special section in the back of levels 1 and 2. These additional practice exercises are keyed to the corresponding grammar points in the lesson.

■ **Consistent Review**   The *Repasos* summarize and review all structures presented in each group of lessons. Each *Repaso* provides a Spanish-English active vocabulary summary keyed to the lesson in which each new word is taught.

Persona a persona

1

Persona a persona 1 employs an effective two-part format which, combined with the *Cuentos, Albums,* and other special features, provides the optimum presentation of Spanish language and culture.

Primera Parte

The text begins with an informal series of twenty introductory mini-lessons. With the help of recognizable cognates, visuals, and a minimum of grammar explanation, these lessons teach high frequency topics which allow students to achieve early, rapid communication in Spanish. As a result, confidence and enthusiasm for further study is assured.

Segunda Parte

Twelve regular lessons are organized around a dependable six-step approach for effective teaching of vocabulary, grammar and culture.

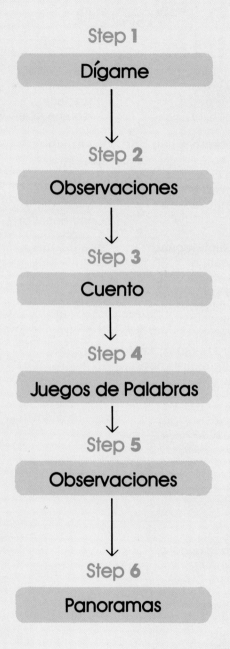

Step 1

Dígame

An introduction of new vocabula
with the help of visuals. New wo
are presented topically. Vocabula
practice includes a personalized
question-answer sequence.

Step 2

Observaciones

Presentation of new structures.
Two interrelated grammar points are
introduced by a *¿Recuerda Usted?*
This is a lead-in to the new grammar
through a point that has already
been taught.

Step 3

Cuento

The storyline and motivating core
of each lesson.

Step 4

Juegos de Palabras

A second vocabulary section which
teaches new words through picture
association activities. Extensive
use is made of familiar *old*
vocabulary in practicing the *new.*

Step 5

Observaciones

Presentation of a third new
grammar point.

Step 6

Panoramas

The final part of the lesson, employing
a photo-essay approach. In these
Panoramas, the focus is on culture.
(Lessons 3, 6, 9, and 12, which are
followed by *Repasos* and by the
longer cultural *Albums,* do not
contain *Panoramas.*)

Persona a persona
Scope and Sequence

	Level 1	Level 2	Level 3

Tenses	Present
	Preterite
	Imperfect
	Present &
	   past progressive
	Commands
		Present subjunctive
		Present perfect
		  (present perfect
		  subjunctive)
		Future
		Conditional
		Past perfect
			Future perfect
			Conditional perfect
			Imperfect
			  subjunctive

Verb Concepts	*Ser* vs. *estar*
	Preterite vs.
	  imperfect
		Subjunctive:
		  General overview
		  Implied commands
		  Emotion
		  Uncertainty, doubt,
		    unreality
		Saber vs. *conocer*
		Reflexive verbs
		The true passive voice
		The passive:
		  with *se*
		  with 3rd person plural
		Hacer with expressions
		  of time
			Future of
			  probability
			Conditional of
			  probability
			Subjunctive:
			  "If" clauses

Pronouns	Subject
	Stressed
	Object:
	  Position
	  Order of double
	    object
	Demonstratives
		Possessives
		Impersonal *se*
		  (se dice, etc.)	

Other	Days, months,
	  time, etc.
	Adjectives:
	  Descriptive
	  Demonstrative
	  Possessive
	Comparison of
	  adjectives
	Forming questions
	Double negatives
	Possession (de)
	Ir a + infinitive
	Stem changing verbs
		Indefinites vs.
		  negatives *(algo* vs.
		  nada, etc.)
		Por vs. *para*	

8

Persona a persona, we call it. For that's what language is all about: speaking; understanding each other; meeting a new world, person to person, one to one. And here is a new program that lets our students do just that.

Persona a persona is a three-book sequence specifically geared to the needs of teenagers — personal involvement, characters and themes with which they feel at ease, and the sweet taste of success all along the way. Its emphasis is on communication. And **Persona a persona** avails itself of every device, overt and subtle, to make the whole process easier: humor; personalization; learning through associations; step by step buildup; rhythmic and rhyme patterns; strict vocabulary and structure control; continuous re-entry and review; hundreds of games and performance activities; lead-ins from the old to the new; beautiful full-color art and photographs; picture stories of life among the Spanish peoples, here and abroad; and a style that even makes grammar lively and a pleasure to learn.

Persona a persona 1 has two parts — the **Primera parte,** with its series of mini-lessons, and the **Segunda parte,** with its twelve full-scope lessons (humorous stories and all!). Add six photo **Albums,** plus periodic **Repasos,** ¡y ya!

Persona a persona 2 has an even more exciting array: the optional **¿Recuerda Ud.?** review; the eight full-scope lessons of the **Primera parte** (very much like those of **Persona a persona 1**); and a special feature — an entirely new **Segunda parte** composed of eight shorter lessons, each with an occupational or professional setting — a first step into the career world outside! Again, there are five **Albums** and four **Repasos.**

Persona a persona 3 has a three-part setup, and a brand new look. The **Primera parte, A conversar,** is really a conversation course in itself. But along with it, we offer a complete review of all major structures, plus four more "on-location" occupational lessons. The **Segunda parte, Correspondencia,** and the **Tercera parte, Periodismo,** are six-unit sections that further develop communication skills and teach creative composition. In this level we also have **Lecturas** on themes both contemporary and historic. And as in **Persona a persona 1** and **2,** there are periodic **Repasos** throughout.

What about support materials? We have those, too. Here is a quick description:

- ■ Workbooks — activity and drill manuals full of cultural experiences, vocabulary-building games, and plenty of comprehension and structure reinforcement.

- ■ A complete Tape Program, with personalized patter, music, sound effects, and enactments of the stories. There are also structure, pronunciation, and listening comprehension drills, plus tests.

- ■ Tape Guides, carefully constructed to follow the tapes yet allow for leeway, and replete with art and photographs in every lesson.

- ■ A testing program, recorded and written, going point by point and lesson by lesson, for groups of lessons in review.

- ■ Teacher's Editions, including comments on each activity, questions for the photo essays, additional questions for the stories, and correct responses for all exercises and tests.

This is **Persona a persona** as a whole. Now let's take a closer look at **Persona a persona 1** by itself.

The Text

A. Primera Parte: 20 one-day (or at most, two-day) mini-lessons, with two **Álbums,** one after Section 10, the other after Section 20, and two **Observaciones y Repaso** sections that follow the **Albums.** These short lessons serve a variety of ends: to get students speaking Spanish from the very first day and without rote; to tune their ears and their tongues to the sounds of Spanish; and to teach certain basic structures with only the slight intrusion of grammar rules. The combination of cognates with simple structures offer a wide range of topics on which they can speak, in limited terms of course, but with ideas that are their own. The progression is easy-flowing, single-paced, and aided by art and photographs that blend the cultural background with the language skill. Every mini-lesson in the **Primera parte** contains a capsule review, called **En breve,** and a quick test. Each of the first 12 lessons ends with a pronunciation drill. The **Repasos** that follow the two **Albums** review all active grammar and vocabulary, and ¡adelante! On to **Segunda parte!**

B. Segunda parte: 12 two-week lessons, with four **Repaso** sections interspersed. These lessons follow a six-part format. In brief, here are the parts:

1. **Vocabulario:** a topical vocabulary organized around a theme and presented in cartoon layout. Topics include the house and its furnishings, parts of the body, clothing, food, and so on.

a. A question-and answer sequence that uses this vocabulary in personalized questions. No new structure is taught at the same time.

b. A game, original dialogue, or other performance activity that keeps the vocabulary theme alive.

2. **Observaciones:** two interrelated points of structure, with practice and a broad range of applications.

a. *¿Recuerda Ud.?:* a lead-in to the grammar points through a related structure that has already been taught.

b. The two grammar points, separately presented and practiced, with many question–answer patterns that teach even before we make the generalization.

c. *Repaso rápido:* a capsule summation of the two points, with self-testing exercises. (The answers are to be found at the back of the book.)

3. **Cuento:** The high point of the lesson—brief, funny, and illustrated with delightful cartoon sequences. The structures used are limited to those already taught and to those being taught in every lesson. Vocabulary is almost entirely limited to the already familiar, plus the remaining active vocabulary of the lesson. Passive vocabulary, which is used to move the story line along, is kept to a minimum, and all new words and structures are glossed in the margins. Although the **Cuento** can be covered in one day, it can be divided into two parts, as indicated by the colored bullet in the left margin.

Vamos a conversar: a question-and-answer activity that recapitulates and personalizes the story at the same time. The questions are also grouped to correspond to the parts of the story, a bullet again indicating the second part.

4. **Juegos de palabras:** word games using illustrations and associations that reinforce the active vocabulary introduced in the **Cuento.**

5. **Observaciones:** one final point of structure, with practice and review.

a. *¿Recuerda Ud.?:* the warm-up lead-in.

b. The grammar point, explained and drilled.

c. *Repaso rápido,* with self-test.

6. **Panorama:** a photo essay on Hispanic life, with a theme related to the opening vocabulary setting of the lesson. The captions provide short narrative readings within the scope of the structures already learned. Questions for optional use by the teacher are included in this Manual section. Please remember that Lessons 3, 6, 9, and 12 do not have a **Panorama** since they are followed by the longer, more varied cultural **Albums.**

C. The **Albums:** six activity-oriented picture sequences on clothing and other daily items, TV (including a real-life *"A decir la verdad"),* social life (from greeting cards to telephone talk), and foods of the Hispanic world. All together, they teach approximately 100 new words and no new structure. They are different, quick-moving, colorful, exciting. In fact, they are among the highest motivational elements of this series, and we're sure you'll enjoy them.

D. The **Repasos** recapitulate active structures, list vocabulary keyed to the lesson in which it first appears, and conclude with word-building games of association.

How to handle the various elements

A. The mini-lessons of the **Primera parte:** The purpose of these 20 segments, plus two short **Albums,** is to start the ball rolling in Spanish. And everything has been planned to make it roll smoothly. The sequence of structures is closely interrelated. Vocabulary begins with a heavy emphasis on cognates (which are not to be learned *per se* — just used and recognized!), and then grows gradually, just a few new words at a time. Pronunciation drills are so designed that the student is never confronted with sounds too difficult to say, unless those are the very sounds being taught then and there. And free response begins from the first day. So please let the sequence flow. Teach for active use only those words and structures so described. (You'll find that the *En breve* capsules offer a daily measure of accountability.) Try for the best, but accept a realistic degree of accuracy in pronunciation. And above all, keep the Spanish going. Let your students hear it and say it and make their own. Let them learn that they can still be themselves in their new tongue. Specifically, here is what each unit contains.

1. A conversation "opener" that moves from controlled to semi-controlled to free response. This is where we introduce our new vocabulary and/or language use. (Be sure to take advantage of all those illustrations!)

2. Practice, usually in the guise of a performance activity or game.

3. *En breve,* a nutshell resume of everything we consider active, followed by a brief exercise section. We suggest that you use this exercise, as well as any conversation tidbits from the day before, as a warmup for the new day.

4. *Pronunciación,* a description and drill, sound by sound, of every distinctive consonant and vowel. Notice how we avoid any difficult extraneous sounds as we work on the ones at hand. (Incidentally, similar drills are recorded on tape, and you may reinforce your own presentation with the ready-made.)

B. The full-range lessons of the **Segunda parte:**

1. **The Vocabulario** cartoon layout is our opening activity. There are 12 to 15 words, topically grouped. So here the association is that of a functional context, and the personalized questions that follow the heading *Dígame* put the new words into immediate use. We suggest modelling each word, with choral or individual response — "¿Qué es esto aquí? . . . ¡Dios mío! ¿Quién es esta persona? ¿Qué hace?" — and then going right on to the questions. Obviously, you need not feel obliged to ask each question, for there may be some that won't have the same relevance to your particular group. On the other hand, there may be a number of questions that several students, or even the whole class, may want to answer. Only you can decide how much time you want to spend on this activity. But please, don't underestimate its importance.

After the questions comes a reasonably free-style performance activity. This is one that you may consider optional, as time or circumstances indicate. But it can be fun, as it reworks once again the vocabulary items of the opening cartoon and helps set up the forthcoming **Cuento.** Try to include it, if you can.

2. **Observaciones** (1): Two grammar points, each with separate drills. Since each lesson has three grammar points in all, this **Observaciones,** with its two interrelated structures, actually represents the greater part of the new material at hand. As you know, every **Observaciones** section is introduced by a brief *¿Recuerda Ud.?* lead-in, a reminder of the old as we head for the new. So go over the *¿Recuerda Ud.?* lightly, and see how much easier the next presentation becomes. As for the structure, notice, too, the informal language that describes each use, and how we often bring in a patterned question-and-answer sequence before the generalized rule itself. The *Práctica* that follows contains a variety of exercise materials that begin with the more controlled response and graduate to the free. Each of the two points has its separate drills, though re-entry is taken into account. And the section concludes with a *Repaso rápido* that ties up the package and offers a quick self-test.

3. **Cuento:** This is the motivational high point. The short stories or dialogues are mini-scenes from life. Well, mostly from life, though we're not averse to injecting a note of fantasy or farce. But surely we can promise you this:

a. that they are funny, or at the very least, different;

b. that the humor is directed at the psychological level of your students and that they will react;

c. that they are short enough to be covered in one day, if you choose, or, for the normal-to-slower group, in two;

d. that they put into action the two new structures just learned, plus the third that is about to follow;

e. that they bring back most of the active vocabulary of the first half of the lesson, while they introduce the 12 to 15 new words of the second half (notice that passive vocabulary has been kept to a minimum);

f. that they are easy to read because all new words or potential difficulties are glossed in the margin, and because we have added cartoon sequences that point up the highlights along the way.

Now how do we get the most out of them? First, by reading them for enjoyment — in class, aloud, together or in parts; by hearing them on the tapes, with their sound effects and music; by reviewing them at home, quietly, one to one; by talking about them, by acting them out, by relating them to our own lives and the people we know. By doing anything else we can think of, *except memorizing!* — for that indeed would be the sorry end.

And then we go on to the questions. *Vamos a conversar,* they're called, because they both recapitulate the **Cuento** and bring it right home. Once again, you may mix and match, pick and choose. The option is all yours. If you need extra questions, they are provided in this Manual.

4. **Juegos de palabras:** These illustrated word-games of associations simultaneously teach the remaining active vocabulary of the lesson and re-enter much of the old. This is an entirely new approach to vocabulary buildup, because it goes beyond the single item or even topical relationship. Instead, it works each word into visual groupings that project it into other dimensions, revitalizing at the same time what has come before. If its description sounds formidable, it actually is not. Just look at any of these **Juegos,** and you'll see for yourself.

5. **Observaciones** (2): one grammar point, with its various drills. Once again, let the *¿Recuerda Ud.?* lead-in set up the new structure. Proceed as before with the practice and generalizations, using as much Spanish as is conceivably possible. And conclude with the *Repaso rápido* and self-test.

6. **Panorama:** Introduce the photo story by letting the students read aloud the captions that accompany each one. An then add, as you will, your own pictures and memorabilia of the Hispanic world that you know. Urge the class to bring in realia from home, or to create some this very day, be it here or in the shop or in the home economics room. If time permits, show movies or slides. Make your fiestas, sing your songs. For this is the living culture that our **Panorama** would portray. And our photo stories are only the beginning. You will find extra questions on the **Panorama** in this Manual. Please remember that Lessons 3, 6, 9, and 12 do not have a **Panorama** since they are followed by the longer, more varied cultural **Albums.**

C. The **Albums:** These, as we've said before, are fun sections. But we also want to teach more about Hispanic culture, and to add a bit of vocabulary expansion along the way. So please make the most of these picture stories. Have your students read the captions aloud and talk about the photos, much as they do with the **Panoramas.** Then have them learn the new words, act out the new situations, play the new games. If you would like additional vocabulary practice or cultural review materials, or even a new all-class project, select some of the elements from the Workbook. The **Álbums** can serve as happy interludes between the three-lesson groups.

D. The **Repasos:** In the **Primera parte,** there are two **Observaciones y Repaso** units, one midway (after Mini-lesson 10 and **Album 1**), and the second, at the end (after Mini-lesson 20 and **Album 2**). Since structure is treated with only the gentlest of generalizations in the mini-lessons, the function of the **Observaciones** is to consolidate each major point more formally. For this reason, too, we add grammar exercises. The **Primera parte** then concludes with a total-accountability vocabulary and phrase list.

In the **Segunda parte,** where each grammar point has a great number and variety of practice materials, the four **Repasos** review all points of structure, but without exercises. Instead, the complete three-lesson vocabulary list is followed by its own series of word games, puzzles, and objective-subjective associations. These are enrichment materials which you may use or discard as you see fit.

A word about timetables

We have said that the **Primera parte** has 20 mini-lessons plus two mini-**Albums,** none of which should take more than two class days. Many, perhaps even most, can actually be covered successfully in one or one and a half days. Even with the addition of some of our Workbook materials (if you choose) and allowing time for testing, lab work, and cultural asides, it should be wholly feasible to teach the entire **Primera parte** within six to eight weeks (five 40-minute sessions per week).

We have said that **Segunda parte** contains 12 full-scope two-week lessons. Roughly, here is how we would break them down:

1. The opening vocabulary, with its *Dígame* questions (and optional performance activity): one day, or at most, one and a half.

2. **Observaciones** 1 (two grammar points and exercise materials): three days, including quick-testing.

3. **Cuento,** with *Vamos a conversar:* maximum, two days.

4. **Juegos de Palabras:** one-half to one full day.

5. **Observaciones** 2 (one grammar point): maximum two days.

6. **Panorama** (plus optional cultural enrichments): one-half to one day. (Since Lessons 3, 6, 9 and 12 have no **Panorama** section, this time can be applied to the following **Album.**)

According to this timetable, the 12 lessons will take some 24 weeks, thereby leaving approximately four to six weeks of the normal school year for the **Albums** and reviews, for additional testing, or for special class projects.

Support Materials

The Workbook

This is a whole new activity and practice book, with much for you to choose from. Each lesson expands on the various elements of the lesson in the text, reinforcing vocabulary, structure, and culture. There are hundreds of situational activities, illustrations, photographs, word games — even a section called *¿Es Ud. lingüista?* that relates Spanish not only to English but to French and Italian as well! And of course, there are all kinds of specific drills, point by point, for class use or for individual use, as you need them. In addition, there are activities and even class projects that go with each **Album,** plus diagnostic practice tests for each lesson. So choose the parts you want, and create with them a self-tailored supplement to the basic text. (The Workbook has a soft cover, ample writing space, and detachable pages.)

The Tape Program

The tapes, like the rest of the program, are carefully designed to develop a real sense of communication with the student. The **Cuentos** are recorded in a lively style, with full sound effects. Stimulating exercises are built around the vocabulary materials. Even the structure drills — always different from those in the textbook — are made interesting by personalization. The tapes include brief lesson-by-lesson comprehension exercises. These regular lesson tapes are supplemented by three-lesson testing tapes, with listening practice on illustrated cultural themes as well.

The Tape Guide

A softcover book with detachable pages, this guide follows the recorded material, but still leaves room for "listening on your own."

The Testing Program

Here are tests on Spirit Duplicating Masters for each lesson and for each three-lesson review. The tests are flexible, so that you can shape them to your own class situation. Their scope ranges from aural comprehension to specific structures and free expressions. Add to these the short comprehension tests on each tape and the three-lesson testing-tapes, and you have a multifaceted testing program for a variety of needs.

The Teacher's Edition

This special annotated edition serves a number of purposes. The annotations, point by point, give all necessary answers and provide a running commentary for the teacher, especially in the earlier lessons of the **Primera parte** and **Segunda parte.** The Teacher's Edition also gives a general overview of the complete three-year sequence. It contains questions for **Panoramas** and additional questions for the **Cuentos.**

Five "Do's" and a "Don't"

Please

1. Give your students Spanish names on the very first day, and use only those names from then on.

There is a rather long list of names on the first pages of the **Primera parte.** But for those students whose names defy translation into Spanish, either give other Spanish names that begin with the same letters as theirs, or make up Spanish versions: Kenneth — Quino; Russell — Rosendo, Rogelio; Gary — Gabriel; Bruce — Brucio, Bruto (!); Sheldon — Chalo; Michelle — Micaela; Shelly — Charita; Gail — Gabriela; Dale — Dalia, Delia; and so forth. In cases of total desperation, give a good Spanish pronunciation to the English name, and let it go at that.

2. Begin each class with a "warm-up."

Just as we would never think of beginning a conversation with friends without a proper greeting and "small talk," we should never begin a class without a two- or three-minute warm-up. "Ah, muy buenos días. ¿Cómo están hoy? Juanita, ¿cómo estás, eh? ¿Y tú, Rafael?" "Hola. ¡Qué día más bonito! ¿no? Marvilloso. Me gusta el frío (el calor, etc.). ¿No le gusta a Ud., don Antonio? ¿No? ¿Por qué?" Just get them started hearing and thinking a bit in Spanish. Two or three minutes are usually enough, but if you find a particularly easy day coming up, you may allow the "warm-up" to be extended to five minutes or so.

3. Spread the radius of class activity so that everyone is included.

Of course, with the large enrollments that we find now in our classes, it is difficult to truly individualize teaching. However, within certain limits we can still make a good stab at it. Please make sure that every student is called upon to answer orally at least once or twice during every class session, and that each one is sent to the board at regular intervals (that is, to the extent that board work is encouraged). Of course, we do not want to crush the interest of the good student who likes to participate more than the others. But neither should we allow the class to be dominated by one or two strong personalities.

4. Inject a bit of dramatics.

A well-placed tone, a gesture of pleasure or surprise, a hint of exaggeration, a moment of "acting out" to explain a word or a meaning, all these are the tools of the master teacher as well as of the master performer. Keep up a patter of encouraging comments: *"Muy* bien. Pero excelente . . . ¿Sabe?, es Ud. muy inteligente . . . Maravilloso . . . Eso es. Exactamente . . ." and a few notes of despair: "¡Ay, no! ¡Qué desastre! ¡Qué calamidad!" "Ah, Paco, tú lo sabes realmente, ¿no?" "Raúl, me tomas el pelo, eh!" and you may hold your heart or your head — but keep smiling so that they know you're really not so terribly stricken and there's hope.

5. Use the testing program as a means of review and to get to know your students individually.
A test is a test is really more than a test. For testing is a way of knowing exactly how far we have progressed, and where we should be heading. Oral testing can be done almost daily in the class itself by focusing on a few students for a minute or so each, and having them answer two or three questions. In addition, the tape program offers ample opportunity for monitoring pronunciation, and each tape includes as well a free-response exercise that tests aural comprehension and for which answers are *not* supplied.

And now, a "Don't"

Please don't give up any part of yourself, of your own creativity, as you teach the materials of our program. **Persona a persona** asks for your collaboration, not your acquiescence. An inhibited teacher will make an inhibited class, and only an ardent one can set it afire. The suggestions that you find within this Teacher's Edition — both here and in the annotations — are guidelines that you may follow or discard. Very often, even the suggested answers to questions are subject to variation in the position of words, in the use of vocabulary, and in the interpretation of meaning. So please feel free to adapt the text to your own personality and to the needs of your students, not you and them to its! The path of **Persona a persona** is wide enough for us all to walk together. Perhaps with each journey we can make it one step wider.

ZSD

In this section we supply additional questions on the text of the **Cuentos.** The questions are given in the order of the **Cuento.** For each, we supply an answer and the line number on which this answer is found. None of the questions is difficult, but the ones with a "Yes-No" answer are, of course, the easiest. You should ask appropriate questions of students of different abilities. Please be selective in your use of these questions. They are a resource for you to use, not an activity to be carried through by every student.

Lección 1

1. ¿Qué familia ocupa su apartamento nuevo? — 1 — la familia Salinas
2. ¿Cuántos hombres entran? — 1 — cuatro
3. ¿Son de cristal las lámparas? — 5 — sí
4. ¿Hay chicos en la familia Salinas? — 6-9 — sí
5. ¿Son niños Pepe y Clarita? — 9 — no
6. ¿Con quién habla el hombre? — 11 — con el Sr. Salinas
7. ¿Van a subir los hombres por el elevador? — 11-16 — no (por la escalera)
8. El baño, ¿es verde o azul? — 18 — verde
9. ¿De qué color es el sofá? — 21 — rojo
10. ¿Para qué cuarto es el sofá? — 21 — para la sala
11. La ventana de la sala, ¿es grande o pequeña? — 24 — grande
12. ¿Bajan otra vez los hombres? — 27 — sí
13. ¿Toma mucho tiempo subir el piano? — 27 — sí
14. ¿Entra el piano por la ventana del comedor? — 28 — no (de la sala)
15. ¿Cuántas personas hay a la puerta? — 31 — dos
16. ¿Hay dos señoras a la puerta? — 31 — no (un señor y una señora)
17. ¿Quién abre la puerta? — 32 — la Sra. Salinas
18. ¿Quiénes son los vecinos? — 34 — Edgar y Alicia Gómez
19. El apartamento de los Gómez, ¿es el 4C o el 3C? — 41 — el 4C
20. ¿Sacan los hombres del camión un piano grande o pequeño? — 43 — grande (enorme)

Lección 2

1. ¿Qué familia vive en el aparamento 1D? — 1 — la familia Montes
2. ¿Mira la familia la televisión? — 2 — sí

9.	¿Cuándo van a estar listos los zapatos?	20	mañana
10.	¿De dónde saca Julia el vestido?	22	del armario
11.	¿Cambian la ropa otra vez Julia y Esteban?	27	sí
12.	¿Cómo están las costuras del vestido rojo?	28	abiertas
13.	¿Suena el teléfono otra vez?	31	sí
14.	¿Está pálido Esteban?	38	no (Julia)
15.	¿Con quién desea hablar el patrón?	40	con Esteban
16.	¿Están enfermos Julia y Esteban?		no
17.	¿Qué nombre (name) usa Esteban ahora?	44	Roberto Vargas
18.	¿Por quién está loco Esteban?	49	por Julia
19.	¿Suena el teléfono otra vez?	49	sí
20.	Realmente, ¿está loco Esteban?		no

Lección 4

1.	¿Qué título tiene el cuento?		Concierto de primavera
2.	¿Qué levanta el maestro?	3	los brazos
3.	¿Quién es el maestro?	6	el Sr. Palos
4.	¿Toca el violín el vecino del "Violín 1"?	9	no
5.	¿Qué instrumento toca el vecino?	9	la trompeta
6.	¿Qué no tiene "Violín 2"?	13	el arco
7.	¿Qué problema tiene "otro chico"?	15	no tiene su violón
8.	¿Qué hacen Pío y Carla?	18	conversan
9.	Cuando comienza la música, ¿cómo es?	20	terrible
10.	¿Pelean Tomás y Josué?	24	no
11.	¿Comienza la música otra vez?	29	sí
12.	¿Quién toca el violoncelo?	30	Juan Carlos
13.	¿Cómo está el maestro ahora?	33	desesperado
14.	¿Qué hay en los ojos del maestro?	33	lágrimas
15.	¿Tiene el maestro 32 años?	36	no (22)
16.	¿Es el domingo el concierto?	34	no (el sábado)
17.	¿Comienza una furiosa actividad cuando sale el maestro?	41	sí
18.	Cuando el maestro entra, ¿tocan los chicos los instrumentos?	48	no (aparentan tocar)
19.	¿Cómo está la cara del maestro ahora?	49	está radiante
20.	¿Qué tiene Charita Gómez en la boca?	52	chicle

Lección 5

1. ¿Quiénes esperan a las puertas del almacén? — 1 — muchas personas
2. ¿Qué tienda es? — 2 — el Almacén Monarca
3. ¿Quién dice que espera desde las siete? — 5 — la persona 2 (una señora)
4. ¿Viene a discutir la persona número dos? — 9 — no
5. ¿Quién abre las puertas de la tienda? — 10 — un dependiente
6. ¿En cuánto tiempo está llena la tienda? — 10 — en dos minutos
7. ¿Qué hacen los ascensores? — 11 — suben y bajan
8. ¿Hay artículos de baño en el piso segundo? — 13 — no
9. ¿Hay ropa para niños en el piso segundo? — 13 — sí
10. ¿Dónde depositan a los clientes las escaleras automáticas? — 15 — en los diferentes departamentos
11. ¿Hay señoras y señores en el almacén? — 17 — sí
12. ¿Quién dice, "¿de qué marca es?" — 20, 42 — una chica (Marisa)
13. ¿Dice el dependiente la marca? — 21 — no
14. ¿En qué condición dice que está el tocadiscos? — 23 — en perfecta condición
15. ¿Cuántos tocadiscos van a comprar los chicos? — 26 — uno
16. ¿Cómo es la música del tocadiscos de una velocidad? — 33 — muy rápida y atiplada
17. ¿Cómo es la música del segundo modelo? — 39 — bonita pero bajísima
18. ¿Cuánto vale el segundo modelo con el amplificador? — 36, 42 — 600 pesos
19. ¿Qué hay en el piso tercero? — 48 — trajes de señores, camisas, corbatas
20. ¿Quién es el rey en el Almacén Monarca? — 55 — el cliente

Lección 6

1. ¿Qué título tiene este cuento? — Fiesta
2. ¿Qué hay en casa de Gloria Vega? — 1 — una fiesta
3. ¿Qué música escuchan unos jóvenes? — 2 — música del tocadiscos
4. ¿Qué miran otros jóvenes? — 3 — un programa de televisión
5. ¿Suena el timbre otra vez? — 4 — sí
6. ¿A Nando le gusta el poporocho? — 8 — no

7. ¿Le gustan a Ud. la papas fritas?   sí (no)
8. ¿Le gusta a Nena la música?   11   sí (mucho)
9. ¿Qué dice Cuco del grupo?   12   no está mal
10. ¿Tiene Nena los discos de
    "Los Enemigos"?   14, 15   no
11. ¿Dónde hablan los tres chicos?   23   en otra parte de la sala
12. ¿A quiénes quieren ver mañana?   24   a "Los Tigres"
13. ¿Va a ir al partido uno de los chicos?   26   sí
14. ¿Hay boletos para los otros chicos?   27   no
15. ¿Es José León el tío?   31   no (Pito León)
16. ¿Qué dice Nando ahora a los jóvenes?   38   "¿Cuántos quieren
      queso y cuántos
      quieren salchicha?"

17. ¿Qué hacen Pepe y Eva?   40-43   hablan
18. ¿Qué no juega muy bien Pepe?   43   el tenis
19. ¿Qué va a enseñar Pepe a Eva?   45   lucha libre
20. ¿Va a perder la cuenta Nando?   49   sí

Lección 7

1. ¿Qué les dan los clientes a las
   máquinas?   2   su dinero
2. ¿Cómo son las voces de las máquinas?   2   metálicas
3. ¿Escribe Tomás en un libro o en un
   papel?   9   en un papel
4. ¿Garantiza la máquina que "Todavía
   No" va a ganar?   14   sí
5. ¿Cuántos clientes tiene la máquina B?   18, 19   cuatro
6. ¿Cuándo usa el maestro de historia las
   mismas preguntas?   22   cada tres años
7. ¿Qué pregunta Nico?   24   "¿Dónde está mi pluma?"
8. ¿Tienen los chicos la pluma de Nico?   25   no
9. ¿En cuántas palabras tienen que
   contestar la primera pregunta?   29   en 200
10. ¿Qué dice Nico ahora a la máquina?   30   "¡Por favor, espere!"
11. ¿Es triste la señorita?   31   sí
12. ¿Sabe cómo explicarle la pregunta a la
    máquina?   34   no
13. ¿Qué música le gusta a la señorita?   40   la música buena

19.	¿Le pide David el autógrafo a Lupita?	49, 50	no
20.	¿Es la señorita realmente Lupita Cardenal?	51	no

Lección 9

1.	¿Cómo se llama el cuento?		Lío de tráfico
2.	¿Discute la pareja en el coche verde?	2	sí
3.	¿Cómo se llama la mujer?	3	Linda
4.	¿Según él, ¿qué camino es mejor, éste o el otro?	3, 4	el otro
5.	¿Cómo se llama el hombre?	5	Alberto
6.	¿Puede ella volar encima de los coches?		no
7.	¿Van a llegar ellos en diez horas?	6, 7	no
8.	¿Qué pista está mejor en este momento, la de la derecha o la de la izquierda?	13	la de la izquierda
9.	¿Vio Linda el coche rojo?	14, 15	no
10.	¿Abre el hombre la ventanilla o la puerta del Volkswagen rojo?	17	la ventanilla
11.	Según el señor, ¿qué hay en los caminos?	22	sólo locos
12.	¿Cómo se llama el esposo de Graciela?	24	Francisco
13.	¿Le gustan a Graciela estas excursiones al campo?	24	no
14.	¿A dónde quiere volver Graciela?	27	a casa
15.	Según la niña, ¿cuándo explotó la estufa de Carmen?	34	hace un mes
16.	¿Cuándo lo supo Graciela?	35	sólo ayer
17.	¿Cómo se llama el bebé?	38	Pepito
18.	¿Qué otras cosas hay en la canasta blanca?	41	servilletas, cuchillos y tenedores
19.	¿Dónde está la canasta?	43	encima del coche
20.	¿Qué hizo el hombre del Volkswagen rojo?	52	abrió la puerta y bajó

Lección 10

1.	¿Qué día es la reunión?	1	el domingo, 22 de junio
2.	¿Cómo conversan los mayores?	3, 4	en pequeños grupos
3.	¿Cuándo habló Silvia con Elvira?	6	el jueves
4.	¿Dónde tenía que ir Elvira?	7	a una boda

5. Según Jorge, ¿tiene Elvira interés en su familia?	9	no
6. ¿Fue Elvira al funeral de Pío?	11	sí
7. ¿Cuántos niños hay en la reunión?	13	tres
8. ¿Cuántos años tiene Rafaelito?	22	ocho
9. ¿Hay también carnes y pescados para comer?	24	sí
10. ¿Quiere Rafaelito comer frutas y quesos?	27	no
11. ¿Qué tiene que decir Rafaelito?	28	"por favor" y "gracias"
12. ¿Con quién vivía Elvira cuando era pobre?	32	con su primer esposo
13. Cuando Elvira era pobre, ¿llamaba a Jorge sólo los domingos?	34, 35	no (llamaba todos los días)
14. ¿Van a ser ricos Dámaso y Natalia?	44	no
15. ¿Cómo entra otra vez Olga?	45	entra furiosa
16. Según Rafaelito, ¿quién lo empujó?	53	Manuela
17. ¿Qué le dice Víctor a Olga?	55	que siempre acusan a Rafaelito
18. ¿Es Olga la tía de Manuela?	56	no (es la mamá)
19. ¿Quién dice "Elvira tiene razón"?	57	Jorge
20. ¿Puede uno escoger a los parientes?	59	no

Lección 11

1. ¿Cómo se llama este cuento?		Los vecinos
2. ¿Qué familia vive en el apartamento 3B?	2	la familia Alas
3. ¿Cómo se llama el Sr. Alas?	2	Pablo
4. ¿Vive la familia Romero arriba?	4	sí
5. ¿Quién está limpiando sus alfombras?	4	la Sra. Romero
6. ¿Está realmente usando un tractor?	10	no
7. ¿Qué está usando?	9	una aspiradora
8. ¿Trabaja la Sra. Romero todos los días?	12	sí
9. Según el Sr. Alas, ¿hay remedio?	13	no
10. ¿Quién toca una trompeta?	15-16	Riqui (Alas)
11. ¿Viven Esteban y Julia en el apartamento 2C?	26	no
12. ¿Oyen Esteban y Julia la trompeta de Riqui?	27-28	sí
13. Según Esteban, ¿es una trompeta normal?	30	no
14. ¿Con quién estaba bailando Julia el jueves pasado?	32-33	con Esteban

15.	¿Quiénes comenzaron a golpear en las paredes?	37-38	los vecinos
16.	¿Cierran sus ventanas los vecinos?	44	no
17.	¿Comienzan a gritar los vecinos?	44-45	sí
18.	¿Qué familia vive en el apartamento 1B?	47-48	la familia Losada
19.	Según Chito, ¿está cayendo el cielo raso?	50	sí
20.	¿Quiénes siguen bailando?	51	Esteban y Julia

Lección 12

1.	¿Cómo se llama este cuento?		Confesión
2.	¿Quién está sentado en una silla baja de metal?	1-2	el Sr. Salinas
3.	¿Sobre qué noche pregunta el hombre delgado?	5	(la noche d)el 10 de enero
4.	¿Dijo ayer Salinas que comió hamburguesas en la noche del 10 de enero?	12	no
5.	Según el primer testigo, ¿comió Salinas cuatro huevos?	14	no
6.	Según el segundo testigo, ¿cuántas salchichas comió?	16	dos
7.	¿Cuántos testigos lo vieron todo?	20	cuatro
8.	¿Confiesa Salinas que comió rosbif?	23	sí
9.	Según Salinas, ¿están mintiendo los testigos?	28	sí
10.	¿Qué traen los dos hombres?	35	un espejo (enorme)
11.	¿Se mira Salinas en el espejo?	36	sí
12.	¿Qué grita Salinas?	37	"¡Ayyyyy!"
13.	¿Se lanza Salinas hacia la ventana?	37	no
14.	¿Cómo entra la Sra. Salinas?	41	corriendo
15.	¿Quién pregunta "¿Qué soñaste?"	42	la Sra. Salinas
16.	¿Quién dice "no fue nada..."?	44	Salinas
17.	¿Qué hora es ya?	45	las nueve
18.	¿Tiene Salinas ahora mucha hambre?	47	no
19.	¿Quiere Salinas comer rosbif ahora?	48	no
20.	¿Qué salsa quiere Salinas con su hamburguesa?	49	salsa de chocolate

Lección 1
¡Bienvenidos!

Photo 1
1. ¿Le gustan estas casas coloniales?
2. ¿Son de un piso o de dos pisos?
3. ¿Le gusta más la arquitectura española o la norteamericana?

Photo 2
1. ¿Cuántas personas hay en esta foto?
2. ¿Trabajan solamente los hombres?
3. ¿Hace frío o calor en San Antonio Polopó?
4. ¿Hace mucho sol?

Photo 3
1. En su opinión, ¿es bonita o fea Córdoba?
2. ¿Qué colores hay en esta foto?
3. ¿Le gustan a Ud. las plantas?
4. ¿Hay muchas plantas donde vive Ud.?

Photo 4
1. ¿Hay muchas o pocas personas aquí?
2. ¿Qué tiempo hace en esta foto? ¿Llueve? ¿Nieva? ¿Hace mucho frío?
3. ¿Es similar o totalmente diferente la foto de Córdoba?

Photo 5
1. En su opinión, ¿vive en esta casa una familia rica? ¿una familia muy pobre? ¿una familia de la clase media?
2. ¿Cuántas alcobas hay en esta casa? ¿Cuántos baños hay?
3. ¿Es muy grande la sala?
4. ¿Hay comedor?

5. ¿Le gusta a Ud. este estilo de arquitectura?

Photo 6
1. En su opinión, ¿es muy elegante esta casa de apartamentos?
2. ¿Son grandes o pequeños los apartamentos?
3. ¿Hay casas como ésta donde vive Ud.?

Lección 2
Pase Ud.

Photo 1
1. ¿Le gustan las barbacoas?
2. ¿Hay un aparato como éste en su casa?
3. En su opinión, ¿cómo es el resto de esta casa?
4. ¿Quiénes viven en ella?

Photo 2
1. ¿Le gusta la idea de vivir en una hacienda?
2. En su opinión, ¿tiene un piso o dos pisos esta casa?
3. ¿Cuántas personas viven en ella?

Photo 3
1. ¿Qué muebles y aparatos hay en esta cocina?
2. En su opinión, ¿cuántos años tiene el chico?
3. ¿Le gusta a Ud. ayudar en la cocina?

Photo 4
1. ¿Qué muebles hay en este apartamento? ¿Le gustan los colores?
2. ¿Es de estilo moderno o viejo el arte?
3. ¿Cuántas plantas hay? (¿Tienen Uds. muchas plantas en su casa?)

Photo 5

1. Otra vez, díganos: ¿Qué muebles hay aquí?
2. ¿Son de estilo muy moderno?
3. ¿Dónde le gusta a Ud. preparar sus lecciones—en su cuarto, en la cocina, o en el comedor?
4. ¿Usa Ud. mucho la sala para estudiar?

Photo 6

1. ¿Qué muebles hay en este cuarto?
2. ¿De qué colores son?
3. ¿Son elegantes o sencillos (plain)? ¿Son confortables? ¿Le gustan mucho?

Photo 7

1. ¿Cuántas personas trabajan en esta cocina?
2. En su opinión, ¿son miembros de la familia o sirvientes?
3. ¿Es la cocina de su casa más grande que ésta?

Lección 4
¿Quién es el hispano?

Photo 1

1. ¿Conoce Ud. a una persona con el nombre "Campbell"? (¿De dónde es?)
2. En su opinión, ¿es bonita esta chica?
3. ¿Cuántos años tiene?
4. A propósito, ¿qué importancia tiene Santiago, Chile?

Photo 2

1. ¿Cuántas personas hay en este grupo?
2. ¿Cuántos hombres y cuántas mujeres hay?

3. En su opinión, ¿qué estación del año es? ¿Qué tiempo hace?

Photo 3

1. ¿En qué parte de España está Sevilla—en el norte o en el sur?
2. ¿Le gusta el sombrero de esta muchacha? ¿Le gusta su vestido? (Naturalmente, éste no es su vestido de todos los días. Es un vestido especial para la Fiesta de Abril.)

Photo 4

1. ¿Cuántos años tiene este chico?
2. En su opinión, ¿trabaja mucho o poco? ¿Va a la escuela? ¿Gana mucho dinero?

Photo 5

1. ¿Toca Ud. la guitarra también? ¿Tocan sus amigos?
2. ¿Hay una persona en su grupo (o en su familia) como Pancho Hurtado?

Photo 6

1. En su opinión, ¿es guapo este chico?
2. Use otra vez la imaginación y díganos: ¿Cómo es su familia—pequeña o grande? ¿rica, pobre, o de la clase media?
3. ¿Va Juan a la escuela o trabaja?
4. ¿Está en la escuela superior o en la universidad?

Photo 7

1. En su opinión, ¿qué son estos muchachos—amigos, hermanos o novios (sweethearts)?
2. Posiblemente, ¿son esposa y esposo?
3. ¿Cuántos años tienen, más o menos?
4. ¿Tiene Ud. amigos como ellos?

Photo 8

1. ¿Le gusta esta muchacha?
2. En su opinión, ¿qué nombre tiene?
3. ¿En qué parte de los Estados Unidos vive?
4. ¿Vive con sus padres, o vive sola?

Photo 9

1. En su opinión, ¿son similares o muy diferentes los indios norte-americanos y latinoamericanos?
2. ¿Hay familias indias donde vive Ud?
3. A propósito, ¿qué colores ve Ud. en el vestido de esta señora?

Lección 5
Tiendas, Tiendas, Tiendas

Photo 1

1. ¿Es moderna o vieja esta tienda?
2. ¿Cuántas personas suben en la escalera automática?
3. ¿Cuántas personas bajan en la otra?
4. ¿Qué muebles ve Ud. en el piso primero?

Photo 2

1. ¿Qué ropa lleva esta muchacha?
2. En su opinión, ¿es una cliente, dependiente, o turista?
3. ¿De dónde es? ¿A dónde va?

Photo 3

1. ¿Hay chicas, o solamente chicos en esta foto?
2. En su opinión, ¿cuántos años tienen, más o menos?
3. ¿Compran discos de música clásica o de música popular?
4. ¿Qué discos compra Ud.?

Photo 4

1. ¿Cuál es el nombre de esta tienda?
2. En su opinión, ¿es una tienda muy elegante?
3. ¿Hay una tienda como ésta donde vivimos nosotros?
4. Según la ropa de los clientes, ¿qué tiempo hace hoy?

Photo 5

1. ¿A cuántas personas ve Ud. en esta foto?
2. ¿Son turistas o nativos?
3. En su opinión, ¿quiénes son las tres mujeres?
4. ¿Le gusta a Ud. su ropa?

Photo 6

1. ¿Qué ropa lleva el joven que vemos aquí?
2. ¿De qué color son sus pantalones? ¿y su jersey?
3. ¿Lleva zapatos de tenis o zapatos "formales"?
4. A propósito, ¿le gustan a Ud. los zapatos que venden en esta tienda?

Photo 7

1. ¿Qué tiendas ve Ud. en esta foto?
2. ¿Qué productos venden?
3. ¿Qué venden en el Fotocentro? ¿y en el Decoracentro?
4. ¿Qué significa: "Un siglo de experiencia, cien años de calidad"?
5. Según el reloj, ¿qué hora es?
6. Finalmente, según esta foto, ¿tiene mucho o poco comercio Lima?

Photo 8

1. ¿Está al aire libre este mercado?
2. Más o menos, ¿cuántas personas hay en él?

3. ¿Venden solamente ropa aquí?
4. ¿Qué cosas ve Ud.?

Lección 7
Modos de Vivir

Photo 1
1. El café que vemos en esta foto, ¿es nuevo o viejo? ¿grande o pequeño?
2. ¿Es muy costoso?
3. ¿A Ud. le gusta comer al aire libre?
4. ¿A dónde va Ud. para hablar con sus amigos?

Photo 2
1. Cuando Ud. ve a un amigo, ¿lo abraza? ¿lo besa? ¿le da la mano?
2. Cuando Ud. ve a una amiga, ¿la abraza? ¿la besa? ¿le da la mano?
3. En su opinión, ¿somos nosotros más "formales" o más "informales" que los hispanos?

Photo 3
1. ¿Va Ud. frecuentemente a la playa?
2. ¿Le gusta más ir a la playa con su familia o con sus amigos?
3. ¿Qué música escuchan Uds. cuando están en la playa?
4. ¿Traen un radio? ¿Traen una guitarra?

Photo 4
1. En su opinión, ¿son profesionales los jóvenes que juegan aquí?
2. ¿Qué deportes juegan más Ud. y sus amigos?
3. En su opinión, ¿cuál es el más rápido? ¿el más difícil? ¿el mejor?

Photo 5
1. En su opinión, ¿es niño o niña el bebé que vemos aquí?

2. ¿Hay un bebé nuevo en su familia?
3. Sabemos que la religión es muy importante para los hispanos. ¿Cree Ud. que es igualmente importante aquí?

Photo 6
1. ¿Quiénes son las personas en esta foto?
2. ¿Qué sabe Ud. de ellas—de su casa, de su familia, etc.?
3. ¿Le gusta la idea de la "siesta"?
4. ¿Cree Ud. que debemos tenerla aquí?

Lección 8
Sobre la Educación

Photo 1
1. En su opinión, ¿qué ciencia estudian estas muchachas—biología, física o química?
2. ¿Qué ciencias enseñan en la escuela de Uds.?
3. Si uno desea ser médico, ¿qué ciencias debe estudiar?

Photo 2
1. ¿Le parece grande o pequeña esta escuela?
2. ¿Cree Ud. que tiene facilidades modernas?
3. A propósito, ¿en qué grado estudian Uds. álgebra?
4. ¿Les gustan a Uds. las matemáticas?

Photo 3
1. ¿Cuántos años cree Ud. que tienen estos estudiantes?
2. ¿Dónde están?
3. ¿Le gusta a Ud. la idea de ser médico?
4. En su opinión, ¿es ésta una buena profesión para una mujer?

Photo 4

1. En su opinión, ¿es ésta una escuela elemental, una escuela intermedia, o una escuela superior?
2. ¿Qué instrumento toca el maestro?
3. ¿Le gusta a Ud. cantar?
4. ¿Le gustan las clases de música en esta escuela? ¿Por qué?

Photo 5

1. ¿Cuántos pisos puede Ud. contar en este edificio?
2. ¿Le gusta más a Ud. una escuela pequeña o una escuela grande?
3. ¿Piensa Ud. ir a la universidad?
4. ¿Le gusta la idea de estudiar en otro país — en México, en España, etc.?

Lección 10
La Familia Hispana

Photo 1

1. ¿Cuántos años cree Ud. que tiene Raquel? ¿y su bisabuela?
2. ¿Tiene Ud. bisabuelos?
3. ¿Quién es la persona más vieja de su familia? ¿Cuántos años tiene?

Photo 2

1. ¿Puede Ud. encontrar a Antonio Baca en esta foto?
2. ¿Puede encontrar a su esposa Sofía?
3. ¿Dónde está Raquel?

Photo 3

1. ¿Cómo cree Ud. que se llama esta familia?
2. ¿Cómo se llaman los niños?
3. ¿Cuántos años (o meses) cree Ud. que tienen?
4. ¿Qué ocupación o profesión tiene el padre? ¿y la madre?

Photo 4

Use la imaginación y díganos:

1. ¿Cómo es la casa de los Fábregas?
2. ¿Qué profesión van a tener los hijos?
3. ¿Es una familia muy feliz?

Photo 5

1. ¿Dónde cree Ud. que vive ahora esta familia? (¡En Nueva York!)
2. ¿Pasa Ud. mucho tiempo con sus abuelos?
3. Por lo general, ¿le gusta la compañía de las personas mayores?

Photo 6

1. ¿Qué día de la semana cree Ud. que es?
2. En su opinión, ¿por qué vino la familia al parque de recreo hoy?
3. ¿Es una familia rica, pobre, o de la clase media?
4. ¿Sabe hablar ya el niño? ¿Es un niño simpático o terrible?

Photo 7

1. ¿Cuántas personas asistieron (más o menos) a esta fiesta?
2. En su opinión, ¿son parientes todos, o hay amigos también?
3. ¿Celebró Ud. recientemente su cumpleaños? ¿Tuvo una fiesta?
4. ¿Asistió Ud. recientemente a una fiesta de cumpleaños?

Lección 11
Fiestas y Festivales

Photo 1

1. ¿Le parece fácil o difícil bailar con canastas en la cabeza?
2. En su opinión, ¿es bueno o malo seguir las tradiciones viejas?
3. ¿Qué festivales celebramos aquí?

4. ¿Asistió Ud. a un festival este año? ¿o el año pasado?

Photo 2

1. ¿Le parece bien o mal hacer un festival en el cementerio?
2. ¿Tiene Ud. miedo de visitar los cementerios?
3. ¿Cree Ud. que hay vida después de morir?
4. Y una pregunta menos seria: ¿Le gustan las cometas? ¿Sabe Ud. hacerlas?

Photo 3

1. ¿De qué color es el pelo de los "conquistadores"?
2. ¿Están vestidos con traje antiguo o con traje moderno?

3. ¿Qué festivales históricos celebramos nosotros?

Photo 4

1. En su opinión, ¿cuál es más interesante — la fiesta de San Fermín o la de Fuengirola?
2. ¿De todas las fiestas que vimos aquí, ¿cuál le interesó más a Ud.?
3. ¿Cuál le interesó menos?

Photo 5

1. ¿Le gusta la idea de ir a la fiesta de San Fermín?
2. ¿Tiene Ud. miedo de estos toros?
3. ¿Tiene Ud. miedo de los animales en general? ¿Los ama Ud.?